국제정치경제 패러다임과 동아시아 지역질서

이 도서의 국립중앙도서관 출판예정도서목록(CIP)은 서지정보유통지원시스템 홈페이지(http://seoji.nl.go.kr)와 국가자료공동목록시스템(http://www.nl.go.kr/kolisnet)에서 이용하실 수 있습니다. (CIP제어번호: CIP2011000869)

[개정판]

국제정치경제 패러다임과 동아시아 지역질서

남궁 영 지음

Paradigms of International Political Economy and East Asia's Regional Order

Young Namkoong

ORUEM Publishing House
Seoul, Korea
2015

머리글

근대 국제질서가 형성된 이래의 국제관계는 국가 간 세력분배의 변화 속에서 정치와 경제적 이해를 둘러싼 협력과 갈등의 역사라 할 수 있다. 제2차 세계대전 이후 등장한 '동서문제'와 '남북문제'는 전 세계를 수직·수평으로 양분하며 다양한 논의를 전개시켜 왔다.

냉전시기의 '동서문제'가 국제관계를 특징짓는 규범적 현상이었다면, 탈냉전 이후 '남북문제'는 새롭게 형성된 국제정치경제의 중요한 영역으로서 자리매김하고 있다. 시장경제를 중심으로 하는 자유주의 국제정치경제 질서형성 및 글로벌화 추세는 개발도상국에 종속적 발전 담론의 유효성에 대한 의문을 제기하였으며, 21세기 들어 급성장한 신흥경제국의 부상(浮上)은 기존 국제질서에 긴장감을 불어넣었다.

최근의 국제사회에서는 다국적기업과 같은 초국가적 행위자(trans-national actor)가 글로벌 경제의 무대에서 막강한 영향력을 행사하고 있으며, 한정된 에너지자원을 둘러싼 에너지 안보가 사활적 국가이익이 달린 중요한 문제로 인식되고 있다. 이에 따라 국제정치를 바라보는 전통적 패러다임을 재검토하고, 오늘날의 국제정치경제를 파악하기 위한 새로운 시각과 이해를 갖추어야 할 계기가 마련된 것이다.

이러한 국제사회의 역동 속에서 우리가 속해 있는 아시아의 대응은 국제사회의 많은 이목을 끌고 있다. G20 국가 중 6개 국가가 위치하고 있는 아시아는 유라시아 대륙을 가로지르는 주요 에너지 수송망의 요처이며, 역내 패권을 둘러싼 전략적 이해 및 역사적·민족적 이해가 복잡하게 얽혀 있는 등 21세기 국제관계의 복잡다기한 양상을 집약적으로 반영하고 있는 지역이기 때문이다.

1979년 '시장사회주의'의 도입과 함께 지속적인 개혁·개방 정책을 전개한 중국은 최근에는 G2로 불리며 아시아뿐만 아니라 국제사회에서도 위력적인 행위자로 부상하고 있다. 중국이 지금과 같은 고도의 경제성장을 지속할 수 있을지의 여부는 안정적 에너지 확보와 연관되어 있는데, 이는 경제성장의 엔진으로 작용하는 원유의 수급 문제가 중국 에너지 안보의 핵심으로서 동아시아 지역질서 변화의 가늠자가 되고 있음을 보여 준다. 반면 시대에 역행하는 정치적 세습체제와 폐쇄경제 모델을 유지하고 있는 북한은 국민경제의 파국 속에서 국제사회를 향한 위험한 핵위협 전략을 선택함으로써 국제적 고립을 가속화하고 있다.

이처럼 동아시아는 여전히 냉전의 잔재가 드리워진 곳으로, 한반도를 중심으로 한 정치·안보적 긴장관계가 지속되고 있으며, 중국을 중심으로 하는 패권질서 및 에너지 안보를 향한 거센 도전 등 자본주의 국가와 사회주의 국가의 협력과 반목이 상존하고 있는 지역이다.

이 책은 국제정치경제의 경쟁적 패러다임을 소개하고, 동아시아 지역 내에서 논의되고 있는 다양한 역내 국가 간의 정치경제적 양상에 관한 이해를 도모하기 위한 안내서로 기획되었다. 제1부는 국제정치경제의 패러다임과 이론을 소개하고 있다. 이론적 틀은 거시적인 관점에서 전체적인 대상의 윤곽과 형태를 뚜렷하게 조망하기 위해서 필요한 '망원경'의 역할을 한다고 할 수 있다. 따라서 먼저 국제정치경제학의 경쟁적 패러다임으로서 자유주의, 마르크스주의, 중상주의의 주요 내용을 소개한다. 아울러 남북문제와 관련된 핵심적 논제로 제기되고 있는 종속이론과 함께, 다국적기업과 개발도상국의 정치경제적 관계에 대하여 서로 다른 이론들의 설명을 포함시켰다. 이를 통해 국제정치경제에 관한 다양한 시각과 이론에 대한 개괄적 이해를 구할 수 있을 것으로 믿는다.

거시적인 큰 틀 속에서 일어나는 보다 구체적인 움직임을 파악하기 위해서는 각각의 경우에 해당하는 국가의 상황과 정책이라는 '현미경'이 필요하다. 제2부는 변화무쌍한 최근 국제정치경제의 흐름 속에서, 여러 복합적인 요인이 집결되어 있는 동아시아의 국가들이 어떠한 대응을 하고 있는지를 고찰하고 있다. 특히 한반도 안보문제를 둘러싼 남북한 관계, 그리고 미국과 중국의 전략적 선택을 다루고 있다. 각 장에서 다루는 내용들은 상이한 주제와 행위자를 대상으로 하지만 국제정치경제의 거시적 틀에서 볼 때, 동아시아 정치경제라는 하나의 장면을 이루는 모자이크의 부분들이라고 볼 수 있을 것이다.

이 책은 저자가 새롭게 준비한 부분과 함께 그동안 작성한 논문들 중 일부를 발췌해 수정 보완한 것임을 밝힌다. 최근의 통계와 현황을 충분히 반영하였으며, 필요한 경우에는 별도로 통계 자료를 삽입하여 이해를 확장시키고자 하는 독자들에게도 도움이 되도록 하였다.

이 책이 세상에 빛을 보기까지 여러 도움의 손길이 있었다. 밤늦도록 불평 없이 교정과 자료수집을 위해 애써준 한국외국어대학교 정치외교학과 박사과정 박영민, 양일국, 황수환, 김지현과 석사과정 박신영, 김원규, 이은택에게 고마움을 표한다. 그리고 열악한 국내 출판환경 속에서 시장 논리보다 학술적 가치를 우선해 이 책의 출판을 허락해 준 도서출판 오름의 부성옥 대표를 비롯한 편집부 여러분께 감사드린다. 무엇보다 가족으로서 함께 나누어야 할 시간들을 양해해준 사랑하는 아내와 아들 용(湧), 딸 민(玟)에게 미안한 마음과 함께 고마움을 전한다. 구십 성상 성실한 삶을 몸소 실천하시며 가르쳐주신 아버님께 이 책을 바친다.

2011년 1월

한국외국어대학교 이문동 캠퍼스 연구실에서

남궁 영

차례

제2부 동아시아 지역질서

제4장 | 미국의 북핵 전략과 선택: 부시 행정부를 중심으로

제5장 | 국제 에너지 위기와 중국의 에너지 안보 전략

제6장 | 탈냉전기 한국의 대북정책과 효과

제7장 | 남북한 경제력 비교

표, 그림, 부록 차례

표 차례

그림 차례

부록 차례

제1부
국제정치경제의 패러다임

제1장

국제정치경제학의 경쟁적 패러다임: 자유주의 · 마르크스주의 · 중상주의

I. 머리말

오늘날의 국제사회 및 국제현상은 정치와 경제가 밀접히 상호작용하고 있어 종래와 같이 정치와 경제의 어느 한쪽에만 기초한 단일 요인적 분석만으로는 그 실체를 충분히 설명할 수가 없게 되었다. 다시 말해서 이제 더 이상 국가중심적 권력정치론만으로는 정치와 경제가, 그리고 국가와 비국가적 행위자가 밀접히 상호작용하고 있는 현 국제관계를 명확하게 설명하기가 어렵게 된 것이다. 때문에 국제관계연구에 있어 새로운 접근방법으로서 정치경제적 연구정향이 대두된 것이다. 이러한 의미에서 국제정치경제학은 정치현상과 경제현상을 분리시켜서는 해답을 얻을 수 없는 국제관계의 복잡한 문제들에 접근하는 새로운 방법이라고 할 수 있다.

로버트 길핀(Robert Gilpin)의 정의에 따르면, 국제정치경제학이란 국제관계에 있어서 "경제와 정치의 상호작용(reciprocal interaction between economics and politics)"을 연구하는 학문이다.[1] 현대사회과학의 전문화와 더불어 경제학은 '부(富)를 연구하는 학문(science of wealth)'으로, 정치학은 '권력을 연구하는 학문(science of power)'으로 각기 구분되었지만 이는 어디까지나 학문상의 구별일 뿐 실제에 있어서는 부의 추구와 권력의 추구, 다시 말해서 경제와 정치는 불가분의 관계를 갖고 발전되어 왔으며, 바로 여기에 정치경제학의 학문으로서의 존재이유가 있다고 할 수 있다.

이러한 국제정치경제학 연구는 국제정치경제질서의 본질을 기술, 설명, 예측, 및 처방하는 기본 입장의 차이에 따라 근본적으로 서로 다른 세 가지의 패러다임—자유주의, 마르크스주의, 중상주의—속에서 수행되어 왔다.[2] 국제정치경제에 대한 각각의 시각(perspective) 혹은 패러다임(paradigm)은 각기 독특한 일련의 전제를 가지고 있을 뿐만 아니라, 국제정치경제의 본질 파악, 행위주체의 규정, 정치와 경제 간의 실질적이고 바람직한 관계 등을 분석하는 데 있어 서로 다른 입장을 보인다. 그러므로 세 가지 패러다임의 비교연구는 국제정치경제를 종합적으로 이해하는 데 있어 매우 중요하다.

따라서 이 장은 국제정치경제학에 있어서의 세 가지 패러다임을 각각의 패러다임이 추구하는 기본가치, 정치(국가)와 경제(시장)의 실질적이며 바람직한 관계, 국가와 국가 간의 관계 등에 대한 입장을 중심으로 비교 분석함으로써 국제정치경제학의 포괄적 이해를 위한 '개념적 틀(conceptual framework)'을 제공하고자 한다.

세 가지 패러다임을 단순하게 비교하자면 자유주의는 개인을 적절한 분석단위라고 가정하는 반면, 마르크스주의는 계급을, 중상주의는 국가를 각

1) Robert Gilpin, *U.S. Power and the Multinational Corporation: The Political Economy of Foreign Direct Investment* (New York: Basic Books, 1975), p.22.

2) 세 가지 패러다임으로 정치경제학을 분류한 것으로는 다음을 참고. Gilpin(1975)—The Sovereignty at Bay model(Liberal model), the Dependencia model, and the Mercantilist model; Gilpin(1987)—Liberalism, Marxism, and Nationalism; Frieden and Lake(1987)—Liberalism, Marxism, and Realism; Mckinlay and Little(1986)—the Liberal model, the Socialist model, and the Realist model; Krasner(1978)—Liberalism, Marxism, and Statism; Gill and Law(1988)—Liberalism, Marxism and the World System, and Realism(Mercantilism).

〈표 1-1〉 정치경제학의 세 가지 패러다임

	자유주의	마르크스주의	중상주의
기본 행위자	개인	계급	국가
목표	개인의 자유와 부	평등: 무계급사회	국가안보: 국가의 권력과 부
국내관계의 특징	조화	갈등: 계급투쟁	조화
국제관계의 특징	조화	갈등	갈등
국가	제한국가	국가소멸	강력한 국가
시장	자기규제 (시장합리적)	거부 (계획이념적)	국가에 의한 개입과 조정 (계획합리적)
정치와 경제의 관계	경제가 정치를 결정해야 한다	경제가 정치를 결정한다	정치가 경제를 결정해야 한다

각 주요한 요소로 상정하고 있다. 게다가 자유주의는 행위주체 간의 관계가 본질적으로 조화로운 것으로 가정하지만, 마르크스주의와 중상주의는 이러한 행위주체들이 상호 갈등하는 것으로 생각하고 있다. 끝으로 자유주의는 정치와 경제는 분리된 영역으로 존재한다고 가정하며, 시장은 정치적 간섭으로부터 자유로워야 한다고 믿고 있다. 반면 마르크스주의는 경제가 정치를 이끈다고 보고, 중상주의에서는 경제가 국가이익을 추구하는 데 종속되어야 한다고 주장한다.

II. 자유주의 정치경제학

자유주의는 국가가 권력과 부를 확장하기 위해 국내외 경제를 치밀하게 통제하던 중상주의에 대한 반작용으로 나타났다. 자유주의자는 국가의 부가 개인 간, 국가 간 내부의 자유교환을 허용함으로써 최대한 신장된다고 주장하며 중상주의를 비판했다.[3] 정치경제학에 관한 자유주의적 시각은 아담 스미스(Adam Smith), 데이비드 리카도(David Ricardo), 존 스튜어트 밀(John Stuart Mill)의 고전적 자유주의 전통에 뿌리를 두고 있다.[4]

1. 자유주의의 기본 가정

자유주의 신념체계의 핵심은 1) 개인의 자유, 2) 자유시장, 3) 국가 개입의 최소화이다.

1) 개인의 자유(individual liberty)

자유주의적 사고는 개인을 정치경제학의 주체로서 이해하고, 이성적이고 효용성 극대화를 추구하는 행위자로 가정한다. 자유주의자의 목표는 개인의 자유 및 부의 촉진과 보호이다. 따라서 자유주의는 평등의 문제[5]보다는 자유의 문제에 관심을 보여왔다. 이런 점에서 자유는 개인의 가능한 선택과 능력에 대한 장애가 없고, 개인이 하고자 하는 일을 다른 사람이 간섭함으로써 자유롭지 못한 상태가 초래되지 않는 것을 의미한다.[6]

개인의 자유와 주도성에 대한 자유주의의 신념은 첫째, 경제적 불평등의 인정으로 이어진다. 이사야 벌린(Isaiah Berlin)은 개인의 자유추구는 다른

---

3) 19세기 자유주의자는 당시의 경제개혁가였다. 이 때문에 자유시장과 자유무역을 지지하는 사람은 국제정치경제학에서 '자유주의자(liberalist)'로 일컬어졌다. 그러나 이 용어는 현재 미국에서는 정반대의 의미를 갖고 있으며, 오늘날 그들은 미국정치에서 '보수주의자'인 것이다.

4) Adam Smith, *The Wealth of Nations* (New York: Modern Library, 1937); David Ricardo, *The Principles of Political Economy and Taxation* (London: Dent, 1973); John Stuart Mill, *Principles of Political Economy* (Baltimore: Penguin Books, 1970).

5) 여기서의 평등은 마르크스주의가 강조하고 있는 분배상의 평등을 의미한다.

6) Isaiah Berlin, *Four Essays on Liberty* (Oxford: Oxford Univ. Press, 1969), p.122.

가치의 추구를 배제하는 대가를 포함하고 있다고 주장한다.

> 이러한 것은 정의나, 행복 또는 평화의 증대 등으로 나타날 수 있지만 여하튼 그에 따른 또다른 손실은 존재하는 것이다. 모든 것은 그 자체이다. 자유는 자유일 뿐, 평등이나 공정, 정의, 문화, 인간의 행복, 또한 도의 의식이 아니다. 만약 개인 혹은 계급 및 국가의 자유가 수많은 다른 사람의 비참함에 의존한다면, 이를 촉진하는 체제는 불공정하고 비도덕적이다. 그러나 만약 내가 그러한 불평등을 감소시키기 위해서 나의 자유를 잃고 개인의 자유가 실질적으로 증가하지 않는다면, 자유의 절대적인 손실이 발생한다.[7]

자유주의자에게 어느 정도의 경제적 불평등은 두 가지 다른 근거—부정적(정치적)인 것과 긍정적(경제적)인 것—에 의해 쉽게 수용된다. 불평등을 수용하는 정치적 논점은 불평등을 제거하기 위한 국가개입은 억압을 가져온다는 점에 있다. 바우어(P. T. Bauer)는 다음과 같이 주장하고 있다.

> 개방적이고 자유로운 사회에서 경제적 차이(수입과 부에 있어서의 차이)를 최소화하고 심지어 제거하려는 정치적 행동은 개방적이고 자유로운 사회를 종식하려는 광범한 억압을 수반하게 된다. 경제적 평등의 추구는 수입과 부의 격차를 약속된 만큼 감소시키거나 제거하는 대신 지배자와 피지배자 사이의 보다 거대한 권력의 실질적 불평등을 가져오는 것이다. 개방사회에 있어서의 평등주의에는 이러한 피할 수 없는 모순이 존재한다.[8]

어느 정도의 불평등에 대한 경제적 정당화는 수입과 부에 있어서 경제적 격차가 존재하는 것은 불가피하다는 입장이다. 그것은 인간의 숙련도와 재능의 차이에서 유래한다. 더욱이 그 격차는 창조와 혁신을 위한 자극을 제공하기 때문에 오히려 필요한 것으로 간주된다. 이 점에서 어느 정도의 불평

---

7) Isaiah Berlin(1969), p.125.

8) P. T. Bauer, *Equality, The Third World and Economic Delusion* (London: Weidenfeld and Nicolson, 1981), p.8.

등은 실제적으로 자유주의의 중요한 추진력의 하나가 된다고 할 수 있다.[9)]

그러나 자유주의자들은 그러한 경제적 격차를 불변한 것으로 보지는 않는다. 그들은 불평등은 창조와 혁신의 원천일 뿐 아니라, 변화와 적응을 위한 지속적인 자극이라고 믿는다. 예컨대, 만약 한 생산자가 보다 효율적인 생산기술을 개발하면 경쟁자들이 신속하게 그 기술을 채택함으로써 그 기술은 빠른 속도로 번져나갈 것이다. 그러므로 자유주의자는 인간의 경제활동이 자연적인 조화와 안정성을 지향하는 강력한 경향이 있다고 믿는다.[10)]

2) 자유시장(free market)

자유주의의 또 다른 전제는 기본적으로 오랜 조화는 개인의 자유로운 경쟁에서 온다는 점이다. 즉, 개인의 자기이익 추구는 결과적으로 모든 사람의 복지를 증진시킨다는 것이다. 이것은 개인의 자유경쟁이 효율의 극대화를 가져오기 때문이다. 그 결과 경제성장은 자동적으로 확산되고 궁극적으로 모든 사람에게 이익이 된다. 이 점에서 자유경제의 주요한 동인은 개인간의 경쟁적 상호작용이며 이때, 개인들은 시장이라는 사회제도를 통해 그들의 능력과 만족을 극대화하게 되는 것이다.

자유주의 경제구조의 기초는 시장이다. 자유주의는 자유시장 즉, 자원의 최적 사용수단으로서의 가격 메커니즘을 신봉한다. 프리드리히 하이예크(F. A. Hayek) 교수는 자유롭고 경쟁적인 시장에 대해서 다음과 같이 설명하고 있다.

> 경쟁이 제한받지 않는다면 다음과 같은 상태를 가져온다. 첫째, 어떤 생산자가 어떻게 생산하는가를 알아서, 구매자가 그것을 적정하게 살 수 있는 가격으

---

9) 자유주의의 일정한 불평등에 대한 정당화는 George Harris, *Inequality and Progress* (New York: Armo Press & New York Times, 1972) 참조.

10) J. B. Condliffe, *The Commerce of Nations* (New York: W. W. Norton, 1950), p.112.

> 로 팔 수 있는 상태로 생산할 것이다. 둘째, 생산되고 있는 모든 것은 실제 그것을 생산하고 있지 않는 사람보다 적어도 값싸게 만들 수 있는 사람에 의해 생산된다. 셋째, 그 모든 것은 실제로 그렇게 팔지 않는 다른 사람보다 값싸거나 최소한 비슷하게 팔리게 될 것이다.[11]

이상적인 자유시장에서는 어떤 생산자나 소비자도 가격에 영향을 줄 수 없는 상태의 완전경쟁이 이루어진다. 자유주의자는 시장이 인간이 고안한 산물이라기 보다는 자연발생적인 사회제도이며, 인간의 욕구를 충족시키는 시장 고유의 내적 논리를 가지고 기능한다는 것을 믿고 있다.[12]

3) 최소국가(minimal state)

자유주의적 패러다임은 개인의 자기결정을 확장하는 데 기여한다. 정부는 단순히 개인이 자신의 목표를 이루게 하는 수단이자 대리자이다. 아담 스미스 이후, 자유주의자는 정치권력의 집중과 경제에 대한 국가개입에 대해 강력한 두려움을 가져왔다. 밀(J. S. Mill)의 다음과 같은 언급은 이런 신념을 명백히 보여준다.

> 입헌주의 정부의 원칙은 정치권력이 그 보유자의 특수한 목적을 촉진하기 위해 남용될 수 있다는 것을 전제로 요구되는 것이다. 그것은 항상 그러한 것이기 때문이 아니라, 그러한 것이 만사의 자연적 경향이기 때문이다. 이에 대항하기 위하여 이용되는 것이 자유주의적 제도이다.[13]

---

11) F. A. Hayek, *Law, Legislation and Liberty,* Vol.3: *The Political Order of a Free People* (London: Routledge & Kegan Paul, 1979), p.74.

12) F. A. Hayek, *Knowledge, Evolution and Society* (London: Adam Smith Institute, 1983) 참조.

13) J. S. Mill, *On Liberty* (Harmondsworth: Penguin, 1974), Charles K. Rowley, "The Political Economy of the Public Sector," in R. J. Barry Jones, ed., *Perspectives on Political Economy: Alternatives to the Economics of Depression* (London: Francis Pinter, 1983), p.38에서 재인용.

그러므로 자유주의자는 경쟁적 자본주의를 구성하는 경제적 자유가 또한 정치적 자유를 낳는다고 주장한다. 그들은 정치적·경제적 업무의 분리를 통하여 서로 구별되고 견제할 수 있는 균형상태를 이룰 수 있다고 믿는다. 즉, 경제력은 정치력의 남용을 막을 수 있으며, 정치력은 시장의 결함을 보완하는 데 사용될 수 있다는 것이다. 밀튼 프리드먼(Milton Friedman)은 정부간섭을 억제해야 하는 서로 다른 측면—적극적, 소극적—의 이유를 들어 자유주의 신념을 더욱 강조하였다.

> 자유의 보전은 정부권력을 제한하고 분권화한다는 면에서 소극적이다. 그러나 거기에는 또한 적극적인 이유도 있다. 건축과 회화, 과학과 기술, 공업과 농업에서의 위대한 진전은 결코 중앙집권화된 정부에서 유래하지 않았다 … 정부는 결코 개인행동의 다양성을 복제할 수는 없다.[14]

자유주의자의 중요한 기조는 정부를 방어하거나 정당화하는 것이 아니라, 완전한 무정부상태를 옹호하지 않는다는 데에 있다. 국가는 합법적이며, 그 존재의 필요성이 있지만, 자유롭고 경쟁적인 시장의 존재를 창출하고 유지하는 제한된 역할을 수행할 뿐이다. 따라서 프리드먼은 정부의 역할을 다음과 같이 규정하고 있다.[15]

> (정부의) 중요한 기능은 외부로부터의 적과 내부의 동료시민으로부터 우리의 자유를 방어하고, 법과 질서를 보존하고, 사적 계약을 보증하고, 경쟁적 시장을 촉진하는 것이다.[16]

---

14) Milton Friedman, *Capitalism and Freedom* (Chicago: Univ. of Chicago Press, 1962), p.4.

15) 이 견해는 경제에서의 국가개입을 옹호하는 케인즈주의 학자들에 의해 수정되었다. 그러나 국가개입에 대한 그들의 견해는 마르크스주의자나 중상주의 학파에 속한 사람들과는 다르다.

16) Milton Friedman(1962), p.3.

2. 자유주의 국제정치경제

국제적 차원에서 자유주의자는 국가 간에도 근본적인 이익의 조화가 존재한다고 믿고 있다. 따라서 자유주의자는 모든 개인이 국가적 경계로 인한 장애가 없이 원하는 곳에서 구매, 판매, 투자할 수 있다면 세계복지가 극대화될 것이라고 주장한다. 자유시장이 국내적인 구조적 장치인 것과 마찬가지로 개방된 세계경제는 자유주의 국제장치의 핵심이다. 개방된 세계경제는 상품, 자본, 기술, 노동이 장애받지 않고 유통되고 비교우위(comparative advantage)에 의해 지배되는 국제시장을 의미한다.[17] 원래 리카도에 의해 발전된 비교우위는 자유주의의 주도적인 옹호자인 해리 존슨(H. G. Johnson)에 의해 명확하게 특징지어졌다.

> 그 원칙에 따르면, 자유무역은 각 나라로 하여금 가장 효율적으로 생산할 수 있는 상품을 특화하거나, 비효율적으로 생산할 수 밖에 없는 상품을 생산하는 데서 오는 자원의 낭비를 피할 수 있게 해준다. 대신 그 상품을 보다 효율적으로 생산하는 국가로부터 수입하고, 효율적으로 생산할 수 있는 상품은 스스로 만들어 수출한다.[18]

자유주의자는 모든 국가는 비교우위를 가지며, 따라서 각국이 비교우위에 있는 상품 생산을 지향하는 것이 전체로서의 세계복지에 최선이라고 믿는다. 다시 말해 모든 국가는 상품의 자유교환, 투자의 자유로운 유입, 노동의 국제적 분업화를 통해 세계의 희소자원을 효율적으로 이용함으로써 이

---

17) 리카도는 비교우위의 원칙에 있어서 단지 임금의 차이에 초점을 맞추었다. 그 후 많은 자유주의 경제학자들은 다른 변수 즉 토지, 생산성, 기술, 천연자원 등의 변수들을 고려함으로써 비교우위론을 발전시켰다. G. Haberler, *A Survey of International Trade Theory* (Princeton: Princeton Univ. Press, 1961); W. M. Corden, *Recent Developments in the Theory of International Trade* (Princeton: Princeton Univ. Press, 1965) 참조.

18) H. G. Johnson, *The World Economy at the Crossroads* (Oxford: Clarendon Press, 1965), p.8.

득을 취할 수 있다는 것이다.

그러므로 자유주의자는 국가가 국가적 영역을 넘는 개인 간의 경제거래에 대해 간섭해서는 안 된다고 주장하며,[19] 경제활동의 장기적인 추세는 세계통합을 향해가고 있다고 본다. 즉, "국가영역은 어떠한 경제적 중요성도 갖지 못하게 되고, 무역의 발전은 세계 모든 사람들을 평화와 번영 속으로 나가게 할 것"[20]이라고 예상한다. 이러한 명제는 존슨의 언급 속에서 잘 나타난다.

> 미래의 근본적인 문제는 민족주의라는 정치적 힘과 경제적 세계통합을 강제하는 경제적 힘과의 갈등이다. 이것은 최근에 민족국가와 국제기업 사이의 갈등으로 나타났다. 적어도 표면적인 세력균형은 민족국가의 편에 두어져 있는 것으로 보인다. 그러나 결국에는 경제적 힘이 정치적 힘을 압도하게 될 것이고, 이것은 10년 내에 현실화될 것이다. 궁극적으로 세계연방정부가 세계경제 문제에 대처하는 유일한 이성적 수단이 될 것이다.[21]

이 견해에 따르면, 국가의 자율이나 혹은 민족주의적 목표를 주장하는데 따르는 비효율성의 대가는 대단히 클 것이다. 따라서 국내적 경제복지와 세계적 효율성 모두를 위해서 국가의 경제적 문제에 대한 통제는 지속적으로 약화될 것이며, 인류의 경제적 요구에 보다 적합한 다국적기업과 같은 국제적 행위자에게 그 자리를 물려주게 된다는 것이다.[22]

---

19) 자유주의자는 보호주의(경제적 민족주의)의 국내적 결과는 생산자나 국가의 보호된 이익을 위해 소비자나 사회의 경제적 복지가 희생된다고 주장한다.

20) K. B. Condliffe(1950), p.136.

21) H. G. Johnson, *International Economic Questions Facing Britain, the United States and Canada in the Seventies* (London: British-North American Research Association, June 1970), p.24, Robert Gilpin(1975), p.220에서 재인용.

22) H. G. Johnson(1970) 참조.

III. 마르크스주의 정치경제학

자유주의가 중상주의에 대한 반작용으로 출현한 것이라면, 마르크스주의는 19세기 중엽, 자유주의와 자본주의 정치경제학에 대한 반작용으로 나타난 것이다. 마르크스주의는 자본주의에 대한 해석과 비평으로서 개인의 문제뿐 아니라 사회의 포괄적인 전망에 있어서도 자유주의를 비판한다.

1. 마르크스주의의 기본 가정: 역사에 대한 경제적 해석

마르크스주의의 가장 중요한 가정은 역사에 대한 경제적 해석이다. 이 전제에서 보면, 모든 요소가 상호의존되어 있는 사회구조 속에서 '생산양식'이 가장 지배적인 위치를 차지한다.

1) 생산양식(mode of production)

생산양식은 역사상으로 주어진 한 시기의 생산력과 생산관계의 총체이다. 생산력(인간의 자연과의 관계)을 마르크스주의자는 생산수단[23]과 인간자체를 포함한 것이라고 말한다. 마르크스주의자는 생산관계(인간에 대한 인간의 관계)를 생산, 교환, 물질적 재화의 분배 과정상에 나타나는 인간사이의 관계로 규정한다. 즉, 이것은 생산수단과 생산물의 소유형태와 관련된 속성이다.[24]

이러한 사회의 경제적 토대는 문화, 법, 정부와 같은 사회정치적 제도를

---

23) 생산수단은 인간노동이 적용되는 천연자원과 같은 '노동대상'과 인간이 노동대상을 이용하고 수정하는 데 필요한 모든 '노동수단(기계, 도구, 장치, 기술 등)'을 포함한다. 그러나 이러한 생산수단은 인간 자신과 그의 노동력이 없이는 물질적 부를 생산할 수 없다. P. I. Nikitin, *The Fundamentals of Political Economy*(Moscow: Progress Publishers, 1983), pp.14-15.

24) P. I. Nikitin(1983), p.20.

구성하는 상부구조를 결정한다. 칼 마르크스(Karl Marx)는 다음과 같이 주장했다.

> 인간은 그들 생활의 사회적 생산에 있어서, 필연적으로 그들의 의지와는 독립된 일정한 관계, 즉 그들의 물질적 생산력의 일정한 발전단계에 상응하는 생산관계를 맺는다. 이러한 생산관계의 총체는 그 사회의 실질적 토대가 되는 경제구조를 형성하며 그 위에 법적·정치적 상부구조가 구축되고, 사회적 의식형태가 이에 조응한다. 물질적 생활의 생산양식은 사회적·정치적 그리고 정신적 생활의 모든 과정을 규정한다. 인간의 의식이 그들의 존재를 결정하는 것이 아니라, 오히려 그 반대로 인간의 사회적 존재가 그들의 의식을 결정한다.25)

마르크스에 따르면 생산양식은 그 자체의 동태성을 가지고 있다. 처음부터 생산관계의 모든 형태는 생산력을 자극한다. 그러나 생산관계와 생산력 사이에는 모순이 존재해 왔다. 왜냐하면 생산력이 사회정치적 체제보다 빨리 발전하기 때문이다. 생산관계가 생산력을 발전시키는 데 장애가 되고

〈그림 1-1〉 생산양식

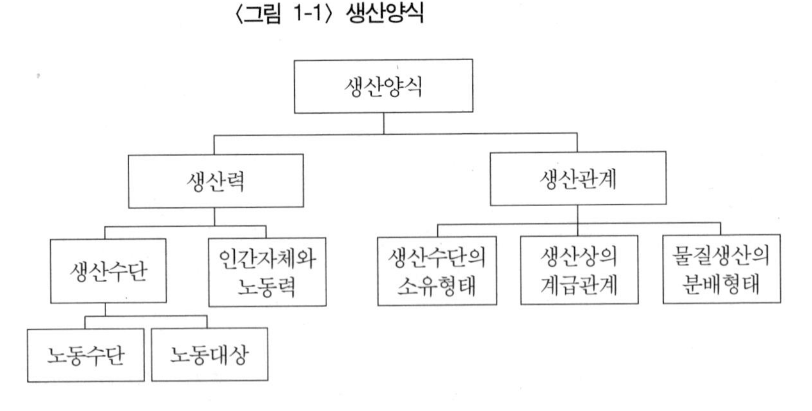

출처: P. I. Nikitin, *The Fundamentals of Political Economy,* p.18

---

25) Karl Marx, *A Contribution to the Critique of Political Economy,* M. Dobb, ed., Translated by S. Ryazanskaya (London: Lawrence & Wishart, 1971), p.20.

따라서 인간이 자연에 대한 지배를 증대시키는 데 방해가 될 때 중요한 역사적 변화가 발생한다. 마르크스의 주장에 따르면, 사회의 물질적 생산력이 일정한 단계에 이르게 되면 그때까지 작동해 온 소유관계, 즉 현존의 생산관계와 충돌하게 된다. 이때 사회혁명의 시대가 시작된다. 경제적 토대가 변동함에 따라 조만간 거대한 상부구조 전체가 변혁되는 것이다.[26]

마르크스는 역사를 사회의 경제발전이 진보해 가는 동안 각각의 시기를 대표하는 일련의 다양한 생산양식으로 보았다. 새롭게 이어지는 양식은 보다 높은 경제발전의 수준을 나타내며, 한 양식에서 다른 양식으로의 사회적 변화과정은 각각의 생산양식 내에 존재하는 모순의 내적인 역동성에 의존한다. 자기파괴의 씨앗은 이어지는 경제적 구성체의 씨앗이 된다. 사회변동에 대한 역사적 사례는 원시 공산사회가 고대 노예사회로, 고대 노예사회가 봉건사회로, 봉건사회가 자본주의 사회로 변화한 것이다. 그리고 공산주의 사회는 역사발전에 있어서 필요하고 바람직한 마지막 단계로 믿고 있다.

2) 계급투쟁(class struggle)

마르크스와 엥겔스(Friedrich Engels)는 『공산당선언』에서 인류역사는 계급투쟁의 역사라고 갈파했다.

> 지금까지의 역사는 계급투쟁의 역사이다. 자유민과 노예, 귀족과 평민, 영주와 농노, 길드장인과 직인, 한마디로 억압자와 피억압자는 항상 서로 대립하면서 때로는 숨겨진, 때로는 공공연한 싸움을 벌였다. 그리고 각각의 싸움은 그때마다 대대적인 사회의 혁명적 재편 또는 경쟁하는 계급들의 공동파멸로 끝났다.[27]

사회계급이론은 역사의 경제적 해석을 보완하고 있다. 왜냐하면 계급투

---

26) Karl Marx(1971), pp.20-22.

27) Karl Marx and Friedrich Engels, "Manifesto of the Communist Party," in Robert C. Tucker, ed., *The Marx-Engels Reader*(New York: W. W. Norton, 1978), pp.473-474.

쟁은 모든 생산양식 내에 존재하는 모순을 폭로하는 것이기 때문이다. 마르크스주의자에 있어 계급은 역사의 발전을 추진하는 중요한 동인이며, 정치경제학에서의 적절한 분석단위이다. 브라이언 버킷(Brian Burkitt)은 마르크스의 사회계급론이 전제하고 있는 세 가지 기본요소를 다음과 같이 설명하고 있다.

> 1) 계급은 생산수단을 공동관계로 형성하는 인민집단이다. 계급경제(원시공산제 이후의 모든 경제)에서는 두 가지 계급 즉, 소유자와 비소유자가 존재한다. 그러므로 자본주의 계급구조는 생산수단을 소유하고 있는 자본가와 소유하고 있지 않은 노동자로 구분된다. 2) 생산과정상의 이러한 두 계급의 구성은 이해관계가 필연적으로 적대적이 될 것이다. 왜냐하면 생산수단을 소유하고 있는 사람은 그것이 없는 사람을 착취할 수 있기 때문이다. 마르크스는 지배계급이 종속계급으로부터 잉여노동을 강제하는 메커니즘을 강조하면서 자본주의경제를 '착취'로 규정지었다. 노동자는 단지 그들이 생산한 것의 일부분만을 보유하며, 나머지는 자본가들에 의해 전유된다. 3) 계속되는 계급갈등은 생산양식 내부로부터 그것을 혁명화하려는 경제적·정치적 메커니즘을 창출한다.[28)]

마르크스주의는 자본주의를 생산수단의 사적 소유와 임금노동으로 특징짓고 있다. 그리고 자본주의는 자본가가 시장경제에서 이윤을 추출하고 자본을 축적하는데 몰두하는 것이라고 믿고 있다. 그러므로 마르크스주의자는 자본주의와 시장이 자본가에게는 부의 극대화를, 노동자에게는 빈곤의 극대화를 가져다주는 것으로 보았다. 존 스트라치(John Strachey)는 "자본주의는 개인이 토지, 공장, 광산을 소유하는 경제체제이다. 이러한 생산수단은 … 그것을 소유하지 않은 사람에 의해 그것을 소유한 사람의 이익을 위해 사용된다. 자본주의하에서 세계를 움직이는 것은 이윤이지 사랑이 아니다"라고 비판했다.[29)]

---

28) Brian Burkitt, *Radical Political Economy* (New York: New York Univ. Press, 1984), p.43.

29) John Strachey, *The Theory and Practice of Socialism* (London: Victor, 1936),

마르크스주의자에 따르면 생산수단이 전체사회가 아니라 개인에 속해 있을 때, 인간에 대한 인간의 착취관계, 지배와 종속의 관계가 수립된다. 그것은 자본주의하에서는 노동자가 생산수단을 박탈당하여 자본가를 위해 노동을 강제당하기 때문이다. 그러므로 사회주의하에서는 생산수단이 공공소유이고 따라서 착취도 없으며 인민 간의 관계는 경쟁보다 협조의 관계가 된다고 주장한다.30)

3) 국가(state)

마르크스는 정치체제가 사회의 경제적 토대에 의해 결정된다고 믿었다. 그리고 국가에 대한 마르크스의 접근은 본질적으로 계급구조와 결합되었다. 마르크스와 엥겔스에 따르면 모든 국가는 국가의 내용(계급)과 형태(정부)를 가진다. 내용은 모든 국가는 지배계급의 독재라는 의미이다. 마르크스와 엥겔스는 "근대국가의 행정부는 전체 부르주아의 공동이익을 대변하는 위원회에 불과하다"고 주장하였다.31)

마르크스주의자의 자본주의 국가에 대한 시각은 국가와 그 정책을 자본가 계급에 의해 조작된 직접적 결과로 보는 도구주의자(instrumentalist)의 개념을 넘어서고 있다. 그 대신 국가가 전체적인 자본주의 사회를 재생산하는 기능을 강조하고 있는 구조주의적(structuralist) 해석으로 보다 확장되었다.

> 국가는 특정 이해를 대변하는 것도 아니며, 특정 계급과 동맹을 맺고 있지도 않다. 정확히 말해 국가가 방어하고 규제하려는 것은 자본가계급에 의한 지배

---

p.19.

30) 마르크스주의자는 경제활동의 궁극적 목표는 "인간자유의 실현"이어야 한다고 주장한다. 그러나 이것은 자유주의자가 주장하는 개인행동의 제한을 철폐하는 것을 언급한 '부정적(소극적)' 자유가 아니라, 사회생활 모든 영역에서 지배와 착취의 근절을 의미하는 '긍정적(적극적)' 자유이다. 그리고 그들은 그러한 자유가 평등을 통해 성취될 수 있다고 믿는다.

31) Marx and Engels(1978), p.475.

를 위한 일련의 법규와 사회관계이다. 국가는 한 계급의 이익을 보호하는 것이 아니라, 자본주의 계급사회의 모든 구성원의 공동이익을 보호하는 것이다.[32]

마르크스주의 국가론은 다양한 형태의 국가를 자본주의 이후 사회에 적용한다. 자본주의가 공산주의로 이행하는 전환기에 프롤레타리아는 무계급 사회를 건설하기 위한 계급독재를 수립한다고 주장한다. 마르크스는 이에 대해 다음과 같이 언급했다.

> 자본주의 사회와 공산주의 사회 사이에는 혁명적 전환의 시기가 있다. 또한 이에 상응하는 정치적 이행기가 존재하는데 이때 국가는 단지 프롤레타리아에 의한 혁명적 독재일 뿐이다.[33]

블라디미르 레닌(Vladimir Lenin)은 『국가와 혁명』에서 자본주의적 민주주의가 소수(haves)를 위한 민주주의라면, 프롤레타리아 독재는 다수(have-nots)의 민주주의라고 주장했다.

> 공산주의로의 이행기에 있어서 프롤레타리아 독재는 무엇보다도 착취자와 소수를 향한 필연적인 억압과 더불어 인민을 위한, 다수 민중을 위한 민주주의를 창조하게 될 것이다. 공산주의만이 실질적으로 완전한 민주주의를 제공할

---

32) 자본주의 사회의 국가를 둘러싼 마르크스주의자 내부의 본질적인 논쟁, 특히 도구주의적 해석과 구조주의적 해석 사이의 논쟁에 대해서는 David A. Gold, Clarence Y. H. Lo and Olin Erik Wright, "Recent Developments in Marxist Theories of the Capitalist State," Part 1. *Monthly Review,* Vol.27(October 1975a); David A. Gold, Clarence Y. H. Lo and Olin Erik Wright, "Recent Developments in Marxist Theories of the Capitalist State," Part 2. *Monthly Review,* Vol.27(November 1975b); Ralph Miliband, *The State in Capitalist Society* (New York: Basic Books, 1969); Nicos Poulantzas, *State, Power, and Socialism* (London: New Left Books, 1978); J. Holloway and S. Picciotto, eds., *State and Capital* (London: Edward Arnold, 1978); Bob Jessop, *The Capitalist State* (New York and London: New York Univ. Press, 1982) 참조.

33) Karl Marx, "Critique of the Gotha Program," in Robert C. Tucker, ed., *The Marx-Engels Reader* (New York: W. W. Norton, 1978), p.538.

> 수 있으며, 그 민주주의가 완벽하게 되면 될수록 빠른 시일 내에 그 민주주의는 필요없게 되면서 스스로 사라져 버릴 것이다.[34]

레닌에 따르면 공산주의의 무계급 사회를 수행함과 더불어 국가는 소멸된다. 궁극적으로 국가는 정치권력이 경제 속에 분해·흡수되는 공동체에 의해 대체되고 민중을 규율하는 권력은 행정에 의해 대체될 것이다.

> 오로지 공산주의 사회에서, 즉 자본가들의 저항이 완전히 사라지고 자본가들이 하나도 남김없이 사라지는 계급 없는 사회에서, (다시 말해 사회적 생산수단과 관련되고 그것에 의해 사회의 구성원들을 구획하는 것이 사라진 때) 바로 그때에 이르러서만 '국가는 존재하지 않게 되고', '자유에 대한 언급이 가능해진다.' 오직 그때에야 진정한 민주주의는 가능하고 실현될 것이다. 그것은 자본주의적 착취라는 수많은 공포와 만행, 모순과 비행, 그리고 자본주의적 노예상태로부터 자유롭게 되어야만 사람들이 수백 년 전부터 알고 있었고 수천 년 동안 반복되어 이제는 고루한 격언처럼 되어버린 사회생활에 있어서의 기본적인 규칙들을 준수하는 데 점차 익숙해질 것이라는 사실에 기초하고 있다. 그때가 되면 사람들은 무력이나 강제나 복속 없이도, 그리고 국가라고 부르는 강제를 위한 특별한 기구가 없이도 그러한 규칙들을 준수하는 데 익숙해져 갈 것이다.[35]

2. 마르크스주의 국제정치경제: 레닌의 제국주의론

마르크스가 국내 정치경제 혹은 단일 국가내의 경제변동의 역동성과 형태를 서술한 반면 마르크스주의 제국주의 이론가 — 힐퍼딩(Rudolf Hilferding), 룩셈부르크(Rosa Luxemburg), 부하린(Nikolai Bukharin), 레닌 등 — 들은 마

---

34) Vladimir Lenin, "The State and Revolution," in H. Selsam, D. Goldway and H. Martel, eds., *Dynamics of Social Change: A Reader in Marxist Social Science* (New York: International Publishers, 1970), p.350.

35) Vladimir Lenin(1970), p.349.

르크스의 생각을 자본주의 국가들 간의 국제정치경제분야로 확장했다.[36] 제국주의 이론가로 가장 잘 알려진 레닌은 제국주의를 '자본주의의 최고단계'로 불렀다. 그는 다음과 같이 제국주의를 정의한다.

> 제국주의란 독점체와 금융자본의 지배가 확립되어 있고, 자본수출이 현저한 중요성을 가지고 있으며, 국제 트러스트(international trust) 간의 세계분할이 시작되고, 자본주의 거대열강에 의한 지구상의 모든 영토분할이 완료된 발전단계에 있는 자본주의이다.[37]

레닌에게 있어 제국주의는 기본적으로 '자본주의의 독점단계'였다. 레닌은 제국주의의 다섯 가지 특징을 다음과 같이 제시하였다.[38]

> (1) 생산과 자본의 집중이 고도의 단계에 달해, 경제생활에서 결정적 역할을 수행하는 독점체를 형성하기에 이른다.
> (2) 은행자본이 산업자본과 융합하여 '금융자본'을 이루고, 이를 기초로 하여 금융과두제가 형성된다.
> (3) 상품수출과는 구별되는 자본수출이 특별한 중요성을 갖는다.
> (4) 국제적 독점자본가 단체가 형성되어 세계를 분할한다.
> (5) 자본주의 거대열강에 의한 전 세계의 영토적 분할이 완료된다.

독점자본주의 시대에 세계적 범주에서의 자본주의 팽창의 중심은 상품수출이 아니라 자본수출이다. 레닌이 지적하듯이 "전적으로 자유경쟁이 지배적이었던 구자본주의하에서는 상품수출이 가장 전형적인 특징이었다. 독

---

36) Rudolf Hilferding, *Finance Capital: A Study of the Latest Phase of Capitalist Development* (London: Routledge & Kegan Paul, 1981[1910]); Nikolai Bukharin, *Imperialism and the Accumulation of Capital* (New York: Monthly Review Press, 1972[1925]); Vladimir Lenin, *Imperialism: The Highest Stage of Capitalism* (Moscow: Foreign Languages Publishing House, 1947[1917]).

37) Vladimir Lenin(1947), p.109.

38) Vladimir Lenin(1947), p.108.

점이 지배하는 자본주의의 최근 단계의 전형은 자본수출이다."[39] 레닌이 생각했던 자본수출의 필요성은 자본주의의 모순, 즉 자본주의 운동법칙이 형성되면서 창출되었다.[40] 레닌의 주장에 따르면, 자본수출의 필요성은 몇몇 나라에서 자본주의가 '과잉성숙' 되어 있으며 (농업의 후진성과 대중의 빈곤으로 인해) 자본이 '유리한' 투자영역을 찾을 수 없다는 사실에서 나온다는 것이다.[41]

자본주의 경쟁단계에서는 선진자본주의 국가가 상품수출을 집중하지만, 독점자본주의 단계에서는 자본의 과도한 축적으로 이윤율이 저하되어 후진지역으로의 자본수출이 초래된다. 이 경우 과잉자본은 후진국에 자본을 수출함으로써 이윤을 높이는 데 이용된다. 이들 후진국은 "자본이 희소하고, 토지가격이 비교적 낮으며, 임금이 낮고, 원료가 싸기 때문에 이윤이 높다."[42] 후진지역으로의 자본주의 팽창은 불가피하게 독점과 금융자본의 지배를 가져온다. 레닌은 다음과 같이 주장했다.

> 금융자본이란 독점적 산업가단체의 자본과 융합하고 있는 소수 독점적 거대은행의 은행자본이다. … 이때 세계의 분할이란 어떠한 자본주의 열강에 의해서도 정복되지 않은 영토를 선점, 영토를 확장하려는 식민지정책으로부터 모든 분할이 완료된 상태에서 영토를 독점적으로 장악하려는 식민지정책으로의 전환을 의미한다.[43]

그러므로 레닌은 식민지 제국주의는 금융자본의 필연적인 특징이 되어

---

39) Vladimir Lenin(1947), p.76.

40) 자본주의 운동법칙은 궁극적으로 경제위기를 가져오는 '자본주의 일반법칙' 을 의미한다. 그것은 1) 서로 다른 생산분야, 지역, 국가에 있어서의 자본의 불균등 발전, 2) 지속되는 자본축적의 확대에 따른 누진적인 자본의 집중, 3) 자본구성률의 증가, 4) 이윤율 저하의 경향, 5) 경제위기의 경향 등을 포괄한다.

41) Vladimir Lenin(1947), p.77.

42) Vladimir Lenin(1947), p.77.

43) Vladimir Lenin(1947), p.108.

왔다고 주장했다.

> 식민지 점유는 경쟁자와의 투쟁과정에서 일어날 수 있는 모든 위험부담에 대항할 수 있는 담보가 된다. 자본주의가 발전할수록, 원료자원의 필요성이 증대할수록, 경쟁이 보다 격화될수록, 그리고 전 세계적으로 원료자원 확보쟁탈전이 치열해질수록, 식민지를 확보하기 위한 투쟁은 보다 결사적으로 된다.44)

레닌의 제국주의론에서 식민지는 매우 중요한 의미를 갖고 있다. 레닌은 '식민지영토'라는 용어를 공식적 식민지뿐만 아니라 그가 '반(半)식민지(semi-colony)'라고 언급한 비공식적 종속국 모두에 적용했다.

> 이 시대의 세계는 크게 식민지 소유국가와 식민지라는 두 개의 주요 집단으로 나뉘어져 있을 뿐 아니라, 형식적으로는 정치적 독립을 유지하고 있지만, 실제로는 금융적·외교적 종속의 그물에 갇혀 있는 다양한 형태의 종속국가들도 있다.45)

이렇게 자본주의 단계에 있어서 자본수출과 식민지에 대한 독점의 중요성을 말한 후, 레닌은 전 세계는 독점자본가 단체에 의해 분할된다고 주장했다.

> 독점자본가 단체인 카르텔(cartel), 신디케이트(syndicate), 트러스트(trust)는 먼저 국내시장을 자기들끼리 분할함으로써 자국의 산업을 거의 완전히 장악했다. 그러나 자본주의하에서 국내시장은 필연적으로 외국시장과 연결되어 있다. 자본주의는 이미 오래전에 세계시장을 형성했다. 자본수출이 늘어나고 대독점연합체들의 대외적, 식민지적 관계망과 '세력권'이 확장됨에 따라, 사태는 '자연스럽게' 이들 독점단체들 간의 연합적 협정 즉, 국제카르텔의 형성으로 나아갔다.46)

---

44) Vladimir Lenin(1947), pp.100-101.

45) Vladimir Lenin(1947), pp.103-104.

46) Vladimir Lenin(1947), p.83.

레닌에 따르면 세계의 분할은 그대로 존속되는 것이 아니다. 식민지세계는 제국주의 세력의 상대적 힘의 크기에 따라 분할된다. 그러나 식민지 분할에 참가하는 힘은 동등한 수준으로 변화하지 않는다. 왜냐하면 자본주의하에서는 "개별 기업, 개별 산업부문, 개별 국가의 불균등 발전은 필연적이다."[47] 식민지분할이 이미 완료된 이후 일부 자본주의 국가에 의한 팽창은 다른 자본주의 국가의 희생 위에서만 이루어질 수 있다. 이러한 제국주의적 갈등은 불가피하게 제국주의 세력 간의 전쟁을 가져온다.[48]

IV. 중상주의 정치경제학

17~18세기 정치경제학을 반영한 중상주의는 국가의 우위를 옹호한다는 것을 전제로 한다. 중상주의의 중심적인 명제는 경제활동은 국가의 안전과 국가이익을 추구하는 데 종속되어야 한다는 것이다. 자유주의나 마르크스주의와는 달리 중상주의는 정치가 경제관계를 결정해야 한다고 주장한다.[49] 따라서 중상주의는 국가에 의한 경제통제를 합법화하는 데 이용되는 국가주의(statism)의 형태로 정의된다. 정치경제학에 대한 중상주의적 접근은 투키디데스(Thucydides), 마키아벨리(Niccolo Machiavelli), 홉스(Thomas Hobbes),

47) Vladimir Lenin(1947), p.76.

48) 레닌은 카우츠키(Karl Kautsky)의 '초제국주의론(Ultra-Imperialism)'을 비판하면서 제국주의 국가 간의 불가피한 전쟁을 주장했다. 카우츠키는 자본주의 국가들은 식민지를 놓고 쟁탈하는 것이 아니라, 식민지 민중에 대한 연합착취를 위해 동맹한다고 주장했다. Karl Kautsky, "Ultra-Imperialism," *New Left Review,* Vol.59(1974), pp.41-46.

49) 중상주의는 시대에 관계없이 동일한 것을 의미하는 것은 아니며 같은 시기라 해도 장소에 따라 꼭 같은 것은 아니다. 그러나 중상주의에 관한 저술의 대부분은 중상주의의 지배적인 동인은 '국가형성,' 즉, 민족국가의 통일(강화)과 국제영역에서의 국가의 역할 강화를 주장하고 있다. E. F. Hecksher, *Mercantilism* (London: Allen and Unwin, 1935).

콜베(Jean Baptiste Colbert), 해밀턴(Alexander Hamilton), 리스트(Friedrich List) 등의 저작에 뿌리를 두고 있다.[50]

1. 국가의 우위

중상주의자는 국제정치경제학에서 국가가 가장 지배적인 행위자이며, 가장 적절한 분석단위라고 가정한다. 이들은 국가를 그 자체의 권리를 갖고 있는 유기체적 단위로 간주한다. 따라서 전체로서의 국가이익은 개인이나 계급 혹은 사회의 어떠한 하위집단의 특수한 이익보다 크다는 것이다.[51] 그러므로 중상주의자는 국가는 국가이익을 대변하는 자율적인 총체로 기능하며 다른 모든 기능은 국가에 종속된다고 믿는다. 그들은 주권국가의 독립을 유지하는 데 관심을 가지고 있다.[52]

중상주의자에 따르면, 세계는 근본적으로 자기지원 체제(a self-help system)이며 국가는 국가의 행위를 규제하기 위한 어떤 정당성이나 법적 권위도 없는 세계에 존재하고 있다.[53] 따라서 국가의 독립은 국가가 국내문제

50) 중상주의는 지난 세기 동안 많은 변형을 겪었으며, 경제적 민족주의, 국가주의, 현실주의, 독일역사학파, 보호주의, 국가주도 자본주의와 같은 다양한 이름으로 불리어졌다. 전통적 중상주의와 현대 중상주의적 모델 사이의 유일한 차이는 현대 중상주의하에서는 국가이익을 성취하기 위해 다른 국가와 협상할 때, 직접적인 군사력을 사용하는 대신 복잡한 협상에 의존하는 경향을 갖는다는 점이다.

51) Robert Gilpin(1975); Stephen D. Krasner, *Defending the National Interest: Raw Materials Investments and U.S. Foreign Policy*(Princeton: Princeton Univ. Press, 1978) 참조.

52) 중상주의자는 국가의 대내외적 권력을 통해 국가 자신의 행동에 대한 유일한 판단자로서 국가주권을 확보하는 것을 선호한다. 내부주권은 국가가 그 영역 내에서 합법적 물리력의 사용을 독점적으로 소유할 때 존재한다. 그리고 그것으로 인하여 국가는 다른 사회집단과 구별되는 것이다. 외부주권은 국가가 어떤 다른 상위의 권위에 종속당하지 않을 때 존재한다. F. H. Hinsley, *Sovereignty*(London: C. A. Watts & Co., 1966).

53) 국제체제의 성격에 대해서는 H. Bull, *The Anarchical Society: A Study of Order*

에 개입하려는 외부적 시도를 견딜 수 있는 충분한 힘을 소지할 때 가능하다. 프롬킨(D. Fromkin)은 다음과 같이 지적했다.

> 국제정치에 참여하고 존재하기 위한 총체로서 가능한 가장 우선적이고 본질적인 조건(독립국가라고 말할 수 있는)은 적정한 규모의 힘(power)을 갖는 것이다. 그것은 독립의 대가(代價)이다. 이것은 우선 모든 국제정치는 반드시 힘의 정치라는 것을 의미한다. 왜냐하면 힘의 정치에서의 성공에 필요한 최소한의 힘을 소유한 국가만이 다른 종류의 정치에 참여할 수 있기 때문이다. 이 존재조건은 모든 국가가 서로의 관계 속에서 공통적으로 가지고 있는 것이다.[54]

따라서 중상주의자는 국가는 국력신장을 추구해야 하며, 이것이 무정부적 세계관계의 결정적 특징이라고 믿고 있다. 그들은 또한 국력은 '상대적' 이고 주어진 국가의 권력은 다른 국가를 통해 측정된다고 인식한다.[55] 한 국가의 국력 증강은 다른 국가의 국력 손실을 반드시 전제한다. 따라서 중상주의자들에게 있어 국제정치경제학은 제로-섬게임(zero-sum game)이다. 프레데릭 슈만(Frederick L. Schuman)의 다음 언급은 국제관계에서의 힘의 현실주의를 명확히 보여준다.

> 두 개 혹은 그 이상의 국가가 육로 혹은 해로를 사이에 두고 '주권' 과 '독립' 문제가 발생할 때, 그들 간의 관계는 항상 경쟁적인 힘의 모색과 상대적인 힘의 평가에 의해 지배된다. 모든 국가체제에서 목도할 수 있는 이 익숙한 구도는 모든 정치가들은 천부적으로 권력을 열망한다든가 (그렇지 않다면 물론 그들은 정치가가 아니겠지만) 혹은, 어떤 국가들은 권력을 갈망하고 다른 국가들은

---

in World Politics (London: Macmillan, 1977) 참조.

54) D. Fromkin, *The Independence of Nations* (New York: Praeger, 1981), p.23.

55) 절대적 손실이나 획득보다 상대적 손실이나 획득으로 생각하려는 경향은 중상주의적 문헌에서 자주 나타난다. 클라우스 노어는 "강력한 국가라는 중상주의적 이상은 일반적으로 국가가 단지 부강해야 한다는 것이 아니라, 다른 국가보다 더 부강해야 한다는 것이다"라고 주장했다. Klaus Knorr, *British Colonial Theories, 1570-1850* (Toronto: Univ. of Toronto Press, 1944), p.17.

그렇지 않다든가 하는 가정으로는 쉽게 설명되지 않는다. 이러한 구도에 대한 설명의 실마리는 그러한 독립주권체제에서 독립을 유지하기 위해서는 힘이 있어야 한다는 사실에 있다. 서로를 견제하는 경쟁국가 사이에 완충할 만한 것이 존재하지 않은 상황에서는 타국이 힘에 의해 정복하려는 것을 막을 힘이 없는 국가는 그 국가가 가진 모든 것을 빼앗길 수밖에 없을 것이고 궁극적으로 주권국가로서 행동할 자유를 잃게 되는 것이다.[56)]

2. 권력과 부의 관계

중상주의를 자유주의와 비교한 헥셔(E. F. Hecksher)는 "이 문제의 가장 중요한 측면은 권력이 목적 그 자체인가 아니면 이 세계에서 국가의 복지와 같은 다른 어떤 것을 얻기 위한 수단으로 고려되는가 하는 점이다"[57)]라고 강조하였다. 그는 다음과 같이 부연한다.

> 여기에 본질적인 차이가 있다는 것은 의심의 여지가 없다. … 아담 스미스의 주장은 의심의 여지없이 부를 향한 노력은 안보를 요구하는 것과 같은 것을 희생해야 한다는 것이다. 그는 권력을 단지 목표를 위한 수단으로 보았다. 중상주의자들은 항상 그 역(逆)을 믿는다. 그러므로 권력체계로서의 중상주의는 기본적으로 경제정책을 목표 그 자체인 권력을 위한 수단으로 여기는 체제이다.[58)]

권력과 부의 상호관계를 강조한 바이너(Jacob Viner)는 하나의 성취는 다른 것의 성취에 결정적이라고 주장한다.

> 나는 시대, 국가 혹은 특수한 개인의 지위를 막론하고 모든 중상주의자는 다음과 같은 전제에 동의한다고 믿는다.

---

56) Frederick L. Schuman, *The Commonwealth of Man* (New York: Knopf, 1952), pp.22-23.

57) E. F. Hecksher(1935), p.16.

58) E. F. Hecksher(1935), p.17.

(1) 부는 안보를 위해서나 침략을 위해서나 권력에 절대적으로 필요한 수단이다.
(2) 권력은 부의 취득이나 보존에 필수적이거나 가치 있는 수단이다.
(3) 부와 권력은 각각 정당한 국가정책의 궁극적 목표이다.
(4) 비록 특수한 환경에서 군사적 안보, 따라서 장기적인 번영을 위해 경제적 희생을 하는 것이 필요할지라도, 이 두 가지 목표 사이에는 오랜 기간 동안 조화가 이루어져 왔다.[59]

클라우스 노어(Klaus Knorr)는 중상주의의 자유주의와의 차이를 명확히 함으로써 두 견해를 결합하려고 노력하였다. 자유주의는 일반적으로 권력과 부는 양립할 수 없는 목표라고 생각하며, 이 두 가지 목표 사이에서의 갈등을 강조하는 견해이다. 반면 중상주의에는 권력과 부를 상호보완적인 관계 즉, 권력은 부를 가져오고 부는 권력을 강화시키는 것으로 믿는 경향이 있다.[60] 그러므로 중상주의자에게 있어서 경제정책은 국가안보정책의 일부이다.[61] 그들은 경제적 요인이 국제적 세력분배의 전개에 영향을 주고, 이를 구조화하는 데 결정적인 역할을 한다고 믿고 있으며, 또한 국제적 세력분배의 변화에 따라 국제체제라는 위계체제 내의 국가의 위상이 변화될 수 있다고 믿는다.[62] 길핀은 다음과 같이 주장한다.

---

59) Jacob Viner, "Power Versus Plenty as Objectives of Foreign Policy in the Seventeenth and Eighteenth Centuries," in Jeffry A. Frieden and David A. Lake, eds., *International Political Economy: Perspectives on Global Power and Wealth* (New York: St. Martin's Press, 1987), p.72. 헥셔와 바이너 사이의 논쟁에 대해서는 Jacob Viner, "Mercantilism," *Economic History Review,* Vol.6(1935/1936)와 E. F. Hecksher, "Mercantilism," *Economic History Review,* Vol.7(1936/1937) 참조.

60) Klaus Knorr(1944), p.10.

61) R. N. Cooper, "Trade Policy is Foreign Policy," *Foreign Policy,* Vol.9(1972/1973), p.32. 또한 Albert O. Hirschman, *National Power and the Structure of Foreign Trade* (Berkeley: Univ. of California Press, 1945); Klaus Knorr, *Power and Wealth: The Political Economy of International Power* (New York: Basic Books, 1973) 참조.

62) 이에 대해서는 Robert Gilpin(1975); D. P. Calleo and B. M. Rowland, *America and the World Political Economy* (Bloomington, Indiana Univ. Press, 1973);

요컨대 권력의 분배와 정치체계의 성격은 부가 생산되고 분배되는 구조의 주요한 결정요소이다. 그러나 경제적 효율성과 경제활동 중심의 변화는 장기적으로 현존 정치체계를 침식하고 변형하는 경향이 있다. 또한 이 정치적 변형은 현존 체계에서 정치적으로 우세한 국가의 이익을 반영하는 경제관계에 변화를 가져온다.[63]

3. 경제발전의 촉진자로서의 국가

자기조절적인 자유시장을 통한 세계경제를 강조하는 자유주의나 시장교환체제를 전적으로 거부하는 마르크스주의와는 달리, 중상주의는 시장에 대한 국가개입과 조작을 강조한다.[64] 중상주의의 중심적인 전제는 국가의 부와 권력을 증대하고 권력의 중요한 요소를 확보하기 위하여 국내경제와 대외무역을 규제하는 것을 특징으로 한다.[65] 길핀의 설명을 보자.

Krasner(1978); R. W. Tucker, *The Inequality of Nations*(London: Martin Robertson, 1977) 참조.

63) Robert Gilpin(1975), p.43.

64) 중상주의 정치경제학은 항구적이거나 불변적인 경제원리를 포함하지 않는다. 중상주의에는 마르크스주의에서 주장하는 이윤율 저하의 법칙이나 자유주의의 비교우위와 자유무역 이론을 대체할 만한 것은 없다. 중상주의자들은 국가안보와 국가이익이라는 목표를 성취하기 위해서는 상황에 따라 비교적 개방적인 경제에서 자급자족경제에 이르는 다양한 경제 형태를 취할 수 있다. R. D. Mckinlay and R. Little, *Global Problems and World Order*(London: Frances Pinter, 1986), p.149. 이에 대해 길핀은 중상주의를 마르크스주의적 동원과 자유주의의 시장경제 사이에 있는 '중간점(halfway house)'으로 간주했다. 다시 말해서 중상주의에서는 "국가가 안보와 그 밖의 국익을 확장하려는 방향으로 시장에 영향을 주고 개척해주려고 노력한다"는 것이다. Robert Gilpin, "Economic Interdependence and National Security in Historical Perspective," in Klaus Knorr and Frank N. Trager, eds., *Economic Issues and National Security*(Lawrence: The Regents Press of Kansas, 1977), p.27.

65) 국가 권력을 증대시키기 위해 고안된 제약과 규제로 인한 개인의 편의나 이익의 희생은 궁극적으로 전체로서의 국가공동체에게 보다 큰 공동선을 가져오는 것으로 정당화된다. 권력의 중요한 요소는 시기별로 다르다. 초기에는 보석과 금이, 산업혁명 이

> 근대 초기는 물론 오늘날에도 부를 집중시키고 경제적 강대국과 약소국 간의 종속 혹은 역학관계를 수립하려는 시장의 경향이 경제적 민족주의의 등장을 설명하는 부분적인 이유가 된다. 보다 선의적이거나 혹은 방어적인 형태의 민족주의는 외부세력으로부터 자국의 경제를 보호하고자 한다. 방어적 형태의 경제적 민족주의는 흔히 개발도상국의 경제에서 발견되거나 혹은 쇠퇴해가기 시작한 선진경제들에서 나타난다. 그러한 정부들은 자국의 유치산업이나 사양산업들을 보호하고 국내의 이익을 지키기 위해 보호주의와 이와 관련된 정책을 추구한다. 보다 부정적 형태로서의 경제적 민족주의는 경제전쟁의 행위이다. 이 유형은 팽창을 지향하는 강대국들 사이에서 흔히 찾아볼 수 있다.[66]

중상주의 이론가들은 민족경제의 보호가 국가의 안보와 존속에 필수적인 것으로 간주한다. 그들은 경쟁적인 국가 간의 관계에서 자국의 경제이익을 보호하거나 강화하는 국가의 역할을 강조한다.

비교우위에 기초하여 국제무역의 상호이익을 강조하는 자유주의자와는 달리 중상주의자는 국제경제관계를 근본적으로 갈등하는 것으로 보며, 비교우위는 단순히 나타나는 것이 아니고 국제적 공업우위를 창출하기 위한 국가전략에 의해 만들어질 수 있다고 주장한다.[67] 예컨대 독일역사학파의 창시자인 리스트는 영국 자유주의의 자유무역을 강대국의 경제정책으로 간주하고, 영국은 경쟁국에 대하여 자국의 유치산업을 보호하기 위해 국가권력을 사용해 왔다고 주장했다. 영국은 경쟁국에 비해 월등한 기술적·공업적 우위를 성취했을 때 장애받지 않고 외국시장으로 접근할 수 있는 자유무역을 지지했다.[68] 그러므로 리스트에 있어서 자유무역의 원리는 단순히 "어떤

후에는 공업화가, 현재는 기술이 중요한 요소이다. Robert Gilpin, *The Political Economy of International Relations* (Princeton: Princeton Univ. Press. 1987), p.34.

66) Robert Gilpin(1975), p.33. 방어적 중상주의와 공격적 중상주의의 대해서는 Robert Gilpin(1987) 참조.

67) John Zysman and Stephen S. Cohen, "Double or Nothing: Open Trade and Competitive Industry," *Foreign Affairs,* Vol.61(Summer 1983), p.1119.

68) Robert Gilpin(1977), p.41. 이와 관련하여 조안 로빈슨도 "매 시기마다 국제경제관계에 대한 규율은 당시의 최강대국의 의도에 맞도록 조정된다"고 주장한다. Joan

사람이 최고의 정상에 달했을 때 다음 사람이 오르려는 수단을 박탈하기 위하여 자신이 올라왔던 사다리를 걷어차 버리는 사악한 수단" 일 따름이다.[69]

영국을 비롯한 초기의 공업국가들은 일반적으로 제한된 국가개입과 국제경제적 자유주의 유형을 따르는 것이 경제적, 법적, 사회적으로 유리하다는 것을 발견했다. 독일, 이탈리아, 일본과 같은 후발국은 발전전략으로서 보다 강한 국가주도와 경제적 민족주의에 의존하는 것이 필요하다고 보았다. 알렉산더 거쉔크론(Alexander Gerschenkron)은 선진공업국가와 후발공업국 간의 발전유형상의 차이를 지적하고 후발공업국의 여섯 가지 중요한 점을 설명하였다.

(1) 국가경제가 후진적일수록 그 국가의 공업화는 제조업의 비교적 높은 성장률을 추진하기 위해 급작스런 도약과 같은 불연속적 출발의 경향이 있다.
(2) 후발공업국일수록 플랜트와 기업의 대규모를 강조하는 공업화 경향이 있다.
(3) 후발공업국일수록 소비재에 대립되는 생산재를 강조한다.
(4) 후발공업국일수록 대중의 소비수준을 강제하는 경향이 있다.
(5) 후발공업국일수록 유치산업에 자본공급을 증대시키고 또한 이러한 유치산업에 보다 집중화되고 더 좋은 정보를 가진 기업지침을 제공하기 위해 고안된 특수한 제도적 요소의 역할이 크다. 후발공업국일수록, 이러한 제도적 요소의 강제성과 포괄성이 두드러지게 나타난다.
(6) 후발공업국일수록 농업노동의 생산성 향상을 기반으로 한 산업시장의 팽창에 따른 이점을 다른 산업에 제공함으로써, 농업의 역할이 상대적으로 축소되는 경향이 있다.[70]

Robinson, *The New Mercantilism* (Cambridge: Cambridge Univ. Press, 1966), p.25.

69) Friedrich List, *The National System of Political Economy* (London, 1922[1841]), p.295, J. B. Condliffe(1950), p.276에서 재인용.

70) Alexander Gerschenkron, *Economic Backwardness in Historical Perspective* (Cambridge: Harvard Univ. Press, 1962), pp.353-354. 위에서 열거한 6가지 조건에 포함시키지는 않았으나, 거쉔크론은 '강력한 발전 이데올로기에 의한 후원' 을 후

찰머스 존슨(Charlmers Johnson)은 또한 산업화가 늦었던 국가들에서 나타난 국가의 발전적 역할을 강조했다.[71] 그에 따르면 발전국가(developmental state)에서 정부는 "산업정책, 다시 말해 국내산업 구조와 국가의 국제경쟁력을 증대할 수 있는 구조조정에 관심의 우선순위를 두었다. 산업정책이 존재한다는 것은 경제에 대한 전략적, 혹은 목표지향적인 접근을 의미한다."[72]

개발도상국에 있어서는, 경제가 정치를 결정한다거나 또는 그래야 한다는 마르크스주의적 주장이나 자유주의적 신념과는 달리, 경제적 이익은 정치적 목적에 종속되어야 한다고 주장한다. 그 발전전략은 경제적 기초보다는 정치적 기초 위에 있는 것이다. 어네스트 겔너(Ernest Gellner)는 다음과 같이 설명한다.

> 개발도상국의 경제성장 요구가 주로 경제적 요인에 있는 것은 아니다. 그것은 산업화된 문명에 참여함으로써 즉, 한 국가나 개인이 다른 국가나 개인들로 하여금 자신을 동등하게 대우하도록 함으로써 완전한 인간의 지위를 얻고자 하는 데 있다. 그곳에 참여할 수 없는 국가는 대외적으로 볼 때 군사력에서 무력해지며, 행정적으로 자신의 시민을 통제할 수 없으며, 문화적으로 국제적 언어를 말할 수 없게 된다.[73]

기 산업화의 또 하나의 특징으로서 강조해왔다. Gerschenkron(1962), pp.22-26.

71) 존슨의 주장에 의하면 오늘날에는 여러 가지 이유들로 해서 모든 국가들이 경제에 개입하고 있기 때문에, 문제의 초점은 국가의 경제개입 자체에 있는 것이 아니고, 국가가 무엇을 위해서, 어떻게 개입하느냐에 있다. 그러므로 존슨은 '시장-합리적 국가(market-rational state)' — 경제에 있어서 경쟁의 절차와 형태에 관심을 갖는 국가 — 의 규제적(regulatory) 기능과 구별되는 '계획-합리적 국가(plan-rational state)' — 국가 자체가 산업화 촉진을 주도하는 국가 — 의 발전적(developmental) 기능을 강조한다. Charlmers Johnson, *MITI and the Japanese Miracle* (Stanford: Stanford Univ. Press, 1982), pp.17-19.

72) Charlmers Johnson(1982), p.19. 한편 산업정책은 "국내산업의 보호, 전략산업의 발전, 국내외적 변화에 대응하거나 예견하는 경제구조의 조정에 관심을 갖는 그러한 정책의 복합체"라고 정의할 수 있다. 그리고 그것은 국가가 국가이익을 위하여 수립하고, 추구하는 정책이다. Robert S. Ozaki, "Japanese Views on Industrial Organization," *Asian Survey,* Vol.10(October 1970), p.879.

V. 맺는말

앞에서 살펴본 것처럼 자유주의, 마르크스주의 그리고 중상주의는 각기 독특한 일련의 전제를 가지고 있을 뿐만 아니라, 국제정치경제의 본질 파악, 행위주체의 규정, 국가와 시장의 역할, 정치와 경제 간의 실질적이고 바람직한 관계 등에 대하여 상이한 결론에 도달한다. 이처럼 서로 다른 가정을 기반으로 한 국제정치경제에 대한 세 가지 패러다임은 각각의 장단점을 가지고 있으며, 비록 어떠한 시각도 국제정치경제의 성격과 역동성에 대한 완벽하고 만족스러운 이해를 제공해 주지는 못하지만, 상호 연관성 속에서 그것들은 유용한 통찰력을 제시해 주고 있다.

자유주의의 강점은 사회가 희소자원으로부터 부를 극대화할 수 있는 일련의 분석도구와 정책을 제시하는 데 있다. 즉, 시장은 경제적 관계를 조직하는 가장 효과적인 수단이고 가격 메커니즘은 상호 이익을 보장하는 방향으로 작동한다는 것이다.

자유주의의 가장 심각한 문제점은 합리적인 경제행위자들의 존재와 완전경쟁시장 등과 같은 가정들이 비현실적이라는 것이다. 자유주의자들은 교환은 항상 자유롭고 완전한 정보를 가지고 있는 동등한 사람들이 참여하는 자유경쟁시장에서 이루어지므로, 교환을 통하여 공동이익을 얻을 수 있다고 주장한다. 그러나 현실적으로 교환은 그렇게 자유롭지도 동등하지도 못한 경우가 허다하다. 교환, 특히 국제교환은 진공 속의 두 당사자가 하는 것이 아니라 힘이 다른 당사자 간의 파워게임적 성격이 강하다.

자유주의의 또 다른 한계는 경제활동의 결과로서 생기는 정의나 평등의 문제를 무시하려는 경향이다. 한 사회의 구성원들 사이의 그리고 국가 간의 부의 분배 문제는 자유주의 경제학의 주요 관심사 밖에 놓여 있다. 자유주의에는 국제정치경제의 역동성에 대한 이론이 결여되어 있으며, 경제적

73) Ernest Gellner, "Scale and Nations," *Philosophy of the Social Science,* Vol.3 (1973), pp.15-16, Charlmers Johnson(1982), pp.24-25에서 재인용.

현상유지에 따른 안정성과 장점들만을 당연한 것으로 받아들이려는 경향이 있다.

중상주의의 최대 강점은 국제관계에서의 핵심 행위자, 경제발전 촉진자로서 국가의 역할을 강조한 데 있다. 비록 국제사회에서 초국가적 조직이나 국제기구와 같은 비국가 행위자들(non-state actors)의 역할이 증대되고 있는 것은 사실이나, 국가가 보유하고 있는 정치·군사·경제적 영향력은 국가를 다른 모든 행위자들에 비하여 우월한 위치를 유지하게 해준다.

중상주의의 한계는 국내사회, 국가, 대외정책에 대한 만족할 만한 설명을 하지 못하고 있다는 것이다. 중상주의자들은 국가와 사회는 단일의 실체를 형성하며 대외정책은 객관적인 국가이익(national interests)에 의해 결정된다고 가정한다. 그러나 현실적으로 사회는 개인들과 개인들의 연합체인 조직들로 구성된 다원적인 것으로, 사회의 구성원들은 국가기구를 장악하여 자신들의 정치적·경제적 이익에 유리하도록 노력한다. 따라서 중상주의의 논리는 정치집단이나 특정 생산자 집단의 이익을 위한 방어막으로 해석될 수 있다. 결과적으로 중상주의는, 정치지도자의 도덕성을 보장하지 못할 경우 정치적 권위주의로 추락할 가능성이 매우 크다고 할 수 있다.

국제정치경제에 대한 마르크스주의 이론은 국제체제 변화에 초점을 맞추었다는 점에 있어서 중요하다. 자유주의와 중상주의 어느 이론도 사회변화에 대한 포괄적인 이론을 가지지 못한 데 반하여 마르크스주의는 국제체제의 역동성을 설명함에 있어서 경제적·기술적 발전의 역할을 강조한다. 또한 자유주의자들이 분배의 문제를 등한시하고 중상주의자들은 주로 부의 국제적인 분배에만 초점을 맞추고 있는 데 반해 마르크스주의자들은 부의 국내적 분배 및 국제적 분배 모두에 중점을 두고 있다.

그러나 정치경제학 이론으로서 마르크스주의의 주요 한계는 그것이 목적으로 하는 분배의 평등을 실현하는 방법의 문제에 있다. 즉, 시장을 대체한 국가의 계획경제는 경제의 비효율만을 확대 재생산하였으며, 분배의 평등을 이룩하기 위한 국가의 개입 및 국가기구의 확대는 거대 관료집단의 부패와 사회 구성원의 자유 침해라는 결과를 초래했다는 점이다.

▮ 참고문헌

Amin, Samir. 1976. *Unequal Development: An Essay on the Social Formations of Peripheral Capitalism.* New York: Monthly Review Press.

Bath, C. R., and D. D. James. 1976. "Dependency Analysis of Latin America: Some Criticisms, Some Suggestions." *Latin American Research Review* 11.

Bauer, P. T. 1981. *Equality, The Third World and Economic Delusion.* London: Weidenfeld and Nicolson.

Berlin, Isaiah. 1969. *Four Essays on Liberty.* Oxford: Oxford Univ.. Press.

Brenner, R. 1977. "The Origins of Capitalist Development: A Critique of Neo-Smithian Marxism." *New Left Review* 104, July/August.

Brewer, Anthony. 1980. *Marxist Theories of Imperialism: A Critical Survey.* London: Routledge & Kegan Paul.

Bukharin, Nikolai. 1972[1925]. *Imperialism and the Accumulation of Capital.* New York: Monthly Review Press.

_____. 1976[1915]. *Imperialism and World Economy.* London: Merlin Press.

Bull, H. 1977. *The Anarchical Society: A Study of Order in World Politics.* London: Macmillan.

Burkitt, Brian. 1984. *Radical Political Economy.* New York: New York Univ. Press.

Calleo, D. P., and B. M. Rowland. 1973. *America and the World Political Economy.* Bloomington: Indiana Univ. Press.

Caporaso, James A. 1978. "Dependence, Dependency and Power in the Global System: A Structural and Behavioral Analysis." *International Organization* 32, Winter.

Cardoso, F. H. 1973. "Associated-Dependent Development: Theoretical and Practical Implications." In Alfred Stepan (ed.). *Authoritarian Brazil.* New Haven: Yale Univ. Press.

Chilcote, Ronald H. 1974. "Dependency: A Critical Synthesis of the Literature." *Latin American Perspectives* 1, Fall.

_____. 1981a. "Issues of Theory in Dependency and Marxism." *Latin American Perspectives* 8, Summer/Fall.

_____. 1981b. *Theories of Comparative Politics: The Search for a Paradigm.* Boulder: Westview Press.

Condliffe, J. B. 1950. *The Commerce of Nations.* New York: W. W. Norton.

Cooper, R. N. 1972/1973. "Trade Policy is Foreign Policy." *Foreign Policy* 9.

Corden, W. M. 1965. *Recent Developments in the Theory of International Trade.* Princeton: Princeton Univ. Press.

Dahl, R. A. and C. E. Lindblom. 1953. *Politics, Economics and Welfare.* Chicago: Univ. of Chicago Press.

Deyo, Frederic C. (ed.). 1987. *The Political Economy of the New Asian Industrialism.* Ithaca: Cornell Univ. Press.

Dos Santos, Theotonio. 1970. "The Structure of Dependence." *American Economic Review* 60, May.

Edelstein, Joel. 1981. "Dependency: A Special Theory Within Marxist Analysis." *Latin American Perspectives* 8, Summer/Fall.

Emmanuel, Arghiri. 1972. *Unequal Exchange: A Study in the Imperialism of Trade.* New York: Monthly Review Press.

Frank, A. G. 1969a. *Capitalism and Underdevelopment in Latin America.* New York: Monthly Review Press.

_____. 1969b. *Latin America: Underdevelopment or Revolution.* New York: Monthly Review Press.

Frieden, Jeffry A., and David A. Lake (eds.). 1987. *International Political Economy: Perspectives on Global Power and Growth.* New York: St. Martin's Press.

_____. 1995. *International Political Economy (Third edition).* New York: St. Martin's Press.

Friedman, Milton. 1962. *Capitalism and Freedom.* Chicago: Univ. of Chicago Press.

Fromkin, D. 1981. *The Independence of Nations.* New York: Praeger.

Galbraith, J. K. 1967. *The New Industrial State.* Boston: Houghton Mifflin.

Galtung, Johan. 1971. "A Structural Theory of Imperialism." *Journal of Peace Research* 8.

Gerschenkron, Alexander. 1962. *Economic Backwardness in Historical Perspective.* Cambridge: Harvard Univ. Press.

Gill, Stephen, and David Law. 1988. *The Global Political Economy: Perspectives, Problems and Policies.* Baltimore: The Johns Hopkins Univ. Press.

Gilpin, Robert. 1975. *U.S. Power and the Multinational Corporation: The Political Economy of Foreign Direct Investment.* New York: Basic Books.

_____. 1977. "Economic Interdependence and National Security in Historical Perspective." In Klaus Knorr and Frank N. Trager (eds.). *Economic Issues and National Security.* Lawrence: The Regents Press of Kansas.

_____. 1987. *The Political Economy of International Relations.* Princeton: Princeton

Univ. Press.
Gold, David A., Clarence Y. H. Lo, and Erik Olin Wright. 1975a. "Recent Developments in Marxist Theories of the Capitalist State." Part 1. *Monthly Review* 27, October.
_____. 1975b. "Recent Developments in Marxist Theories of the Capitalist State." Part 2. *Monthly Review* 27, November.
Haberler, G. 1961. *A Survey of International Trade Theory.* Princeton: Princeton Univ. Press.
Harris, George. 1972. *Inequality and Progress.* New York: Armo Press & New York Times.
Hayek, F. A. 1979. *Law, Legislation and Liberty, Vol.3: The Political Order of a Free People.* London: Routledge & Kegan Paul.
_____. 1983. *Knowledge, Evolution and Society.* London: Adam Smith Institute.
Hecksher, E F. 1935. *Mercantilism.* London: Allen and Unwin.
_____. 1936/1937. "Mercantilism." *Economic History Review* 7.
Hilferding, Rudolf. 1981[1910]. *Finance Capital: A Study of the Latest Phase of Capitalist Development.* London: Routledge & Kegan Paul.
Hinsley, F. H. 1966. *Sovereignty.* London: C. A. Watts & Co.
Hirschman, Albert O. 1945. *National Power and the Structure of Foreign Trade.* Berkeley: Univ. of California Press.
Holloway, J., and S. Picciotto (eds.). 1978. *State and Capital.* London: Edward Arnold.
Hume, David. 1955. *Writings in Economics.* London: Nelson.
Jessop, Bob. 1982. *The Capitalist State.* New York and London: New York Univ. Press.
Johnson, Charlmers. 1982. *MITI and the Japanese Miracle.* Stanford: Stanford Univ. Press.
Johnson, Dale L. 1981. "Economism and Determinism in Dependency Theory." *Latin American Perspectives* 8, Summer/Fall.
Johnson, H. G. 1965. *The World Economy at the Crossroads.* Oxford: Clarendon Press.
_____. 1968. *Economic Nationalism in Old and New States.* Chicago: Univ. of Chicago Press.
_____. 1970. *International Economic Questions Facing Britain, the United States and Canada in the Seventies.* London: British-North American Research Association.
Kautsky, Karl. 1974. "Ultra-Imperialism." *New Left Review* 59.
Kegley, C. W. Jr., and E. R. Wittkopf. 1997. *World Politics: Trend and Transformation (6th edition).* New York: St. Martin's Press.
Knorr, Klaus 1944. *British Colonial Theories, 1570-1850.* Toronto: Univ. of Toronto

Press.
_____. 1973. *Power and Wealth: The Political Economy of International Power.* New York: Basic Books.
Krasner, Stephen D. 1978. *Defending the National Interest: Raw Materials Investments and U.S. Foreign Policy.* Princeton: Princeton Univ. Press.
Laclau, E. 1971. "Feudalism and Capitalism in Latin America." *New Left Review* 67, May/June.
Lenin, Vladimir. 1947[1917]. *Imperialism: The Highest Stage of Capitalism.* Moscow: Foreign Languages Publishing House.
_____. 1970. "The State and Revolution." In H. Selsam, D. Goldway and H. Martel (eds.). *Dynamics of Social Change: A Reader in Marxist Social Science.* New York: International Publishers.
Love, Joseph L. 1980. "Raul Prebisch and the Origins of the Doctrine of Unequal Exchange." *Latin American Research Review* 15.
Luxemberg, Rosa. 1951[1913]. *The Accumulation of Capital.* London: Routledge & Kegan Paul.
Mahler, Vincent A. 1980. *Dependency Approach to International Political Economy.* New York: Columbia Univ. Press.
Marx, Karl. 1971. *A Contribution to the Critique of Political Economy.* M. Dobb (ed.). Translated by S. Ryazanskaya. London: Lawrence & Wishart.
_____. 1978. "Critique of the Gotha Program." In Robert C. Tucker (ed.). *The Marx-Engels Reader.* New York: W. W. Norton.
Marx, Karl, and Friedrich Engels. 1978. "Manifesto of the Communist Party." In Robert C. Tucker (ed.). *The Marx-Engels Reader.* New York: W. W. Norton.
Mckinlay, R. D., and R. Little. 1986. *Global Problems and World Order.* London: Frances Pinter.
Miliband, Ralph. 1969. *The State in Capitalist Society.* New York: Basic Books.
Mill, John Stuart. 1970. *Principles of Political Economy.* Baltimore: Penguin Books.
_____. 1974. *On Liberty.* Harmondsworth: Penguin.
Nikitin, P. I. 1983. *The Fundamentals of Political Economy.* Moscow: Progress Publishers.
O'Brien, Philip J. 1975. "A Critique of Latin American Theories of Dependency." In Ivar Oxaal, Tony Barnett and David Booth (eds.). *Beyond the Sociology of Development.* London: Routledge & Kegan Paul.
Ozaki, Robert S. 1970. "Japanese Views on Industrial Organization." *Asian Survey* 10, October.
Palma, Gabriel 1978. "Dependency: A Formal Theory of Underdevelopment or a Methodology for the Analysis of Concrete Situations of Underdevelopment?" *World Development* 6.

Poulantzas, Nicos. 1978. *State, Power, and Socialism.* London: New Left Books.
Ricardo, David. 1973. *The Principles of Political Economy and Taxation.* London: Dent.
Robinson, Joan. 1966. *The New Mercantilism.* Cambridge: Cambridge Univ. Press.
Rowley, Charles K. 1983. "The Political Economy of the Public Sector." In R. J. Barry Jones (ed.). *Perspectives on Political Economy: Alternatives to the Economics of Depression.* London: Francis Pinter.
Schuman, Frederick L. 1952. *The Commonwealth of Man.* New York: Knopf.
Smith, Adam. 1937. *The Wealth of Nations.* New York: Modern Library.
Spero, Joan E., and Jeffrey A. Hart. 1997. *The Politics of International Economic Relations (Fifth edition).* London: Routledge.
Strachey, John. 1936. *The Theory and Practice of Socialism.* London: Victor.
Tucker, R. W. 1977. *The Inequality of Nations.* London: Martin Robertson.
Vernon, Raymond. 1971. *Sovereignty at Bay.* New York: Basic Books.
Viner, Jacob. 1935/1936. "Mercantilism." *Economic History Review* 6.
_____. 1987. "Power Versus Plenty as Objectives of Foreign Policy in the Seventeenth and Eighteenth Centuries." In Jeffry A. Frieden and David A. Lake (eds.). *International Political Economy: Perspectives on Global Power and Wealth.* New York: St. Martin's Press.
Wallerstein, Immanuel. 1976. "Semi-Peripheral Countries and the Contemporary World Crisis." *Theory and Society* 3.
_____. 1981. "Dependence in an Independent World: The Limited Possibilities of Transformation within the Capitalist World Economy." In Herold Munoz (ed.). *From Dependency to Development: Strategies to Overcome Under-development and Inequality.* Boulder: Westview Press.
Weeks, John. 1981. "The Differences between Materialist Theory and Dependency Theory and Why They Matter." *Latin American Perspectives* 8, Summer/Fall.
Weeks, John, and Elizabeth Dore. 1979. "International Exchange and the Causes of Backwardness." *Latin American Perspectives* 6, Spring.
Zysman, John, and Stephen S. Cohen. 1983. "Double or Nothing: Open Trade and Competitive Industry." *Foreign Affairs* 61, Summer.

제2장

발전전략으로서의 종속이론:
의미와 한계*

I. 머리말

1970년대 이래로 부국과 빈국의 경제적 격차는 국제사회의 주요한 문제로 등장하였다. 실로 '가진 자'와 '못 가진 자'의 차이는 시간이 지남에 따라 더욱 현저해진 것이다. 예를 들어, 1950년에 저소득 국가의 평균 일인당 국민소득은 164달러, 산업화된 국가들의 평균 일인당 국민소득(1980년 U.S. 달러기준)은 3,841달러로 그 절대격차는 3,677달러였다. 그로부터 30년 후인 1980년대에 들어와 선진국의 평균 국민소득이 9,648달러로 급증한 데 비해, 빈국들의 국민소득은 단지 245달러로 증가하는 데 머물러 그 격차는 9,403달러가 되었다.[1] 이러한 현상을 목도하며 학계에서는 다음과 같은

---

* 이 글은 "종속이론의 의미와 한계: 서지학적 에세이," 김덕 편저, 『국제질서의 전환과 한반도』(서울: 오름, 2000)을 수정·보완한 것이다.

1) Mitchell A. Seligson, "The Dual Gaps: An Updated Overview of Theory and Research," in M. A. Seligson and John T. Passe-Smith (eds.), *Development and*

의문이 제기되었다.

1) 제3세계에서 발생하는 저발전(underdevelopment)의 원인은 무엇인가?
2) 제3세계 경제를 발전시키기 위한 전략은 무엇인가?

제3세계의 경제문제에 대한 연구자들의 관심은 시간이 흐름에 따라 증폭되며 이를 설명하고자 하는 나름의 이론들이 등장했다. 먼저, 발전에 대한 보편적인 시각은 근대화이론(modernization theory)을 통해 살펴볼 수 있다. 근대화이론가들은 모든 사회는 발전으로 향하는 단선적인 경로를 따른다고 주장한다. 근대화이론에 근거하면, 제3세계의 저발전은 저발전된 국가 스스로에 내재되어 있는 결함의 결과이다. 특히, 근대화이론가들은 제3세계 사회의 이중구조(duality)에 초점을 맞추었다.[2] 아울러 저발전은 모든 국가가 한 번은 경험해야 할 역사적인 단계이며, 제3세계는 서구의 가치, 자본 및 기술의 확산을 통해 발전될 수 있다고 주장하였다. 이러한 시각은 주로 발전단계론에 관한 이론들을 통해 나타나고 있다.[3]

1960년대 이후, 근대화 전략에 근거한 다양한 경제발전 계획들이 제3세계를 위하여 시도되었다.[4] 그러나 제3세계 국가들의 경제상황은 오히려 악

Underdevelopment: the Political Economy of Global Inequality (Boulder: Lynne Rienner, 1998), p.3. 2009년 선진국가들의 국민소득은 37,970달러로 증가한 반면, 빈국의 소득은 단지 512달러로 증가하는 데 머물러 그 절대 격차는 37,458달러로 늘어났다. World Bank, http://data.worldbank.org/income-level/OEC; http://data.worldbank.org/income-level/LIC (검색일: 2011년 1월 10일).

2) J. Samuel Valenzuela and Arturo Valenzuela, "Modernization and Dependency: Alternative Perspectives in the Study of Latin American Underdevelopment," in Herold Munoz (ed.), *From Dependency to Development: Strategies to Overcome Underdevelopment and Inequality* (Boulder: Westview Press, 1981), pp.15-42; Keith Griffin, "Underdevelopment in Theory," in Charles K. Wilber (ed.), *The Political Economy of Development and Underdevelopment(2nd edition)* (New York: Random House, 1979), pp.23-30 참조.

3) W. W. Rostow, *The Stages of Economical Growth: A Non-Communist Manifesto* (Cambridge: Cambridge Univ. Press, 1960); A. F. K. Organski, *The Stages of Political Development* (New York: Alfred A. Knopf, 1965) 참조.

화되었다. 이러한 맥락 속에서 종속이론(dependency theory)이 국제정치경제의 발전과 저발전에 관한 대안적인 접근법으로 등장하게 된 것이다.

이 장에서는 종속이론에 대한 연구들을 검토하고자 하며, 이를 위해 다음의 문제에 초점을 맞춘다.

1) '종속(dependency)' 이란 무엇을 의미하며, 종속이론은 어떠한 시각을 보이는가?
2) 저발전에 대한 이해와 저발전 극복을 위한 전략의 차이에 근거하여 어떻게 종속이론가들을 분류할 수 있는가?
3) 종속이론에 대한 비판은 무엇인가?

II. 종속이란 무엇인가?

1. 종속의 개념 정의

종속이라는 용어가 지닌 다양한 속성 때문에 그 개념을 엄격하게 정의할 수는 없으나, 이 용어의 핵심은 종속 상태의 국가는 자율적이고 자력적인 경제발전을 수행할 수 없다는 데 있다. 왜냐하면 종속국은 선진 자본주의국에 대해 불균등하고 과도한 의존관계를 가지고 있기 때문이다. 블라디미르 레닌(Vladimir Lenin)은 그의 노작인 『제국주의 이론』에서 최초로 종속의 개념을 다루고 있다.

---

4) Peter J. Henriot, "Development Alternatives: Problems, Strategies, Values," in Charles K. Wilber(1979), pp.5-10.

> 우리가 자본주의의 제국주의시대 식민지정책에 관해서 말할 때, 금융자본과 이것의 외교정책 즉, 세계의 경제·정치 분할을 위한 강대국들 간의 투쟁 등이 국가 종속의 다양한 형태를 제공하였다는 점을 간과할 수 없다. 식민지 소유국가와 식민지라는 주요한 두 그룹 이외에, 정치적으로는 독립국가지만 실제는 금융 및 외교적 종속의 그물에 갇혀 있는 종속국가들의 다양한 형태가 존재한다.[5)]

이와는 대조적으로 종속이론에 대한 새로운 시각은 식민주의 이후 형태(the post-colonial forms)로서의 국가 간 지배 현상을 제시하고 있다. 종속에 대한 가장 보편적인 정의를 내리고 있는 브라질의 사회과학자 테오토니오 도스 산토스(Theotonio Dos Santos)의 견해는 다음과 같다.

> 종속은 한 국가의 경제가 그 국가가 종속되어 있는 다른 국가의 경제발전 및 확장에 의해 규정되는 경우를 의미한다. 양자간 혹은 다자간 경제의 상호의존 관계 및 이러한 경제 주체들과 세계무역 간의 상호의존 관계는, 한 국가(지배국)의 경제가 확장과 자기보전을 스스로 할 수 있는 반면 다른 국가(종속국가)의 경제는 이러한 과정을 지배국 확장의 단순한 반영으로서만 성취한다고 할 때, 종속관계를 가정할 수 있다. 이러한 관계의 확장은 종속국의 경제 발전에 긍정적, 부정적 효과를 미치고 있다.[6)]

제3세계 국가들의 저발전 분석에 있어 종속이론 시각을 주장하는 연구자들은 주변계급(marginal classes)의 희생을 기반으로 지배엘리트들을 강화시키고 지역발전에 영향을 미치는 외국의 경제적·정치적 영향력을 중점적으로 강조하고 있다.

---

5) *Lenin Selected Works,* Vol.1(Moscow: Progress Books, 1967), pp.142-143, Ronald H. Chilcote, "Dependency: A Critical Synthesis of the Literature," *Latin American Perspectives,* Vol.1(Spring 1974), p.8에서 재인용. 종속이론에 대한 이와 같은 해석은 K. Nkrumah, *Neocolonialism: The Last Stage of Capitalism*(London: Heinemann, 1965)을 참조.

6) Theotonio Dos Santos, "The Structure of Dependence," *American Economic Review,* Vol.60(May 1970), p.231.

한 체제에 대한 외국의 영향은 외부적 요인이 아니라 본질적인 요인으로서, 이것은 저발전 국가 내에서 다양한 형태로 나타나는데 때로는 은폐되거나 교묘하게 정치, 금융, 경제, 기술 및 문화적 효과를 미친다. … 따라서 '종속' 이라는 개념은 전후 자본주의 발전을, 국제적으로 각 지역의 발전과정이 내포하는 차별적인 성향과 연결시킨다. 발전의 수단과 혜택에 대한 접근은 선택적이다. 즉, 수단과 혜택들을 확산시키기보다는 그러한 과정을 통해, 주변계급은 지속적으로 존재하게 될 뿐만 아니라, 특수계층의 특권의 축적은 강화된다.[7)]

제임스 A. 카포라소(J. A. Caporaso)는 '의존(dependence)' 과 '종속(dependency)' 의 개념은 구분되어야 한다고 주장하며 "선진 산업국가들 간의 의존 형태와 주변부 국가들의 세계체제에서의 선진자본주의 국가들에 대한 종속이 단지 정도의 차이만 있는가, 아니면 질적인 차이가 존재하는가" 라는 질문을 제시한다. 카포라소는 이러한 자신의 질문에 대해 다음과 같이 답변하고 있다.

의존이 잘 통합된 민족국가의 타 국가에 대한 외부적 의지(reliance)라면, 남미 사회의 전통에 가까운 종속은 덜 발전되고, 덜 동질적인 사회를 노동의 국제분업에 편입시키는 데 중점을 두는 좀 더 복잡한 관계의 조합을 포함한다. 의존의 개념적인 구성물들은 한 국가의 타 국가에 대한 의존의 크기, 관련된 상품들이 갖는 중요성, 그리고 그 상품들을 다른 곳에서도 구할 수 있는가 하는 문제이다. 종속의 구성물들은 외국으로부터 공급되는 중요생산요소(기술, 자본)의 범위, 발전전략 선택의 제한, 그리고 국내적으로 '왜곡' 된 정책이다.[8)]

카포라소는 의존과 종속의 개념을 구분함으로써 종속의 개념을 명백히 하려 하였다. 이러한 노력은 레이먼드 D. 듀발(R. D. Duvall)[9)]과 데이비드

---

7) Osvaldo Sunkel, "Big Business and 'Dependence'," *Foreign Affairs,* Vol.50 (April 1972), p.519.

8) James A. Caporaso, "Dependence, Dependency and Power in the Global System: A Structural and Behavioral Analysis," *International Organization,* Vol. 32, No.1(Winter 1978), p.13.

9) R. D. Duvall, "Dependence and Dependencia Concept and Argument," *Inter-*

A. 볼드윈(David A. Baldwin)[10]에 의해서 지속되었다.

2. 종속이론의 시각

종속이론가들은 하나의 이론을 고수하기보다는 일반 가정들, 분석의 우선 사항, 일련의 가치들을 공유하고 있다. 카포라소는 근대화이론과의 비교를 통해 종속이론을 다음과 같이 설명하고 있다.[11]

① 근대화이론가들이 저발전의 국내적 요인들에 중점을 두는 반면, 종속이론가들은 국내외적 요인들 간의 상호작용을 강조한다.
② 근대화이론가들이 국가를 유일한 분석의 단위로 간주하는 반면, 종속이론가들은 다국적기업 및 사회계급 역시 중요한 단위로 추가한다.
③ 근대화이론가들이 그들의 이론을 현실을 설명하기 위한 지적인 구성물이라고 간주하는 반면, 종속이론가들은 현실을 변화시키기 위해 그들의 이론을 견지한다.
④ 근대화이론가들은 제3세계 국가들이 먼저 발전된 국가들의 역사적 경로를 똑같이 따른다고 생각하는 반면, 종속이론가들은 현재의 역사적 경로는 오늘날의 자본주의 선진국들의 발전에 의해서 왜곡되었다고 주장한다.

이러한 우선 사항들과 가치들을 가정한다면, 종속이론가들이 대략적인 합의를 이루는 다음과 같은 4가지 이론적 명제가 존재한다.[12]

---

national Organization, Vol.32, No.1(Winter 1978), pp.51-78.

10) David A. Baldwin, "Interdependence and Power: A Conceptual Analysis," *International Organization,* Vol.34, No.4(Autumn 1980), pp.471-495.

11) James A. Caporaso, "Theory: Continuities and Discontinuities in Development Studies," *International Organization,* Vol.34, No.4(Autumn 1980), p.613.

1) 근대화이론의 이중구조(dualism)에 대한 비판

종속이론가들은, 근대 자본주의 경제의 특성을 결여한 저발전 국가들 자체의 전통적 (또는 퇴행적) 영역들 내부의 사회·문화적인 조건을 저발전 국가들의 발전에 있어서 가장 큰 장애로 보는 근대화이론가들(확산주의)의 주장에 반박한다. 종속이론가들에 따르면, 제3세계 국가들의 저발전은 근대 자본주의적 요소의 결여에 기인한 것이 아니라 오히려 선진자본주의 국가의 팽창과 밀접하게 연결되어 있다는 것이다.

2) 중심-주변 구조

종속이론가들에 의하면 세계는 두 개의 부분으로 구분되어 있다. 국제적 노동분업에서 보다 유리한 지위를 차지하고 선진기술을 가진 풍요로운 산업화 국가들이라는 '중심(center 또는 metropolis)'과 저발전된 빈국이라는 '주변(periphery 또는 satellite)'이다.[13] 세계적 규모의 자본주의는 소수(중심)를

---

12) 이러한 4개의 이론적 명제들은, Thomas Angotti, "The Political Implications of Dependency Theory," *Latin American Perspectives,* Vol.8(Summer and Fall 1981), pp.126-127과 Richard C. Bath and Dilmus D. James, "Dependency Analysis of Latin America: Some Criticism, Some Suggestions," *Latin American Research Review,* Vol.11, No.3(1976), p.5를 기반으로 선택되었다.

13) A. G. Frank, *Capitalism and Underdevelopment in Latin America* (New York: Monthly Review Press, 1967); A. G. Frank, *Latin America: Underdevelopment or Revolution* (New York: Monthly Review Press, 1969); Theotonio Dos Santos, "The Structure of Dependence," *American Economic Review,* Vol.60(May 1970); Samir Amin, *Unequal Development: An Essay on the Social Formations of Peripheral Capitalism* (New York: Monthly Review Press, 1976) 참조. 어떤 학자는 세 가지 범주로 구분한다. 즉 중심국과 종속국 사이에 "중개국(go-between)" 또는 "반주변부(semi-periphery)"라고 불리는 범주를 첨가한다. "반주변 국가는 계급(부르주아-프롤레타리아)의 이율배반과 노동분업(중심-주변)에 기초한 자본주의적 세계경제에서 특수한 역할을 수행한다. 부분적으로 그들은 중심국가를 위한 주변지역으로 기능하며 또 다른 부분에서 그들은 어떤 주변부 지역을 위한 중심국가로 기능한다." Immanuel Wallerstein, "Semi-Peripheral Countries and the Contemporary World Crisis," *Theory and Society,* Vol.3(1976); Johan Galtung, "A Structural Theory of Imperialism," *Journal of Peace Research,* Vol.8(1971); Vincent A. Mahler, *Dependency Approach to International Political Economy* (New York: Columbia

위한 발전과 다수(주변부)를 위한 저발전을 생산한다. 이러한 중심·주변부 구조 속에서 주변부의 저발전은 일시적인 전(前)자본주의 상황이 아니라, 영속적인 조건이라는 것이다. 다시 말해 발전과 저발전은 지속적인 발전단계에서의 시차의 문제이기보다는 단일하게 통합된 자본주의 경제체제의 상반된 측면이다.

3) 불평등 교환: 비교우위의 비판

저발전은 국제무역에 있어서 주변부 국가들에게 불리한 무역조건과 연계되어 있다. 중심과 주변부의 국제무역은 결국, '고 기술·고 임금·고 이윤' 생산물과 '저 기술·저 임금·저 이윤' 생산물들의 불평등 교환이라는 것이다.[14] 즉, 국제무역이란 중심 국가에 의한 주변부 국가의 착취에 불과하다고 주장한다.

4) 의존이 아닌 종속

주변부 국가들의 종속 상황은 다른 국가들에 대한 단순한 '외부적 의존(external reliance)'의 결과는 아니다. 이러한 상황들은 내부적인 정책결정 과정, 사회구조 및 문화적 요인들까지 포함하는 구조적 관계들을 포함한 보다 복합적인 것이다. 정리하자면, 종속상황은 외부적 의존, 집중(con-

---

Univ. Press, 1980) 참조.

14) 엠마누엘(Arghiri Emmanuel)의 불평등 교환(unequal exchange)이론과 프레비시(Raul Prebish)의 교역조건 불평등(unequal terms of trade) 이론 사이에는 강한 유사성이 있다. 두 이론 모두 만약 중심-주변이 서로 다른 생산품을 특화하고, 임금이 불평등하다면, 그때 상품은 불평등하게 거래된다는 사실을 보여준다. 그러나 프레비시가 주장한 중심적 요소는 제3세계 상품은 천연자원이라는 사실에 집중하고 있다. 이 천연자원은 가격 면에서 장기간에 걸쳐 약화되어온 특징을 가지고 있다. 반면 엠마누엘은 중요한 것은 어떠한 물건을 생산하느냐가 아니라 어디에서 만들어졌느냐에 있다고 주장한다. 엠마누엘은 프레비시가 시장가격을 연구하고 있었던 것과는 달리, 마르크스의 가격체계 속에서 자신의 이론을 발전시켰다. Arghiri Emmanuel, *Unequal Exchange: A Study in the Imperialism of Trade* (New York: Monthly Review Press, 1972); Joseph L. Love, "Raul Prebisch and the Origins of the Doctrine of Unequal Exchange," *Latin American Research Review,* Vol.15(1980) 참조.

centration: 외부적 의존의 분포 상태), 내부적 분열(internal fragmentation)이라는 내·외부적 요소들이 복합적으로 작용하고 있는 상태인 것이다.[15]

III. 종속이론의 분류

비록 '종속이론가(dependentistas)' 라는 용어를 정당화하는 기본적인 동질성이 있다 하더라도, 종속이론가들 사이에는 분석접근법, 강조의 정도 및 종속을 극복하려는 전략 등에 있어서 차이가 존재한다. 〈표 2-1〉은 종속이론의 다양한 분류를 보여주고 있다. 다수의 학자들 — 예를 들어, 페르난두 카르도주(Fernando Henrique Cardoso),[16] 필립 J. 오브라이언(Philp J. O'Brien),[17] 리차드 C. 베스(Richard C. Bath)와 딜머스 D. 제임스(Dilmus D. James),[18] 가브리엘 팔머(Gabriel Palma),[19] 산자야 롤(Sanjaya Lall),[20] 로날드 H. 칠코트(Ronald H. Chilcote),[21] 그리고 클레어 S. 베카(Claire Savit Bacha)[22] —

15) James A. Caporaso and Behrouz Zare, "An Interpretation and Evaluation of Dependency Theory," in Herold Munoz (ed.), *From Dependency to Development* (Boulder: Westview Press, 1981), pp.48-50.

16) F. H. Cardoso, *Notas Sobre Estato e Dependencia* (Sao Paulo: Centro Brasileiro de Analise e Planejamento, 1973), Ronald H. Chilcote, *Theories of Comparative Politics: The Search for a Paradigm* (Boulder: Westview Press, 1981), p.298에서 재인용.

17) Philp J. O'Brien, "A Critique of Latin American Theories of Dependency," in Ivar Oxaael and et al. (eds.), *Beyond the Sociology of Development* (London: Routledge & Kegan Paul, 1975), pp.7-27.

18) Bath and James(1976), pp.6-11.

19) Gabriel Palma, "Dependency: A Formal Theory of Underdevelopment or a Methodology for the Analysis of Concrete Situations of Underdevelopment?" *World Development,* Vol.6(1978), pp.881-924.

20) Snjaya Lall, "Is 'Dependence' a Useful Concept in Analysing Underdevelopment?" *World Development,* Vol.3(1975), p.800.

21) Ronald H. Chilcote, "Dependency: A Critical Synthesis of the Literature," *Latin*

〈표 2-1〉 종속이론의 분류들

학자	종속이론 분류
카르도주	•자율적 국가발전(Jaguaribe) •국제독점자본주의(Baran & Sweezy) •구조적 종속 및 종속자본주의(Cardoso)
오브라이언	•ECLA 구조주의자(Sunkel, Furtado) •마르크시스트 종속이론(Marini, Dos Santos, Frank) •마르크시스트 구조주의자(Quijano, Ianni, Cardoso)
베스 및 제임스	•보수주의자(Prebisch, Wionczek) •온건파(Furtado, Sunkel, Dos Santos) •급진파(Frank, Cockroft, Johnson, Petras)
팔머	•남미발전에 대한 ECLA의 분석(Sunkel, Furtado) •남미의 저발전 이론(Frank, Marini, Dos Santos) •구체적인 종속의 상황(Cardoso)
롤	•중도 사회주의적 민족주의자(Frutado, Sunkel) •증대되는 급진파들(Cardoso, Dos Santos) •명백한 혁명가들(Frank)
칠코트	•저발전의 발전(Frank, Rodney) •신종속(Dos Santos) •종속과 발전(Cardoso) •종속과 제국주의(Baran & Sweezy)
베카	•중심-주변 종속(Vasconi) •종속과 제국주의(Lenin) •저발전의 자본주의적 발전(Frank) •신종속(Dos Santos) •내부적 종속(Cardoso & Faletto)

American Perpective, Vol.1(Spring 1974), pp.4-29.

22) Claire Savit Bacha, *A dependencia nas relacoes internacionais: uma introducao a experencia brasileria* (Rio de Janeiro: Instituto Universitario de Pesquisas do Rio de Janeiro, 1971), Ronald H. Chilcote(1981a), p.298에서 재인용.

는 종속이론을 3~5개로 분류하였다. 이들은 각기 다른 관점에서 종속이론에 대한 다양한 입장과 방향들을 종합하고 있다.

카르도주, 오브라이언, 롤 및 팔머는 대략 세 가지 범주로 종속이론을 분류하였는데, 이를 기반으로 종속이론을 다음의 세 가지 범주로 분류한다. ① ECLA(Economic Commission for Latin America)학파, ② 온건파(the Moderates) ③ 급진파(the Radicals). 이러한 분류는 다양한 종속이론의 관점과 종속상황을 극복하려는 전략들의 차이에 근거한다.

1. ECLA 학파

식민지 시대부터 1930년대에 이르기까지 남미는 원료와 농산물의 수출을 통해 발전을 달성하려고 하였다. 이러한 외부지향적 발전(outward-oriented development)이 1930년대의 대공황 시기 동안 수출을 통한 소득이 감소하면서 타격을 받게 되자 내부지향적 발전(inward-oriented development)을 강조하는 새로운 전략이 제시되었다. 이러한 주장은 1948년에 설립된 UN 라틴아메리카 경제위원회(ECLA)에 동참하던 경제학자들의 저작을 통해 나타났다.[23]

1) 프레비시(Raul Prebisch)

ECLA 초기 입장의 주요한 신조들은 초대 사무총장인 라울 프레비시(Raul Prebisch)에 의해 구축되었다. 그는 원료 가격의 장기적인 약세가 자본주의경제 고전이론이 가정하고 있는 국제무역의 긍정적인 결과들을 의미없게 만든다고 주장하였다.[24] 그의 논거는 다음과 같다.

---

23) Philip O'Brien(1975), pp.8-9.

24) Joseph L. Love(1980), pp.45-72.

> 제조업을 중심으로 한 공업국가들은 만족할 만한 수준에서 그들의 생산품 가치를 유지함으로써 생산을 효과적으로 통제할 수 있다. 그러나 이것은 농업과 축산업 중심 국가들에는 해당되지 않는다. … 그들의 생산은 농업생산자 간 조직의 결여 및 (생산품의) 성격상 비탄력적이다.[25]

이러한 신조 아래 그는 라틴아메리카의 저발전은 세계경제에 있어서 라틴아메리카가 처해 있는 위치 및 그 국가들이 자본주의 경제정책을 채택한 결과라고 주장하였다.[26] 프레비시는 세계를 두 개의 부분으로 구분했는데, 부유한 국가들로 이루어진 중심과 저발전된 빈국들로 이루어진 주변부가 그것이다.[27] 프레비시에 따르면, 주변부에 있어서의 자본주의의 과정은 중심부의 그것과 상이하다.

프레비시는 이러한 주변부 자본주의 이론을 종속에 연계시키고 있다. 라틴아메리카에서의 주변자본주의는 소수의 특권계급의 이익에 맞게 조정되며, 따라서 대중을 배제시킨다. 또한 결과적인 자본축적의 결여는 주변-중심의 관계에 연결된다.

> 종속이라 하면, 나는 중심과 주변의 관계를 의미한다. 주변부는 경제문제뿐만 아니라, 정치문제 및 대내 정책의 전략까지도 중앙의 결정에 종속되어 있다. 외부적인 압력으로 인해서, 국가가 자신이 수행해야 하거나 하지 말아야 할 것을 자발적으로 결정할 수 없는 상황이 초래된다. 구조적인 변화는 이런 상황을 인식하게 하며, 이러한 인식 및 자율권에 대한 기대는 체제를 비판적으로 이해하는 데 있어서 필수적인 요소 중의 하나이다.[28]

---

25) Joseph L. Love(1980), p.52.

26) Philip O'Brien(1975), p.9.

27) Joseph L. Love(1980), p.45.

28) Raul Prebisch, "The Dynamics of Peripheral Capitalism," in Louis Lefeber and Liisa L. North (eds.), *Democracy and Development in Latin America,* No.1 (Toronto: Studies on the Political Economy, Society and Culture of Latin America and the Caribbean, 1980), p.25 in Ronald H. Chilcote, *Theories of Development and Underdevelopment* (Boulder: Westview Press, 1984), pp.26-27에서 재인용.

프레비시는 종속상황을 상쇄시키기 위한 해결책으로 보호주의 정책을 통한 수입대체산업을 제안하는 한편, 생산성 향상과 시장규모 확대를 위해서 주변부 국가 간 경제통합을 지지하였다.[29] 실제로 프레비시는 1960년대 국제연합무역개발협의회(UNCTAD)의 사무총장으로서, 원자재의 가격하락으로 인해 주변부로부터 유출된 생산성 소득에 대한 보상으로 중심에서 주변부로의 자원 이전을 내용으로 하는 '호혜주의'를 주창하였고, 이것은 그 후 신국제경제질서(New International Economic Order)의 초석이 되었다.[30]

프레비시의 구상은 자주적인 국가발전을 강조하고 있다는 점에서 자유주의적 혹은 마르크스주의적 접근법이 아니다.[31] 그는 주변부 국가들이 수입대체의 형태로 국가개입을 통해서 국제경제 상황에 적응할 수 있는 방법을 모색하고자 한다. 프레비시는 저발전국가들은 이런 경로를 통해 종속을 극복할 수 있다고 생각한 것이다.[32]

2) 순켈(Osvaldo Sunkel)

칠레 경제학자인 오스발도 순켈은 주변부 국가들은 천연자원을 수출하고 공산품을 수입한다는 점을 지적하며, 이러한 국제무역의 구조를 주변부 국가들의 저발전을 초래하는 원인으로 간주한다.[33] 순켈은 국내적인 경제문제와 세계경제체제의 관계를 분석함으로써, 발전과 저발전이 자본주의체제의 역사적 진보에 있어서 동시에 발생된 서로 다른 측면이라는 것을 나타내고자 하였다.[34] 그는 국제적으로 나타나는 주변부 체제의 분열이 주변부

---

29) Philip O'Brien(1975), p.10.

30) Bath and James(1976), pp.6-7.

31) 프레비시에 따르면, 국가는 생산수단의 단순한 국유화보다는 더 주요한 역할을 담당해야 한다. 즉, 국가는 중심과 주변 간의 장애와 반목을 극복하기 위해 사기업과 공기업을 조화시켜야 하는 것이다.

32) Ronald H. Chilcote(1984), p.27. 베스와 제임스는 프레비시가 외국 투자 및 원조의 부정적인 결과를 무시한다는 점에서 그를 보수주의자로 간주하고 있다.

33) Osvaldo Sunkel(1972), pp.517-531.

34) Osvaldo Sunkel(1972), p.520.

국가들에 있어 심대한 국가분열을 초래하는 과정에 초점을 맞추고 있다. 이러한 연구는 다국적기업에 대한 분석을 통해 보완되고 있는데, 다국적기업은 고소득계층을 위한 소비재를 생산하고, 자본집약적 기술을 이용함으로써, 결국 지역경제를 왜곡시킨다는 것이다.[35]

순켈은 종속을 '종속적 국가자본주의'와 다국적기업들의 행위가 반영된 것이라고 간주한다. 정부는 다국적기업의 확장에 필요한 사회간접자본을 제공하고 점증하는 탈국적화(denationlization)에 대한 반발을 억압함으로써, 불평등과 주변화를 확대시키는데, 이러한 과정을 통해 국가자원의 소유권과 통제의 많은 부분들이 점차 외국기업으로 이전된다.[36]

이러한 문제들의 해결책으로 순켈은 3가지의 개혁적 수단을 제안한다. 즉, 농지개혁, 공업화를 위한 1차산업 생산물 수출의 활용 및 소수 특권계층의 소비수요로부터 대중의 기초적 필수품으로 산업영역을 재조직화할 것 등이 그것이다.[37]

> 우리들이 주시하고 있는 것은 그들의 국제경제관계에 있어서 우리 국가들의 국가이익에 대한 주장이다. 목표는 더 큰 자율성인데, 이러한 자율성은 '종속'과 주변화(marginalization)가 없는 발전을 달성하기 위해 필요하다. 이러한 목표를 달성하기 위해서는 국제경제관계의 현 체제에 나타나는 비대칭적 성격을 철저히 개혁하여야 한다.[38]

3) 푸르타도(Celso Furtado)

브라질 경제학자인 푸르타도는 18세기 유럽의 산업발전은 그 후 전 세계의 거의 모든 지역의 경제발전을 왜곡시키고 또한 구속시켰다고 주장한

---

35) Osvaldo Sunkel(1972), pp.527-529; Osvaldo Sunkel, "Transnational Capitalism and National Disintegration in Latin America," *Social and Economic Studies*, Vol.22, No.1(1973), pp.132-176을 참조.

36) Osvaldo Sunkel(1972), pp.529-530.

37) Osvaldo Sunkel(1972), p.530.

38) Osvaldo Sunkel(1972), p.531.

다.[39] 그에 따르면 자본주의의 팽창은 세계경제구조에 있어 '혼성구조(hybrid structures)' 를 만들었는데, 즉 자본주의체제와 전(前)자본주의체제의 특성이 뒤섞여 있다는 것이다. 따라서, 저발전 현상은 이런 형태의 '이중경제(dual economy)의 문제' 라고 여겨졌다.[40]

푸르타도에게 있어서 저발전은 "불연속적인 역사적 과정으로서, 이미 높은 수준의 발전을 달성한 경제들이 필수적으로 거쳐야만 했던 과정은 아니다."[41] 다시 말해, 저발전은 근대 자본주의 경제를 달성하기 위한 과정에 있어서 필수적인 단계라기보다는 근대자본주의 경제가 침투함으로써 발생되는 특수한 단계인 것이다. 또한 그는 소수의 특권계층이 자신들의 소비형태를 선진자본주의 국가들의 가치에 조화시키려는 주변부 자본주의의 소비형태에 대해서 분석하며 다음과 같이 주장하고 있다.

> 경제생산성의 증가에 항상 동반되어 나타나는 것은 새로운 소비형태의 이전, 즉 인구 중 소수 계층의 생활방식이 근대화된다는 것을 의미한다. 수입대체산업을 통한 산업화의 기간 동안 1차산업 생산물에 대한 외부적 요구는 더 이상 종속경제를 변화시키는 데 있어 중요한 역할을 하지 못한다. 기술진보는 당분간 성장을 추동시키지만, 일단 대체할 수 있는 것들이 소진되고 나면 소수의 부유 계층을 위한 새로운 생산품들이 국내적으로 생산되는 방식으로 역동적인 역할은 변화되어야 한다.[42]

프레비시와는 달리 푸르타도는 수입대체와 산업화의 한계를 인지하고

---

39) Celso Furtado, "Elements of a Theory of Underdevelopment: the Underdeveloped Structures," in Henry Bernstein (ed.), *Underdevelopment and Development: The Third World Today* (Middlesex, England: Penguin Books Ltd., 1973a), p.33.

40) Celso Furtado(1973a), p.34.

41) Celso Furtado(1973a), p.34.

42) Celso Furtado, "The Concept of External Dependence in the Study of Underdevelopment," in Charles K. Wilber (ed.), *The Political Economy of Development and Underdevelopment* (New York: Random House, 1973b), p.121.

종속과 저발전을 극복하기 위한 해결책으로 국가주의적인 중앙계획과 투자를 강조하였다.[43] 따라서 프레비시, 순켈 및 푸르타도의 전략은 차이는 있으나 기본적으로 국가주의적인 자주적 발전을 강조하고 있다는 점에서 공통점을 지닌다.

2. 온건파(The Moderates): 카르도주, 팔레토

카르도주와 엔소 팔레토(Enzo Faletto)는 ELCA 학파의 시각을, 어떤 한 국가에서는 공산품을 생산함으로써 이익을 얻고, 다른 국가에서는 원료를 생산함으로써 이익을 얻는 즉, '비교우위(comparative advantage)' 를 강조하는 자유주의에 대한 대안으로 간주한다.[44] 그러나 그들은 ECLA 학파의 접근법을 '사회계급의 분석' 을 전개시키는 데 실패했다고 비판하는데, 왜냐하면 ECLA 학파는 '국가 간 제국주의적 관계' 에 대한 주의를 기울이지 못하였고, '계급 간 비대칭적 관계' 를 고려하지 않았다는 것이다.[45] 카르도주와 팔레토는 종속이론을 창안하려고 하기보다는 외부세력과 내부세력을 연결시키는 구조적 종속을 강조하는 '구체적 종속의 상황' 에 주안점을 두고 있다.

> 우리들은 내·외부 세력의 관계를 복합적인 전체로 간주하는데, 그러한 전체의 구조적인 연계는 단순히 외부의 착취 및 강압에 기반하기보다는 그 사회 내의 지배계급과 국제적인 지배계급 간 이익의 조화에 근거하며 다른 한편에서는 그 사회 내의 피지배집단과 계급에 의해서 도전을 받고 있다. 이러한 상황 속에서, 그 사회 내의 지배계급과 국제적인 지배계급 간 일치된 이익들은 비록 노동자계급 및 농민계급은 포함하지 않는다 하더라도, 그러한 이익에 반하는

---

43) Ronald H. Chilcote(1984), p.35.

44) Fernando Henrique Cardoso and Enzo Faletto, *Dependency and Development* (Berkeley: Univ. of California Press, 1979), p.viii.

45) Cardoso and Faletto(1979), p.viii.

외국 세력의 침투로부터 자신들을 보호하기 위해서 일부 중류 계급을 포함하는 범위까지 확장할 수도 있다. 국가적 종속의 상황에서 외부의 지배는(이런 상황은 외부세력에 의한 더욱 직접적인 억압이 나타나는 순수한 식민지의 상황과는 반대이다.) 외부이익이 내부화된다는 가능성을 의미한다.[46]

카르도주와 팔레토는 종속은 외부적인 변인이 아니라, 종속의 동일한 전체 범위 안에서 다른 사회계급 간 사회관계의 일부분이라고 강조한다.[47] 따라서 그들에게 있어서 구조적 종속의 분석목적은 "각 국가의 내부수준뿐만 아니라 국제적 수준에서의 계급 간, 민족국가 간의 상호관계를 설명하는 것이다."[48]

카르도주와 팔레토는 "자본의 축적과 팽창이 체제 내에서 그것의 필수적인 구성성분을 찾지 못할 때 체제는 종속적이다"라고 단언한다.[49] 그리고 종속의 형태는 변화한다고 주장하는데, 이들에 의하면 종속에는 3가지 상황이 존재한다.

① 고립(enclave)경제: 외국 투자자본은 원료 및 상품의 수출을 보장하게 하기 위해서 급여와 세금의 형태로 현지의 생산과정에 침투하며, 그것의 가치는 현지의 노동력을 착취함으로써 증대된다.
② 현지의 부르주아에 의해 통제되는 경제: 자본축적의 출발점이 외부적이지 않고 내부적이며, 또한 축적은 그 사회 내의 현지 기업가들에 의한 천연자원의 전유 및 노동력 착취의 결과이다.[50]
③ 현재의 종속적 산업경제: 종속의 새로운 형태로서 다국적기업들이 고립경제에서와 마찬가지로 중요한 역할을 하고 있다. 그러나 여기에는

46) Cardoso and Faletto(1979), p.xvi.
47) Cardoso and Faletto(1979), pp.xiv-xv.
48) Cardoso and Faletto(1979), p.xviii.
49) Cardoso and Faletto(1979), p.xx.
50) 이러한 종속의 두 가지 상황은 다국적기업의 역동성에 근거한 오늘날의 국제자본주의 체제에 앞서 이미 보편적이었다. Cardoso and Faletto(1979), p.xix.

> 고립경제와는 중요한 차이가 존재한다. 즉, 산업생산의 중요한 부분은 수출되기보다는 국내시장에서 팔린다는 것이다.[51] 그리고, 현재의 종속경제에 있어서, 주변부의 산업화는 대중의 소비를 위해서라기보다는, 중심부에서와 마찬가지로 특권계급의 사치스러운 소비를 위해 생산품을 공급하는 것이다.[52]

카르도주와 팔레토는 발전과 저발전, 혹은 제국주의와 종속을 동전의 양면으로 간주하지 않는다.[53] 카르도주는 근대자본주의와 제국주의는 레닌의 초기 개념과는 다르다고 주장하였으며, 자본축적은 금융통제의 결과라기보다는 다국적 거대기업자본의 결과로 보았다. 그는 자본주의가 저발전을 초래한다는 주장을 반박하며, 자본주의적 경제발전은 새로운 종속의 형태로 통합된 주변부 국가에서도 나타날 수 있다고 주장한다.[54] 그는 주변부 국가에서 새로운 종속이 발생하였다고 믿는데, 그것은 산업화와 생산력의 성장을 포함한다. 새로운 종속은 정체보다는 구조적인 역동성을 갖고 있는 것이다.[55]

그러나 그는 또한 이러한 발전은 종속적인 자본주의적 발전이기 때문에 종속의 제약들을 감소시킨 것이 아니라, 어떤 의미에서는 주변부 국가들이 취할 수 있는 선택의 폭을 줄어들게 한다고 주장했다. 국내적으로 이러한 발전은 국제화된 영역에 연결된 집단과 주변화된 집단 사이의 이익분화를 초래하며, 대외적으로는 주변부에서의 자본축적이 부족하기 때문에 국제자본의 종속적인 파트너로 주변부가 협력하는 것이다.[56]

---

51) Cardoso and Faletto(1979), p.xix.

52) Cardoso and Faletto(1979), p.xxii.

53) Cardoso and Faletto(1979), p.xv.

54) Frenando Henrique Cardoso, "Associated-Dependent Development: Theoretical and Practical Implications," in Alfred Stepan (ed.), *Authoritarian Brazil: Origins, Policies, and Future* (New Haven: Yale Univ. Press, 1973a), p.149.

55) Frenando Henrique Cardoso(1973a), p.149.

56) Frenando Henrique Cardoso(1973a), p.163.

이러한 입장을 근거로 해서 카르도주와 팔레토는 부르주아의 지지를 받은 국가가 국제자본주의의 거대한 세력에 대항하고, 민족주의적 자주노선을 따라 발전을 증진시킬 수도 있다는 것은 비현실적이라고 간주한다. 따라서 그들은 종속을 피하기 위해서는 '근본적인 정치·구조적 변화'가 필요하다고 주장한다.

> 체제 내의 정치위기가 발전을 위한 공적, 사적 투자의 경제정책을 막을 때, 유일한 대안은 시장을 외국자본에 개방한다거나 혹은 사회주의로의 급진적인 정치적 변화를 조성하는 것이다 … 자본주의적 발전이 대다수 국민들의 근본 문제들을 해결할 것이라고 생각하는 것은 비현실적이다 … 중요한 문제는 … 어떻게 사회주의로의 경로를 건설하는가 하는 것이다.[57)]

그러나 카르도주는 사회주의가 무엇을 의미하는지 사려 깊게 고려하지 않았고, 사회주의를 향한 급진적인 정치운동이 어떻게 발생하는가에 대해서도 문제를 제기하지 않았다는 비판을 받는다. 그의 이론이 '무혁명적 대응(non-revolutionary response)'이라는 비판을 받는 이유도 여기에 있다.[58)]

3. 급진파(The Radicals)

급진적 종속이론가들은 종속관계가 단지 내부적인 정치·경제적 결정이나 사회구조를 '형성(shape)'하는 것은 아니라고 주장한다. 그보다는 이러한 것들은 외부세력의 지배나 종속으로부터 이득을 얻는 내부의 통제집단에 의해서 대부분 '결정(determin)'된다. 따라서 그들은 발전을 위한 개혁적, 발

---

57) Cardoso and Faletto(1979), pp.xxiv, 155.

58) John Myer, "A Crown of Thorns: Cardoso and Counter-Revolution," *Latin American Perspectives,* Vol.2(Spring 1975), p.47. 이를 기반으로 칠코트는 카르도주를 순켈과 푸르타도를 따르는 ECLA 수정주의자로 분류하고 있다. Ronald H. Chilcote(1984), p.112.

전주의적 방안을 거부하며, 종속상황을 끝내기 위한 수단으로서 사회혁명을 주장한다. 도스 산토스(Dos Santos), 안드레 G. 프랭크(Andre Gunder Frank), 새미르 아민(Samir Amin)과 임마누엘 월러스타인(Immanuel Wallerstein)이 그들이다.

1) 도스 산토스(Theotonio Dos Santos)

도스 산토스에게 종속은 주변부 국가들을 퇴보시키고 착취당하게 만드는 "조건적 상황(conditioning situation)"이다. 종속은 노동의 국제분업 — 1차산업의 생산자들과 공업(2차산업)제품의 생산자들 간 — 을 의미하는데, 이러한 노동분업은 어떤 국가에서는 발전을 가능하게 하고, 반면 다른 국가에서는 발전을 제한한다.[59] 따라서 자본주의의 발전은 지속적으로 구성원들의 '불평등하고 결합된 발전(unequal and combined development)'[60]을 초래하게 되는 것이다. 즉, '체제 내 일부분의 발전이 다른 부분의 희생을 통해 이루어진다는 측면'에서 불평등하며, 또한 '이러한 불균등한 발전이 가장 낙후하고 종속적인 영역으로부터 가장 발전되고 지배적인 영역으로의 자원이전에 연계된다는 측면'에서 결합된 발전이라는 것이다.[61]

도스 산토스는 역사를 통해 종속을 ① 식민지 종속, ② 금융-산업 종속, 그리고 ③ 새로운 종속 양식으로 구분하고 있다. 식민지 종속은 19세기 유럽과 그들의 식민지 간 관계로서, 토지·광산 및 주변부 국가들의 노동력에 대한 무역독점이 행해졌던 상황을 반영한다. 다음으로 금융-산업 독점은 19세기 말엽 제국주의 기간에 나타났던 것으로, 패권적 중심에서 거대자본의 지배와 주변부에서 중심부의 소비를 위한 원료 및 농산품의 생산이 확장

59) Dos Santos, "The Crisis of Development Theory and the Problems of Dependence in Latin America," in Henry Bernstein (ed.), *Underdevelopment and Development* (Middlesex, England: Penguin Books Ltd., 1973), pp.76-77.

60) '불평등 및 결합된 발전' 이라는 용어는 최초로 트로츠키의 *The Russian Revolution* (Garden City: Doubleday, 1959)에서 나온다.

61) Dos Santos(1970), p.231.

되는 상황이다. 마지막으로 2차 대전 이후부터 새로운 형태의 종속이 나타나기 시작했는데 이러한 새로운 종속은 저발전 국가들의 국내시장을 노리고 현지의 산업에 투자하는 다국적기업의 자본투자를 특징으로 한다.[62)]

도스 산토스는 이러한 행태의 새로운 종속을 '기술-산업 종속(technological-industrial dependency)'으로 명명하고 있다. 그에 따르면 이와 같은 새로운 종속은 기존 종속의 구조를 더욱 심화시키고 국민들이 처해 있는 문제를 더욱 악화시킨다. 이러한 문제들은 국가가 국제적인 상품 및 자본 시장뿐만 아니라, 다국적기업의 역할에 의해 강력한 영향을 받는 국내외적 구조에 순응할 때 발생한다.[63)]

그는 종속국가들의 저발전은 "자본주의와의 통합이 결여되었기 때문이 아니라 … 그 반대로, 종속국가들이 이러한 자본주의 국제체제와 발전법칙에 얽매여 있는 것이 전반적인 발전을 가로막는 가장 큰 장애물이다"라고 주장한다.[64)] 따라서 그는 "주변부 국가들의 지배국가들에 대한 종속관계는 종속국가들의 내부구조 및 외부관계에 있어서의 질적인 변화 없이는 극복될 수 없다"고 주장한다.[65)]

도스 산토스는 종속을 극복하기 위한 방안으로 사회주의 혁명을 제안하고 있다. 그는 ECLA 학파에 의한 발전전략은 "종속적인 발전에 의해 부과된 이런 가공할 속박"을 소멸시킬 수 없으며, 또한 "중도적인 해결책은 공허하고 유토피아적이다"라고 결론 내리고 있다.[66)]

2) 프랭크(Andre Gunder Frank)

프랭크는 봉건주의 및 전(前)자본주의 형태들보다는 자본주의의 독점구조를 경제적 수단으로 강조하는데, 이러한 수단을 통해 중심(metropolises)

62) Dos Santos(1970), p.232.
63) Dos Santos(1970), pp.234-235.
64) Dos Santos(1970), p.235.
65) Dos Santos(1970), p.231.
66) Dos Santos(1970), pp.235-236.

은 주변(satellites)으로부터 경제적 잉여를 빼앗고 전유한다고 설명한다.[67] 그는 세계 규모의 자본주의는 소수(metropolises)의 경제발전과 다수(satellites)의 저발전을 생산한다고 주장하며, 이러한 극화의 형태는 종속국가들 내의 지역들 간에도 나타난다고 지적한다.

> 구조적 저발전의 발생에 있어서 더욱 중요한 것은 종속국가들을 그와 같이 세계경제체제로 편입시킨 후, 그로부터 나오는 경제적 잉여를 유출하는 것이 아니라, 종속국가들의 국내 경제에 동일한 자본주의 구조 및 근본적인 모순들을 주입하는 것이다.[68]

이런 의미에서 발전과 저발전은 시차적으로 연결되어진 발전단계이기보다는 단일하게 통합된 자본주의 경제체제의 서로 다른 측면들로 볼 수 있다. 프랭크의 주장에 의하면 "저발전은 본원적(original)인 것도 아니고 전통적인 것도 아니다. 또한 저발전된 국가의 과거 및 현재는 오늘날 선진국들의 과거와 어떠한 측면에서도 비슷하지 않다. 오늘날 선진국가들은 비록 덜 발전된(undeveloped) 적은 있었을지는 몰라도, 결코 저발전된(underdeveloped) 적이 없었다."[69] 그는 또한 자본주의체제는 중심과 주변간의 오랜 연결사슬을 통해 저발전 세계에 효과적이고 완전하게 침투했으며 따라서, 저발전을 주변부 사회 내의 봉건구조 결과가 아니라 세계자본주의 발전의 결과로 설명하였다.[70] 결과적으로 프랭크는 자본주의적 저발전을 타파하기 위한 해결책으로 사회주의혁명을 제안하고 있으며, 라틴아메리카

67) Andre Gunder Frank, "Development of Underdevelopment," in A. G. Frank, *Latin America — Underdevelopment or Revolution: Essays on the Development of Underdevelopment and the Immediate Enemy* (New York: Monthly Review Press, 1969a), pp.3-17.

68) Andre Gunder Frank, *Capitalism and Underdevelopment in Latin America: Historical Studies of Chile and Brazil* (New York: Monthly Review Press, 1967), p.10.

69) A. G. Frank(1969a), p.4.

70) A. G. Frank(1969a), p.5.

의 부르주아는 구조적으로 제국주의에 독립적인 정치전선을 형성할 능력이 없기 때문에 반제국주의 투쟁은 오직 계급투쟁이 되어야 한다고 주장하였다.[71)]

3) 월러스타인(Immanuel Wallerstein)

보통 월러스타인은 '세계체제이론가'로 구분되고 있다.[72)] 세계체제이론가들은 혁명적인 사회주의를 주장한다는 측면에서 개혁주의자나 온건파와는 다르고, 세계수준에서의 단일한 세계경제체제와 전 세계적인 사회주의를 강조한다는 점에서 급진적인 혁명가들과도 상이하다.[73)] 기본적으로 월러스타인은 끊임없는 자본축적을 추동력으로 하는 자본주의 세계경제인 세계체제가 존재하며, 그들의 내부적인 경제생활을 세계경제에 있어서의 노동분업이라는 맥락에서 파악하지 않는다면, 다양한 국가들을 독립적으로 분석하는 것은 불가능할 것이라고 가정하고 있다.[74)]

월러스타인은 세계체제를 '단일한 노동분업 및 다문화체제를 갖는 단위(a unit with a single division of labor and multiple cultural systems)'로 정의한다.[75)] 또한 그는, 세 개 혹은 심지어 두 개의 세계가 존재한다는 논의마저 거부한다. 그에게 있어서 세계체제는 오직 16세기부터 존재해 오고 있는 자본주의 세계경제만이 단일하게 존재하는데, 그 속에서 지배산업과 지

---

71) Andre Gunder Frank, "Capitalist Underdevelopment or Socialist Revolution," in A. G. Frank, *Latin America—Underdevelopment or Revolution: Essays on the Development of Underdevelopment and the Immediate Enemy* (New York: Monthly Review Press, 1969b), pp.371-409.

72) 월러스타인은 스스로를 종속이론가가 아닌 세계체제이론가로 밝히고 있다. Ronald H. Chilcote(1984), p.139.

73) Ronald H. Chilcote(1984), p.118.

74) Samir Amin, Giovani Arrighi, Andre Gunder Frank and Immanuel Wallerstein, *Dynamics of Global Crisis* (New York: Monthly Review Press, 1982), p.9.

75) Immanuel Wallerstein, "The Rise and Future Demise of the World Capitalist System: Concept for Comparative Analysis," *Comparative Studies in Society and History,* Vol.16(September 1974), p.390.

배국가만이 변화해 오고 있는 것이다.[76)]

> 근대세계의 독특한 측면은 구체적인 구조, 즉 세계경제의 안정화라고 할 수 있는데, 그것의 사회적인 노동분업은 어떠한 정치체보다 더 넓은 경계선을 갖는다. 정치구조는 '경제'를 포함하지 않으나, 정반대로 '세계경제'는 정치구조들 및 국가들을 포함한다.[77)]

따라서 월러스타인은 사회주의체제는 현 세계에 존재하지 않는다고 주장한다. 공산주의 국가도 "자본주의 세계경제시장의 참여자로 남는 한, … 단지 집단적인 자본주의 기업(a collective capitalist firm)일 뿐이다"라고 주장한다.[78)] 월러스타인은 또한 중심-주변 구조의 2원적 모델은 설명되지 않는 부분을 많이 남겨놓기 때문에 세계경제를 특징화시키는 데 충분하지 않다고 주장하고 대신, 반(半)주변 국가(semi-peripheral states)의 중요한 역할을 강조하면서 3원적 모델(중심, 반주변 그리고 주변)을 제안한다.[79)]

> 반주변 국가들은 노동분업에 있어서 계급 간(부르주아-프롤레타리아), 기능 간(중심-주변)의 양 모순에 근거하면서, 자본주의 세계경제의 특별한 역할을 담당한다. … 부분적으로 그들은 중심국가를 위한 주변부 지대의 역할을 하고, 또한 부분적으로는 주변부 지역을 위한 중심국가로 행동한다.[80)]

중심, 반주변 그리고 주변부는 모두 자본주의 세계체제 안에서 각자의

---

76) Immanuel Wallerstein, "Crisis as Transition," in Samir Amin and et al., *Dynamics of Global Crisis* (New York: Monthly Review Press, 1982), pp.21-22.

77) Immanuel Wallerstein(1982), p.13.

78) Immanuel Wallerstein, "Dependence in an Interdependent World: The Limited Possibilities of Transformation within the Capitalist World Economy," in Herold Munoz(1981), p.269.

79) Immanuel Wallerstein(1981), pp.269-270. 이러한 논의로는 Marini의 "Subimperial States"와 Galtung의 "Go-Between Nations"를 참조.

80) Immaunel, Wallerstein, "Semi-Peripheral Countries and the Contemporary World Crisis," *Theory and Society,* Vol.3(1976), pp.462-463.

역할을 갖는다. 중심과 주변 사이의 교환은 고기술·고임금·고이윤 생산품과 저기술·저임금·저이윤 생산품 사이의 '불평등 교환'이다.[81] 월러스타인의 주장에 따르면 "불평등 교환 없이 노동분업의 규모를 확장할 수 없으며, 그러한 확장 없이 자본주의 세계경제를 유지할 수 없다"는 것이다.[82]

결론적으로 월러스타인은 자본주의적 생산양식은 전체로서 세계체제의 주요한 특징이기 때문에, 사회주의로 이행하려는 국가수준의 전략들은 단지 자본주의를 재생산할 수도 있다고 주장한다. 따라서 생산양식으로서의 사회주의—이윤을 위해서가 아닌 사회적 이용을 위한 생산—는 오직 사회주의 세계경제라는 단일한 노동분업 속에서만 달성될 수 있는데, 이는 단일한 사회주의 정부를 필요로 한다.[83]

IV. 종속이론에 대한 비판

종속이론은 종속에 대한 관점과 종속상황을 극복하기 위한 전략에서의 차이 등 주장하는 바가 다양하여 이에 대한 비판 역시 다양한 입장을 취하고 있다. 종속이론에 대한 비판은 자유주의적 비판과 비(非)종속 마르크스주의 비판(non-dependency Marxist critics)으로 구별할 수 있다.

1. 자유주의 비판가들

토니 스미스(Tony Smith)에 따르면 종속이론가들의 주요한 오류는 그들

81) Immanuel Wallerstein(1981), p.271.

82) Immanuel Wallerstein(1981), p.271.

83) Immanuel Wallerstein(1981), pp.287-288. 월러스타인의 사회주의에 대한 정의는 Immanuel Wallerstein(1982), pp.50-51를 참조.

이 제3세계 국가들에서 발생하는 저발전의 주요 원인들을 국내적인 것이 아니라 국외적인 것—국제체제의 구조—이라고 주장하는 데 있다.84) 스미스는 다음과 같이 주장한다.

> 이 학파의 상당수 학자들이 전체(이 경우 국제체제)가 그들의 부분(구성국가들)의 합보다 크기 때문에, 부분들은 전체와 떨어져서는 중요한 역할을 담당하지 못하며, 단지 체제 안에서의 자신의 위치에 따라 기능적으로 구체적인 방식들만을 작동한다고 가정하는 오류를 범하고 있다.85)

그는 "종속이론은 후진국의 민족주의를 이데올로기적 통일전선으로 흡수하기 위한 마르크시즘의 역사적으로 구체화된 시도"라고 주장한다.86)

한편, 또 다른 자유주의 학자인 데이비드 레이(David Ray)는 '자본주의적 종속'과 '사회주의적 종속'을 비교하려고 시도하면서, 종속이론이 안고 있는 다음과 같은 3가지의 기본 논리와 경험적 오류를 지적하고 있다.

① 종속모델은 종속이 자본주의 경제에 의해서 연유된다고 주장한다. 종속이론가들은 동일한 적용이 가능하며 보다 포괄적인 설명을 의식적으로 무시하며, 비논리적인 구실을 통해 자신들의 연구를 전개시킨다.
② 종속모델은 개별적인 외국 투자는 라틴아메리카의 발전에 있어서 언제나 착취적이며 손해를 끼친다고 주장한다. 이러한 주장은 매우 복잡한 현실을 지나치게 단순화하는 것이다. 더욱이 이러한 지나친 단순화는 불완전하고 명백히 잘못된 증거들에 기반하고 있다.
③ 종속모델은 반복적으로 종속/비종속을 이분적인 변인으로 상정하면서, 엄밀하게 정의되어 있지도 않은 비종속이 잠재적으로 달성 가능

84) Tony Smith, "The Underdevelopment of Development Literature: The Case of Dependency Theory," *World Politics,* Vol.31(January 1979), p.248.

85) Tony Smith(1979), p.252.

86) Tony Smith(1979), p.261.

한 대안이라고 주장한다. 그러나 이는 종속/비종속이 연속적인 변인이라는 점을 인정하지 않는 것으로, 종속이론은 종속을 크게 감소시킬 수 있는 많은 정책대안들을 무시하고 있는 것이다.[87)]

산자야 롤(Sanjaya Lall)은 종속의 개념은 '순환적 방식'으로 정의되어 있다고 주장한다. 즉, 후진국들은 그들이 종속되어 있기 때문에 가난하다는 것이다.[88)] 그는 또한 저발전의 이론이라고 주장되는 종속의 개념은 두 가지의 기준을 만족시켜야 한다고 주장한다.

① 비종속적인 경제에서는 나타나지 않는 종속경제들의 일정한 특징들을 규정해야 한다.
② 이러한 특징들이 종속국가들에 있어서 발전경로와 형태에 역으로 영향을 미친다는 것이 드러나야 한다.[89)]

따라서 롤의 결론에 따르면, "종속의 개념은 정의되기 어렵고, 또한 종속이 지속되는 저발전의 상황과 인과적으로 연계되어 있다고 볼 수 없는 것이다."[90)]

2. 비종속 마르크스주의 비판가들

아우구스틴 쿠에바(Augustin Cueva)에 따르면 종속이론에는 일종의 역설

---

87) David Ray, "The Dependency Model of Latin American Underdevelopment: Three Basic Fallacies," *Journal of Interamerican Studies and World Affaris,* Vol.15 (February 1973), p.7.

88) Sanjaya Lall, "Is 'Dependence' a Useful Concept in Analysing Underdevelopment?" *World Development,* Vol.3(1975), p.800.

89) Sanjaya Lall(1975), p.800.

90) Sanjaya Lall(1975), p.808.

이 존재한다. 다시 말해 종속이론은 "마르크시즘과 비슷한 시각에서 부르주아의 사상을 비판하는 한편, 동시에 부르주아 사회과학과 '발전주의적(desarrollista)' 접근법에서 차용된 개념을 이용해 마르크스·레닌주의를 비판하고 있는 것이다." 따라서 그는 종속이론을 '마르크스가 없는 네오마르크시즘의 추구' 라고 비판한다.[91]

비종속 마르크시스트들에게 있어서 종속이론이 문제가 되는 이유는 그것이 내포하는 민족적인 정서 때문이다. 제임스 H. 위버(James H. Weaver)와 마게리트 버거(Marguerite Berger)는 선진국들의 발전이 그 사회 안에서의 프롤레타리아에 대한 착취에서 비롯된 것이 아니라, 저발전된 국가들에 대한 착취로부터 기인한다고 주장하는 종속이론가들의 입장에 반박한다.[92] 이러한 관점에서 종속이론은 계급투쟁을 국가 및 지역적 대립으로 치환했다고 비판받는다. 토마스 앙고티(Thomas Angotti)는 다음과 같이 주장하고 있다.

> 종속학파 내의 극단적인 좌파는 국가 간 대립을 국제적인 계급투쟁의 한 부분으로서 이해하는 데 실패하였다면, 우파는 계급투쟁을 국가 간 (혹은 '사회구성체' 간) 투쟁으로 전락시킨다. 결국 계급투쟁이론은 포기되는 것이다.[93]

마르크시스트들은 또한 국제무역(불평등 교환)이 종속과 저발전의 확대를 초래하는 주요변인이라는 종속이론가들의 시각에 비판적이다. 그들에 따르면 국제무역이 저발전을 영속화시킬 수도 있지만 그렇지 않을 수도 있다. 마르크시스트에게 있어서 저발전을 발생시키는 것은 자본주의적 생산양식

---

91) Augustin Cueva, "A Summary of Problems and Perspectives of Dependency Theory," *Latin American Perspectives,* Vol.3(Fall 1976), p.12.

92) James H. Weaver and Marguerite Berger, "The Marxist Critique of Dependency Theory: An Introduntion," in Charles K. Wilber (ed.), *Political Economy of Development and Underdevelopment* (New York: Random House, 1973), p.47.

93) Thomas Angotii, "The Political Implications of Dependency Theory," *Latin American Perspectives,* Vol.8(Summer and Fall 1981), p.129.

(mode of production)이다.[94] 토마스 와이스콥(Thomas Weisskopt)은 다음과 같이 지적하고 있다.

> 나의 주요한 논지는 저발전의 이러한 측면들이 단순히 종속 자체에서 기인한다고 볼 수 없다는 것이다. 왜냐하면, 그것들은 종속적인 형태를 취하든 그렇지 않든 간에 자본주의적 생산양식의 작동에 내재되어 있기 때문이다. 따라서 종속을 저발전의 주요 원인으로 간주하기보다는 자본주의 속에서 필수적으로 나타나는 저발전을 악화시키는 조건이라고 보는 것이 더욱 적실하다.[95]

결론적으로, 쿠에바는 종속은 "어떤 한 사회에 있어서의 구체적인 존재형태"일 뿐이며, "종속이론이 위치할만한 이론적 공간은 없다"고 결론 내리고 있다.[96]

V. 맺는말

이 장의 목적은 종속이론을 보다 명확하게 이해하고, 이에 관한 상이한 주장들을 조망하는 데 있다. 이를 위해서 종속의 정의, 일반적인 시각들, 종속이론의 분류 및 종속이론의 비판들에 대해서 검토하였다. 종속이라는 용어가 지닌 다양한 속성 때문에 그 개념을 엄격하게 정의내릴 수는 없지만, 일반적으로 종속이란 자율적이고 자력적인 경제발전을 수행할 수 없는

---

94) Weaver and Berger(1973), p.56.

95) T. E. Weisskoph, "Dependence as an Explanation of Underdevelopment: A Critique," Paper presented to the 6th National Meeting of the Latin American Studies Association in Atlanta(1976), p.21, Gabriel Palma, "Dependency: A Formal Theory of Underdevelopment or a Methodology for the Analysis of Concrete Situations of Underdevelopment?" *World Development,* Vol.6(1978), p.902에서 재인용.

96) Augustin Cueva(1976), p.15.

상황을 의미한다.

이처럼 종속에 대한 통일된 이론이 부재하기 때문에, 이에 대한 비판은 우파뿐만 아니라 좌파에서도 제기되고 있다. 이들이 지적하고 있는 종속이론의 주요한 결점은 상술한 바와 같이 저발전의 기원을 설명함에 있어, 저발전과 종속이 순환적인 방식으로 설명된다는 것이다.

그러나 비판이 없는 사회과학의 이론적 접근법은 존재하지 않으며, 종속이론이 국제정치경제의 발전과 저발전이라는 실체에 있어서 새로운 시각을 열었다는 측면은 부정할 수 없다. 구체적으로 이러한 시각은 제3세계 국가들의 저발전 문제와 누가 발전을 통제하는가라는 주요한 문제에 초점을 맞추고 있다. 종속이론은 세계경제의 구조를 밝히고, 종속적인 경제의 추동법칙(the laws of motion)을 전개시키려고 노력하고 있다. 결론적으로 근대화이론가들이 간과해 왔던 저발전의 국외적 요인과 그것의 국내적 요인들과의 연결을 밝혀내고자 하는 종속이론가들의 노력은 국제정치경제 연구에 있어서 매우 중요한 공헌이라고 볼 수 있는 것이다.

그러나 여전히 종속이론가들이 대답해야 할 질문은 남아 있다. 첫째, 종속이론은 식민지 이전 제3세계가 선진자본주의 국가들보다 발전하지 못했던 것은 어떻게 설명할 수 있나? 둘째, 종속이론은 동아시아의 한국, 싱가포르, 홍콩, 대만 같은 신흥공업국들(NICs: Newly Industrializing Countries)과 중국의 경제발전을 어떻게 설명할 것인가?(〈부록 2-1, 2-2〉 참조) 마지막으로 종속이론은 '전통적' 마르크시즘에 대한 대안인가(an alternative to traditional Marxism) 혹은, 마르크시스트 패러다임 안의 하나의 구체적인 이론인가(a specific theory within Marxist paradigm)? 이는 앞으로 종속이론가 스스로가 규명해야 할 과제이다.

참고문헌

Amin, Samir. 1974. *Accumulation on a World Scale: A Critique of the Theory of Underdevelopment*. New York: Monthly Review Press.

_____. 1976. *Unequal Development: An Essay on the Social Formations of Peripheral Capitalism*. New York: Monthly Review Press.

Amin, Samir, Giovani Arrighi, Andre Gunder Grank, and Immanuel Wallerstein. 1982. *Dynamics of Global Crisis*. New York: Monthly Review Press.

Angotti, Thomas. 1981. "The Political Implications of Dependency Theory." *Latin American Perspectives* 8, Summer and Fall.

Bacha, Claire Savit. 1971. *A dependencia nas relacoes internacionais: uma introducao a experencia brasileria*. Rio de Janeiro: Instituto Universitario de Pesquisas do Rio de Janeiro.

Baldwin, David A. 1980. "Interdependence and Power: A Conceptual Analysis." *International Organization* 34(4), Autumn.

Baran, Paul A. 1960. *The Political Economy of Growth*. New York: Prometheus.

Baran, Paul A., and Paul M. Sweezy. 1966. *Monopoly Capital: An Essay on the American Economic and Social Order*. New York: Monthly Review Press.

Bath, Richard C., and Dilmus D. James. 1976. "Dependency Analysis of Latin America: Some Criticism, Some Suggestions." *Latin American Research Review* 11(3).

Bernstein, Henry (ed.). 1973. *Underdevelopment and Development: The Third World Today*. Middlesex, England: Penguin Books Ltd.

Bhagwati, Jagdish N. (ed.). 1972. *Economics and World Order: From the 1970's to the 1990's*. London: The Macmillan Co.

Caporaso, james A. 1978. "Dependence, Dependency and Power in the Global System: A Structural and Behavioral Analysis." *International Organization* 32(1), Winter.

_____. 1980. "Theory: Continuities and Discontinuities in Development Studies." *International Organization* 34(1), Autumn.

Cardoso, Fermando Henrique. 1972. "Dependency and Development in Latin America."

New Left Review 74, July-August.
_____. 1973a. "Associated-Dependent Development: Theoretical and Practical Implications." In Alfred Stepan (ed.). *Authoritarian Brazil: Origins, Politics, and Futures.* New Haven: Yale University Press.
_____. 1973b. "The Industrial Elite in Latin America." In Henry Bernstein (ed.). *Underdevelopment and Development: The Third World Today.*
Cardoso, Fernando Henrique, and Enzo Faletto. 1979. *Dependency and Development.* Berkeley: Univ. of California Press.
Chase-Dunn, Christopher. 1975. "The Effects of International Economic Dependence on Development and Inequality: A Cross-National Study." *American Sociological Review* 40, December.
Chilcote, Ronaldo H. 1974, "Dependency: A Critical Synthesis of the Literature." *Latin American Perspectives* 1, Spring.
_____. 1978. "A Question of Dependency." *Latin American Research Review* 13(2).
_____. 1981a. *Theories of Comparative Politics: The Search for a Paradigm.* Boulder: Westview Press.
_____. 1981b. "Issues of Theory in Dependency and Marxism." *Latin American Perspectives* 8, Summer and Fall.
_____. 1984. *Theories of Development and Underdevelopment.* Boulder: Westview press.
Chilcote, Ronaldo H., and Joel C. Edelstein (eds.). 1974. *Latin America: The Struggle with Dependency and Beyond (4th edition).* New York: Schenkman Publishing Co.
_____. 1983. *Theories of Development: Mode of Production or Dependency?* Beverly Hills: Sage Publication Co.
Cockroft, James D. et al. (eds.). 1972. *Dependence and Underdevelopment: Latin America's Political Economy.* New York: Doubleday & Co.
Cueva, Augustin. 1976. "A Summary of Problems and Perspectives of Dependency Theory." *Latin American Perspectives* 3, Fall.
Dos Santos, Theotonio. 1970. "The Structure of Dependence." *American Economic Review* 60, May.
_____. 1973. "The Crisis of Development Theory and the Problems of Dependence in Latin America." In Henry Bernstein (ed.). *Underdevelopment and Development.*
Duvall, Raymond D. 1978. "Dependence and Dependencia Concept and Argument." *International Organization* 32(1), Winter.
Edelstein, Joel C. 1981. "Dependency: A Special Theory Within Marixism Analysis." *Latin American Perspectives* 8, summer and Fall.
Emmanuel, Arghiri. 1972. *Unequal Exchange: A Theory of the Imperialism of Trade.*

New York: Monthly Review Press.
Frank, Andre Gunder. 1967. *Capitalism and Underdevelopment in Latin America: Historical Studies of Chile and Brazil.* New York: Monthly Review Press.
_____. 1969a. "The Development of Underdevelopment." In A. G. Frank. *Latin America — Underdevelopment or Revolution: Essays on the Development of Underdevelopment and the Immediate Enemy.* New York: Monthly Review Press.
_____. 1969b. "Capitalist Underdevelopment or Socialist Revolution." In A. G. Frank. *Latin America — Underdevelopment or Revolution: Essays on the Development of Underdevelopment and the Immediate Enemy.* New York: Monthly Review Press.
_____. 1974. "Dependence is Dead, Long Live Dependence and the Class Struggle: A Reply to Critics." *Latin American Perspectives* 1, Spring.
_____. 1975. "Development and Underdevelopment in New World: Smith and Marx vs. the Weberians." *Theory and Society* 2, Spring.
_____. 1978. *Dependent Accumulation and Underdevelopment.* New York: Monthly Review Press.
Furtado, Celso. 1970. *Obstacles to Development in Latin America.* Translated by Charles Ekker. New York: Doubleday & Co.
_____. 1973a. "Elements of a Theory of Underdevelopment: the Underdeveloped Structures." In H. Berstein (ed.). *Underdevelopment and Development.*
_____. 1973b. "The Concept of External Dependence in the Study of Underdevelopment." In Charles K. Wilber (ed.). *The Political Economy of Development and Underdevelopment.*
Griffin, Keith. 1979. "Underdevelopment in History." In Charles K. Wilber (ed.). *The Political Economy of Development and Underdevelopment.*
_____. 1979. "Underdevelopment in Theory." In Charles K. Wilber (ed.). *The Political Economy of Development and Underdevelopment.*
Henfrey, Colin. 1981. "Development, Modes of Production, and the Class Analysis of Latin America." *Latin American Perspectives* 8, Summer and Fall.
Henriot, Peter J. 1979. "Development Alternatives: Problems, Strategies, Values." In Charles K. Wilber (ed.). *The Political Economy of Development and Underdevelopment.*
Howe, Gary Niguel. 1981. "Dependency Theory, Imperialism and the Production of Surplus Value on a World Scale." *Latin American Perspectives* 8, Summer and Fall.
Johnson, Carlos. 1981. "Dependency Theory and Process of Capitalism and Socialism." *Latin American Perspectives* 8, Summer and Fall.
Kaufman, Robert R., and et al. 1975. "A Preliminary Test of the Theory of Dependency."

Comparative Politics 7(3), April.
Lall, Sanjaya. 1975. "Is 'Dependence' a Useful Concept in Analysing Under-development?" *World Development* 3.
Lenin Selected Works. 1967. Vol.1. Moscow: Progress Books.
Love, Joseph L. 1980. "Raul Prebisch and the Origins of the Doctrine of Unequal Exchange." *Latin American Research Review* 15(3).
Munck, Ronaldo. 1981. "Imperialism and Dependency: Recent Debates and Old Dead Ends." *Latin American Perspectives* 8, Summer and Fall.
Munoz, Herold. 1981. *From Dependency to Development: Strategies to Overcome Underdevelopment and Inequality*. Boulder: Westview Press.
_____. 1981. "Introduction: The Various Roads to Development." In H. Munoz (ed.). *From Dependency to Development.*
Myer, John. 1975. "A Crown of Thorns: Cardoso and Counter-Revolution." *Latin American Perspectives* 2, Spring.
O'Brien, Philip. 1975. "A Critique of Latin American Theories of Dependency." In Ivar Oxaael and et al. (eds.). *Beyond the Sociology of Development.*
Organski, A.F.K. 1965. *The Stages of Political Development.* New York: Alfred A. Knopf.
Oxaal, Ivar, Tony Barnett, and David Booth (eds.). 1975. *Beyond the Sociology of Development.* London: Routledge & Kegan Paul.
Packenham, Robert. 1992. *The Dependency Movement: Scholarship and Politics in Dependency Studies.* Cambridge, Mass: Harvard University Press.
Palma, Gabriel. 1978. "Dependency: A Formal Theory of Underdevelopment or a Methodology for the Analysis of Concrete Situations of Underdevelopment?" *World Development* 6.
Petras, James. 1967. "The Roots of Underdevelopment." *Monthly Review* 9, February.
Prebisch, Raul. 1980. "The Dynamics of Peripheral Capitalism." In Louis Lefeber and Liisa L. North (eds.). *Democracy and Development in Latin America.* No.1, Toronto: Studies on the Political Economy, Society and Culture of Latin America and the Caribbean.
_____. 1985. "Power Relations and Market Laws." In Kwan S. Kim and David Ruccio (eds.). *Debt and Development in Latin America.* Notre Dame: University of Notre Dame Press.
Ray, David. 1973. "The Dependency Model of Latin American Underdevelopment: Three Basic Fallacies." *Journal of Interamerican Studies and World Affairs* 15, February.
Rostow, Walt W. 1960. *The Stages of Economical Growth: A Non-Communist Manifesto.* Cambridge: Cambridge Univ. Press.
Roxborough, Ian. 1979. *Theories of Underdevelopment.* Atlantic Highlands: Humanities

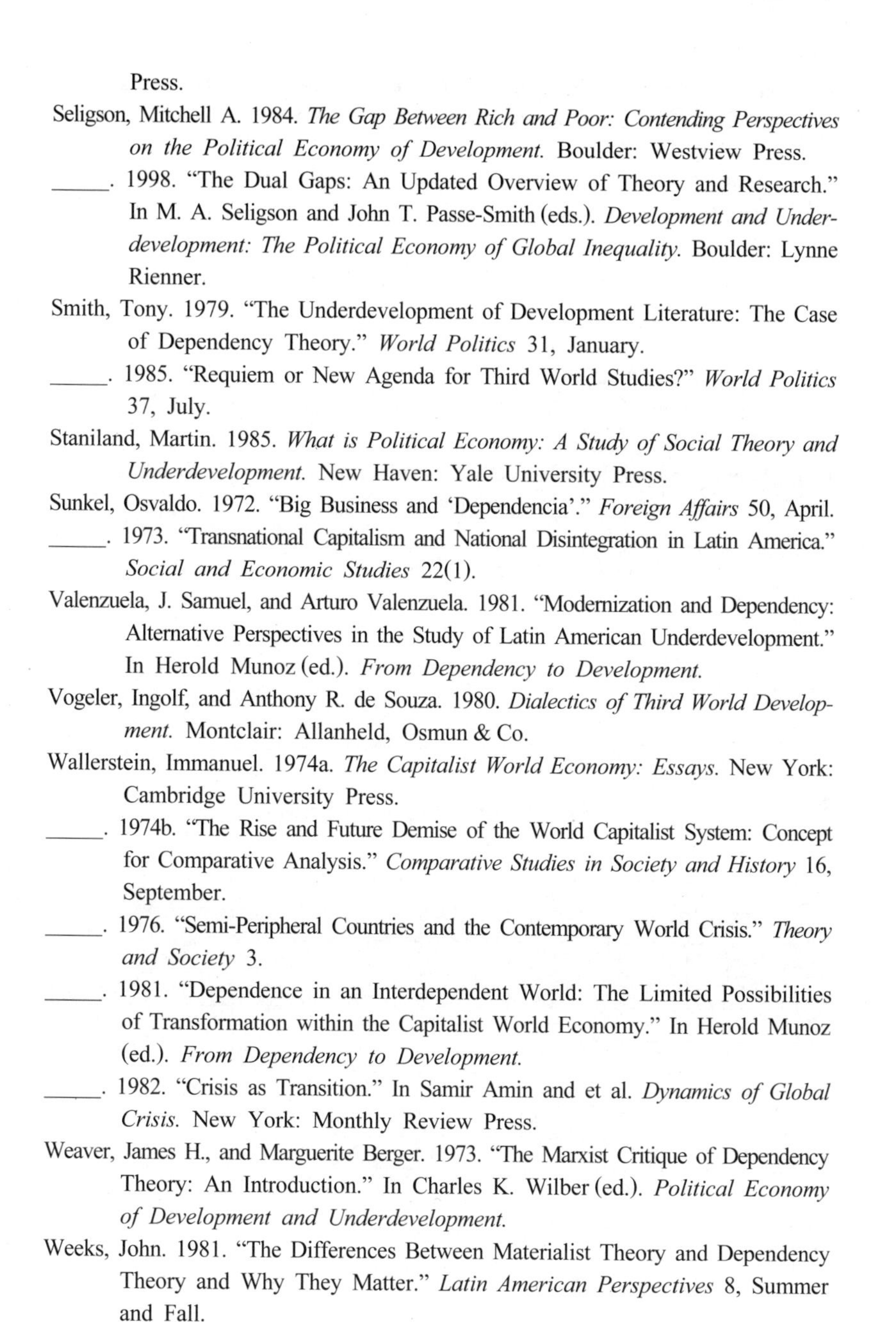

Press.

Seligson, Mitchell A. 1984. *The Gap Between Rich and Poor: Contending Perspectives on the Political Economy of Development.* Boulder: Westview Press.

_____. 1998. "The Dual Gaps: An Updated Overview of Theory and Research." In M. A. Seligson and John T. Passe-Smith (eds.). *Development and Underdevelopment: The Political Economy of Global Inequality.* Boulder: Lynne Rienner.

Smith, Tony. 1979. "The Underdevelopment of Development Literature: The Case of Dependency Theory." *World Politics* 31, January.

_____. 1985. "Requiem or New Agenda for Third World Studies?" *World Politics* 37, July.

Staniland, Martin. 1985. *What is Political Economy: A Study of Social Theory and Underdevelopment.* New Haven: Yale University Press.

Sunkel, Osvaldo. 1972. "Big Business and 'Dependencia'." *Foreign Affairs* 50, April.

_____. 1973. "Transnational Capitalism and National Disintegration in Latin America." *Social and Economic Studies* 22(1).

Valenzuela, J. Samuel, and Arturo Valenzuela. 1981. "Modernization and Dependency: Alternative Perspectives in the Study of Latin American Underdevelopment." In Herold Munoz (ed.). *From Dependency to Development.*

Vogeler, Ingolf, and Anthony R. de Souza. 1980. *Dialectics of Third World Development.* Montclair: Allanheld, Osmun & Co.

Wallerstein, Immanuel. 1974a. *The Capitalist World Economy: Essays.* New York: Cambridge University Press.

_____. 1974b. "The Rise and Future Demise of the World Capitalist System: Concept for Comparative Analysis." *Comparative Studies in Society and History* 16, September.

_____. 1976. "Semi-Peripheral Countries and the Contemporary World Crisis." *Theory and Society* 3.

_____. 1981. "Dependence in an Interdependent World: The Limited Possibilities of Transformation within the Capitalist World Economy." In Herold Munoz (ed.). *From Dependency to Development.*

_____. 1982. "Crisis as Transition." In Samir Amin and et al. *Dynamics of Global Crisis.* New York: Monthly Review Press.

Weaver, James H., and Marguerite Berger. 1973. "The Marxist Critique of Dependency Theory: An Introduction." In Charles K. Wilber (ed.). *Political Economy of Development and Underdevelopment.*

Weeks, John. 1981. "The Differences Between Materialist Theory and Dependency Theory and Why They Matter." *Latin American Perspectives* 8, Summer and Fall.

Weisskopf, Thomas E. 1976. " Dependence as an Explanation of Underdevelopment: A Critique." Paper presented to the 6th National Meeting of the Latin American Studies Association in Atlanta.

_____. 1979. "Imperialism and the Economic Development of the Third World." In Charles K. Wilber (ed.). *Political Economy of Development and Underdevelopment.*

Wilber, Charles K. (ed.). 1973. *Political Economy of Development and Underdevelopment (1st edition).* New York: Random House.

_____. 1979. *Political Economy of Development and Underdevelopment (2nd edition).* New York: Random House.

World Bank. 1999. *World Development Report 1998-1999.* New York: Oxford University Press.

World Bank, http://data.worldbank.org/income-level/OEC; http://data.worldbank.org/income-level/LIC (검색일: 2011년 1월 10일).

【부록 2-1】 GDP 순위 추이(1961~2009)

(단위: 십억 달러)

	1961		1965		1970		1975	
	국가명	GDP	국가명	GDP	국가명	GDP	국가명	GDP
1	미국	539.05	미국	712.08	미국	1,024.80	미국	1,623.40
2	영국	76.69	프랑스	102.16	서독	208.87	일본	505.32
3	프랑스	68.35	영국	100.60	일본	205.99	서독	474.80
4	일본	53.51	일본	90.95	프랑스	146.99	프랑스	357.03
5	**중국**	50.10	**중국**	69.71	영국	124.80	영국	236.43
6	이탈리아	44.84	이탈리아	67.98	이탈리아	109.25	이탈리아	219.38
7	캐나다	40.77	인도	58.83	**중국**	91.51	캐나다	170.69
8	인도	38.81	캐나다	53.91	캐나다	86.30	**중국**	161.16
9	스웨덴	16.15	아르헨티나	28.34	인도	61.19	브라질	123.71
10	브라질	15.24	호주	26.13	브라질	42.33	스페인	111.44
11	멕시코	14.15	스페인	24.76	호주	41.57	호주	97.84
12	스페인	13.83	스웨덴	23.26	스페인	39.80	인도	97.00

13	네덜란드	13.49	멕시코	21.83	멕시코	35.54	네덜란드	93.23
14	벨기에	12.40	브라질	21.79	네덜란드	35.35	멕시코	88.00
15	스위스	10.71	네덜란드	21.00	스웨덴	35.32	스웨덴	76.89
16	베네수엘라	8.92	벨기에	17.37	아르헨티나	31.58	벨기에	64.79
17	터키	8.02	스위스	15.35	벨기에	26.35	스위스	59.87
18	남아공	7.72	터키	11.95	스위스	22.86	아르헨티나	52.44
19	오스트리아	7.31	남아공	10.97	남아공	17.85	이란	48.94
20	필리핀	7.26	덴마크	10.68	터키	17.09	사우디	46.53
21	덴마크	6.93	오스트리아	9.99	덴마크	16.59	터키	44.63
22	핀란드	5.92	베네수엘라	9.60	오스트리아	15.26	오스트리아	39.77
23	뉴질랜드	5.67	핀란드	8.59	베네수엘라	12.99	덴마크	39.59
24	노르웨이	5.63	노르웨이	8.06	노르웨이	12.73	남아공	36.95
25	그리스	5.02	그리스	7.60	그리스	12.64	노르웨이	32.57
26	방글라데시	4.82	이란	6.15	나이지리아	12.55	인도네시아	32.15
27	칠레	4.71	칠레	6.05	핀란드	11.22	베네수엘라	31.41
28	콜롬비아	4.55	방글라데시	5.91	이란	10.59	핀란드	29.11
29	나이지리아	4.47	파키스탄	5.88	파키스탄	10.03	나이지리아	27.78
30	이집트	4.33	나이지리아	5.87	인도네시아	9.66	그리스	27.45
31	파키스탄	4.05	콜롬비아	5.79	방글라데시	8.99	**한국**	21.46
32	이스라엘	3.49	필리핀	5.78	칠레	8.98	방글라데시	19.40
33	포르투갈	3.42	뉴질랜드	5.65	**한국**	8.90	포르투갈	19.07
34	콩고	3.13	이집트	5.11	포르투갈	7.99	페루	16.41
35	태국	3.03	페루	5.03	이집트	7.68	이라크	16.09
36	페루	2.82	포르투갈	4.69	페루	7.24	알제리	15.56
37	알제리	2.43	태국	4.39	콜롬비아	7.20	필리핀	14.89
38	말레이시아	2.42	콩고	4.04	태국	7.09	태국	14.88
39	**한국**	2.36	이스라엘	3.66	필리핀	6.69	콜롬비아	13.10
40	아일랜드	2.09	말레이시아	3.19	뉴질랜드	6.44	쿠바	13.03
41	모로코	2.03	알제리	3.14	쿠바	5.69	뉴질랜드	12.70
42	푸에르토리코	1.87	**한국**	3.02	헝가리	5.54	이스라엘	12.34
43	이라크	1.83	모로코	2.95	이스라엘	5.37	쿠웨이트	12.02
44	우루과이	1.55	아일랜드	2.95	푸에르토리코	5.03	이집트	11.44
45	**홍콩**	1.53	푸에르토리코	2.88	사우디	5.01	파키스탄	11.34
46	스리랑카	1.45	이라크	2.56	콩고	4.88	헝가리	10.95
47	가나	1.30	**홍콩**	2.43	알제리	4.86	콩고	10.24
48	수단	1.22	쿠웨이트	2.10	말레이시아	4.28	**홍콩**	10.04
49	짐바브웨	1.10	가나	2.05	아일랜드	4.26	UAE	9.92
50	과테말라	1.08	우루과이	1.89	모로코	3.96	말레이시아	9.89

(단위: 십억 달러)

	1980		1990		2000		2009	
	국가명	GDP	국가명	GDP	국가명	GDP	국가명	GDP
1	미국	2,767.50	미국	5,754.80	미국	9,898.80	미국	14,119.00
2	일본	1,071.00	일본	3,058.04	일본	4,667.45	일본	5,069.00
3	서독	919.61	독일	1,714.47	독일	1,900.22	**중국**	4,985.46
4	프랑스	691.14	프랑스	1,244.46	영국	1,477.58	독일	3,330.32
5	영국	541.91	이탈리아	1,133.41	프랑스	1,327.96	프랑스	2,649.39
6	이탈리아	459.83	영국	1,012.58	**중국**	1,198.48	영국	2,174.53
7	캐나다	268.89	캐나다	582.72	이탈리아	1,097.34	이탈리아	2,112.78
8	브라질	235.02	스페인	520.96	캐나다	724.92	브라질	1,573.41
9	스페인	226.00	러시아	516.81	브라질	644.70	스페인	1,460.25
10	멕시코	194.36	브라질	461.95	멕시코	581.43	캐나다	1,336.07
11	**중국**	189.40	**중국**	356.94	스페인	580.67	인도	1,310.17
12	인도	183.80	인도	317.47	**한국**	533.38	러시아	1,231.89
13	네덜란드	180.77	호주	314.52	인도	460.18	호주	924.84
14	사우디	164.31	네덜란드	294.87	호주	416.92	멕시코	874.81
15	호주	150.78	**한국**	263.78	네덜란드	385.07	**한국**	832.51
16	스웨덴	131.88	멕시코	262.71	아르헨티나	284.20	네덜란드	792.13
17	벨기에	125.12	스웨덴	244.46	터키	266.57	터키	614.60
18	스위스	112.09	스위스	238.21	러시아	259.71	인도네시아	540.27
19	이란	90.04	벨기에	202.56	스위스	249.92	스위스	491.92
20	오스트리아	81.47	오스트리아	164.85	스웨덴	247.26	벨기에	471.16
21	남아공	80.71	터키	150.68	벨기에	232.37	폴란드	430.08
22	인도네시아	78.01	아르헨티나	141.35	오스트리아	191.20	스웨덴	406.07
23	아르헨티나	76.96	핀란드	138.85	사우디	188.44	노르웨이	381.76
24	덴마크	69.71	덴마크	135.84	폴란드	171.28	오스트리아	381.08
25	터키	68.79	노르웨이	117.62	**홍콩**	169.12	사우디	369.18
26	베네수엘라	67.14	사우디	116.78	노르웨이	168.29	이란	331.02
27	나이지리아	64.20	이란	116.04	인도네시아	165.02	그리스	329.92
28	**한국**	63.83	인도네시아	114.43	덴마크	160.08	베네수엘라	326.13
29	노르웨이	63.71	남아공	112.01	남아공	132.88	덴마크	309.60
30	그리스	54.69	그리스	94.20	그리스	125.56	아르헨티나	307.16
31	핀란드	52.98	태국	85.34	이스라엘	124.75	남아공	285.37
32	이라크	47.56	우크라이나	81.46	태국	122.73	태국	263.77
33	알제리	42.35	포르투갈	77.58	핀란드	121.72	핀란드	237.99
34	콜롬비아	33.40	**홍콩**	76.89	베네수엘라	117.15	콜롬비아	234.05
35	필리핀	32.45	알제리	62.05	포르투갈	117.01	포르투갈	232.87

36	포르투갈	32.42	폴란드	58.98	이란	101.29	UAE	230.25
37	태국	32.35	이스라엘	52.49	콜롬비아	100.36	아일랜드	227.19
38	UAE	29.63	아일랜드	47.82	이집트	99.84	**홍콩**	215.36
39	**홍콩**	28.82	베네수엘라	47.03	아일랜드	96.58	이스라엘	195.39
40	쿠웨이트	28.64	뉴질랜드	44.50	말레이시아	93.79	말레이시아	193.09
41	칠레	27.57	필리핀	44.31	**싱가포르**	92.72	체코	190.27
42	말레이시아	24.94	말레이시아	44.02	필리핀	75.91	이집트	188.41
43	파키스탄	23.69	이집트	43.13	칠레	75.21	**싱가포르**	182.23
44	이집트	22.91	콜롬비아	40.27	파키스탄	73.95	나이지리아	173.00
45	뉴질랜드	22.87	파키스탄	40.01	UAE	70.59	칠레	163.67
46	헝가리	22.16	루마니아	38.30	푸에르토리코	61.04	파키스탄	161.99
47	이스라엘	21.78	**싱가포르**	36.84	체코	56.72	필리핀	161.20
48	아일랜드	21.09	체코	34.88	알제리	54.79	루마니아	161.11
49	페루	20.66	UAE	33.65	페루	53.29	쿠웨이트	148.02
50	불가리아	20.04	헝가리	33.06	뉴질랜드	51.45	알제리	140.58

출처: World Bank 각 연도별 데이터(http://data.worldbank.org)(검색일: 2011년 1월 5일)

【부록 2-2】 1인당 GDP 순위 추이(1961~2009)

(단위: current US$)

	1961		1965		1970		1975	
	국가명	GDP	국가명	GDP	국가명	GDP	국가명	GDP
1	미국	2,935	쿠웨이트	4,453	모나코	12,372	모나코	28,304
2	뉴질랜드	2,343	미국	3,665	미국	4,998	UAE	18,724
3	캐나다	2,231	스웨덴	3,008	스웨덴	4,392	카타르	14,680
4	룩셈부르크	2,209	룩셈부르크	2,768	룩셈부르크	4,254	쿠웨이트	11,939
5	스웨덴	2,147	캐나다	2,740	리히텐슈타인	4,220	리히텐슈타인	10,584
6	스위스	1,971	아이슬란드	2,699	캐나다	4,047	스웨덴	9,385
7	바하마	1,649	스위스	2,621	쿠웨이트	3,862	스위스	9,348
8	이스라엘	1,596	호주	2,295	스위스	3,648	룩셈부르크	8,590
9	노르웨이	1,560	덴마크	2,244	덴마크	3,366	노르웨이	8,127
10	덴마크	1,504	노르웨이	2,165	호주	3,324	덴마크	7,825
11	영국	1,452	뉴질랜드	2,152	노르웨이	3,283	미국	7,517
12	프랑스	1,451	바하마	2,138	바하마	3,172	캐나다	7,354
13	아이슬란드	1,418	프랑스	2,051	프랑스	2,831	브루나이	7,266
14	벨기에	1,353	핀란드	1,882	벨기에	2,734	호주	7,042
15	핀란드	1,327	영국	1,851	네덜란드	2,711	네덜란드	6,822
16	네덜란드	1,159	벨기에	1,839	카타르	2,711	프랑스	6,624
17	베네수엘라	1,134	네덜란드	1,708	서독	2,688	벨기에	6,615
18	오스트리아	1,032	이스라엘	1,429	아이슬란드	2,544	사우디	6,417
19	이탈리아	887	오스트리아	1,378	핀란드	2,436	아이슬란드	6,358
20	아일랜드	741	이탈리아	1,304	뉴질랜드	2,283	핀란드	6,179
21	트리니다드 토바고	682	아르헨티나	1,268	영국	2,243	서독	6,035
22	우루과이	603	브루나이	1,113	오스트리아	2,055	오스트리아	5,263
23	칠레	600	베네수엘라	1,056	이탈리아	2,030	일본	4,514
24	그리스	597	아일랜드	1,024	일본	1,974	영국	4,205
25	일본	564	일본	920	이스라엘	1,806	뉴질랜드	4,114
26	**홍콩**	483	그리스	889	아일랜드	1,445	이탈리아	3,957
27	자메이카	453	트리니다드 토바고	822	그리스	1,438	가봉	3,625
28	스페인	450	스페인	772	브루나이	1,381	이스라엘	3,571
29	**싱가포르**	438	우루과이	701	아르헨티나	1,316	바하마	3,157
30	남아공	430	칠레	700	베네수엘라	1,212	스페인	3,138
31	바베이도스	403	**홍콩**	677	스페인	1,178	그리스	3,034
32	파나마	400	남아공	553	**홍콩**	959	아일랜드	2,895

33	포르투갈	382	자메이카	552	칠레	938	**싱가포르**	2,506
34	멕시코	371	요르단	532	**싱가포르**	914	베네수엘라	2,467
35	코스타리카	355	포르투갈	513	포르투갈	884	트리니다드 토바고	2,414
36	가봉	343	**싱가포르**	512	사우디	873	오만	2,286
37	벨리즈	318	파나마	506	트리니다드 토바고	847	**홍콩**	2,251
38	말레이시아	288	멕시코	506	남아공	808	포르투갈	2,097
39	피지	287	바베이도스	488	우루과이	761	아르헨티나	2,016
40	짐바브웨	283	가봉	448	바베이도스	760	바베이도스	1,638
41	터키	277	페루	438	자메이카	752	남아공	1,494
42	콜롬비아	276	코스타리카	375	멕시코	702	멕시코	1,489
43	페루	276	터키	373	파나마	674	이란	1,474
44	세이셸	270	벨리즈	372	쿠바	653	자메이카	1,421
45	세네갈	264	말레이시아	335	가봉	609	쿠바	1,380
46	필리핀	260	세이셸	328	페루	548	이라크	1,339
47	과테말라	253	피지	317	코스타리카	540	우루과이	1,251
48	세인트 키츠네비스	247	콜롬비아	312	헝가리	536	피지	1,188
49	이라크	238	잠비아	300	터키	472	브라질	1,144
50	엘살바도르	223	짐바브웨	297	벨리즈	444	터키	1,083
	84 **한국**	92	95 **한국**	106	72 **한국**	279	68 **한국**	608

(단위: current US$)

	1980		1990		2000		2009	
	국가명	GDP	국가명	GDP	국가명	GDP	국가명	GDP
1	모나코	52,849	모나코	84,904	모나코	82,741	모나코	203,900
2	카타르	34,122	리히텐슈타인	49,021	리히텐슈타인	75,583	리히텐슈타인	113,210
3	UAE	29,182	스위스	35,491	룩셈부르크	46,458	노르웨이	84,440
4	브루나이	25,534	룩셈부르크	33,182	노르웨이	37,472	룩셈부르크	76,710
5	리히텐슈타인	21,212	스웨덴	28,562	일본	36,789	카타르	69,754
6	쿠웨이트	20,828	핀란드	27,847	미국	35,081	스위스	65,430
7	스위스	17,738	노르웨이	27,732	스위스	34,787	덴마크	59,060
8	사우디	17,108	덴마크	26,428	아이슬란드	30,951	UAE	50,070
9	룩셈부르크	16,357	아이슬란드	25,011	덴마크	29,993	스웨덴	48,840
10	스웨덴	15,870	일본	24,754	카타르	28,793	네덜란드	48,460
11	노르웨이	15,574	미국	23,054	스웨덴	27,879	오스트리아	46,450
12	아이슬란드	14,611	독일	21,584	아일랜드	25,380	미국	46,360
13	덴마크	13,607	프랑스	21,382	**홍콩**	25,375	핀란드	45,940
14	네덜란드	12,775	오스트리아	21,378	영국	25,089	벨기에	45,270
15	벨기에	12,706	캐나다	20,968	네덜란드	24,180	아일랜드	44,280
16	프랑스	12,542	벨기에	20,323	오스트리아	23,866	쿠웨이트	43,930
17	미국	12,180	이탈리아	19,983	캐나다	23,560	호주	43,770
18	서독	11,744	네덜란드	19,721	핀란드	23,514	아이슬란드	43,430
19	핀란드	11,084	호주	18,431	독일	23,114	프랑스	42,620
20	캐나다	10,934	UAE	18,024	**싱가포르**	23,019	독일	42,450
21	오스트리아	10,786	영국	17,688	벨기에	22,666	캐나다	41,980
22	호주	10,263	카타르	15,747	프랑스	21,914	영국	41,370
23	영국	9,623	브루나이	13,699	UAE	21,801	일본	38,080
24	일본	9,171	아일랜드	13,641	호주	21,768	**싱가포르**	37,220
25	바레인	8,855	**홍콩**	13,478	이스라엘	19,836	이탈리아	35,110
26	이탈리아	8,148	스페인	13,415	이탈리아	19,269	스페인	32,120
27	뉴질랜드	7,347	뉴질랜드	12,907	바하마	18,136	**홍콩**	31,420
28	바하마	6,355	바하마	12,386	브루나이	17,996	그리스	29,040
29	가봉	6,278	싱가포르	12,091	쿠웨이트	17,223	뉴질랜드	27,260
30	아일랜드	6,202	이스라엘	11,264	스페인	14,422	키프로스	26,940
31	스페인	6,045	키프로스	9,639	키프로스	13,424	이스라엘	25,790
32	트리니다드 토바고	5,765	그리스	9,271	뉴질랜드	13,336	바레인	25,420
33	**홍콩**	5,692	슬로베니아	8,699	바레인	12,262	슬로베니아	23,520
34	그리스	5,671	쿠웨이트	8,672	그리스	11,501	포르투갈	21,910

35	이스라엘	5,617	바레인	8,581	포르투갈	11,443	바하마	21,390
36	오만	5,038	포르투갈	7,839	**한국**	11,347	**한국**	19,830
37	**싱가포르**	4,859	사우디	7,182	바베이도스	10,168	오만	17,890
38	베네수엘라	4,449	리비아	6,623	슬로베니아	9,999	사우디	17,700
39	키프로스	4,204	바베이도스	6,587	사우디	9,128	체코	17,310
40	우루과이	3,488	가봉	6,425	안티구아 바부다	8,611	트리니다드 토바고	16,700
41	바베이도스	3,456	오만	6,340	오만	8,271	슬로바키아	16,130
42	이라크	3,384	안티구아 바부다	6,324	아르헨티나	7,694	에스토니아	14,060
43	포르투갈	3,320	**한국**	6,153	세이셸	7,579	크로아티아	13,720
44	남아공	2,927	세이셸	5,266	세인트 키츠네비스	7,366	헝가리	12,980
45	멕시코	2,876	크로아티아	5,185	우루과이	6,914	적도기니	12,420
46	아르헨티나	2,734	팔라우	5,085	리비아	6,340	라트비아	12,390
47	칠레	2,466	아르헨티나	4,350	트리니다드 토바고	6,296	폴란드	12,260
48	이란	2,301	트리니다드 토바고	4,158	팔라우	6,266	안티구아 바부다	12,130
49	세이셸	2,288	세인트 키츠네비스	3,788	멕시코	5,935	리비아	12,020
50	불가리아	2,261	러시아	3,485	체코	5,521	리투아니아	11,410
61	**한국**	1,674						

출처: World Bank 각 연도별 데이터(http://data.worldbank.org)(검색일: 2011년 1월 5일)

【부록 2-3】 세계 Top 50 무역국가

1) 2009년

(단위: 10억 달러)

순위	국가	수출액	순위	국가	수입액
1	중국	1,202	1	미국	1,605
2	독일	1,126	2	중국	1,006
3	미국	1,056	3	독일	938
4	일본	581	4	프랑스	560
5	네덜란드	498	5	일본	552
6	프랑스	485	6	영국	482
7	이탈리아	406	7	네덜란드	445
8	벨기에	370	8	이탈리아	413
9	**한국**	364	9	홍콩	352
10	영국	352	10	벨기에	352
11	홍콩	329	11	캐나다	330
12	캐나다	317	12	**한국**	323
13	러시아	303	13	스페인	288
14	싱가포르	270	14	인도	250
15	멕시코	230	15	싱가포르	246
16	스페인	219	16	멕시코	242
17	대만	204	17	러시아	192
18	사우디	192	18	대만	174
19	UAE	175	19	호주	165
20	스위스	173	20	스위스	156
21	인도	163	21	폴란드	147
22	말레이시아	157	22	오스트리아	143
23	호주	154	23	터키	141
24	브라질	153	24	UAE	140
25	태국	152	25	태국	134
26	오스트리아	138	26	브라질	134
27	폴란드	134	27	말레이시아	124
28	스웨덴	131	28	스웨덴	120
29	노르웨이	121	29	체코	105
30	인도네시아	119	30	사우디	96
31	아일랜드	115	31	인도네시아	92
32	체코	113	32	덴마크	83
33	터키	102	33	헝가리	78

순위	국가	총 무역량
1	미국	2,661
2	중국	2,207
3	독일	2,065
4	일본	1,133
5	프랑스	1,045
6	네덜란드	944
7	영국	834
8	이탈리아	818
9	벨기에	722
10	**한국**	687
11	홍콩	682
12	캐나다	647
13	싱가포르	516
14	스페인	506
15	러시아	495
16	멕시코	471
17	인도	412
18	대만	378
19	스위스	329
20	호주	320
21	UAE	315
22	사우디	288
23	브라질	287
24	태국	286
25	말레이시아	281
26	폴란드	281
27	오스트리아	281
28	스웨덴	251
29	터키	243
30	체코	219
31	인도네시아	211
32	노르웨이	190
33	아일랜드	177

34	덴마크	93	34	남아공	73
35	헝가리	84	35	베트남	70
36	이란	78	36	포르투갈	70
37	핀란드	63	37	노르웨이	69
38	남아공	63	38	아일랜드	63
39	베네수엘라	58	39	핀란드	61
40	베트남	57	40	그리스	60
41	슬로바키아	56	41	슬로바키아	55
42	아르헨티나	56	42	루마니아	54
43	칠레	54	43	이란	50
44	나이지리아	53	44	이스라엘	49
45	쿠웨이트	50	45	필리핀	46
46	이스라엘	48	46	우크라이나	45
47	알제리	45	47	이집트	45
48	포르투갈	43	48	칠레	42
49	카자흐스탄	43	49	베네수엘라	41
50	루마니아	41	50	알제리	39
합계		11,588	합계		11,539
세계총액		12,490	세계총액		12,682

34	덴마크	176
35	헝가리	162
36	남아공	136
37	이란	128
38	베트남	127
39	핀란드	124
40	포르투갈	113
41	슬로바키아	111
42	베네수엘라	98
43	이스라엘	97
44	칠레	96
45	루마니아	95
46	아르헨티나	94
47	나이지리아	92
48	알제리	84
49	우크라이나	84
50	필리핀	84
합계		23,083
세계총액		25,173

출처: World Trade Organization, *International Trade Statistics 2010*, p.13에서 재구성

2) 2005~2009년 연평균

(단위: 10억 달러)

순위	국가	수출액	순위	국가	수입액
1	독일	1,194	1	미국	1,889
2	중국	1,116	2	독일	972
3	미국	1,083	3	중국	909
4	일본	663	4	일본	606
5	프랑스	523	5	프랑스	590
6	네덜란드	511	6	영국	570
7	이탈리아	447	7	이탈리아	462
8	영국	416	8	네덜란드	459
9	벨기에	394	9	벨기에	380
10	캐나다	388	10	캐나다	364
11	**한국**	353	11	홍콩	350
12	러시아	335	12	스페인	343
13	홍콩	332	13	**한국**	337
14	싱가포르	281	14	멕시코	268
15	멕시코	251	15	싱가포르	253
16	스페인	231	16	인도	224
17	사우디	226	17	대만	203
18	대만	225	18	러시아	199
19	UAE	171	19	호주	159
20	말레이시아	166	20	터키	153
21	스위스	164	21	스위스	153
22	브라질	153	22	오스트리아	151
23	스웨덴	152	23	폴란드	149
24	오스트리아	148	24	태국	139
25	인도	145	25	스웨덴	136
26	태국	144	26	말레이시아	134
27	호주	142	27	UAE	126
28	노르웨이	131	28	브라질	123
29	폴란드	129	29	체코	107
30	아일랜드	116	30	인도네시아	93
31	인도네시아	113	31	덴마크	90
32	체코	111	32	사우디	86
33	터키	100	33	헝가리	85
34	덴마크	98	34	남아공	80
35	헝가리	85	35	아일랜드	74

순위	국가	총 무역량
1	미국	2,973
2	독일	2,167
3	중국	2,026
4	일본	1,270
5	프랑스	1,114
6	영국	987
7	네덜란드	971
8	이탈리아	911
9	벨기에	775
10	캐나다	753
11	**한국**	691
12	홍콩	683
13	스페인	575
14	싱가포르	535
15	러시아	535
16	멕시코	520
17	대만	430
18	인도	370
19	스위스	318
20	사우디	313
21	말레이시아	302
22	호주	302
23	오스트리아	300
24	UAE	298
25	스웨덴	289
26	태국	285
27	폴란드	279
28	브라질	277
29	터키	254
30	체코	218
31	인도네시아	207
32	노르웨이	203
33	아일랜드	190
34	덴마크	189
35	헝가리	171

36	이란	82	36	포르투갈	73	36	핀란드	151
37	핀란드	78	37	핀란드	72	37	남아공	145
38	베네수엘라	68	38	노르웨이	71	38	이란	129
39	남아공	64	39	그리스	68	39	포르투갈	120
40	나이지리아	61	40	루마니아	60	40	베네수엘라	107
41	쿠웨이트	60	41	베트남	59	41	베트남	107
42	칠레	57	42	이스라엘	54	42	슬로바키아	106
43	알제리	57	43	우크라이나	54	43	이스라엘	105
44	아르헨티나	53	44	슬로바키아	53	44	칠레	102
45	슬로바키아	51	45	필리핀	53	45	우크라이나	100
46	이스라엘	50	46	이란	46	46	필리핀	99
47	베트남	48	47	칠레	44	47	루마니아	98
48	포르투갈	46	48	아르헨티나	40	48	나이지리아	96
49	우크라이나	45	49	베네수엘라	38	49	아르헨티나	94
50	카자흐스탄	45	50	이집트	36	50	그리스	90
합계		12,129	합계		12,259	합계		24,330
세계총액		13,041	세계총액		13,356	세계총액		26,397

출처: World Trade Organization, *International Trade Statistics 2010,* pp.181-184에서 재구성

제3장

다국적기업의 정치경제: 개발도상국에 미치는 영향을 중심으로

I. 머리말

한 국가의 기업이 다른 국가에 직접 투자하는 '해외직접투자(FDI: Foreign Direct Investment)'는 더 이상 새로운 형태의 투자가 아니다. 제2차 세계대전 이후 다국적으로 조직된 기업들의 국제적 투자, 즉 다국적기업(multinational corporation)의 해외직접투자는 그 범위와 성격 면에서 상당한 변화를 거듭해 왔다. 특히 이들 기업들은 투자규모의 막대한 성장세 속에서 수많은 다국적기업을 양산해 왔다.

오늘날 다국적기업들은 대부분 세계적 규모의 대기업들로 이루어져 있다. 2009년 통계를 보면, 세계 50대 다국적기업들이 거둔 총매출액은 평균 1,420억 달러를 기록하였으며, 이 중 선두 기업인 월 마트(Wall Mart Stores)는 무려 약 4,080억 달러의 매출액을 기록했다. 같은 통계에서 상위 10위권 기업들의 매출액은 총 2조 3,432억 달러에 달했다. 이는 저개발국가 120개국의 국내총생산(GDP: Gross Domestic Product)을 넘어서는 수준이다. 실제로 월 마트의 2009년도 매출액은 스웨덴, 노르웨이, 오스트리아와 같은 국가의 GDP를 넘어서는 수준으로 이는 세계 국가 GDP순위 22위에 해당한다.[1] 각각 2~4위를 기록한 다국적기업 로열 더치 쉘(Royal Dutch Shell), 액슨 모빌(Exxon Mobil), 브리티시 페트롤륨(British Petroleum)의 2009년도 매출액도 핀란드, 포르투갈, 이스라엘의 GDP를 넘어서고 있다(〈부록 3-1〉 참조).

다국적기업은 전 세계에 걸친 광범위한 활동영역과 막대한 경제적 잠재력을 보유하고 있다. 일례로 1994년에는 3만 7천 개의 다국적기업들이 20만 개가 넘는 해외 자회사를 운영하고 있었으며, 2001년에 이르러서는 6만 개가 넘는 다국적기업이 전 세계 55개국에 걸쳐 82만 개의 해외 자회사를 거느리게 되었다.[2] 이후 2007년 말에는 7만 9천 개의 다국적기업이 79만 개의 해외 자회사를 운영하고 있는 것으로 집계되고 있다. 연간 해외직접투자액의 경우, 1970년 120억 달러 수준이었으나 2000년에 이르러 1조 2,300억 달러로 증가하였다.[3] 30년 동안 무려 100배가 넘게 성장하게 된 것이다. 이후 2007년은 2조 2,675억 달러로 최고치를 기록한 후, 2009년에는 1조 1천억 달러 수준으로 감소한 것으로 나타났다.[4]

다국적기업에 대한 관심도는 개발도상국들 사이에서 훨씬 높게 나타나고 있다. 이는 다국적기업들의 영향력이 선진국에서보다 개발도상국에서 더욱 높다는 점을 반영하는 것이다. 그러나 대부분 북반구에 위치한 글로벌 기업들은 신제국주의의 표상으로 인식되었으며,[5] 다국적기업에 대한 시

---

1) World Bank, http://data.worldbank.org/indicator/NY.GDP.MKTP.CD; Fortune, http://money.cnn.com/magazines/fortune/global500/2010/full_list (검색일: 2011년 1월 17일)에서 재구성.

2) UNCTAD, *World Investment Report 1994: Transnational Corporations, Employment and the Workplace* (New York: United Nations, 1994), p.3; UNCTAD, *World Investment Report 2001: Promoting Linkages* (New York: United Nations, 2001), p.9.

3) UNCTAD, *Transnational Corporations in World Development: Trends and Prospects* (New York: United Nations, various years).

4) UNCTAD, *World Investment Report 2010: Investing in a Low-Carbon Economy* (Switzerland: United Nations Publication, 2010), p.2.

〈그림 3-1〉 Global 50 headquarters

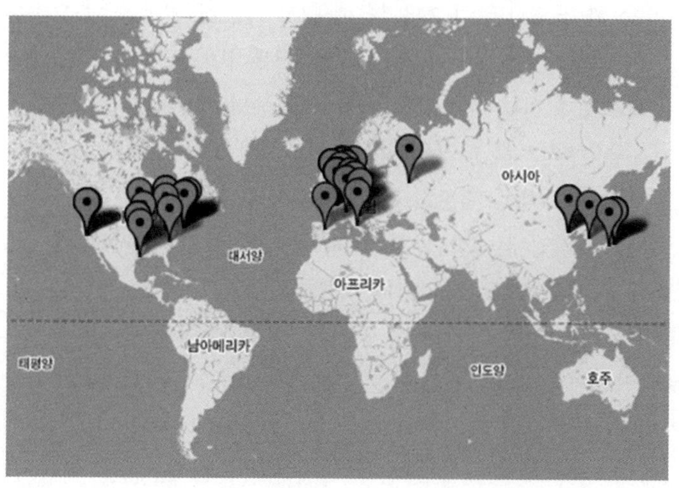

출처: Fortune, http://money.cnn.com/magazines/fortune/global500/2010/maps/top50.html (검색일: 2011.1.17)

선은 점차 정서적 문제로 변질되어 갔다. 1990년대 후반까지 상위 500대 다국적기업들의 해외직접투자 규모는 전체의 90%를 차지하였고, 세계무역 규모의 절반을 차지하게 되었다.[6] 이 중에서 북아메리카, 서유럽 그리고 일본에 본사를 둔 기업은 441개였다. 2010년 현재 이 3개 지역에 본사를 둔 기업은 397개로 집계되고 있다(〈부록 3-3〉 참조).[7]

전 세계에 걸친 다국적기업의 광범위한 활동영역과 높은 경제적 잠재력

---

5) C. W. Kegley Jr. and E. R. Wittkopf, "The Multinational Corporation in World Politics," in C. W. Kegley Jr. and E. R. Eugene (eds.), *The Global Agenda: Issues and Perspectives* (New York: McGraw-Hill, 1998), p.266.

6) Alan Rugman, *The End of Globalization: Why Global Strategy Is a Myth and How to Profit from the Realities of Regional Markets* (New York: AMACOM, 2001), pp.3-8.

7) Fortune, http://money.cnn.com/magazines/fortune/global500/2010/full_list/(검색일: 2011년 1월 17일)에서 재구성.

으로 인해 다국적기업은 국제정치경제학 분야의 주요 관심사로 부상하였다. 따라서 이 장에서는 다국적기업에 대한 개념적 정의와 그 특징들을 검토하고, 아울러 개발도상국에서 다국적기업들이 지닌 경제적, 정치적 영향력을 탐색하고자 한다. 다국적기업을 이해하려는 태도는 대체로 두 가지 관점으로 구분된다. 즉, 다국적기업의 영향력에 대한 평가를 기초로 긍정적 시각과 부정적 시각이 병존하고 있는 것이다.[8]

우선 다국적기업에 대한 긍정적 태도는 고전주의 경제학파와 신고전주의 학파에서 전형적으로 나타난다. 이들은 다국적기업이 개발도상국의 경제적 역량을 향상시키고, 정치적 발전에 기여한다는 데 동의하고 있다. 이에 반해 민족주의 학파, 구조주의 학파, 종속이론가, 마르크스주의자는 다국적기업에 부정적 관점을 유지하고 있다. 이들은 대체로 다국적기업이 개발도상국의 정치적, 경제적 발전을 억제하거나 경제구조를 왜곡시킨다는 데 공통된 견해를 보이고 있다. 여기서는 다국적기업을 둘러싼 두 가지 서로 다른 이론적 관점을 검토하고, 이들이 각각 어떠한 접근방식을 채택하고 있는 지를 살펴보고자 한다.

8) 산자야 롤(Sanjaya Lall)은 해외직접투자에 대한 찬반에 따른 각각 세 가지의 시각을 분류하였다. 먼저 해외직접투자를 찬성하는 시각으로는 1) 경영학파(the business school), 2) 고전주의 경제학파, 3) 신고전주의 경제학파가 있으며, 반대하는 시각으로는 1) 민족주의 학파(the nationalist school), 2) 종속이론 학파(the dependencia school), 3) 마르크스주의자가 있다. Charles P. Kindleberger, "The Multinational Corporation in a World of Militant Developing Countries," in George W. Ball (ed.), *Global Company: The Political Economy of World Business* (Englewood Cliffs: Prentice-Hall, Inc., 1974), p.71.

II. 다국적기업의 정의와 특징

1. 다국적기업의 정의

다국적기업에 대한 정의는 학자에 따라 다양하게 나타난다. 로버트 길핀(Robert Gilpin)은 다국적기업을 "특정 기업의 소유, 경영, 생산 그리고 마케팅을 다수의(several) 국가 관할지역으로 확장시킨 사업체"[9]로 정의하고 있다. 이러한 정의에 따르면, 적어도 다국적기업들이 그 소유권이나 혹은 통제하는 주체가 사실상 다국적이지 않다는 점에서 다국적기업이라는 용어는 분명 잘못 사용되고 있지만, 통상적 용례(general usage)로 사용되고 있다는 것이다.[10]

로버트 하일브로너(Robert. L. Heilbroner)는 다국적기업을 "하나 이상의 국가에 지사나 자회사를 설립한 기업"이라고 정의한다.[11] 또한 다국적기업과 '국제적 기업(international corporation)'을 구분하고 있다. 즉, '다국적' 기업은 기업이 하나 이상의 국가에서 재화와 서비스를 생산하는 반면, '국제적' 기업은 비록 수많은 나라에서 그들의 재화와 서비스를 판매하면서도 그중 대부분을 한 나라에서 생산한다는 점에서 구별된다고 설명한다.[12]

새뮤얼 헌팅턴(Samuel P. Huntington)은 '초국적(transnational)', '다국적(multinational)', '국제적(international)'과 같은 용어들을 명확하게 구분해야 할 것을 주장하면서, "다국적기업들은 기업경영이 매우 초국적이고 인

---

9) Robert Gilpin, *U.S. Power and the Multinational Corporation* (New York: Basic Books Inc., 1975), p.8.

10) Robert Gilpin(1975), p.9.

11) Robert L. Heilbroner and Lester C. Thurow, *The Economic Problem* (Englewood Cliffs: Prentice-Hall Inc., 1987), p.632.

12) Heilbroner and Thurow(1987), p.633.

사부분에 있어서 당연히 다국적 양상을 보이지만, 유니레버(Unilever)나 로열 더치 쉘과 같은 기업들을 제외하면 기업의 통제권은 전적으로 일국적(national)" 이라고 설명한다.[13]

다국적기업의 범주에는 주로 세계적으로 대규모의 회사들이 속해 있다. 이러한 기업들은 단순히 상품을 수출하는 회사라기보다는 제3국에서 상품을 생산하기 위한 막대한 자본, 기술, 경영능력, 마케팅 기법을 소유한 기업들로서 전 세계 도처에 진출해 있다.

대부분 다국적기업들의 생산은 다양한 국가들에서 단계적으로 이루어진다는 점에서 '세계적(world wide)' 성격을 갖는다. 마케팅 또한 국제적인 수준에서 이루어지며, 하나 혹은 여러 국가에서 생산된 상품이 전 세계에 판매된다. 따라서 다국적기업은 필연적으로 여러 나라에 걸쳐 자회사를 거느릴 수밖에 없다. 이러한 점에 미루어 레이먼드 버논(Raymond Vernon)은 다국적기업을 "6개국 이상의 타 국가에 직접투자를 하는 회사" 라고 정의하고 있다.[14] 이처럼 학자들 사이에서 다국적기업에 대한 정의는 다양하게 제기되고 있다. 이들의 정의를 종합해 보면, 다국적기업이란 최대 이윤을 창출하기 위해 유기적으로(in a cohesive manner) 활동하며, 해외직접투자를 통해 성장하는 거대한 기업을 의미한다고 할 수 있다.

2. 다국적기업의 특징

다국적기업은 각각의 역할뿐만 아니라, 업무방식, 기술수준, 조직구조, 상품판매를 위한 시장의 구조에 따라 상당한 차이를 보인다. 그럼에도 불구하고 대부분의 다국적기업들은 일련의 특징을 공유하고 있다. 이러한 특

---

13) Samuel P. Huntington, "Transnational Organizations in World Politics," *World Politics,* Vol.25(April 1973), p.336.

14) Raymond Vernon, *Sovereignty at Bay: The Multinational Spread of U.S. Enterprises* (New York: Basic Books, Inc., 1971), p.11.

징을 살펴보면, 다국적기업의 등장이라는 새로운 현상을 반영하고 있으며, 그러한 현상이 야기한 문제들이 무엇인지를 파악할 수 있게 해준다.

산자야 롤(Sanjaya Lall)과 폴 스트리튼(Paul Streeten)은 *Foreign Investment, Transnational and Developing Countries*(1977)에서, 다국적기업의 가장 중요한 특징을 다음과 같이 제시하고 있다.

① 다국적기업들은 마케팅과 기술이 중요시되는 산업이나 독·과점적인 성격을 지닌 특정 산업분야에서 지배적으로 나타난다.
② 다국적기업의 새롭고 선진화된 상품은 이들 기업의 확장과 고유한 운영방식에 의해 시장을 선도한다.
③ 이러한 상품들은 일반적으로 해당 분야에서 최신기술을 기반으로 생산되고, 풍부한 연구개발(R&D)에 의해 보강되며, 수익을 극대화하기 위한 기술력과 마케팅 능력이 결집된 상품들이 각 지역의 영업장으로 보내진다.
④ 다국적기업의 확장은 본국시장(home market)에서의 과점적인 환경을 전 세계적으로 재생산하는 경향을 보이며 안정성, 예측가능성, 적합한 환경(congenial environment)을 추구하는 것을 특징으로 한다.
⑤ 다국적기업의 과점이 심화됨에 따라 시장 지배를 위한 통상관행(commercial practices)이 창출될 것이며, 이러한 현상은 본국 정부에 의한 공개적, 비공개적인 정책에 의해 장기화되고 강화될 것이다.
⑥ 다국적기업들은 안정적인 정치적 조건을 갖춘 대규모의 빠르게 성장하고 있는 경제를 선호한다.
⑦ 다국적기업이 조직적으로 성장함에 따라 재정, 거점(location), 마케팅, 시장조사와 같은 필수적 기능들이 집중화되었으며, 기업 스스로 재정과 생산에 대한 전 세계적이고 합리적인 전략을 제시한다.
⑧ 과점적 이익(oligopolistic advantage)과 조직 차원에서의 필요성으로 인해 다국적기업은 자회사의 완벽한 혹은 지배적인 소유권을 선호하게 된다. 이는 또한 현존하는 기업들에 대한 인수 합병을 선호하는

이유이기도 하다.

⑨ 국제적인 생산, 교역, 투자 및 기술 분야에서 수백 개 정도의 거대 다국적기업의 역할이 증대되고 있으며, 이들 사이의 권력집중 심화현상은 사회정치적 권력구조 측면에서 개발도상국뿐만 아니라 선진국에 있어서도 중요한 함의를 제공한다.[15]

또한 조안 스페로(J. E. Spero)는 다국적기업의 특성을 다음과 같이 제시하고 있다.

① 다국적기업은 단일 국민국가의 경계를 넘어 기업의 생산과 마케팅을 확장시키는 해외 자회사를 보유하고 있는 기업이다.

② 다국적기업들은 전 세계적인 기업들이다. 이러한 거대 회사들은 과점적 경향을 보이고 있으며, 다국적기업은 그 규모와, 재정자원에 대한 접근성, 그들의 기술력 또는 특별히 차별화되는 상품의 보유 등을 바탕으로 시장을 지배할 수 있다.

③ 다국적기업들은 소유권에 있어서 중요한 조직적 특징을 지닌다. 모(母)기업(parent corporaton)은 해외 자회사들에 대해 단독 소유의 형태나 공동사업(joint venture) 방식을 통해 직접 소유권을 갖는다.

④ 다국적기업의 의사결정은 집중화되는 경향이 있다. 중요한 결정과 장기적인 범위의 계획은 모기업에 의해 이루어진다.

⑤ 생산과 마케팅은 국제적인 규모로 통합되는 경향이 있다. 통합된 생산과 마케팅은 중앙의 통제력을 강화시키고 중앙 통제에 대한 의존을 심화시킨다.

⑥ 다국적기업들은 기동력이 있으며 유연하다. 그들은 기업의 이윤추구,

---

15) Sanjaya Lall and Paul Streeten, *Foreign Investment, Transnationals and Developing Countries* (Boulder: Westview Press, 1977), pp.45-46. 롤과 스트리튼은 '다국적기업(multinational corporation)' 대신 '초국적기업(transnational corporation)' 이라는 용어를 사용한다.

시장성, 안정성 혹은 기업의 생존을 위해 국경을 넘어 그들의 영업장소와 대상을 변경할 수 있다.

⑦ 다국적기업은 중앙 집중적이고 통합된 조직적 구조로 인해 자신의 영업에 대한 의사결정에 있어 특정 국민국가의 관점이 아닌 기업적 관점과 국제 환경적 관점을 따르는 경향이 있다.[16)]

이처럼 다국적기업의 형태와 특성은 일반기업과는 명백한 차이를 보이는데, 이는 투자부문에서도 잘 나타난다. 길핀은 '포트폴리오 투자(portfolio investment)'와의 비교를 통해 다국적기업의 해외직접투자에서 나타난 특징을 분명히 하였다. 포트폴리오 투자의 동기는 채무자가 경영 통제권을 유지하고 있는 상황에서 대출로 인하여 발생한 채무가 상환을 통해 청산되어질 수 있다는 점에 있다. 즉, 포트폴리오 투자는 경영참여에는 관심이 없이 수익창출을 위해 각종 유가증권 등에 투자하는 것을 의미한다. 한편, 다국적기업의 직접투자 및 해외 자회사에 대한 점유의 저변에는 타 국가에서 생산단위(production unit)에 대한 경영통제권을 우선적으로 획득하려는 동기가 깔려 있다.[17)]

이와 같은 다국적기업은 그 속성상 해당 유치국과의 갈등 가능성이 내재되어 있기 때문에, 종종 다국적기업의 국제적인 활동 범주로 인해 정치적 문제를 야기하기도 한다. 이러한 문제들 가운데 가장 중요한 것 중 하나는 다국적기업의 투자가 개발도상국에 미치는 영향에 관한 것으로, 아직까지도 이에 대한 많은 논쟁이 이어지고 있다.

---

16) Joan E. Spero and Jeffrey A. Hart, *The Politics of International Economic Relations(6th edition)* (Belmont: Wadsworth, 2003), pp.119-122.

17) Robert Gilpin(1975), p.9.

III. 개발도상국에 대한 경제적 영향

개발도상국에 대한 다국적기업의 경제적 영향력은 긍정적 관점과 부정적 관점으로 나누어 생각할 수 있다. 과거에는 다국적기업들이 개발도상국의 경제발전을 저해한다는 주장이 주를 이루었다. 그런데 최근에는 다국적기업들이 개발도상국의 경제능력 강화 및 발전에 기여한다는 주장이 힘을 얻고 있다.

1. 긍정적 관점

고전주의 경제학파와 신고전주의 학파들은 개발도상국에 미치는 다국적기업의 영향을 긍정하는 입장을 보이고 있다.

고전주의 경제학자들은 자본주의 경제체제 내에서 국제적인 생산분배와 생산요소의 배분에 있어 다국적기업을 가장 효율적인 도구로 보고 있다. 또한 다국적기업을 통해 개발도상국으로 이전되는 자본과 기술의 긍정적 영향을 강조한다.[18] 이러한 입장을 대표하는 학자로는 해리 존슨(Harry G. Johnson), 찰스 킨들버거(Charles P. Kindleberger)와 피터 드러커(Peter Drucker)를 들 수 있다.

신고전주의자들은 시장에서의 경쟁을 통해 국가 간의 격차가 줄어 균형상태(a state of equilibrium)를 이루게 될 것이며, 이것이 곧 최상의 상태라는 입장을 당연하게 받아들이고 있다. 또한 다국적기업들은 국내시장에서의 경쟁을 촉진시키는 긍정적인 결과를 가져다준다고 보고 있다. 그러나 한편으로는 거대 규모의 다국적기업들이 다른 기업의 시장진출을 제한하고 독과점적 시장구조를 형성한다면, 다국적기업에 대한 초국가적 규제가 필

18) Harry G. Johnson, "The Efficiency and Welfare Implications of the International Corporation," in Charles P. Kindleberger (ed.), *The International Corporation: A Symposium* (Cambridge: The MIT Press, 1970), pp.35-56.

요하다고 본다.[19] 에디스 펜로즈(Edith Penrose), 버논, 조지 볼(George W. Ball)과 같은 학자들이 신고전주의 학파에 속한다. 이들은 자원의 배분, 기술이전, 생산분배의 가장 효율적인 수단으로 다국적기업을 꼽고 있으며, 다국적기업들이 이 분야에서 상당한 상승효과(multiplier effect)를 가져다준다는 데 일치된 의견을 제시하고 있다.

1) 자본유입(capital inflow)

다국적기업의 해외투자는 개발도상국에서 주요자원의 결핍을 보강해주는 중요한 역할을 한다. 가장 중요한 자원의 하나는 금융자원 곧 자본이다. 다국적기업은 첫째, 기업 자신의 자본을 통해, 둘째, 기업들의 국제 금융시장으로의 접근을 통해 개발도상국들이 독자적으로는 획득할 수 없는 금융자원을 제공한다. 또한 다국적기업들은 무역을 통해 개발도상국이 절실히 필요로 하는 외환을 벌어들임으로써 금융자원을 개발도상국에게 제공하기도 한다.[20]

버논에 의하면, 다국적기업들의 독창적인 시장 전략과 경쟁력 있는 상품들이 개발도상국들의 수출을 일으켜서 외환보유를 증대시킨다고 주장한다. 또한 공산품을 주로 수입에 의존할 수밖에 없는 개발도상국은 다국적기업의 국내생산을 통해 외환을 아낄 수 있다.[21] 킨들버거는 실업이 상존하고 저축과 외환보유가 부족한 개발도상국들에서 이러한 다국적기업으로부터의 유치자본은 국내 생산을 증대시키고, 국가의 소득을 증가시키며, 국제수지에 유리한 효과를 불러올 수 있다고 주장한다.[22]

---

19) Edith Penrose, *The Large International Firm in Developing Countries: The International Petroleum Industry* (London: George Allen and Unwin, 1968), p.273; Raymond Vernon(1971); George W. Ball (ed.), *Global Company: The Political Economy of World Business* (Englewood cliff: Prentice-Hall, Inc., 1974), pp.64-69.

20) Raymond Vernon(1971), p.176.

21) Raymond Vernon(1971), p.176.

22) Charles P. Kindleberger, *Power and Money* (New York: Basic Books Inc.,

2) 기술이전(technology transfer)

버논은 다국적기업들이 그들의 생산과정에서 현지 인력을 사용하기 위하여 새로운 생산기술에 대한 다양한 교육 및 경영프로그램을 제공함으로써 첨단기술을 전수한다고 주장한다.[23] 존슨은 다국적기업에 의해 이전되는 새로운 기술은 현지의 고용인력들에게 새로운 생산기술에 대한 추가적인 교육을 제공할 뿐만 아니라 보다 양질의 생산품을 더 낮은 가격에 제공한다고 주장한다.[24]

자유주의 경제학자들에 따르면, 개발도상국들은 다국적기업들로부터 이전된 첨단 연구·개발로부터 이익을 얻으며, 저발전의 상태에서 벗어날 수 있는 기술을 창출할 수 있다는 입장을 견지하고 있다. 그러므로 기술도입을 통해 유치국의 생산에 있어 효율성이 증대되고 발전이 이루어진다.

3) 생산분배(production distribution)

드러커는 다국적기업이 생산분배에 공헌하는 바를 다음과 같이 설명하고 있다.

> 세계시장의 논리에 의하면, 국경을 넘는 생산의 분배 능력을 갖고 있는 다국적기업은 개발도상국들의 최대 협력자이다. 생산의 분배가 보다 합리적이고 보다 국제적으로 이루어질수록, 개발도상국들은 보다 많은 이익을 취하게 될 것이다.[25]

따라서 볼의 주장과 같이, 각 국가 수준의 간섭은 빈곤한 국가들을 부유하게 하기보다는 도리어 자원사용의 왜곡과 비효율성을 초래할 수 있다.[26]

1970), p.195.

23) Raymond Vernon(1971), p.182.

24) Harry G. Johnson(1970), pp.44-45.

25) Peter F. Drucker, "Multinationals and Developing Countries: Myths and Realities," *Foreign Affairs,* Vol.53(October 1974), p.128.

26) George W. Ball(1974), p.69.

4) 상승효과(multiplier effect)

다국적기업은 투자에 따른 직접적 이익을 줄 뿐만 아니라 개발도상국들의 재원을 활성화시켜주는 데 필요한 자극제를 제공한다. 더 나아가 재원 활성화에 상당한 상승효과를 가져온다.[27] 드러커는 개발도상국들의 자원을 활성화시키는 데서 다국적기업의 역할을 여실히 보여준다고 설명한다.

> 개발도상국은 인적 자원이든, 물적 자원이든, 자본이든 간에 그 자원을 충분히 이용할 수 있는 능력이 부족하다. 그들이 필요한 것은 국가의 재원을 활성화시켜주는 '방아쇠' 즉, 보다 선진화된 국가에서 오는 자극제이고, 그것은 상승적 파급효과를 지닌다.[28]

다국적기업은 자본, 인력, 경제발전에 필요한 방법을 운용할 수 있는 능력을 지니고 있기 때문에 개발도상국들에게 상당한 기여를 하는 것으로 볼 수 있다.

2. 부정적 관점

다국적기업에 대해 부정적 입장을 보이는 학자들은 각각 사상적, 철학적 성향에서 큰 편차를 보이며, 다국적기업에 대한 분석과 비판의 방법에 있어서도 큰 차이를 보인다. 먼저 민족주의자들은 다국적기업의 투자에 대한 많은 부정적 측면들을 강조하고, 그들의 이익이 과도하다고 생각한다. 또한 민족주의자들은 다국적기업의 해외직접투자로부터 부정적인 영향 없이 이익을 얻기 위해서 다국적기업에 대한 국가적 차원의 규제가 필요하다고 생각한다.[29] 민족주의 학파의 대표적 인물로는 산자야 롤과 폴 스트리튼을

---

27) Peter F. Drucker(1974), p.124.
28) Peter F. Drucker(1974), p.124.
29) Lall and Streeten(1977).

꼽을 수 있다.

구조주의 학파에서는 다국적기업의 개발도상국에 대한 투자는 주로 수출 분야에 집중하는 경향을 보인다고 보고 있다. 그 결과 무역에서 오는 부정적 영향과 이중경제(dual economy)가 심화된다고 주장한다.[30] 결국, 해외투자에서 오는 혜택과 이득의 흐름이 선진국가로 향하게 된다는 것이다. 군나르 뮈르달(Gunnar Myrdal)과 요한 갈퉁(John Galtung)이 여기에 속한다.

종속이론가들은 다국적기업이 기존의 형식을 대체하는 새로운 형태의 기술적·산업적 종속 기반을 제공한다고 주장한다.[31] 대표적인 학자로는 오스발도 순켈(Osvaldo Sunkel), 셀소 푸르타도(Celso Furtado), 도스 산토스(Dos Santos) 등이 있다.

마르크스주의자들은 자본주의 경제체제 안에서는 이익의 균등한 분배가 이루어지지 못한다고 주장한다. 이들은 해외투자를 가난한 국가로부터 부유한 국가로 부(富)를 이전시키는 수단으로 보고 있다. 부의 이전은 부유한 국가들이 가난한 국가들에 대해 통제를 강화하는 요소가 된다는 것이며 또한 국제시장은 선진국들의 독점적인 지배하에 놓이게 되고, 그 결과 개발도상국들에게는 부정적 환경이 된다는 것이다.[32] 해리 맥도프(Harry Magdoff), 폴 스위지(Paul M. Sweezy), 폴 배런(Paul A. Baran) 등이 여기에 속한다.

---

30) Johan Galtung, "A Structural Theory of Imperialism," *Journal of Peace Research,* Vol.8(1971), pp.81-117; Gunnar Myrdal, *Rich Lands and Poor: The Road to World Prosperity* (New York: Harper & Row, 1957). 이중경제란 개도국의 경제발전과정에서 나타나는 특징으로 생산부문에 있어 전통적인 농업부문과 근대화 또는 상업화된 비농업부문이 병존하고, 각 부문 내부에 전통적인 기술과 가장 최신의 첨단기술이 동시에 사용되는 상태를 말한다. 비판론자들은 이러한 이중경제가 개도국의 경제발전을 저해한다고 주장하고 있다.

31) Osvaldo Sunkel, "Big Business and Dependencia," *Foreign Affairs,* Vol.50 (1972), pp.517-531; Stephen H. Hymer, *The Multinational Corporation: A Radical Approach* (Cambridge: Cambridge University Press, 1979).

32) Harry Magdoff, "Notes on the Multinational Corporation," in H. Magdoff and Paul M. Sweezy, *The Dynamics of American Capitalism* (New York: Monthly Review Press, 1972), pp.88-112; Paul M. Sweezy and P. A. Baran, "Notes on the Theory of Imperialism," *Monthly Review,* Vol.8(March 1966), pp.15-31.

각 학파들은 서로 다른 입장을 보이면서도 한편으로는 공통점을 지니고 있다.[33] 이들은 다국적기업이 자국의 자본을 이용하여 투자를 유치한 국가들의 자산과 기업을 잠식하고, 기술을 종속시켜 개발도상국들에 대한 왜곡과 종속을 유도하고, 자신들의 패권적인 지배를 유지하려 한다는 점에서 일치된 견해를 갖고 있다.

1) 자본유출(outflow of capital)

다국적기업에 대한 비판적 입장에서는 다국적기업의 해외직접투자가 투자를 유치한 국가에게 최종적인 자본유입을 가져다준다는 점에 동의하지 않는다. 이들은 다국적기업들이 최종적으로는 개발도상국들의 자본유출을 심화시킨다고 주장하고 있다.

첫째, 다국적기업들은 지지자들이 생각하는 것보다 적은 해외자본을 투입하며, 많은 금융자원을 현지에서 조달하고자 한다.[34] 일반적으로 다국적 은행과 현지의 금융기관들은 신용도에 따라 융자기준에 차별을 두고 있기 때문에, 현지 금융자원 중 상당량이 다국적 투자의 위험에 대한 대응자본으로 제공된다고 주장한다.

둘째, 다국적기업은 그들의 지사(manufacturing branches)가 현지시장에서만 영업하도록 제한함으로써 국제수지 악화에 일조하고 있다.[35] 스트리튼과 롤은 해외직접투자가 개발도상국 6개국(케냐, 자메이카, 인도, 이란, 콜롬비아, 말레이시아)에 미친 영향에 대한 연구를 통해, 이들 6개국에 투자한 다국적기업의 93%, 즉, 88개의 다국적기업 중 82개의 기업이 유치국의 국제수지에 부정적인 영향을 미쳤다는 결과를 제시하였다.[36] 또한 이 연구는

33) 그러나 마르크스주의자와 비(非)마르크스주의자 사이에는 다국적기업의 역기능이 작동하는 메커니즘에 대해서는 분명한 차이를 보인다.

34) Richard J. Barnet and Ronald E. Muller, *Global Reach: The Power of the Multinational Corporations* (New York: Simon and Schuster, 1974), p.153.

35) Lall and Streeten(1977), p.131.

36) Lall and Streeten(1977), p.131.

케냐를 제외한 모든 표본국가에서 다국적기업들이 직접적으로 유치국의 국제수지에 부정적인 영향을 미쳤다고 밝히고 있다.

셋째, 다국적기업들은 생산이 이루어지는 현지 국가에 재투자 하는 대신, 다른 방법을 통해 투자하며, 그 이익 또한 과도하다는 것이다.[37] 리처드 바넷(Richard J. Barnet)과 로널드 뮐러(Ronald E. Muller)에 따르면, 다국적기업의 수익은 개발도상국들이 빈곤상태에 있는 동안, 지속적으로 이익, 배당, 로열티, 기술료, 부채이자 등의 형태로 증가하게 된다.[38]

넷째, 자본유출의 또 다른 방식으로 '이전 가격조작 메커니즘(transfer pricing mechanism)'을 들 수 있다. 스테펀 하이머(Stephen Hymer)는 다국적기업들이 이전 가격조작 메커니즘 즉, 수출품의 가격을 인하시키거나 수입품의 가격을 인상시키는 것을 통해 준법적 탈세 및 자본유출의 통로를 마련하고 있다고 설명한다.[39] 세율은 국가마다 다양하기 때문에 다국적기업들은 비교적 낮은 세율을 지닌 국가들로부터 이익을 선점하며, 국제적 과세를 최소화하고 조세이익을 극대화하기 위하여 이전 가격조작 메커니즘을 활용하는 것이다.[40]

2) 토착경제 기반의 대체(displacement)

비판론자들은 다국적기업이 지역적 경쟁을 증진시키고 지역독점을 방지한다는 긍정론자들의 주장에 대하여 다국적기업의 현지생산에 대한 영향은 오히려 부정적이라고 비판한다. 그들은 일반적으로 다국적기업이 현지의 독자적 기업들을 매입하여 그들의 자회사로 편입시킴으로써 현지 생산을 잠식시키고 있다는 것에 동의하고 있다. 순켈은 기존에 설립된 회사들을 매입하여 다국적기업의 자회사로 전환시키는 과정을 다음과 같이 설명하고 있다.

---

37) Barnet and Muller(1974), p.135.

38) Barnet and Muller(1974), p.135.

39) Stephen H. Hymer(1979), p.68.

40) Lloyd N. Cutler, *Global Interdependence and Multinational Firms (Headline Series 239)* (New York: Foreign Policy Association, 1978), p.132.

> 다국적기업은 완제품을 수출한다. 그 다음, 다른 나라의 생산자들이 그들의 특허권 및 사용허가를 통해 그 제품을 현지에서 생산하도록 한다. 최종적으로 현지 기업을 사들여 부분적 또는 완전한 자회사로 전환시킨다.[41)]

바넷과 뮐러는 *Global Reach*(1974)를 통해, 새롭게 설립된 717개의 다국적기업 자회사들의 46%는 라틴아메리카 지역에 설립되어 있다는 사실에 주목했다. 그는 이 같은 행위가 다국적기업들이 현지 기업들을 인수하여 자회사를 설립하고, 그들의 우월한 경쟁력(competitive advantages)을 통해 현지 경쟁기업들을 퇴출시키는 좋은 사례라고 주장한다.[42)]

다국적기업들은 해외 생산을 위해 현지 기업들을 직접 인수하지 않아도 된다. 많은 비판자들에 의하면, 다국적기업들이 그들의 현지 경쟁자들을 몰아낼 수 있는 이유는 다국적기업들이 가지고 있는 경제규모, 기술, 경영, 새로운 산업과의 접촉, 훈련된 인력, 시장, 금융, 체계적 통합력, 높은 임금 때문이라고 설명한다.[43)] 위에서 언급했던 현지 생산을 대체하는 것은 개발도상국들 내의 사업가 계층이 대체되는 것을 뜻한다. 이러한 현상은 현지 생산요소의 품질에 악영향을 줌과 동시에 개발도상국들이 자립적으로 경제발전을 할 수 있는 가능성을 감소시킬 수 있다.

3) 기술종속(technology dependency)

다국적기업에 대해 긍정론자들이 주장하는 것처럼 기술은 개발도상국에게 큰 혜택을 가져다주지 않는다는 것이다. 비판론자들은 사실상 기술은 거의 이전되지 않으며, 다국적기업들에 의해 이전된 기술은 현지조건에 적합하지 않다고 주장한다. 오히려 기술 유입은 자생적 기술력의 발전을 저해하게 된다고 주장한다.[44)]

---

41) Osvaldo Sunkel(1972), p.521.

42) Barnet and Muller(1974), p.139.

43) Thomas J. Biersteker, *Distortion and Development: Contending Perspectives on the Multinational Corporation* (Cambridge: The MIT Press, 1978), p.8.

일부 비판론자들은 다국적기업에 의해서는 제한된 기술만 이전되는데 이는 대부분 연구·개발 활동의 대부분이 모기업 본국에 위치한 몇 개의 회사에서만 집중적으로 이루어지기 때문이라고 주장한다. 또한 다국적기업들은 기술개발에 대한 지출을 한 이후에도 그 기술에 대한 독점적 이득을 유지하려고 노력한다.[45] 스페로는 기술의 사용을 위하여 현지의 회사들이 지불한 사용권(licensing fees)과 로열티에 대한 지불비용이 매우 높다고 지적한다.

> 비판자들의 논점은 개발도상국의 자회사들이 기술사용에 대해 불합리하게 많은 비용을 지불하고 있다는 점과, 연구개발비용에 대해 과도한 부담을 감내하고 있다는 것이다. 다국적기업의 기술에 대한 독점적 통제는 모회사로 하여금 그들의 자회사들로부터 독점적 이익(a monopoly rent)을 강요하고 있다.[46]

또 다른 문제는 기술의 부적합성이다. 다국적기업은 투자유치국에 자본집약적 기술(capital-intensive technologies)을 도입하고 있다. 그러나 대부분 기술의 연구·개발은 선진국의 일부 국제적 기업들에 의해서 수행되고 있기 때문에 이러한 기술은 노동력이 부족하고 자본은 상대적으로 풍부한 경제적 환경에서 개발된 것이다. 결과적으로 이러한 생산요소의 결합은 노동력이 풍부하고 자본이 부족한 대부분의 개발도상국들에게 바람직하게 적용되기 어렵다.[47]

이러한 자본집약적 기술들은 선진국들이 주장하고 있는 것처럼 개발도상국의 실업문제를 해결하지 못하고 있다.[48] 더 나아가 순켈은 라틴 아메리카에서 나타난 노동절약형(labor-saving) 활동들로 인해 전체 노동력의 25% 이상의 실업률 상승을 야기하였으며, 이 수치는 계속 오르고 있다는

44) Thomas J. Biersteker(1978), pp.9-11.
45) Thomas J. Biersteker(1978), pp.9-11.
46) Joan E. Spero, *The Politics of the International Economic Relations* (New York: St. Martin's Press, 1981), p.228.
47) Thomas J. Biersteker(1978), pp.11-13.
48) Joan E. Spero(1981), p.229.

사실을 통해 자본집약적 기술이 실업을 증가시킨다고 주장한다.[49]

결과적으로, 비판론자들은 다국적기업의 행위에 기인한 개발도상국에서의 실업률 상승은 유치국의 주요 산업기술의 발전을 저해하며, 기술종속으로 이어진다고 주장한다.

IV. 개발도상국에 대한 정치적 영향

개발도상국에 대한 다국적기업의 정치적, 경제적 영향은 명확하게 구분할 수 없으며, 상호 배타적이지 않다. 그러나 각각의 논의들을 평가하기 위해서는 정치적 영향력과 경제적 영향력을 구분하여 이해할 필요가 있다. 또한 개발도상국에 미치는 다국적기업의 정치적 영향력에 대한 관점은 이들 국가에 대한 경제적 영향력을 바라보는 상이한 시각에 따라 분리해 검토할 필요가 있다.

1. 긍정적 관점

일부 학자들은 다국적기업이 개발도상국의 경제적 역량뿐만 아니라 정치적 역량을 강화하고 정치발전을 가져온다고 주장하고 있다.

먼저, 다국적기업들은 그들을 유치한 개발도상국들의 정치적 역량을 증대시킨다. 다국적기업들은 전통적 가치체계를 변화시키며, 사회적 관습과 행동유형에 있어 변화를 주도함으로써 개발도상국의 정치 지도자들의 책임성을 높여준다. 또한 개발도상국의 경제적 상황과 역량을 개선시킴으로써 다국적기업들은 정부의 역량, 안정성, 제도화, 혹은 체제의 역량 등 정치적

49) Osvaldo Sunkel(1972), p.518.

발전을 촉진한다. 아울러 다국적기업의 높은 임금과, 투명한 기업운영, 현지 회사보다 더 많은 세금납부 등을 통해 유치국의 수입이 증가하게 되고, 나아가 그들의 정치적 역량도 향상된다.[50)]

또한 다국적기업들은 잠재적인 갈등을 감소시키는 데 기여한다. 조지 볼은 초국가적인 세계질서에 따라 국가경쟁력을 논함에 있어 협소한 이데올로기나 안보 경쟁보다는 복지 이슈가 더 중요하게 되었다고 설명한다.[51)] 다국적기업들에게는 개별국가의 경계가 중요하지 않으며, 그들의 이익추구 활동이 국가적 공격성 및 군국주의에 의해 침해받을 수 있기 때문에, 다국적기업들은 일반적으로 '평화를 위한 유일한 세력(only force for peace)'으로 규정되기도 한다.[52)]

2. 부정적 관점

다국적기업을 유해한 관점에서 바라보는 사람들은 다국적기업이 국가의 자율성을 위협하며, 개발도상국에서의 정치적 발전을 저해한다고 주장한다.

다국적기업들은 자신들을 유치한 국가의 중요한 정치과정에 개입함으로써 결과적으로 유치국의 자율성을 위협한다. 다국적기업들은 해당 국가에서 정부와 우호적 관계를 구축하고, 기업들에 대한 호의적 환경을 얻어내며, 기업활동을 규제하려는 영향력을 차단하기 위해 불법적 행동을 취하기도 한다.[53)] 이에 대해 로이드 커틀러(Lloyd N. Cutler)는 "다국적기업들은 핵심적인 해외 관계자들에게 영향을 미치기 위해 뇌물을 사용해왔다. … 증권거래위원회(The Security and Exchange Commission)와 의회의 조사를 통

50) Raymond Vernon, "Multinational Enterprise and National Sovereignty," *Harvard Business Review,* Vol.45(March-April 1967), p.163.

51) George W. Ball(1974), pp.64-69.

52) Charles P. Kindleberger(1970), p.195.

53) Joan E. Spero(1981), p.230

해 100개의 미국 회사에서 총 1억 달러가 넘는 부적절한 지불이 있었음이 밝혀졌다"[54]는 것이다.

다국적기업의 이익과 유치국의 발전이라는 우선순위가 상호 충돌할 때에는 대부분 전자가 선택된다. 다국적기업들은 유치국에서 자신들에게 우호적이지 못한 정권을 전도(顚倒)하기 위하여 그들의 반대세력에 대한 정부 차원의 지지를 요청하기 위해 본국에 영향력을 행사하기도 한다.

바넷(Richard J. Barnet)이 그의 저서 *Intervention and Revolution*에서 언급한 바와 같이, 1952년도의 과테말라에서 반기업적인 정부가 정권을 잡았을 때, 미국의 연합청과회사(the United Fruit Company)는 온두라스와 니카라과의 망명자들을 동원하여 아르벤스(Jacobo Árbenz) 정부를 전복시키려던 미국정부의 활동을 도운 바 있다.[55]

1970년대 초 칠레의 아옌데(Salvador Allende) 정권 실각과 관련하여 ITT(International Telephone and Telegraph)가 자행한 정치적 간섭은 다국적기업이 유치국에 행한 정치적 공작 중에서 가장 악명 높고, 다국적기업이 내포하고 있는 다양한 정치적 위협 가능성을 여실히 보여주는 예이다.[56] 이 사건에 대해 스페로는 다음과 같이 주목할만한 평가를 내 놓았다.

> ITT의 칠레 정치에 대한 간섭은 아마 남미 국가들에서 볼 수 있는 다국적기업의 전형적인 행태는 아닐 것이다. 분명하건데, 대부분의 다국적기업들은 그토록 무자비하며 완고한 정치간섭을 추구하지는 않는다. 그러나 다국적기업들이 상당한 정치적 영향력을 행사하는 위치에 있으며, 기업의 이윤을 위한 호의적 환경을 조성하기 위해 노력한 예는 충분하다. 이러한 관점에서 다국적기업들은 남미 국가들의 정치과정의 자율성에 심각한 위협을 제기해왔다.[57]

54) Lloyd N. Cutler(1978), p.18.

55) Richard J. Barnet, *Intervention and Revolution: The United States in the Third World*(New York: World Publishing, 1968), pp.292-232.

56) Joan E. Spero(1981), pp.231-223.

57) Joan E. Spero(1981), p.233.

또한 다국적기업이 유치국의 정치발전을 저해한다는 의견이 있다. 다국적기업의 이익과 방침에 순응하는 현지기업의 성장은 현지 자본가 집단을 개인화시키고 초국가적인 기술관료(technocracy)로 만든다. 결과적으로 자본가 집단은 지배층으로서의 정당성을 상실하게 되고 이는 정치적 발전을 가로막는 리더십의 위기로 이어진다는 것이다.58)

다국적기업에 대한 또 다른 비판은 이들이 임금의 불균형한 분배 및 상류층과 서민들의 사회적 격차를 확대시키는 원인이 된다는 것이다. 뮐러와 바넷은 다음과 같이 분석하고 있다.

> 개발도상국에는 소비성향에 따라 세 가지 집단이 존재한다. 첫째 집단은 극소수의 상류층으로서 록펠러(Rockefeller)도 움츠러들게 할 정도의 생활을 영위한다. 상대적으로 적은 수의 두 번째 집단은, 미국의 중산층과 같은 풍요로운 방식으로 살아간다. 그리고 세 번째 집단인 대다수의 사람들은 우리가 흔히 사진에서 보아왔듯이 검은 콩, 쌀, 렌즈콩 수프와 같이 소량의 토속적 음식을 먹으며 살아가고 있다. 앞서 언급한 두 집단은 자신과 가족들의 영달을 추구하지만, 마지막 세 번째 집단에서 가중되고 있는 어려움에 대한 해결책은 찾지 않는다. 그래서 그들은 세 번째 집단을 두려워하며 점점 높은 장벽을 쌓게 된다.59)

이처럼 국가 내 여러 집단 간의 격차는 도농 간 격차와 연관지어 설명될 수 있으며, 지역적 불균형을 통해 현상화된다. 비판론자들은 이러한 균열(division)은 발전을 위해 사람들을 동원하려는 시도를 어렵게 하고 시민의 참여의식을 저하시킬 수 있다고 주장한다.

---

58) Thomas J. Biersteker(1978), p.20.

59) Barnet and Muller(1974), p.134.

V. 맺는말

다국적기업의 영향력에 대한 학자들의 시각은 그들이 상정하고 있는 서로 상이한 세계관과 언어, 인식론적 기반에 따라 상당한 차이를 보이고 있다. 심지어 비판론자들과 학자들 사이에서도 각기 그들의 이데올로기와 철학적 연원에 따라 큰 입장차를 보이며 상이한 분석방법을 채택하고 있다.

실제로 다국적기업의 영향은 각 국가와 기업, 개별 프로젝트에 따라 다르게 나타난다. 더욱이 개발도상국에서 해외기업들의 활동을 허용하는 조건은 다국적기업 유치국 및 관련 기업의 독점적 성격에 따라 다르게 나타난다. 문제는 이러한 개발도상국들은 다국적기업과의 거래나 해외직접투자에 있어 전문성이 낮고 경험이 많지 않다는 점이다. 또한 다국적기업이 최선의 방향으로 경영을 추진한다고 해도 유치국인 개발도상국으로서는 큰 이득을 창출하지 못할 수도 있고, 종종 다국적기업이 유치국의 경제와 특히 정치적 발전에 매우 부정적인 영향을 미치기도 한다.

이러한 점에서 다국적기업에 대한 비판적 입장은 어느 정도 적절한 근거를 가지고 있다고 할 수 있다. 그러나 이와 같은 관점은 다국적 경향을 지닌 기업의 경영행위를 단편적으로 이해하는 우를 범할 수 있다. 즉, 매우 복잡한 국제정치경제 현실을 지나치게 단순화시킬 수 있다는 중대한 한계를 내포하고 있다는 것이다. 1989년 이후로 중국이나 베트남, 심지어 북한 같은 사회주의 국가들마저도 해외의 직접투자 유치를 열망하고 이를 위해 노력하고 있다. 이러한 현상을 고려한다면, 개발도상국들의 다국적기업에 대한 불만은 해외직접투자 유치의 부정적 효과의 측면보다는 개발도상국에 대한 무시와 무관심의 측면에서 제기될 수 있는 것이다. 개발도상국들이 꾸준히 해외직접투자의 유치를 희망하고 요구하는 한편, 선진국들은 주요 해외직접투자국인 동시에 대부분의 해외직접투자를 유치하는 블랙홀이기 때문이다 (〈부록 3-2, 3-4〉 참조).[60]

---

60) 2009년도(stock 기준) 총투자유치액 17조 7,434억 달러 가운데 개발도상국이 유치한

결론적으로, 다국적기업의 개발도상국 발전에 대한 역할을 긍정적, 혹은 부정적 관점으로 단순하게 수용함으로써 다국적기업 자체를 좋다 혹은 나쁘다고 속단하는 것은 곤란하다. 다국적기업은 유치국의 발전을 도와주는 동시에 저해요인이 될 수도 있다. 결국, 그 여부를 결정짓는 주요한 요소는 유치국의 역할(the role of the host states)이다. 한 국가가 발전하느냐, 그 반대의 길을 가느냐의 향배는 그 국가 자체의 정책에 달려 있는 것이다.

투자액은 4조 8,935억 달러로 전체 규모의 27.6%에 지나지 않는다. 선진국에서 69.6%, 이행경제국(Transition Economies)에서 2.8%를 유치했다.

▮참고문헌

Aharoni, Yair. 1972. "On the Definition of a Multinational Corporation." In A. Kapoor and Philips D. Grub (eds.). *The Multinational Enterprise in Transition.* Prinston: The Darwin Press Inc.

Ball, George W. (ed.). 1974. *Global Companies: The Political Economy of World Business.* Englewood Cliff: Prentice-Hall Inc.

Barnet, Richard J. 1968. *Intervention and Revolution: The United States in the Third World.* New York: World Publishing.

Barnet, Richard J., and Ronald E. Muller. 1974. *Global Reach: The Power of the Multinational Corporations.* New York: Simon and Schuster.

Behrman, Jack N. 1969. *Some Patterns on the Rise of the Multinational Enterprise.* Chapel Hill: University of North Carolina Press.

Biersteker, Thomas J. 1978. *Distortion or Development?: Contending Perspectives on the Multinational Corporation.* Cambridge: The MIT Press.

Burkely, Peter J., and Mark Casson. 1976. *The Future of the Multinational Enterprise.* New York: Holmes & Meiner Publishers Inc.

Caporaso, James A. 1978. "Introduction: Dependence and Dependency in the Global System." *International Organization* 32, Winter.

Cutler, Lloyd N. 1978. *Global Interdependence and the Multinational Firm (Headline Series 239).* New York: Foreign Policy Association.

Dolan, Michael B., and Brian W. Tomlin. 1980. "First World-Third World Linkages: External Relations and Economic Development." *International Organization* 34, Winter.

Durcker, Peter F. 1974. "Multinationals and Developing Contries: Myths and Realities." *Foreign Affairs* 53.

Eells, Richard. 1976. *Global Corporations: The Emerging System of World Economic Power.* New York: The Free Press.

Evans, Peter E. 1971. "National Autonomy and Economic Development: Critical Perspectives on Multinational Corporations on Poor Countries." *International*

Organization 25, Summer.

Fortune, http://money.cnn.com/magazines/fortune/global500/2010/full_list (검색일: 2011년 1월 17일).

Frieden, Jeffry A., and David A. Lake. 2002. *International Political Economy: Perspectives on Global Power and Wealth (4th edition).* New York: St. Martin's Press.

Friedmann, Wolfgang G., and Jean-Pierre Beguin. 1971. *Joint International Business Venture on Developing Countries.* New York: Columbia University Press.

Galtung, Johan. 1971. "A Structural Theory of Imperialism." *Journal of Peace Research* 8.

Ghosh, P. K. 1977. "Role of Multinationals in Less Developed Countries." In P. K. Ghosh and V. S. Minocha (eds.). *Global Giants.* New Delhi: Sultan Chand & Sons.

Gilpin, Robert. 1975. U.S. *Power and the Multinational Corporation.* New York: Basic Books Inc.

_____. 2001. *Global Political Economy: Understanding the International Economic Order.* Princeton: Princeton University Press.

Heilbroner, Robert L., and Lester C. Thurow. 1987. *The Economic Problem.* Englewood Cliffs: Prentice-Hall Inc.

Huntington, Samuel P. 1973. "Transnational Organizations in World Politics." *World Politics* 25, April.

Hymer, Stephen H. 1979. *The Multinational Corporation: A Radical Approach.* Cambridge: Cambridge University Press.

Johnson, Harry G. 1970. "The Efficiency and Welfare Implications of the International Corporation." In Charles P. Kindleberger (ed.). *The International Corporation: A Symposium.* Cambridge: The MIT Press.

Kegley jr., C. W., and E. R. Wittkopf. 1998. "The Multinational Corporation in World Politics." In C. W. Kegley jr. and E. R. Eugene (eds.). *The Global Agenda: Issues and Perspectives.* New York: McGraw-Hill.

Kindleberger, Charles P. 1970. *Power and Money.* New York: Basic Books Inc.

Myrdal, Gunnar. 1957. *Rich Lands and Poor: The Road to World Prosperity.* New York: Harper & Row.

Nye, Joseph S. Jr. 1974. "Multinational Corporations in World Politics." *Foreign Affairs* 53.

Nye, Joseph S. Jr., and Robert O. Keohane. 1971. "Transnational Relations and World Politics: A Introduction." *International Organization* 25, Summer.

Penrose, Edith. 1968. *The Large International Firm in Developing Countries: The International Petroleum Industry.* London: George Allen & Unwin.

_____. 1971. "The State and Multinational Enterprises in Less Developed Countries."

In John H. Dunning (ed.). *The Multinational Enterprises*. New York: Praeger Publishers Inc.

Rugman, Alan. 2001. *The End of Globalization: Why Global Strategy is a Myth and How to Profit from the Realities of Regional Markets*. New York: AMACOM.

Spero, Joan E. 1981. *The Politics of International Economic Relations*. New York: St. Martin's Press Inc.

Spero, Joan E., and Jeffrey A. Hart. 2003. *The Politics of International Economic Relations (6th edition)*. Belmont: Wadsworth.

Sunkel, Osvaldo. 1972. "Big Business and Dependencia." *Foreign Affairs* 50.

Sweezy, Paul M., and P. A. Baran. 1966. "Notes on the Theory of Imperialism." *Monthly Review* 8.

Turner, Louis. 1973. *Multinational Companies and the Third World*. New York: Hill & Wang.

UNCTAD. 1988. *Transnational Corporations in World Development: Trends and Prospects*. New York: United Nations.

_____. 1994. *World Investment Report 1994: Transnational Corporations, Employment and the Workplace*. New York: United Nations.

_____. 2001. *World Investment Report 2001: Promoting Linkages*. New York: United Nations.

_____. 2010. *World Investment Report 2010: Investing in a Low-Carbon Economy*. Switzerland: United Nations Publication.

United Nations, Dept of Economic and Social Affairs. 1974. *Multinational Corporations on World Development*. New York: Praeger Publishers Inc.

Vernon, Raymond. 1967. "Multinational Enterprise and National Sovereignty." *Harvard Business Review* 45.

_____. 1971. *Sovereignty at Bay: The Multinational Spread of U.S. Enterprises*. New York: Basic Books Inc.

_____. 1977. "The Power of Multinational Enterprises in Developing Countries." In Carl H. Madden (ed.). *The Case for the Multinational Corporation*. New York: Praeger Publishers Inc.

_____. 1977. *Storm over the Multinationals*. Cambridge: Harvard University Press.

Well, Louis T. Jr. 1977. "More or Less Poverty?: The Economic Effects of the Multinational Corporation at Home and in Developing Countries." In Carl H. Madden (ed.). *The Case for the Multinational Corporation*. New York: Praeger Publishers Inc.

World Bank. 2005. *World Development Indicators Database*. July 15.

World Bank, http://data.worldbank.org/indicator/NY.GDP.MKTP.CD (검색일: 2011년 1월 17일).

【부록 3-1】 다국적기업의 경제력 추이: 국가 GDP VS. 다국적기업 매출액

1) 1981년

순위	국가 / 다국적기업	GNP / 매출액 (십억 달러)	순위	국가 / 다국적기업	GNP / 매출액 (십억 달러)
1	United States	2,946.02	51	Standard Oil of Indiana(미국)	29.95
2	Soviet Union	1,681.50	52	Pakistan	29.80
3	Japan	1,186.43	53	ENI(이탈리아)	29.44
4	Germany, West	829.60	54	International Business Machines(미국)	29.07
5	France	657.56	55	Gulf Oil(미국)	28.89
6	United Kingdom	510.31	56	Chile	28.25
7	Italy	391.44	57	Egypt, Arab Rep.	28.16
8	China	299.77	58	Atlantic Richfield(미국)	27.80
9	Canada	276.22	59	General Electric(미국)	27.24
10	Brazil	267.73	60	United Arab Emirates	26.91
11	Spain	214.30	61	Hong Kong	26.30
12	Poland	194.60	62	Malaysia	26.11
13	India	176.66	63	Libya	26.08
14	Germany, East	174.60	64	New Zealand	25.46
15	Netherlansds	167.98	65	Portugal	24.75
16	Australia	165.46	66	Unilever(영국, 네덜란드)	24.10
17	Mexico	160.23	67	E. I. du Pont de Nemours(미국)	22.81
18	Czechoslovakia	146.40	68	Francaise des Petroles(프랑스)	22.78
19	Sweden	123.77	69	Hungary	22.55
20	Belgium	117.51	70	Shell Oil(미국)	21.63
21	Saudi Arabia	117.24	71	Kuwait Petroleum(쿠웨이트)	20.56
22	Switzerland	112.85	72	Israel	20.42
23	Exxon(미국)	108.11	73	Peru	19.98
24	Royal Dutch/Shell Group(영국, 네덜란드)	82.29	74	Elf Aquitaine(프랑스)	19.67
25	South Africa	81.84	75	Petroleos de Venezuela(베네수엘라)	19.66

26	Indonesia	78.75	76	Fiat(이탈리아)	19.61
27	Austria	77.12	77	Petrobras(Petroleo Brasileiro)(브라질)	18.95
28	Nigeria	76.17	78	Pemex(Petroleos Mexicanos)(멕시코)	18.80
29	Argentina	72.12	79	Korea, DPR	18.10
30	Turkey	70.21	80	Ireland	17.99
31	Denmark	67.19	81	Morocco	17.96
32	**Korea, Rep.**	66.09	82	International Telephone & Telegraph(미국)	17.31
33	Venezuela	65.08	83	Philips Gloeilampenfabrieken (스위스)	17.07
34	Mobil(미국)	64.49	84	Volkswagenwerk(독일)	16.82
35	Yugoslavia	62.93	85	Daimler-Benz(독일)	16.28
36	General Motors(미국)	62.70	86	Nissan Motor(일본)	16.24
37	Norway	57.64	87	Renault(프랑스)	16.23
38	Texaco(미국)	57.63	88	Siemens(독일)	16.03
39	Romania	57.03	89	Phillips Petroleum(미국)	15.97
40	British Petroleum(영국)	52.20	90	Matsushita Electric Industrial(일본)	15.74
41	Finland	51.27	91	Toyota Motor(일본)	15.71
42	Standard Oil of California(미국)	44.22	92	Hitachi(일본)	15.52
43	Greece	42.89	93	Tenneco(미국)	15.46
44	Algeria	42.01	94	Hoechst(독일)	15.29
45	Philippines	39.01	95	Nippon Steel(일본)	15.20
46	Ford Motor(미국)	38.25	96	Sun(미국)	15.01
47	Thailand	36.90	97	Bayer(독일)	14.98
48	Bulgaria	36.40	98	Occidental Petroleum(미국)	14.70
49	Colombia	36.39	99	Syrian Arab Republic	14.66
50	Kuwait	30.60	100	Bat Industries(영국)	14.30

주: 소련과 폴란드, 동독, 체코슬로바키아, 불가리아, 북한의 자료는 1982년도 고정달러를 적용한 것임. 다른 국가들의 데이터는 1983년 현재 환율을 적용한 것임

2) 1990년

순위	국가 / 다국적기업	GDP / 매출액 (백만 달러)	순위	국가 / 다국적기업	GDP / 매출액 (백만 달러)
1	United States	5,754,800	51	Fiat(이탈리아)	47,751
2	Japan	3,058,040	52	Venezuela	47,027
3	Germany	1,714,470	53	Samsung(한국)	45,042
4	France	1,244,460	54	New Zealand	44,503
5	Italy	1,133,410	55	Philip Morris(미국)	44,323
6	United Kingdom	1,012,580	56	Philippines	44,311
7	Canada	582,723	57	Malaysia	44,024
8	Spain	520,968	58	Volkswagen(독일)	43,710
9	Russian Federation	516,814	59	Matsushita Electric Industrial(일본)	43,516
10	Brazil	461,952	60	Egypt, Arab Rep.	43,130
11	China	356,937	61	ENI(이탈리아)	41,761
12	India	317,467	62	Texaco(미국)	41,235
13	Australia	314,519	63	Colombia	40,274
14	Netherlands	294,871	64	Nissan Motor(일본)	40,217
15	**Korea, Rep.**	263,777	65	Pakistan	40,010
16	Mexico	262,710	66	Unilever(영국, 네덜란드)	39,971
17	Sweden	244,458	67	E. I. du Pont de Nemours(미국)	39,839
18	Switzerland	238,213	68	Chevron(미국)	39,262
19	Belgium	202,563	69	Siemens(독일)	39,227
20	Austria	164,847	70	Romania	38,299
21	Turkey	150,676	71	Singapore	36,842
22	Argentina	141,352	72	Czech Republic	34,879
23	Finland	138,845	73	United Arab Emirates	33,653
24	Denmark	135,838	74	Nestle(스위스)	33,359
25	General Motors(미국)	125,126	75	Hungary	33,056
26	Norway	117,624	76	ELF Aquitaine(프랑스)	32,939
27	Saudi Arabia	116,778	77	Chile	31,558
28	Iran, Islamic Rep.	116,035	78	Chrysler(미국)	30,868
29	Indonesia	114,426	79	Philips' Gloeilampenfabrieken (네덜란드)	30,865

30	South Africa	112,014	80	Puerto Rico	30,603
31	Royal Dutch/Shell Group(영국, 네덜란드)	107,203	81	Toshiba(일본)	30,181
32	Exxon(미국)	105,885	82	Bangladesh	30,128
33	Ford Motor(미국)	98,274	83	Renault(프랑스)	30,049
34	Greece	94,200	84	Peugeot(프랑스)	29,380
35	Thailand	85,343	85	BASF(독일)	29,184
36	Ukraine	81,456	86	Libya	28,904
37	Portugal	77,579	87	Cuba	28,645
38	Hong Kong	76,887	88	Nigeria	28,472
39	Int'l Business Machines(미국)	69,018	89	Amoco(미국)	28,277
40	Toyota Motor(일본)	64,516	90	Hoechst(독일)	27,749
41	Algeria	62,045	91	Asea Brown Boveri(스위스)	27,705
42	IRI(이탈리아)	61,433	92	Boeing(미국)	27,595
43	British Petroleum(영국)	59,540	93	Honda Motor(일본)	27,070
44	Poland	58,975	94	Kazakhstan	26,932
45	Mobil(미국)	58,770	95	Alcatel Alsthom(프랑스)	26,456
46	General Electric(미국)	58,414	96	Peru	26,294
47	Daimler-Benz(독일)	54,259	97	Bayer(독일)	26,059
48	Israel	52,490	98	Morocco	25,820
49	Hitachi(일본)	50,685	99	Croatia	24,782
50	Ireland	47,823	100	NEC(일본)	24,391

3) 2000년

순위	국가 / 다국적기업	GDP / 매출액 (백만 달러)	순위	국가 / 다국적기업	GDP / 매출액 (백만 달러)
1	United States	9,898,800	51	Iran, Islamic Rep.	101,286
2	Japan	4,667,448	52	Enron(미국)	100,789
3	Germany	1,900,221	53	Colombia	100,363
4	United Kingdom	1,477,580	54	Egypt, Arab Rep.	99,838
5	France	1,327,963	55	Ireland	96,582
6	China	1,198,480	56	Malaysia	93,789
7	Italy	1,097,344	57	AXA(프랑스)	92,781
8	Canada	724,981	58	Singapore	92,716
9	Brazil	644,701	59	Sumitomo(일본)	91,168
10	Mexico	581,426	60	Intl. Business Machines(미국)	88,396
11	Spain	580,673	61	Marubeni(일본)	85,351
12	**Korea, Rep.**	533,384	62	Volkswagen(독일)	78,851
13	India	460,182	63	Hitachi(일본)	76,126
14	Australia	416,923	64	Philippines	75,912
15	Netherlands	385,074	65	Chile	75,210
16	Argentina	284,203	66	Siemens(독일)	74,858
17	Turkey	266,567	67	Pakistan	73,952
18	Russian Federation	259,708	68	ING Group(네덜란드)	71,195
19	Switzerland	249,918	69	Allianz(독일)	71,022
20	Sweden	247,260	70	United Arab Emirates	70,591
21	Belgium	232,371	71	Matsushita Electric Industrial(일본)	69,475
22	Exxon Mobil(미국)	210,392	72	E. ON(독일)	68,432
23	Wal-Mart Stores(미국)	193,295	73	Nippon Life Insurance(일본)	68,054
24	Austria	191,200	74	Deutsche Bank(독일)	67,133
25	Saudi Arabia	188,441	75	Sony(일본)	66,158
26	General Motors(미국)	184,632	76	AT & T(미국)	65,981
27	Ford Motor(미국)	180,598	77	Verizon Communications(미국)	64,707
28	Poland	171,276	78	U.S. Postal Service(미국)	64,540
29	Hong Kong	169,121	79	Philip Morris(미국)	63,276

30	Norway	168,288	80	CGNU(영국)	61,498
31	Indonesia	165,021	81	Puerto Rico	61,044
32	Denmark	160,082	82	J.P. Morgan Chase(미국)	60,065
33	DaimlerChrysler(독일)	150,069	83	Carrefour(프랑스)	59,887
34	Royal Dutch/Shell Group(영국, 네덜란드)	149,146	84	Credit Suisse(스위스)	59,315
35	British Petroleum(영국)	148,062	85	Nissho Iwai(일본)	58,557
36	South Africa	132,877	86	Honda Motor(일본)	58,461
37	General Electric(미국)	129,853	87	Bank of America Corp.(미국)	57,747
38	Mitsubishi(일본)	126,579	88	BNP Paribas(프랑스)	57,611
39	Greece	125,558	89	Czech Republic	56,720
40	Israel	124,749	90	Nissan Motor(일본)	55,077
41	Thailand	122,725	91	Algeria	54,790
42	Finland	121,715	92	Toshiba(일본)	53,826
43	Toyota Motor(일본)	121,416	93	PDVSA(베네수엘라)	53,680
44	Mitsui(일본)	118,013	94	Assicurazioni Generali(이탈리아)	53,333
45	Venezuela	117,147	95	Peru	53,290
46	Portugal	117,014	96	Fiat(이탈리아)	53,190
47	Citigroup(미국)	111,826	97	Mizuho Holdings(일본)	52,068
48	Itochu(일본)	109,756	98	SBC Communications(미국)	51,476
49	Total Fina Elf(프랑스)	105,869	99	New Zealand	51,449
50	Nippon Telegragh & Telephone(일본)	103,234	100	Boeing(미국)	51,321

4) 2009년

순위	국가 / 다국적기업	GDP / 매출액 (백만 달러)	순위	국가 / 다국적기업	GDP / 매출액 (백만 달러)
1	United States	14,119,000	51	Singapore	182,232
2	Japan	5,068,996	52	AXA(프랑스)	175,257
3	China	4,985,461	53	Nigeria	173,004
4	Germany	3,330,032	54	China National Petroleum(중국)	165,496
5	France	2,649,390	55	Chile	163,669
6	United Kingdom	2,174,530	56	Chevron(미국)	163,527
7	Italy	2,112,780	57	ING Group(네덜란드)	163,204
8	Brazil	1,573,409	58	Pakistan	161,990
9	Spain	1,460,250	59	Philippines	161,196
10	Canada	1,336,068	60	Romania	161,110
11	India	1,310,171	61	General Electric(미국)	156,779
12	Russian Federation	1,231,893	62	Total(프랑스)	155,887
13	Australia	924,843	63	Bank of America Corp.(미국)	150,450
14	Mexico	874,810	64	Kuwait	148,024
15	**Korea, Rep.**	832,512	65	Volkswagen(독일)	146,205
16	Netherlands	792,128	66	Algeria	140,577
17	Turkey	614,603	67	ConocoPhillips(미국)	139,515
18	Indonesia	540,274	68	BNP Paribas(프랑스)	130,708
19	Switzerland	491,924	69	Peru	130,325
20	Belgium	471,161	70	Hungary	128,964
21	Poland	430,076	71	New Zealand	126,679
22	Wal-Mart Stores(미국)	408,214	72	Assicurazioni Generali(이탈리아)	126,012
23	Sweden	406,072	73	Allianz(독일)	125,999
24	Norway	381,766	74	AT&T(미국)	123,018
25	Austria	381,084	75	Carrefour(프랑스)	121,452
26	Saudi Arabia	369,179	76	Ford Motor(미국)	118,308
27	Iran, Islamic Rep.	331,015	77	ENI(이탈리아)	117,235
28	Greece	329,924	78	J.P. Morgan Chase & Co.(미국)	115,632
29	Venezuela	326,133	79	Kazakhstan	115,306

30	Denmark	309,596	80	Hewlett-Packard(미국)	114,552
31	Argentina	307,155	81	E.ON(독일)	113,849
32	South Africa	285,366	82	Ukraine	113,545
33	Royal Dutch/Shell Group(영국, 네덜란드)	285,129	83	Berkshire Hathaway(미국)	112,493
34	Exxon Mobil(미국)	284,650	84	GDF Suez(프랑스)	111,069
35	Thailand	263,772	85	Daimler(독일)	109,700
36	British Petroleum(영국)	246,138	86	Nippon Telegraph & Telephone(일본)	109,656
37	Finland	237,989	87	Samsung Electronics(한국)	108,927
38	Colombia	234,045	88	Citigroup(미국)	108,785
39	Portugal	232,874	89	McKesson(미국)	108,702
40	United Arab Emirates	230,252	90	Verizon Communications(미국)	107,808
41	Ireland	227,193	91	Crédit Agricole(프랑스)	106,538
42	Hong Kong	215,355	92	Banco Santander(스페인)	106,345
43	Toyota Motor(일본)	204,106	93	General Motors(미국)	104,589
44	Japan Post Holdings(일본)	202,196	94	HSBC Holdings(영국)	103,736
45	Israel	195,392	95	Siemens(독일)	103,605
46	Malaysia	193,093	96	American International Group(미국)	103,189
47	Czech Republic	190,274	97	Lloyds Banking Group(영국)	102,967
48	Egypt, Arab Rep.	188,413	98	Cardinal Health(미국)	99,613
49	Sinopec(중국)	187,518	99	Nestlé(스위스)	99,114
50	State Grid(중국)	184,496	100	Qatar	98,313

출처: 1981년 GNP 데이터는 World Bank, *1983 World Bank Atlas* (Washington, D.C.: World Bank, 1983), p.16 및 U.S. CIA, *Handbook of Economic Statistics, 1983* (Washington, D.C.: Government Priniting Office, 1983), p.31; GDP 자료는 연도별 World Bank, *World Development Indicators database,* 다국적기업 매출액은 연도별 "Global 500," *Fortune* 발표자료를 바탕으로 작성함

【부록 3-2】 세계 해외직접투자(FDI) 추세(1975~2009)

1) 투자(outward), Flow 기준

(단위: 백만 달러)

구분 \ 연도	1975	1980	1985	1990	1995	2000	2005	2006	2007	2008	2009
개발도상국	536.1	3,152.7	3,911.6	11,908.4	55,070.1	134,966.2	127,140.3	228,690.8	292,147.0	296,285.6	229,158.6
전체 대비 (%)	1.9	6.1	6.3	4.9	15.2	10.9	14.2	16.2	12.9	15.4	20.8
이행경제국	..	..	..	..	624.2	3,195.0	14,303.9	23,777.9	51,505.4	60,613.9	51,169.6
전체 대비 (%)	..	..	..	..	0.2	0.3	1.6	1.7	2.3	3.1	4.6
선진국	28,057.4	48,397.1	58,051.6	229,565.3	306,890.2	1,094,727.0	751,648.7	1,158,105.1	1,923,894.8	1,571,899.2	820,665.0
전체 대비 (%)	98.1	96.9	93.7	95.1	84.7	88.8	84.2	82.1	84.8	81.5	74.5
합계	28,593.6	51,549.8	61,963.1	241,473.7	362,584.5	1,232,888.2	893,092.9	1,410,573.8	2,267,547.3	1,928,798.7	1,100,993.2

2) 유치(inward), Flow 기준

(단위: 백만 달러)

구분 \ 연도	1975	1980	1985	1990	1995	2000	2005	2006	2007	2008	2009
개발도상국	9,709.5	7,477.0	14,153.7	35,095.6	115,943.2	256,465.2	330,129.9	434,365.9	564,929.9	630,012.5	478,349.0
전체 대비 (%)	36.5	13.8	25.4	16.9	33.8	18.3	33.5	29.8	26.9	35.6	42.9
이행경제국	..	23.6	15.0	75.2	4,112.6	7,024.9	31,100.6	54,669.3	90,968.2	122,587.8	69,948.3
전체 대비 (%)	..	0.04	0.02	0.03	1.2	0.5	3.2	3.7	4.3	6.9	6.3
선진국	16,857.6	46,575.8	41,663.2	172,526.3	222,488.5	1,137,976.3	624,565.1	970,098.1	1,444,074.8	1,018,272.5	565,892.0
전체 대비 (%)	63.5	86.1	74.6	83.1	65.0	81.2	63.4	66.5	68.8	57.5	50.8
합계	26,567.0	54,076.4	55,831.9	207,697.2	342,544.2	1,401,466.4	985,795.6	1,459,133.3	2,099,972.9	1,770,872.8	1,114,189.3

3) 투자(outward), Stock 기준

(단위: 백만 달러)

구분 \ 연도	1980	1985	1990	1995	2000	2005	2006	2007	2008	2009
개발도상국	71,729.7	85,521.5	145,172.2	329,982.2	862,627.6	1,308,372.4	1,755,952.4	2,420,321.4	2,393,251.3	2,691,484.2
전체 대비 (%)	13.1	9.5	7.0	9.1	10.8	10.5	11.2	12.5	14.8	14.2
이행경제국	..	..	560.1	4,337.1	21,339.9	152,029.9	222,809.9	387,145.8	227,687.1	279,808.3
전체 대비 (%)	..	..	0.0	0.1	0.3	1.2	1.4	2.0	1.4	1.5
선진국	477,202.8	813,337.8	1,941,085.6	3,272,236.9	7,083,492.6	10,956,436.7	13,682,244.2	16,506,514.1	13,585,856.7	16,010,825.2
전체 대비 (%)	86.9	90.5	93.0	90.7	88.9	88.2	87.4	85.5	83.8	84.3
합계	548,932.5	898,859.3	2,086,817.9	3,606,556.3	7,967,460.1	12,416,839.0	15,661,006.5	19,313,981.3	16,206,795.1	18,982,117.7

4) 유치(inward), Stock 기준

(단위: 백만 달러)

구분 \ 연도	1980	1985	1990	1995	2000	2005	2006	2007	2008	2009
개발도상국	298,644.2	381,024.9	524,525.6	848,380.7	1,728,455.4	2,713,627.7	3,352,263.7	4,452,644.6	4,213,666.3	4,893,490.4
전체 대비 (%)	42.6	38.3	25.2	25.1	23.2	23.5	23.5	24.8	27.2	27.6
이행경제국	..	..	1,651.6	11,467.7	60,910.9	275,465.3	397,351.2	678,684.4	426,239.5	497,403.8
전체 대비 (%)	..	..	0.1	0.3	0.8	2.4	2.8	3.8	2.8	2.8
선진국	401,632.6	613,707.1	1,555,605.2	2,521,480.3	5,653,181.4	8,535,775.6	10,526,119.2	12,858,740.2	10,851,275.9	12,352,513.5
전체 대비 (%)	57.4	61.7	74.7	74.6	76.0	74.1	73.7	71.5	70.0	69.6
합계	700,276.8	994,732.0	2,081,782.4	3,381,328.8	7,442,547.7	11,524,868.7	14,275,734.1	17,990,069.2	15,491,181.8	17,743,407.8

출처: UNCTAD, http://unctadstat.unctad.org/TableViewer/tableView.aspx을 참조하여 작성(검색일: 2011. 1.24)

【부록 3-3】 Fortune 선정 500대 기업 국가별 보유수(2010)

국가명	기업 보유수	구분
U.S.	139	북미
Japan	71	아시아
China	46	아시아
France	39	서유럽
Germany	37	서유럽
Britain	29	서유럽
Switzerland	15	서유럽
Netherlands	13	서유럽
Canada	11	북미
Italy	11	서유럽
South Korea	10	아시아
Spain	10	서유럽
Australia	8	오세아니아
India	8	아시아
Taiwan	8	아시아
Brazil	7	남미
Russia	6	동유럽
Belgium	5	서유럽
Sweden	5	서유럽
Austria	3	서유럽
Denmark	2	서유럽
Ireland	2	서유럽
Mexico	2	남미
Singapore	2	아시아
Belgium/Netherlands	1	서유럽
Britain/Netherlands	1	서유럽
Finland	1	서유럽
Luxembourg	1	서유럽
Malaysia	1	아시아
Norway	1	서유럽
Poland	1	동유럽
Saudi Arabia	1	중동

Thailand	1	아시아
Turkey	1	아시아
Venezuela	1	남미
합계	500	

출처: Fortune, http://money.cnn.com/magazines/fortune/global500/2010/index.html에서 재구성(검색일: 2011. 1.17)

【부록 3-4】 국가별 해외직접투자(FDI) 현황

1) 2009년, Flow 기준

순위	국가	유치액(백만 달러)	순위	국가	투자액(백만 달러)
1	미국	129,883.0	1	미국	248,074.0
2	중국	95,000.0	2	프랑스	147,161.3
3	프랑스	59,628.3	3	일본	74,699.1
4	홍콩	48,449.3	4	독일	62,704.8
5	영국	45,675.5	5	홍콩	52,269.1
6	러시아	38,722.4	6	중국	48,000.0
7	독일	35,606.4	7	러시아	46,057.3
8	사우디아라비아	35,513.9	8	이탈리아	43,917.9
9	인도	34,613.1	9	캐나다	38,832.1
10	벨기에	33,782.4	10	노르웨이	34,203.2
11	이탈리아	30,538.2	11	스웨덴	30,286.9
12	룩셈부르크	27,272.9	12	버진 아일랜드	26,535.2
13	네덜란드	26,948.9	13	아일랜드	20,750.4
14	브라질	25,948.6	14	영국	18,463.4
15	버진 아일랜드	25,310.0	15	호주	18,426.3
16	아일랜드	24,970.7	16	네덜란드	17,780.3
17	호주	22,571.5	17	스페인	16,334.7
18	캐나다	18,657.2	18	덴마크	15,797.4
19	싱가포르	16,808.8	19	스위스	15,500.6
20	스페인	15,030.4	20	룩셈부르크	14,956.9
21	앙골라	13,100.6	21	인도	14,896.7
22	케이맨제도	12,849.9	22	**한국**	10,572.1
23	칠레	12,701.8	23	쿠웨이트	8,737.0
24	카자흐스탄	12,649.3	24	말레이시아	8,038.2
25	멕시코	12,522.3	25	칠레	7,982.9
26	일본	11,938.6	26	멕시코	7,598.1
27	폴란드	11,395.0	27	케이맨제도	6,796.9
28	스웨덴	10,851.3	28	사우디아라비아	6,525.9
29	스위스	9,695.1	29	싱가포르	5,979.3
30	카타르	8,722.0	30	대만	5,868.0

31	덴마크	7,800.0	31	키프로스	5,109.9
32	터키	7,610.7	32	태국	3,818.0
33	콜롬비아	7,201.2	33	카타르	3,772.1
34	오스트리아	7,051.0	34	오스트리아	3,765.5
35	이집트	6,711.6	35	카자흐스탄	3,118.7
36	노르웨이	6,657.4	36	콜롬비아	3,024.6
37	루마니아	6,329.2	37	인도네시아	2,949.1
38	태국	5,949.0	38	핀란드	2,895.0
39	나이지리아	5,850.7	39	폴란드	2,852.1
40	**한국**	5,843.6	40	아랍에미리트	2,722.9
41	키프로스	5,796.7	41	파나마	2,335.6
42	남아프리카공화국	5,696.5	42	그리스	1,838.3
43	아르헨티나	4,894.5	43	베네수엘라	1,834.0
44	인도네시아	4,877.4	44	남아프리카공화국	1,584.3
45	우크라이나	4,816.0	45	터키	1,551.1
46	레바논	4,803.6	46	에스토니아	1,541.7
47	페루	4,759.7	47	아이슬란드	1,353.7
48	베트남	4,500.0	48	체코	1,339.8
49	불가리아	4,466.6	49	포르투갈	1,293.8
50	아랍에미리트	4,002.7	50	크로아티아	1,266.9
합 계		1,022,975.5	합 계		1,123,713.2
세계 총액		1,114,189.3	세계 총액		1,100,993.2

출처: UNCTAD, http://unctadstat.unctad.org/TableViewer/tableView.aspx를 참조하여 작성하였음(검색일: 2011.1.19)

2) 2005~2009년 연평균, Flow 기준

순위	국가	유치액(백만 달러)	순위	국가	투자액(백만 달러)
1	미국	212,469.1	1	미국	242,334.4
2	영국	131,147.2	2	프랑스	139,638.5
3	중국	86,390.8	3	영국	133,005.3
4	프랑스	74,980.6	4	독일	110,876.5
5	벨기에	71,081.0	5	스페인	74,8634.0
6	캐나다	53,558.9	6	일본	74,462.3
7	홍콩	48,219.2	7	네덜란드	52,619.5
8	독일	47,929.9	8	이탈리아	52,485.7
9	러시아	42,368.9	9	캐나다	50,241.2
10	스페인	41,682.2	10	스위스	50,035.3
11	네덜란드	38,063.6	11	홍콩	47,221.0
12	이탈리아	29,397.0	12	러시아	36,796.4
13	브라질	27,896.0	13	중국	31,208.0
14	인도	25,596.4	14	스웨덴	29,094.2
15	사우디아라비아	25,144.7	15	노르웨이	24,129.4
16	호주	24,313.5	16	버진 아일랜드	22,504.0
17	스웨덴	21,777.3	17	룩셈부르크	22,143.1
18	싱가포르	21,602.7	18	오스트리아	19,400.9
19	멕시코	21,188.6	19	아일랜드	17,006.7
20	버진 아일랜드	19,377.3	20	덴마크	14,923.7
21	스위스	19,344.0	21	인도	13,579.8
22	폴란드	15,908.3	22	호주	12,465.1
23	터키	15,602.9	23	**한국**	11,512.1
24	오스트리아	13,638.9	24	싱가포르	11,035.2
25	케이맨제도	12,642.0	25	아랍에미리트	9,546.4
26	아랍에미리트	11,119.0	26	말레이시아	8,672.4
27	앙골라	11,067.1	27	쿠웨이트	8,226.6
28	일본	11,036.5	28	타이완	8,137.8
29	칠레	10,939.8	29	이스라엘	7,078.9
30	루마니아	9,601.78	30	케이맨제도	6,927.7
31	카자흐스탄	9,572.5	31	사우디아라비아	6,541.3
32	룩셈부르크	9,035.5	32	멕시코	5,848.8

33	콜롬비아	8,748.2	33	핀란드	5,503.1
34	이스라엘	8,736.3	34	폴란드	4,689.6
35	태국	8,686.3	35	칠레	4,579.5
36	이집트	8,640.5	36	아이슬란드	3,866.8
37	우크라이나	7,806.4	37	인도네시아	3,863.0
38	불가리아	7,674.1	38	포르투갈	3,755.1
39	덴마크	7,576.9	39	카타르	3,088.1
40	나이지리아	7,537.3	40	그리스	3,003.0
41	체코	7,347.2	41	콜롬비아	2,390.3
42	인도네시아	6,874.7	42	키프로스	2,336.0
43	노르웨이	6,481.2	43	태국	2,145.3
44	아르헨티나	6,379.2	44	파나마	2,142.9
45	**한국**	5,763.5	45	리비아	2,116.0
46	남아프리카공화국	5,303.5	46	체코	1,746.5
47	포르투갈	5,084.5	47	남아프리카공화국	1,682.0
48	핀란드	5,072.6	48	터키	1,634.9
49	타이완	5,010.6	49	아르헨티나	1,464.7
50	베트남	4,742.0	50	카자흐스탄	1,356.2
총액		1,337,157.9	총액		1,405,925.3

출처: UNCTAD, http://unctadstat.unctad.org/TableViewer/tableView.aspx를 참조하여 작성하였음(검색일: 2011.1.19)

3) 2009년 연평균, Stock 기준

순위	국가	유치액(백만 달러)	순위	국가	투자액(백만 달러)
1	미국	3,120,583	1	미국	4,302,851
2	프랑스	1,132,961	2	프랑스	1,719,696
3	영국	1,125,066	3	영국	1,651,727
4	홍콩	912,166	4	독일	1,378,480
5	벨기에	830,101	5	네덜란드	850,554
6	독일	701,643	6	홍콩	834,089
7	스페인	670,550	7	스위스	804,779
8	네덜란드	596,669	8	일본	740,930
9	캐나다	524,938	9	벨기에	669,048
10	중국	473,083	10	스페인	645,918
11	스위스	463,799	11	이탈리아	578,123
12	브라질	400,808	12	캐나다	566,875
13	이탈리아	393,990	13	스웨덴	367,358
14	싱가포르	343,599	14	호주	343,632
15	호주	328,090	15	러시아	248,894
16	멕시코	309,523	16	중국	229,600
17	스웨덴	304,504	17	버진 아일랜드	224,895
18	러시아	252,456	18	덴마크	216,176
19	헝가리	248,681	19	싱가포르	213,110
20	일본	200,141	20	아일랜드	192,442
21	아일랜드	193,302	21	대만	181,008
22	폴란드	182,799	22	헝가리	174,941
23	오스트리아	168,550	23	오스트리아	167,110
24	인도	163,959	24	노르웨이	164,693
25	덴마크	157,627	25	브라질	157,667
26	버진 아일랜드	156,229	26	핀란드	125,854
27	사우디	147,145	27	**한국**	115,620
28	남아프리카공화국	125,085	28	룩셈부르크	77,621
29	칠레	121,640	29	인도	77,207
30	노르웨이	116,090	30	말레이시아	75,618
31	체코	115,899	31	포르투갈	67,245
32	룩셈부르크	112,626	32	케이맨제도	66,313

33	포르투갈	111,272	33	남아프리카공화국	64,309
34	**한국**	110,770	34	이스라엘	56,130
35	태국	99,000	35	아랍에미리트	53,524
36	케이맨제도	97,923	36	멕시코	53,458
37	핀란드	88,441	37	칠레	41,203
38	아르헨티나	80,996	38	그리스	40,446
39	터키	77,729	39	사우디	40,314
40	말레이시아	74,643	40	인도네시아	30,183
41	콜롬비아	74,092	41	아르헨티나	29,428
42	루마니아	73,983	42	파나마	29,182
43	아랍에미리트	73,422	43	폴란드	26,211
44	인도네시아	72,841	44	키프로스	17,790
45	카자흐스탄	72,333	45	베네수엘라	17,670
46	이스라엘	71,258	46	태국	16,303
47	나이지리아	69,089	47	콜롬비아	16,204
48	이집트	66,709	48	카타르	16,037
49	뉴질랜드	66,634	49	쿠웨이트	16,014
50	베트남	52,825	50	뉴질랜드	15,076
총액		16,530,271	총액		18,809,556
세계 총액		17,743,408	세계 총액		18,982,118

출처: UNCTAD, "Inward and outward foreign direct investment stock, annual, 1980-2009," http://unctadstat.unctad.org/TableViewer/tableView.aspx?ReportId=89(검색일: 2011.1.11)를 참고하여 작성

제2부
동아시아 지역질서

미국의 북핵 전략과 선택: 부시 행정부를 중심으로*

Ⅰ. 머리말

2002년 10월 북한의 농축우라늄 비밀 핵개발 계획에서 비롯된 제2차 북핵 위기가 시작된 이래 북핵문제는 2011년에 접어들어서도 여전히 해결의 실마리를 찾지 못한 가운데 지루한 북·미 간 공방만 되풀이하고 있다. 이와 같은 북·미 간 줄다리기는 개시 8년째를 맞이하고 있는 6자회담 과정은 물론, 길게는 지난 18년간의 북핵 협상과정을 통해 이미 정례화되었다(〈부록 4-1, 4-2〉 참조).

부시 행정부 당시 북핵 문제는 미국의 강경한 반 테러(Counter-Terrorism) 및 대량살상무기(WMD: Weapons of Mass Destruction) 비확산 정책과, 이를 불신하며 더 나아가 자국에 대한 위협으로 인식하는 북한 정권의 판단으로

---

* 이 글은 "부시 행정부의 북핵전략과 선택,"『세계지역연구논총』제22집 2호(2004)를 수정·보완한 것이다.

인해 양국의 '핵개발 포기-불가침 보장'[1] 요구가 첨예하게 대립, 단기간에 해결될 가능성은 높지 않았다.

북핵 문제는 한·미관계에도 지대한 영향을 미쳤다. 한·미 간에는 북한에 대한 인식, 북핵 문제의 해결방법 등에서 의견 대립이 노정되기도 했으며, 노무현 정부는 북핵 갈등을 둘러싸고 미국과 북한 사이에서 분명한 입장을 취하지 않고 중재자 역할을 자임, 한·미공조의 불협화음을 초래한 바 있다. 돈 오버도퍼(Don Oberdorfer)는 한반도는 ① 북한의 확고한 핵무기 소유욕, ② 미국의 비타협적 자세, ③ 한·미동맹의 차질 등 3가지 요소가 복합돼 한국전쟁 이후 최대의 위기상황으로 몰아가고 있다고 주장했다.[2] 이러한 상황 조건에서 미국이 북한 핵문제를 어떻게 인식하고 있으며, 어떻게 접근하고 있느냐에 대한 이해는 매우 중요하다. 이 장에서는 북한의 핵 보유 의지와 핵 능력을 살펴보고, 핵문제를 중심으로 한 미국의 세계전략 및 대북정책을 분석하여, 이를 근거로 핵문제 해결을 위한 미국의 선택을 검토하고자 한다. 또한 이에 대응하는 우리의 합리적 정책과제를 모색하고자 한다.

---

1) 북한은 지난 1차 6자회담(2003.8)에 제시한 입장에서 "우리는 미국과 법적 구속력이 있는 불가침조약을 체결할 것을 요구합니다. 우리에게 구두 혹은 서면 안전보장, 심지어 미·중·러의 공동 안전보장 같은 것을 주면 된다고 생각하면 오산입니다"라고 주장했다. 『조선중앙통신』, 2003년 9월 29일.

2) 오버도퍼는 특히 "한·미 양국 정부와 국민들은 지난 50년간 동맹의 접착제 역할을 해왔던 북한문제에 관해 매우 다른 방향으로 움직이고 있기 때문에 동맹관계에 차질을 빚고 있다"면서 "한국과 미국은 서로 떨어져 나가고 있다"고 주장했다. 『조선일보』, 2003년 5월 3일.

II. 제2차 북한 핵 위기의 전개

제2차 북한 핵 위기는 2002년 10월 3일~5일 미국 제임스 켈리(James Kelly) 국무부 차관보와 북한의 강석주 외무성 제1부상과의 북미 고위급회담에서 강석주 부상이 고농축우라늄 핵 프로그램을 시인하면서 대두되었다.[3] 이후 북·미 간 요구조건이 대립되면서 타협점을 찾지 못하고 심각한 국면으로 전개되었다. 부시 행정부의 입장은 북한이 제네바합의, 핵확산금지조약(NPT: Non Proliferation Treaty), 국제원자력기구(IAEA: International Atomic Energy Agency)의 안전조치협정, 한반도 비핵화공동선언 등 4개의 협정을 위반했으며, 북한이 먼저 핵개발을 포기해야 대화가 시작될 수 있다는 것이다. 이에 대해 북한은 제네바합의에 따른 경수로 건설의 지연과 미국의 핵무기 불위협 또는 불사용 보장이 지켜지지 않고 있다고 주장하였다.

미국은 북한을 '악의 축(Axis of Evil)'으로 규정하고 핵 선제공격 대상국에 포함시키고 있어, 미국의 '핵압살 위협'에 대처하기 위해 "핵무기는 물론 그것보다 더한 것도 지니게 되어 있다(entitled to have)"고 하면서도 미국이 핵 불사용을 포함한 불가침조약을 체결한다면 미국의 안보 우려를 해소하게 해줄 용의가 있다고 밝혔다.[4]

이러한 가운데 부시 행정부는 2002년 11월 14일 제네바협정 체결 이후 북한에 제공해 오던 중유 공급을 2002년 12월부터 중단하기로 결정했다.[5]

---

3) 부시 행정부는 북한의 핵개발 및 시인에 대해서 대체적으로 세 가지 이유를 제시하고 있다. 첫째 북한은 핵 공갈(nuclear blackmail)만이 자신의 체제를 유지시켜 줄 수 있고, 둘째, 이라크와 아프가니스탄의 탈레반 정권의 경우에서 보듯 핵능력이 없으면 미국과 협상할 수단이 없다고 생각하고 있으며, 셋째 최악의 경우에는 핵무기를 사용하는 전쟁도 불사한다는 자살행위적인 의지를 뒷받침하기 위한 모험의 일환이라는 것이다. 박진, 『박진의 북핵리포트』(서울: 한국경제신문, 2003), p.49.

4) 조선외무성 대변인, "조·미사이의 불가침조약체결이 핵문제의 합리적이고 현실적인 방도," 『조선중앙통신』, 2000년 10월 25일.

5) 미국이 제네바합의에 따라 1995년 10월부터 여타 국가들의 협조를 얻어 북한에 제공한

이에 대해 북한은 중유 공급 중단을 명분으로 삼아서 제네바협정을 사실상 무력화시키는 일련의 조치를 취해 나갔다. 북한은 2002년 12월 12일 외무성 대변인 특별담화를 통해 핵동결 해제를 선언한 이후, 12월 21일에는 동결된 핵 시설들에 대한 봉인과 감시장비 제거작업을 개시하였고, 12월 24일에는 사용 후 핵연료봉 봉인을 해제하였으며, 12월 27일에는 IAEA 사찰단원의 추방을 선언하였다. 이러한 북한의 파국적 대응에 대해 2003년 1월 6일 IAEA 특별이사회는 북한 영변 원전시설 봉인 및 감시 장치의 원상회복과 사찰관 복귀 등 필요한 안전조치의 이행을 북한 당국에 촉구하는 결의문을 만장일치로 채택하였다. 이에 대해 2003년 1월 10일 북한은 NPT 탈퇴를 선언하였고, IAEA 특별이사회는 미국의 요청에 따라 2월 12일 북한 핵 문제를 유엔 안전보장이사회에 회부하기로 결정하였다.[6] 한편 북한은 이러한 국제사회의 조치에 대해 2월 26일 영변의 원자로 재가동으로 대응하였다.

이렇게 북핵 문제가 해결의 실마리를 찾지 못하고 악화되는 와중에 미국은 2003년 3월 19일 이라크 전쟁을 개시하였고, 이라크전이 종결되어 가던 시점인 4월 12일 북한은 외무성대변인 성명을 통해 미국이 대북 적대시정책을 포기할 용의가 있음을 밝힐 경우, 북핵 문제를 논의하는 다자회담을 수용할 수 있음을 시사했다.[7] 2003년 4월 23~25일, 마침내 베이징에서 3자회담(미국, 중국, 북한)이 개최되었으나 북핵문제에 대한 별다른 진전 없이

중유의 총경비는 약 5억 달러이며, 이 가운데 미국이 76%에 해당하는 약 3억 8천만 달러를 부담했다. 미국이 매년 지원한 중유 50만 톤은 북한 화력발전소 원료의 1/3에 해당되고, 북한의 연간 전력 23%를 생산할 수 있는 양이다. 또한 이는 북한의 전체 정제유 도입량의 60~70%를 차지한다는 점에서, 중유 공급 중단이 북한에 적지 않은 타격을 줄 것으로 예상되었다. Mark E. Manyin, "U.S. Assistance to North Korea," *CRS Report for Congress,* March 17, 2003 참조.

6) 북한 핵문제의 유엔 안전보장이사회 회부는 IAEA 특별이사회에서 중국을 포함한 31개국의 찬성, 불참 2개국(파나마, 수단), 기권 2개국(러시아, 쿠바)으로 반대국가 없이 결정되었다.

7) 조선외무성 대변인, "미국이 대조선정책을 전환할 용의가 있다면 대화형식에 구애되지 않겠다," 『조선중앙통신』, 2003년 4월 12일.

북·미 양국의 입장만을 확인한 채 끝났다.

한편 3자회담 이후 6차에 걸쳐서 남북한과 미국, 중국, 일본, 러시아 등 주변 4강이 참여하는 6자회담이 중국 베이징에서 열렸다. 북한은 6자회담에서 미국의 대북한 적대시정책 포기[8]와 북한의 핵계획 포기를 위한 모든 조치들을 일괄적으로 동시행동원칙에 따라 단계별로 이행해 나갈 것을 요구하면서 '일괄타결도식'과 '동시행동순서'를 제시했다.[9] 이에 대해 미국은 우선적인 북한의 완전하고 검증 가능하며 돌이킬 수 없는 핵무기 개발계획의 폐기(CVID: Complete, Verifiable, Irreversible Dismantlement)를 요구했다. 베이징 6자회담은 북핵 해결의 새로운 대화 틀을 마련했다는 성과는 있었으나, 북한 핵문제 해법과 관련한 북·미 간의 이견을 좁히는 데는 진전을 보지 못했다.[10]

---

8) 북한이 주장하는 적대시정책을 포기하는 상태는 ① 미국이 북한과 법적 구속력이 있는 불가침조약을 체결하여 북한의 체제를 보장하고, ② 북한과의 관계개선에 진지하게 임할 것이며, 나아가 ③ 미국 이외의 국가들이 북한에 대한 경제지원 등 교류협력을 지속 확대하는 것을 방해하지 않는다는 것이다.

9) 북한이 밝힌 '일괄타결도식'은 "미국은 불가침조약을 체결하며, 외교관계를 수립하고, 조·일, 북남 경제협력 실현을 보장하며, 경수로 제공 지연으로 인한 전력 손실을 보상하고, 경수로를 완공하며, 우리(북한)는 그 대신 핵무기를 만들지 않고, 사찰을 허용하며, 핵시설을 궁극적으로 해체하고, 미사일 시험 발사를 보류하고 수출을 중지하는 것"이다. '동시행동순서'는 "① 미국이 중유 제공을 재개하고, 인도주의 식량지원을 대폭 확대하는 동시에 우리(북한)는 핵계획 포기 의사를 선포하며, ② 미국이 불가침조약을 체결하고, 전력 손실을 보상하는 시점에서 우리(북한)는 핵시설과 핵물질 동결 및 감시·사찰을 허용하며, ③ 조·미, 조·일 외교관계가 수립되는 동시에 우리(북한)는 미사일 문제를 타결하고, ④ 경수로가 완공되는 시점에서 우리(북한)는 핵시설을 해체하는 것"이다. 『조선중앙통신』, 2003년 8월 29일, 전현준, "북핵문제의 해법과 해결전망," 통일정책연구소, 『북한 핵문제 해결과 한반도 평화체제 구축』 학술회의 발표논문, 2003년 10월 21일, p.26에서 재인용.

10) 북한 핵문제 해결에 있어서 6자회담은 '바둑판 귀퉁이 패싸움'에 지나지 않는다. 따라서 북한 핵문제는 6자회담을 통해서 해결되기는 어렵다. 바둑판 전체 판세의 결정적 변화(shift) — ① 북한의 견디기 어려운 경제상황에 따른 핵포기, ② 북한의 김정일 세습체제 불안정, ③ 북·중관계의 변화 등 — 에 의해 판가름날 것이다. 미국은 6자회담으로 북핵문제를 관리하면서 이러한 판세의 변화를 기다리고 있는 것이다.

III. 북한의 핵보유 의지와 핵능력

1. 북한 핵개발의 동기: 북한은 왜 핵무기를 개발하려 하는가?

북한은 전통적으로 외교정책의 목표를 북한 자체의 보존, 경제발전, 그리고 국력신장에 두면서 궁극적으로는 한반도 적화통일에 그 최종목표를 두어 왔다. 그러나 구소련과 동구권의 몰락으로 특징지어지는 탈냉전 시대에 있어 북한 지도부는 새로운 세계질서와 환경하에서 어떻게 정권의 존속을 확고히 할 수 있을지의 문제가 그들의 최대 정책목표가 되고 있다.

북한의 핵무기 개발은 1970년대 후반부터 시작된 것으로 전해진다. 북한은 적극적 측면에서는 한반도에서의 주도권 확보와 외국의 간섭배제, 소극적 측면에서는 남북한 간의 점차 증대되는 경제격차, 한·미동맹과 미국의 군사적 위협, 탈냉전 이후의 안보 및 경제적 위기 등의 문제로부터 벗어나는 방법으로 핵무기 개발을 선택했을 것이다. 따라서 북한은 체제 안전보장을 위하여 가능하면 핵무기를 보유하고자 할 것이며, 이것이 불가능하다면 차선책으로 이를 협상을 위한 카드로 사용하고자 한다.

한편 북한의 핵개발 문제를 공론화 하는 동기가 된 논문의 저자인 레오나드 스펙터(Leonard Spector)와 잭클린 스미스(Jacqueline Smith)는 김일성의 핵무기 개발 의도를 다음과 같은 여섯 가지로 가정했다.[11)]

첫째, 남한에 대한 군사적 압력을 가속화하여 통일을 이루려는 노력의 일환으로 볼 수 있다. 그 이유는 북한의 핵무기 개발 결정이 1970년대 후반 영변 제2원자로가 착공되기 바로 전에 행해진 것으로 추정되며, 이는 북한의 대규모 재래식 전력증강 시점과도 일치하기 때문이다.

---

11) Leonard Spector and Jacqueline Smith, "North Korea: the next nuclear nightmare?" *Arms Control Today,* Vol.21, No.2(March 1991), pp.8-13, 전성훈, "북한의 핵개발 의도와 현황," 김영윤 외, 『북한 핵문제와 남북관계의 진로』(서울: 통일연구원, 2002), pp.6-7에서 재인용.

둘째, 김일성은 핵무기를 보유함으로써 자신을 향해 배치된 핵전력을 무력화시킬 수 있으며, 더 나아가 북한이 압도적인 재래식 전력으로 전쟁에서 승리할 수 있다고 인식했을 것이다.[12]

셋째, 핵무기 개발 결정은 북한의 재래식 군사력 우위가 남한의 경제성장으로 점차 약화되어가고 있다는 김일성의 우려를 반영한 것이다. 미국이 남한의 전력증강을 지원한다는 점도 이러한 우려를 더 크게 만들었을 것이다.

넷째, 핵무기를 보유함으로써 김일성은 소련과 중국의 안보지원 의존도를 줄일 수 있으며, 따라서 그의 통일정책을 좀 더 자유롭게 추구할 수 있다고 생각했을 수 있다. 이 점은 북한의 전통적 우방인 중국과 소련이 남한과 가까워짐에 따라 문제의 심각성이 증대되었다.

다섯째, 핵무기 보유는 김일성의 재임 중 북한의 과학기술 진보를 가시적으로 증명함으로써 김일성 정권의 정당성을 고양하고 김정일로의 권력승계도 지원할 수 있을 것으로 간주했을 가능성이 있다. 권력승계와 관련하여 김일성은 핵보유가 그의 사후 남한이 북한 내부의 불안정을 틈타 공격할 가능성을 줄여서 북한정권의 존속성을 높일 수 있을 것이라 생각했을 것이다.

여섯째, 핵무기 개발능력의 보유가 협상을 통해 주한미군의 핵무기를 철수시키는 데 필수적인 수단으로 간주했을 것이다.

실제로 북한이 핵무기를 보유함으로써 '작은 사회주의 강국'을 이룩하게 된다면 대외적으로 정치적 위신과 협상지위 및 자주권을 제고시킬 수 있을 것이다. 뿐만 아니라 이를 통하여 국내 정치적 안정도 도모할 수 있을

12) 미국은 1991년 말 한국에서 핵무기를 철수시키기 이전까지 60여 개의 핵무기를 대북한 억지용과 유사시 방어용으로 갖고 있었다. 피터 헤이즈, 『핵 딜레마』, 고대승·고경은 역(서울: 한울, 1993), p.166. 또한 이 시기 미군 군산기지에서 지하벙커 파괴용 핵무기 B61(300톤에서 340톤의 파괴력)을 포함한 여타 핵무기들의 운반과 투하훈련을 지속적으로 실시해 온 것으로 밝혀졌다. "History of the 8th Tactical Fighter Wing: 1 January 1991-30 June 1991," http://www.nautilus.org/nukestrat (검색일: 2003년 4월 13일), 김용호, "북핵 문제와 남북관계: 현황과 전망," 성신여자대학교 동아시아연구소 개소기념 학술회의, 『동아시아의 핵위기와 한미동맹』 발표논문, 2003년 4월 19일, pp.3-4에서 재인용.

것이라는 사실을 부정할 수 없다. 이러한 전반적인 북한의 핵개발 동인을 고려하여 볼 때, 북한당국의 핵개발 의지와 가능성은 충분하다고 판단되며 이에 부응한 추진력 또한 매우 강력하다는 사실을 부인할 수 없다.[13]

2. 북한의 핵 개발 능력

북한 핵문제와 관련하여 가장 먼저 갖게 되는 의문은 북한이 과연 현재 핵무기를 보유하고 있는가 하는 것이다. 만약 보유하였다면 핵탄두는 몇 개나 가지고 있는가? 다음은 핵무기 개발이 지금 어느 단계까지 와 있느냐 하는 것이다. 이 문제를 알아보기 위해서는 핵물질 확보, 고폭실험, 운반수단(미사일), 핵실험 등 주요 핵무기 개발 단계별로 기술적 평가를 해 보아야 한다.

1) 핵물질 확보

핵물질이란 핵무기의 주원료인 고농축우라늄(HEU: High Enriched Uranium), 플루토늄(Plutonium), 고폭화약(HE: High Explosives) 등이다. 북한 핵개발과 관련하여 가장 관심이 모아지는 부분은 북한이 과연 어느 정도의 플루토늄을 추출하여 보관하고 있는가 하는 점이다. 플루토늄은 핵폭탄 제조의 핵심 물질이면서 제3국이나 테러집단으로의 판매·이전이 가능하기 때문이다. 북한은 1994년 10월 미국과의 제네바합의에 따라 핵관련 시설을 동결하기 전까지 최소 10kg에서 최대 30kg의 플루토늄을 생산해 보관하고 있는 것으로 추정되고 있다.[14] 한편 북한은 2008년 6월 북핵 6자회담 의장

---

13) 핵확산의 요인으로는 기술적 요인과 동기적 요인이 있으나 기술적 수단의 유용성은 더 이상 문제가 되지 않으며 향후 핵확산은 정치적인 것이든 안보적인 것이든 국가들의 핵옵션을 부추기는 동기들에 의해서 결정될 것으로 보고 있다.

14) 관심의 초점은 IAEA의 사찰이 시작된 1992년 5월 이전에 북한이 5MWe 원자로에서 생산한 핵폐기물과 이를 재처리하여 보유하고 있는 플루토늄의 총량이다. 북한이

국인 중국에게 제출한 〈핵신고서〉에서 이들이 추출한 플루토늄은 38kg이라고 밝힌 바 있다. 한국과 미국의 전문가들은 북한이 40~50kg 정도의 플루토늄을 보유하고 있는 것으로 추정하고 있다. IAEA에서 적용하는 핵물질의 '의미있는 양(Significant Quantity)'은 플루토늄(Pu-239) 8kg, 우라늄(U-235) 25kg이며, 이는 보통 기술수준에서 약 20kt 위력의 핵폭탄 1개를 제조하는 데 필요한 양이다.[15] 따라서 북한은 5~6개 정도의 핵폭탄을 제조할 수 있는 플루토늄을 확보하고 있는 것으로 볼 수 있다.

북한 핵문제가 새삼스럽게 북·미관계의 걸림돌이자 국제사회의 주요 현안으로 등장하게 된 것은 북한이 그동안 비밀리에 고농축우라늄 생산을 통한 핵 개발을 시도했다는 사실이 밝혀지면서 부터이다.[16] 북한은 제네바협정이 체결된 직후인 1995년부터 파키스탄에서 노동미사일을 판매하는 대가로 우라늄농축 기술을 얻으려고 노력했다. 1998년 내지는 1999년 클린턴 행정부는 이러한 사실을 파악했고, 미국 에너지부는 1999년 보고서에서 북한의 우라늄농축 계획에 관하여 직접 언급하고 있다.[17] 북한의 고농축우라늄 핵 개발 시도에 대하여 미국은 2002년 10월 제임스 켈리 차관보가 북한을 방문하기 최소 수개월 전에 확증을 갖게 되었던 것으로 보인다. 2002년 미국이 북한에 제시한 증거가 어느 수준인지는 정확히 알 수 없으

IAEA에 신고한 양(90g)과 IAEA의 자체분석 간의 불일치가 IAEA의 특별사찰 결의를 촉발시켰다. *The IAEA Resolution 2636,* February 25, 1993. 양자 간 불일치의 기술적 측면에 대한 자세한 사항은 David Albright, "Inconsistencies in North Korea's Declaration to the IAEA," in David Albright and Kevin O'Neill, eds., *Solving the North Korean Nuclear Puzzle* (Washington, D.C.: Institute for Science and International Security, 2000), pp.83-98 참조.

15) 신성택, "북한 핵개발의 현황과 아국의 대응방향," 한국개발연구원, 『KDI 북한경제리뷰』 2003.2, p.36.

16) 천연우라늄에는 핵분열을 일으키는 U-235가 약 0.7%밖에 들어 있지 않으며 나머지 99.3%는 핵분열을 하지 않는 U-238이 차지하고 있다. 따라서 핵폭탄 물질이 되기 위해서는 U-235를 90% 이상으로 고농축하여야 한다.

17) Larry A. Niksch, "North Korea's Nuclear Weapons Program," *CRS Report for Congress,* March 17, 2003.

나 그동안 개발에 소요된 시간과 도입된 장비 및 재료 등의 성격과 규모로 볼 때 아직 본격적인 생산 단계에 이르지는 못한 것으로 추정된다.[18] 한편 '파키스탄 핵폭탄의 아버지' 압둘 카디르 칸(Abdul Qadeer Khan) 박사는 최근 밝혀진 비공개문건에서 "북한은 이르면 1990년부터 핵무기 제조를 위한 우라늄 농축에 필요한 가스 제조공장을 건설해 왔으며, 2002년쯤 3,000기 또는 그 이상의 원심분리기로 우라늄을 농축했을 것"이라고 말했다. 이에 대해 한상렬 유엔 주재 북한 대사는 "미국의 대북 적대정책이 극도로 심각해진 2009년 4월 이후에야 핵 억제정책 차원에서 우라늄 농축 프로그램을 시작했다"고 반박했다.[19] 북한은 2009년 9월 스티븐 보즈워스(Stephen Bosworth) 미 대북정책 특별대표의 한·중·일 순방에 맞춰 우라늄 농축시험을 거의 성공적인 단계까지 마무리했다고 경고한 바 있다. 우라늄 농축 방식의 핵 개발은 플루토늄 방식과는 달리 소규모 시설에서 외부에 발각되지 않게 핵 개발을 추진할 수 있기 때문에 플루토늄에 의한 핵 개발보다 사찰과 검증에 더욱 어려움이 클 것으로 보인다.

2) 고폭실험

핵폭탄은 우라늄탄이건 플루토늄탄이건 핵물질을 순간적으로 압축시키는 폭약장치인 고폭장치가 필요하다. 수백만분의 1초 내에 핵물질을 압축시켜야 하는 만큼 고폭장치는 핵무기 제조 과정에서 특히 정밀성이 요구되는 분야이다. 북한의 고폭장치 개발에 대해서는 대부분의 관련국들이 이미 개발이 완성된 것으로 추정하고 있다. 또한 북한은 고폭장치의 작동을 확인하고 고밀도, 고폭속, 고폭압의 성능을 실험하는 고성능폭약실험(고폭실험)을 제1기(1983~1994.10)와 제2기(1997~2002.9)에 각각 70여 회 등 모두 140여 회 수행해 왔다. 또한 고성능 폭약을 폭발시켜 핵폭발을 유발하는

---

18) 2m 길이의 알루미늄 원심분리기 2,500여 개를 1년간 돌리면 고농축 우라늄 25kg (20kt 핵무기 1개 분량)을 얻을 수 있다.

19) *The Washington Post,* December 28, 2009.

고폭장치 완제품 개발을 1993~1998년에 걸쳐 성공한 것으로 전해진다.[20]

3) 핵장치의 운반수단: 미사일

핵무기 제조를 위해 다음으로 필요한 것은 핵탄두를 적재할 수 있는 운반수단의 확보이며, 주로 미사일이 이용된다. 북한은 1975년 중국에서 액체연료를 사용하는 탄도미사일을 도입하면서 본격적인 미사일 개발에 착수했다. 또한 북한은 1983년에 이집트로부터 소련제 스커드 B(사거리 300km)를 도입하여 1987년에는 역설계 방법으로 자체 생산한 100기를 이란에 수출까지 했다. 1988년에는 스커드 C(사거리 500km)를 개발하여 황해북도 신계지역에 작전 배치하였다. 1993년 5월 북한은 동해안에서 자체개발한 중거리 탄도미사일 노동1호(사거리 1,300km)의 시험발사에 성공하였으며, 1998년 8월에는 대포동1호(사거리 2,500km)를 시험 발사했다. 3단 추진체가 궤도에 진입하지 못하고 실패하였으나 1단 추진체가 발사지점에서 253km, 2단 추진체는 1,646km 떨어진 지점에 낙하함으로써 다단계 로켓 기술의 발전이라는 성과를 얻었다.

2006년 북한은 사정거리를 더욱 늘린 대포동 2호를 시험 발사했다. 비록 실패했지만 사정거리 6,000km에 달하는 미사일이었다. 북한이 2009년 4월 발사한 장거리 로켓(대포동 2호)은 위성체의 궤도 진입에는 실패했지만 사정거리와 정확도 등 성능 면에서 상당한 수준으로 여겨진다. 이때 발사한 대포동 2호는 함북 화대군 무수단리 발사장에서 3,200km 정도 날아간 것으로 추정되며, 1998년 발사된 대포동 1호의 2단 추진체 낙화지점인 1,640여km보다 사정거리가 두 배가량 늘어난 것이다.[21]

---

20) 전성훈, 『북한 비핵화를 위한 한·미 전략적 협력에 관한 연구』(서울: 통일연구원, 2009), p.40.

21) 탄도미사일은 사거리에 따라 전술 단거리 탄도미사일(BSRBM, 사거리 150km 이하), 단거리 탄도미사일(SRBM, 150~800km 이하), 중거리 탄도미사일(MRBM, 800~2,500km 이하), 중장거리 탄도미사일(IRBM, 2,500~5,500km 이하), 대륙간 탄도미사일(ICBM, 5,500km 이상)로 구분된다(START Ⅰ 기준).

한편 개발한 핵탄두가 무기로서의 능력을 발휘하려면 미사일 탑재가 가능할 정도의 소형화 기술이 필요하다. 북한이 보유중인 스커드·노동·대포동 미사일의 탑재 능력은 0.7~1.0톤으로써 북한의 핵탄두 소형화 기술수준은 이에 미치지 못하는 것으로 평가된다.[22] 현재 북한은 사정거리 300~500km인 스커드-B 600기와 스커드-C 200기로 남한 전역을, 사정거리 1,300km인 노동미사일 200기로 일본을 사정권에 두고 있다. 2007년에는 사정거리 3,000km인 신형 중장거리 탄도미사일(IRBM)을 배치해 괌까지 위협하고 있다.[23]

4) 핵실험

핵무기 생산의 마지막 단계는 핵실험이다. 우라늄탄은 핵실험을 하지 않아도 그 신뢰성이 충분히 입증되면 실전에 사용할 수 있으나, 플루토늄탄은 동위원소의 불안정성뿐 아니라 고폭장치도 고도의 정밀성을 요구하기 때문에 핵실험이 필수적이다. 북한은 두 차례의 핵실험을 실시했다. 1차 핵실험은 2006년 10월 9일 플루토늄 2kg을 사용하여 4kt의 폭발력을 목표로 시행하였으나 0.8kt의 폭발력에 미친 것으로 추정된다. 2009년 5월 25일 5kg을 사용하여 실시한 2차 핵실험은 성공적이지는 않았으나, 두 차례에 걸친 핵실험으로 상당한 수준의 핵무기 기술을 축적했을 것으로 평가된다. 총체적으로 북한이 플루토늄 또는 고농축우라늄을 추출한데 이어 실제 핵폭탄 제조 능력은 어느 수준인가에 대해 대부분의 핵관련 정보 당국의 평가는 앞서 북한의 플루토늄 추출 양에 대한 추정치에 근거할 때 북한은 2010년 말 현 단계에서 1~10개의 핵폭탄을 제조 보유하고 있을 것으로 추정하고 있다

---

22) 미국 국방부는 '탄도미사일방어계획 검토보고서(BMDR)' (2010.2.1)에서 북한이 10년 내에 핵탄두를 장착한 대륙간 탄도미사일(ICBM)을 개발할 수 있을 것이라고 전망했다. 『동아일보』, 2010년 2월 3일.

23) 북한의 무수단리에서 미국의 태평양 전진기지인 앤더슨 공군기지가 있는 괌까지는 3,600km 거리이다. 로버트 게이츠(Robert M. Gates) 미 국방장관은 "북한이 5년 내에 대륙간 탄도미사일(ICBM)을 개발할 수 있으며 이는 북한이 개발하는 핵무기와 함께 미국에 직접적인 위협이 될 것" 이라고 말했다. 『동아일보』, 2011년 1월 12일.

(〈부록 4-3〉 참조).[24]

북한의 핵개발은 어디에 와있고, 어디로 향해 나가게 될 것인가? 윌리엄 포터(William C. Potter)가 다음과 같이 제시한 핵무기 확산과정 8단계에 따르면 북한은 현재 5단계에 도달했으며, 다량의 핵무기 비축 등 다음 단계를 향해 나갈 가능성이 크다: ① 핵무기 제조에 필요한 기술적 능력의 보유, ② 연구용 또는 발전용 원자로의 보유, ③ 핵사찰 감시대상에서 제외된 핵폭탄 제조용 물질의 보유, ④ 비밀리 핵폭탄 제조, ⑤ 공개적 핵폭발 실험 실시, ⑥ 다량의 핵무기 비축, ⑦ 수소폭탄 실험 성공, ⑧ 안전장치 확립과 2차 보복능력(Second Strike Capability).[25] 미국은 2008년 국방부와 정보위원회보고서를 통해 북한을 핵무기보유국으로 명시했다.[26]

---

24) 파키스탄의 압둘 카디르 칸 박사는 "1999년 북한의 산악 터널을 방문했을 때 북한 측이 3기의 완성된 핵탄두 부품들을 담은 상자를 보여주며 한 시간 내에 미사일에 탑재할 수 있다"고 말했다. *The Washington Post,* December 28, 2009. 이는 북한의 핵기술이 한국, 미국 등이 생각하는 것보다 크게 앞서 있으며, 핵무기 보유수도 예상보다 훨씬 많을 수 있음을 뜻한다. 그러나 2004년 1월 북한 핵시설을 사찰했던 지그프리드 해커(Siegfried S. Hecker) 전(前) 로스 알라모스 미 국립핵연구소장은 "북한이 1999년 핵탄두를 만들 정도의 핵물질을 보유했는지는 확신할 수 없다"며 의문을 표했다. 『중앙일보』, 2009년 12월 29일. 데니스 블레어(Dennis Blair) 전(前) 미 국가정보국(DNI) 국장은 일본경제신문(日本經濟新聞)과의 인터뷰에서 "북한이 핵탄두 8~10개를 보유하고 있는 것으로 보인다"고 밝혔다. 『日本經濟新聞』, 2010년 10월 22일.

25) William C. Potter, *Nuclear Power and Nonproliferation: An Interdisciplinary Perspective* (Cambridge: Oelgeschlager, Gunn & Hain, 1982).

26) 북한, 인도, 파키스탄은 핵무기와 미사일 운반수단을 획득했다. James Schlesinger, *Report of the Secretary of Defense Task Force on DoD Nuclear Weapons Management* (December 2008), p.11. 아시아에는 중국, 인도, 파키스탄, 북한과 러시아 등 다섯 개의 핵 국가가 존재한다. United State Joint Force Command, *The Joint Operation Environment 2008,* p.32. 미국 국가정보위가 2008년 11월 발표한 『글로벌 트렌드 2025』라는 보고서도 북한을 '핵무기 국가(a nuclear weapon state)'로 표기했다. "美보고서, '핵무기보유국'에 북한 또 포함," 『연합뉴스』, 2009년 1월 13일.

IV. 미국의 세계전략

미국은 북한의 핵문제를 세계전략의 틀 속에서 접근하고 있기 때문에 북핵문제에 대한 미국의 입장과 정책을 이해하기 위해서는 기본적으로 미국의 세계전략을 먼저 이해해야 한다. 탈냉전 이후 미국의 세계전략 목표는 유일한 세계 초강대국(a sole hyper power)으로서의 지위를 지키는 한편 미국 중심적 세계질서의 구축에 있다.[27] 미국의 국가안보전략은 미국의 가치와 이익을 반영하는 '현실주의적 국제주의(realistic internationalism)' 에 뚜렷한 기반을 두고 있다.

미국의 근본적이며 지속적인 국가목표(fundamental and enduring national goals)는 첫째 미국 전체 국토에 대한 보호와 방위, 둘째 자유·민주주의·미국의 경제체제에 대한 외부의 위협으로부터의 보호 및 보존, 셋째 미국 국민의 물질적 풍요의 증대이다. 또한 국가목표를 이루기 위한 구체적 국가전략을 만드는 데 기본이 되는 원칙들(a set of principles)을 다음과 같이 제시하고 있다.[28]

첫째, 강력한 국방력을 바탕으로 한 '강함' 을 유지하라.(BE STRONG by providing a robust national defense.)

둘째, 미국의 리더십과 자율성을 보존하여 (선택의) '자유' 를 보유하라.(BE FREE by preserving American leadership and independence.)[29]

셋째, 국제사회에서 자유(자유무역, 자유시장, 자유정부)의 수호자가 되라.(BE CHAMPION of liberty around the world.)

---

27) 미국은 2003년 기준으로 전 세계 국방비의 47%, 전 세계 GNI의 32.2%를 차지하고 있다. SIPRI, *SIPRI Yearbook,* 2004; World Bank, *World Development Indicators Database,* September 2004.

28) Kim R. Holmes and Thomas G. Moore, eds., *Restoring American Leadership: A U.S. Foreign and Defense Policy Blueprint* (The Heritage Foundation, 1996), pp.1-8.

29) 부시 행정부는 국제기구가 평화에 기여할 수는 있으나, 국제기구가 미국의 리더십을 대체하거나 미국의 리더십에 대해 거부권을 행사해서는 안 된다는 것이며, 이것이 UN에 대한 부시 행정부의 시각이기도 하다.

넷째, 미국 국익을 위한 군사적 개입은 선택적으로 하라.(BE SELECTIVE by engaging American power for American interests.)[30]

이러한 원칙들에 근거하여 목표를 달성하기 위한 구체적인 방법들은 ① 인간 존엄성의 옹호,[31] ② 테러리즘 분쇄를 위한 동맹의 강화와 미국 및 우방국에 대한 공격 예방, ③ 지역갈등 완화를 위한 타국과의 협력, ④ 미국과 동맹국 및 우방국에 대한 대량살상무기 위협 예방, ⑤ 자유시장과 자유무역을 통한 세계적 경제성장 시대 촉진, ⑥ 사회개방 및 민주주의 하부구조 구축을 통한 발전 진영의 확대, ⑦ 다른 주요 강대국들과의 협력을 위한 의제 개발, ⑧ 21세기 도전과 기회에 대응하도록 미국 국가전략 제도의 전환 등이다.[32] 미국은 전 세계에 걸쳐 추구해야 할 이익과 완수해야 할 공약을 가지고 있으며, 미군의 존재 목적은 이와 같은 미국의 이익을 보호하고 발전시키고, 억제에 실패할 경우 미국의 국익에 대한 위협을 격퇴하는 데 있다는 것이다.[33]

9·11 테러는 미국의 국가안보전략에 새로운 패러다임을 가져올 정도의 충격을 주었다. 기존의 정책기조가 강화되면서 안보목표와 핵심 정책사안에서 본토방위(homeland security)가 최우선 안보목표가 되었고, 테러와의 전쟁이 당면 최대 정책사안이 되었다.[34] 이에 따라 테러리즘 지원 및 대량

---

30) 미국이 세계의 모든 문제에 무차별적으로 개입하기보다는 미국의 사활적 이익이 걸려있는 특정 사안에 한해서 선별적으로 개입해야 한다는 것이다.

31) 『국가안보전략보고서』는 법치주의, 절대적 국가권력의 제한, 언론 및 종교의 자유, 평등권(equal justice), 여성존중, 종교적·인종적 관용, 사유재산권 보호 등과 같은 가치를 가장 미국적인 가치인 동시에 보편적 가치로 규정하고 있다. 따라서 이를 포괄하는 인간의 존엄성을 추구하기 위해서라도 반테러 전쟁에 나서야 한다는 것이다. The White House, *The National Security Strategy of the United States of America,* September 2002a, pp.3-4.

32) The White House(2002a), pp.1-2.

33) U.S. Department of Defense, *Annual Report to the President and the Congress,* 국방정보본부, 『2002년 미 국방 연례보고서』(서울: 국방정보본부, 2002a), p.5.

34) 미 국방부는 9·11 테러 이후 2001년 9월 30일 의회에 보고한 『4년 주기 국방검토보

살상무기 개발을 추진하는 국가들의 위협에 대한 강력한 대처가 더욱 중요하게 부각되었다. 부시 대통령은 2002년을 '테러와의 전쟁의 해'로 선포했으며, 테러집단의 축출과 대량살상무기를 개발하는 테러집단과 국가들로부터 미국을 보호하는 것을 목표로 제시하였다. 부시 대통령은 2002년 1월 29일 연두교서에서 테러리스트들에게 무기를 제공하거나 미국과 동맹국을 공격 또는 위협할 가능성이 있는 국가로서 이란·이라크·북한을 지목하고 이들 3개국을 '악의 축(Axis of Evil)'이라 규정했다.[35] 그리고 불특정 대상으로부터의 불특정 수단에 의한 비대칭적 위협(asymmetrical threat)으로부터의 방위를 위하여 그동안의 '위협에 기초한(threat-based)' 접근방법으로부터 '능력에 기초한(capacities-based)' 접근방법으로 전환하여 사전에 위협을 제거하는 쪽으로 전략개념을 바꾸었다.[36] 이러한 맥락에서 이른바 불량국가들(rogue states)에 의한 대량살상무기 및 미사일 개발 능력이 위험이 되고 있다고 강조하는 것이다.[37] 2002년 1월에 발표한 『핵태세검토보고서(NPR)』는 유사시 핵무기 사용대상국으로 핵보유국인 러시아와 중국 외에도 북한, 이라크, 이란, 리비아, 시리아 등 7개국을 지목하였다.[38]

고서(QDR)』에서 4개의 국방목표를 새로이 설정했다. 첫째 동맹국과 우방국을 확신시키고, 둘째 미래의 군사적 경쟁을 단념시키고, 셋째 미국의 이익에 도전하는 위협과 강압을 억제하고, 넷째 억제가 실패하였을 경우 어떤 적이라도 결정적으로 격퇴시킨다는 것이다. U.S. Department of Defense, *Quadrennial Defense Review Report,* September 30, 2001.

35) The White House, *State of the Union Address,* January 29, 2002b.

36) U.S. Department of Defense(2001), pp.13-14.

37) 미국은 불량국가로 이란, 이라크, 북한, 쿠바, 리비아, 시리아, 수단 등 7개 국가를 지목해 오고 있다. 이러한 불량국가들은 미국의 미사일방어(MD: Missile Defense) 전략의 대상국가들이기도 하다. 미국의 MD 전략은 불량국가들의 ① 소수의 핵무기 보유 가능성, ② 미국에 대한 적대감, ③ 핵무기를 실제로 사용할 수 있는 비합리성(irrationality)에 근거하고 있다. 미국은 2003년 4월 30일 연례 「세계테러유형보고서」를 발표, 북한을 포함한 이들 7개국을 테러지원국으로 재지정했다. U.S. Department of State, *Patterns of Global Terrorism 2002,* April 2003.

38) 유사시란 ① 재래식 무기로는 파괴할 수 없는 지하 군사시설에 대한 공격, ② 상대방의 핵 및 생화학무기 불포기에 대한 보복, ③ 미국의 안보에 심각한 위협을 줄 만한 군사계획이나 군사작전을 실행하는 대상에 대한 방어조치 등을 포함한다. U.S.

미국은 2002년 9월 발표한 『국가안보전략보고서(NSS)』에서 세계적으로 테러 및 대량살상무기의 위협 제거를 국가안보정책의 최우선 목표로 설정하고 있으며, 필요시 단독 행동 및 선제공격 불사, 그리고 이를 위한 반테러 국제연대 및 동맹 강화의 필요성을 역설하는 공세적인 안보전략을 제시하고 있다. 보고서에서는 2002년 1월 '악의 축'으로 지목했던 3개국 중 이란을 제외한 이라크와 북한을 대표적인 불량국가로 지목하면서 단호한 대처를 천명했다.[39] 보고서는 불량국가의 공통된 속성으로 ① 국민에 대한 야만적 탄압, ② 국제법 무시, ③ 대량살상무기 추구, ④ 테러지원, ⑤ 미국에 대한 증오 등 다섯 가지를 제시하였다. 또한 미국의 국가안보전략보고서는 세계전략 부분에서 전임 행정부들이 추구하던 적성국가에 대한 억제와 봉쇄정책 대신 ① 선제공격, ② 미국의 독자적 공격가능, ③ 미국의 절대적 군사우위 유지라는 세 가지 개념을 강조했다.[40] 9·11 테러 발생 이후 현재까지 미국 외교안보전략의 가장 두드러진 변화는 필요에 따라 '선제공격(preemptive actions)'을 할 수도 있다는 새로운 안보전략이 등장하고 있다는 것이다.[41]

북한의 핵개발은 미국의 세계전략과의 충돌이라고 볼 수 있다. 탈냉전 이후 미국 세계전략의 두 날개는 테러 및 핵·생물·화학 무기 등 대량살상무기의 반확산(Counter-Proliferation of Weapons of Mass Destruction)과 자유시장, 자유무역, 민주정부 등 미국적 가치의 확산(Proliferation of American

---

Department of Defense, *Nuclear Posture Review,* January 2002b.

39) 북한은 지난 10년 동안 세계의 주요 탄도미사일 수출국으로 성장해왔을 뿐만 아니라, 스스로도 끊임없이 대량살상무기의 개발과 실험을 실행함으로써 모든 국가에 대한 잠재적인 위협이 되어왔다고 지적했다. The White House(2002a), p.14.

40) The White House(2002a), pp.13-16.

41) 『국가안보전략보고서』는 과거 국제법상 정당한 선제공격의 조건으로 인정되어 왔던 '임박한 위협(imminent threat)'의 의미를 적국 군대의 공격동원 등 가시적이고 임박한 공격 징후에서 '미국의 안보에 상당한 위협(sufficient threat)'이 되는 '적의 능력과 의지'로 확대하여 '예방적 전쟁(preventive war)'까지 선제공격에 포함시키고 있다.

〈표 4-1〉 미국의 안보 우려 대상국

시기	출처	내용	대상국
2002.1	핵태세검토보고서	유사시 핵무기 사용 대상국(7개국)	러시아, 중국, **북한**, 이란, 이라크, 리비아, 시리아
2002.1	연두교서	'악의 축' (Axis of Evil)	**북한**, 이란, 이라크
2002.9	국가안보전략보고서	대표적 불량국가 (Rogue States)	**북한**, 이라크
2002.12	WMD대응전략보고서	WMD 2차적 확산 가능국	인도, 파키스탄, **북한**, 이란
2003.1	연두교서	무법정권 (Outlaw Regimes)	**북한**, 이란, 이라크
2003.4	세계테러유형보고서	테러지원국	**북한**, 쿠바, 이란, 이라크, 리비아, 수단, 시리아
2003.5	MD에 관한 국가정책	MD체제의 첫 요격시스템 미국 서부에 배치	**북한**
2005.1	상원 외교위원회 인준청문회	'폭정의 전초기지' (Outpost of Tyranny)	**북한**, 쿠바, 미얀마, 이란, 벨리루스, 짐바브웨
2006.8	새로운 세계전략 선언	'도둑정치' (Kleptocracy)	**북한**, 벨리루스

Values)이다.[42] 이러한 미국의 세계전략에 가장 걸림돌이 되는 국가들은 소

42) 부시 행정부 대외 정책에 지대한 영향을 미치고 있는 미국 공화당의 신보수주의자(네오콘) 들은 '힘이 곧 정의' 라고 믿고 있으며, 적극적인 대외 개입을 통해 미국의 이익을 지키고, 미국적 가치를 세계에 전파하며, 이를 위해 군사력 사용도 주저해서는 안 된다고 주장한다. 1997년 출범한 네오콘 싱크탱크 '새로운 미국의 세기를 위한 프로젝트(PNAC: Project for New American Century)' 에는 딕 체니(Dick Cheney), 도널드 럼스펠드(Donald Rumsfeld), 폴 울포위츠(Paul Wolfowitz), 젭 부시(John E. "Jeb" Bush), 루이스 리비(I. Lewis Libby), 엘리어트 에이브럼즈(Elliott Abrams) 등 부시 행정부의 핵심 인물들과 리처드 펄(Richard Perle), 빌 크리스톨(Bill Kristol), 로버트 케이건(Robert Kagan) 등 이론가들이 참여하고 있다. 2000년 9월 발표한 『미

위 '악의 축' 인 이라크, 이란, 북한이라고 할 수 있다(〈표 4-1〉 참조). 이들은 소위 불량국가(rogue states)이며 무법정권(outlaw regimes)[43]인 것이다. 미국 대외정책의 키워드(key word)는 대량살상무기, 테러리즘, 인권(미국적 가치)이며, 이에 대해서는 국가주권을 초월한 개입이 정당하다고 주장한다.[44] 따라서 미국의 대북정책 목표는 정권교체(regime change)를 통한 '자유 북한' 이며, 이것이 불가능하다면 차선책으로 북한의 핵 프로그램만이라도 반드시 폐기시킨다는 것이다.[45]

국 방위재건 보고서』에서 PNAC는 ① 군사비 대폭 증액, ② 중동·중앙아시아 미군 주둔, ③ 미국을 적대시하는 국가의 정권교체, ④ 미국의 이익에 어긋나는 국제협약 폐기 또는 탈퇴, ⑤ 우주 공간의 군사화, ⑥ 핵무기 선제사용 등을 건의했다. 이 보고서는 부시 행정부 외교·군사정책의 기본 골격이 되었다.

43) The White House, *State of the Union Address,* January 28, 2003.

44) Richard Haass, "When nations forfeit their sovereign privileges," *International Herald Tribune,* February 7, 2003.

45) 미국 상원의 「북한 자유 법안(North Korea Freedom Act of 2003)」 제출자인 샘 브라운 상원의원은 법안의 목적은 "북한의 대량살상무기 개발을 중단시키고, 한반도에서 민주정부에 의한 통일을 지원하며, 북한의 인권을 개선하기 위한 것" 이라 했으며, "미국과 전 세계의 안보는 북한에서 자유·민주·인권을 확립하는 것에 의해서만 보장받을 수 있다" 고 강조했다. 『중앙일보』, 2003년 11월 22일. 한편 미국무부 정책기획국장 미첼 라이스(Mitchell B. Reiss)는 미국이 원하는 것은 "단순히 대량살상무기 없는 북한이 아니라 북한의 정상국가로의 변환" 이라고 했다. Mitchell B. Reiss, "North Korea's Legacy of Missed Opportunities," Remarks to the Heritage Foundation, March 12, 2004(http://www.state.gov).

V. 미국의 대북정책

1. 부시 행정부의 북핵 전략

미국의 이러한 세계전략의 전반적 기조 속에서 대북정책의 골격이 형성되었다. 부시 대통령은 2001년 6월 6일 대북정책과 관련 「포괄적 협상안」을 제시하였다. 주요 회의의제로는 ① 제네바합의의 이행 개선,[46] ② 북한의 미사일 개발 및 수출문제 해결, ③ 북한의 재래식군사력 위협 감소를 설정하였다. 그리고 부시 대통령은 이러한 의제들을 남북한관계, 한반도평화정착, 북미관계 개선, 한반도 지역안정 등의 문제와 관련하여 포괄적으로 접근할 것임을 밝혔다. 또한 북한의 긍정적인 호응에 상응하여 대북지원, 경제제재 해제, 북미관계 개선 등을 추진할 것임을 표방하였다.[47]

그러나 2002년 10월 제2차 핵위기가 발생하자 미국은 북한의 핵개발은 제네바합의, 핵비확산조약, IAEA의 핵안전조치 협정, 한반도비핵화 공동선언을 모두 위반한 도발임을 분명히 하였다. 북한의 핵 프로그램을 방치하였을 때, 그 핵이 테러리스트의 손에 들어가는 것을 우려하는 미국은 기본적으로 북한이 실제로 핵개발을 포기하지 않는 한 북한과 어떠한 타협이나 보상도 있을 수 없다는 입장이다.

미국은 북한이 원하는 모든 것들을 주려고 하지 않고, 또한 줄 수도 없다. 그 이유는 김정일 독재정권, 국민을 굶겨 죽이는 국가 계획경제를 인정하고 보장하는 것은 미국적 가치에 어긋나며, 또한 그러한 수세적인 방법으

---

46) 부시 행정부는 경수로 제공이 핵확산을 막기보다는 플루토늄 확산을 촉진할 수 있다는 우려를 갖고 있었다. 1996년 스톡홀름 국제평화연구소(SIPRI)의 「핵군비통제보고서」에 의하면 "경수로 완성시 북한은 핵연료에서 연간 490kg의 플루토늄을 생산할 수 있으며, 이는 100개의 핵폭탄을 제조할 수 있는 양이다"라는 것이다. 박진(2003), pp.66, 79.

47) The White House, Office of the Press Secretary, Statement by the President George W. Bush, June 6, 2001.

로는 '완전하고 돌이킬 수 없으며 검증 가능한 북한 핵 폐기'가 불가능하다고 생각하기 때문이다. 부시 행정부의 북한 핵문제에 대한 정책의 골격은 북한에 대한 인식, 북한의 핵 보유의도, 협상원칙, 합의결과 이행 등에 있어서 다음과 같은 특징을 지니고 있다.

1) 북한에 대한 인식

북한에 대한 미국의 인식 저변에는 북한에 대한 강한 불신이 깔려 있었다. 부시 행정부는 북한의 현실과 변화 전망에 대하여 부정적인 평가를 했다.[48] 부시 대통령은 김정일에 대해 개인적인 의구심(skepticism)을 가졌으며, 북한에 대해 환상(illusion)을 갖고 있지 않음을 분명히 했다. 단적으로 부시는 김정일을 혐오한다("I loathe Kim Jong Il."). 김정일에 대한 부정적 인식은 주민의 인권을 억압하고, 대량살상무기를 만들어 국제사회를 위협하면서 자국민을 굶겨 죽이는 비도덕적 행태를 용납할 수 없다는 기독교적 보수주의 도덕관에 근거했다. 이러한 부정적 인식은 부시의 대통령 취임 이전부터 형성된 공화당 보수진영의 일관된 대북 인식이었으며, 다만 9·11 테러 이후 북한의 대량살상무기 개발과 이의 확산에 대한 우려와 경계로 보다 확고해지고 강경해진 것이다. 이러한 배경에서 북한은 이란, 이라크와 함께 '악의 축' 또는 '무법정권'으로 간주되었다. 미국의 상원과 하원의 만장일치로 통과되어 2004년 10월 부시 대통령에 의해 서명 발효된 북한인권법(North Korean Human Rights Act of 2004)에서는 북한 김정일 정권에 대하여 "절대권력하의 독재국가로서 심각히 인권을 침해"하고 있으며, "개인숭배는 거의 '국가종교(state religion)'의 수준"에 달하고 있다는 등 25가지의 부정적 사실을 밝히고 있다.[49]

---

48) 이 점은 클린턴 행정부에서 작성된 『페리보고서』가 북한의 변화와 체제전환을 기대하기 어렵다는 판단하에 '있는 그대로의 북한(North Korea as it is)'과 협상할 수밖에 없는 현실을 받아들인 것과는 대조적이다. William J. Perry, *Review of United States Policy toward North Korea: Findings and Recommendations,* Unclassified Report, October 12, 1999.

2) 북한의 핵개발 의도 판단

부시 행정부는 북한의 핵개발 목적이 대미 협상용이 아니라, 실제 핵무기를 개발하여 핵무장을 하기 위한 것으로 판단하였다.[50] 미국의 '과학·국제안보연구소(ISIS)'는 2004년 북한이 15~38kg의 플루토늄을 보유하여, 2~9개의 핵무기를 가진 것으로 추정했다.[51] 2004년 10월 미국의 민주당 대통령후보 케리도 북한이 4~7개의 핵무기를 보유하고 있다고 밝힌 바 있다.

더구나 미국은 북한을 잠재적 '핵물질 판매상(nuclear Wal-Mart)'으로 간주했다.[52] 다시 말해서 북한이 본격적으로 핵개발을 추진할 경우 체제 보장용 핵무기 생산에 그치지 않고 미사일의 경우처럼 핵물질을 제3국 또는 테러집단에 판매할 가능성이 높다고 보기 때문에 북한 핵개발 자체를 매우 위험한 상황으로 간주했다.[53] 만약 북한이 핵물질을 중동의 테러집단에 판매한다면 미국의 본토방위에 치명적 위해를 가할 수 있다는 것이다.[54] 또

---

49) HR 4011: To Promote Human Rights and Freedom in the Democratic People's Republic of Korea, and Other Purpose (North Korean Human Rights Act of 2004).

50) Glenn Kessler, "U.S. Believes N. Korea Rapidly Seeking Stockpile," *The Washington Post,* February 1, 2003; 미국의 조지 테닛(George Tenet) CIA 국장은 2003년 2월 11일 북한의 핵개발 목표는 핵무기의 보유를 미국이 용인하도록 하는 데 있다고 주장한 바 있다. 『연합뉴스』, 2003년 2월 12일. 황장엽 전 노동당 비서는 2003년 10월 31일 미국 하원에서 열린 '디펜스포럼'에서 '북한의 핵개발 포기 가능성'을 묻는 기자들의 질문에 "'핵개발은 어떤 경우든 계속한다'는 것이 김정일의 일관된 생각이다"고 말했다. 『조선일보』, 2003년 11월 18일.

51) 『조선일보』, 2004년 10월 13일. IAEA에서 적용하는 핵물질의 '의미있는 양(Significant Quantity)'은 플루토늄(Pu-239) 8kg, 우라늄(U-235) 25kg이며, 이는 보통 기술수준에서 약 20kt 위력의 핵폭탄 1개를 제조하는 데 필요한 양이다. 그러나 최근에는 기술의 발달로 플루토늄 4~6kg이면 핵폭탄 1개를 만들 수 있다.

52) Samuel R. Berger, "Foreign Policy for a Democratic President," *Foreign Affairs,* Vol.83, No.3(May/June 2004), p.55. 새뮤얼 버거(Samuel R. Berger, 클린턴 행정부의 국가안보보좌관을 역임했고, 2004년 대선에서 민주당 케리 후보의 외교정책을 보좌했음)는 북한이 지금 당장 6개의 핵무기를 생산해서 판매할 수 있는 상태이며, 2010년(the end of this decade)까지는 20개까지 가능할 것으로 보았다.

53) Balbina Y. Hwang, "Curtailing North Korea's Illicit Activities," *Backgrounder,* No.1679, August 25, 2003.

한 미국은 붕괴 일로에 있는 북한이 만든 핵물질이나 핵무기가 북한 내의 군벌이나 일부 잔당의 손에 쥐어지게 될 가능성도 우려하고 있다. 핵탄두를 탑재한 북한의 장거리 미사일이 알래스카나 하와이 또는 미국 서부 지역으로 돌진하는 상황은 미국이 상정하는 최대의 악몽이다.[55]

3) 북핵 해결을 위한 방안

미국은 대북 대화의 가능성을 열어 놓고 외교적·평화적 해결을 강조하는 조심스러운 태도를 취했다. 그러나 미 국무부를 중심으로 표명되는 대북 대화 가능성, 불가침을 보장하는 방법에 대한 고려 등에도 불구하고 부시 행정부의 기본 원칙과 입장은 확고하고 분명했다. 무엇보다 먼저 완전하고, 검증 가능하며, 돌이킬 수 없는 북한 핵무기 프로그램의 폐기(CVID)가 전제되어야 한다는 것이다.[56]

또한 미국은 북한의 핵 포기가 선결 요건임을 분명히 하면서, 어떤 경우에도 악행(bad behavior)에 대하여 보상하지 않는다는 원칙을 고수하고 있다. 미국은 북한이 핵 폐기로 나오지 않을 경우 우선적으로 모든 평화적 수단을 활용하며 점진적으로 압박해 나간다는 것이다. 한편 북한에 대한 공격 의도는 없으나, 북한 핵 문제를 다룸에 있어 모든 선택방안이 열려 있다(All options are on the table)는 것을 수차례에 걸쳐 분명히 했다.[57]

---

54) James Dao, "U.S. Official Says North Korea Could Sell Bomb Material," *The New York Times,* February 5, 2003a.

55) 미국 정부는 『MD에 관한 국가정책 보고서』에서 북한의 미사일 공격에 대비하여 미사일방어(MD)체제의 첫 장거리미사일 요격시스템을 2004년 9월까지 미국 서부의 캘리포니아와 알래스카에 배치하기로 했다고 밝혔다. *The Washington Post,* May 21, 2003.

56) CVID원칙은 최근 리비아의 경우와 같이 북한의 플루토늄 프로그램, 우라늄 농축 프로그램, 그리고 현존하는 핵무기들을 포함하는 모든 핵 프로그램들을 검증 가능하고, 다시 재구성할 수 없도록 폐기해야 한다는 것이다.

57) 당시 국가안보보좌관인 콘돌리자 라이스(Condoleezza Rice)는 한미정상 회담 직전, "부시 대통령은 어떤 상황에서도 선택 방안들을 검토 대상에서 배제하지 않는다"고 말했으며, 애리 플라이셔(Ari Fleischer) 백악관 대변인도 한국이 대북 선제공

미국은 『핵태세검토보고서』와 『국가안보전략보고서』를 통해 핵개발 잠재국에 대한 선제공격의 정당성을 명기한 바 있다. 그것이 북한을 당연히 선제공격하겠다는 것을 의미하는 것은 아니라 해도 선제공격의 가능성을 전혀 배제할 수는 없다.

한편 부시 행정부 내의 강경파와 온건파의 의견 대립이 있는 것은 사실이나 이를 지나치게 확대 해석하는 것은 본질을 호도할 가능성이 있다. 대화와 외교적 접근을 주장하는 온건파와 경제제재를 비롯한 군사적 방법의 가능성을 강조하는 강경파의 북한 핵문제 해결의 방법상 차이는 있으나, 위에서 언급한 북한 핵문제 접근의 원칙에는 이견이 존재하지 않는다. 따라서 온건파의 방법이 북한 핵문제를 해결하지 못한다면 강경파의 방법을 따르게 될 것이며, 극한 상황에서 경제적 압박이나 군사적 방법을 쓰기 이전에 모든 외교적 노력을 다 했음을 피력하여 그들의 경제적·군사적 제재의 정당성을 확보하고자 할 것이다.[58] 더구나 부시 2기 행정부에서는 국무장관이 콜린 파월(Colin Powell)에서 콘돌리자 라이스(Condoleezza Rice) 전 국가안보보좌관으로 교체되고, 국가안보보좌관에는 부시 1기 행정부에서 라이스와 함께 부안보보좌관으로 일했던 스티븐 해들리(Steven Hadley)가 부임함으로써, 행정부 내 북한 핵문제 관련 정책에 대한 의견 차이는 크게 줄어들었다.

4) 다자적 접근

미국은 북한의 핵문제가 북·미 간 갈등 사안이 아니라, NPT 체제와 국제평화를 위협하는 국제사회의 문제임을 강조한다.[59] 미국이 다자적 접근

격론을 배제하기를 바라는 데 대해 "모든 방안을 검토 대상에서 배제하지 않는 것은 미국의 오랜 전통"이라고 강조했다. 『조선일보』, 2003년 5월 16일.

58) Robert J. Einhorn, "The North Korea Nuclear Issue: The Road Ahead," September 14, 2004 (http://www.nautilus.org/fora/security/0433A-Einhorn.html).

59) United States Embassy, "Powell Discusses Iraq, North Korea en Route to Davos Economic Forum," *Washington File,* January 25, 2003; James Dao, "U.S. to Ask Atom Agency to Chastise North Korea," *The New York Times,* February

(multilateral approach)을 주장하는 논거는 ① 북핵 문제는 미국만의 문제가 아니며, ② 북·미 양자 간 합의는 제네바합의처럼 구속력이 약하고, ③ 다자 틀 속에서 국제사회가 북한의 핵 포기를 압박할 수 있다는 것이다. 미국은 다자적 접근의 형태로 10자회담(유엔 안보리 상임이사국 5개국과 남북한, 일본, EU, 호주), 6자회담(남한, 북한, 미국, 일본, 중국, 러시아), 5자회담(남한, 북한, 미국, 중국, 일본) 등 다양한 방안을 구상한 바 있으며, 2003년 8월 이후 6차에 걸친 6자회담이 이루어졌다.

이러한 틀 속에서 미국은 궁극적으로 북한에 대한 '당근'을 제공할 때에 그 부담과 역할을 분담할 수 있다. 또한 북한의 체제보장 약속 시에 미국을 불신하는 북한에게 다자적 보장으로 체제보장 약속 이행에 대한 신뢰성을 높여줄 수 있다. 결국 북한과 양자구도로 문제를 해결하더라도 사후 처리에 다자 협력이 필수적임을 계산한 것이다. 이러한 다자 협의체는 의제를 확대하는 데도 유용하여 대량살상무기뿐 아니라 인권문제를 포함하여 북한이 국제사회를 우려하게 하는 전반적 사항을 의제로 할 수 있다는 것이다.[60] 이러한 맥락에서 미국은 북한 핵문제의 해결에 주변국의 협조가 긴요함을 인지하고 한국, 일본 및 중국과의 공조 필요성을 강조하고 있으며, 특히 중국의 역할에 거는 기대가 크다.[61]

12, 2003.

60) 정옥임, "부시 행정부의 북핵문제에 대한 대응전략," 국제문제조사연구소·한국정치학회 공동 학술회의, 『신정부의 대북 및 대미정책 과제와 방향』 발표논문, 2003년 2월 27일, p.7.

61) John J. Tkacik Jr., "Getting China to Support a Denuclearized North Korea," *Backgrounder,* No.1678, August 25, 2003. 북한의 핵과 미사일은 중국에게도 결코 받아드리기 어려운 문제이다. 중국은 북한의 미사일이 미국의 미사일 방어(MD) 및 미국, 일본, 대만을 포함하는 동북아 전역미사일방어(TMD) 체제의 명분이 될 것을 경계하고 있다. 더욱이 북한의 핵무장이 일본의 핵무장으로 이어지는 시나리오는 중국에게는 악몽이다. 2003년 2월 12일 IAEA 특별이사회에서 유엔 안보리로 북핵 문제를 회부할 때 중국은 찬성표를 던졌다. 중국은 제1차 북핵 위기 시에도 유엔의 대북 제재에 대해 기본적으로 반대 입장이었으나, 카터 대통령의 방북(1994.6.15) 이전에 북핵문제에 대한 거부권을 행사하지 않겠다는 메시지를 북한에 전달했다.

2. 미국의 선택

미국이 북한 핵문제에 대응하여 취할 수 있는 선택은 ① 대화, ② 대북 제재, ③ 핵보유 방치, ④ 비밀공작에 의한 정권교체 ⑤ 군사행동 등이다. 미국은 대화를 통하여 북한의 핵무기 보유를 저지하는 것이 여의치 않은 경우, 북한이 핵 물질을 다른 나라로 수출하는 것을 막는 데 주력하려 할 것이다. 이를 위해 미국은 북한에 대한 해상봉쇄, 정권교체 등을 통한 강력한 제재, 나아가 선제 무력공격 등도 고려할 수 있다.

1) 대화

미국은 북한 핵문제 해결을 위하여 지금까지 한 차례의 3자회담(2003. 4)과 6차례의 6자회담을 가졌다(〈부록 4-1〉 참조). 그러나 베이징 6자회담은 북핵 해결의 새로운 대화 틀을 마련했다는 성과는 있었으나, 북한 핵문제 해법과 관련한 북·미 간의 이견 차이를 좁히는 데는 진전을 보지 못했다. 부시 행정부가 북한과의 대화 방법으로 양자회담을 용인하지 않는 것은 북한 핵문제가 북·미 간 갈등 사안이 아니라, 국제사회와 불량국가인 북한의 문제라는 인식 때문이다. 따라서 미국은 북한을 정상적인 협상의 상대로 인정하지 않고 있다고 볼 수 있다.[62] 미국은 우선적인 북한의 '완전하고 검증 가능하며 돌이킬 수 없는 핵무기 개발 계획의 폐기(CVID)' 를 요구하고 있으며, 북한이 실제로 핵개발을 포기하지 않는 한 북한과의 어떠한 타협도, 보상도 있을 수 없다는 입장이다.

한편 미국은 2004년 6월에 열린 3차 6자회담에서 그 이전에 비해 '전향적인 제안' 을 제시했다. 첫째, 북한은 모든 핵 프로그램의 폐기를 분명히 약속할 것, 둘째, 3개월의 폐기준비기간을 거쳐 모든 핵무기, 핵시설, 장비, 핵물질의 폐기, 셋째, 북한이 준비기간 동안 신뢰할 만한 조치를 취해나감

62) 북한은 3자회담을 중국 측은 장소국으로서의 해당 역할을 하고, 핵 문제의 해결과 관련한 본질적인 문제들은 조·미 쌍방 사이에 논의하는 조·미 회담이라고 주장했다. 그러나 미국은 3자회담은 향후 본격적인 다자회담을 위한 예비회담으로 규정하였다.

에 따라 보상적 조치를 취한다. 보상적 조치로는 ① 미국 이외 관련 당사국들의 중유 공급, ② 잠정적 다자안전보장(provisional multilateral security assurance) 제공, ③ 북한의 에너지 수요와 이를 충족하기 위한 비핵 에너지 프로그램과 경제제재 해제 및 테러지원국가 명단에서의 제외를 위한 북한과의 논의를 시작한다는 것이다. 마지막으로 북한이 폐기절차를 완료하면, 상응조치의 효력을 영구화한다는 것이다. 이러한 미국의 제안은 로버트 아인혼(Robert J. Einhorn)의 지적대로 '리비아모델'을 기반으로 하고 있으며, 실제적으로 미국의 대북핵 해결원칙은 변한 것이 없다.[63]

미국은 후속 회담에서도 북한의 모든 핵 프로그램 선 포기가 미·북관계 진전의 필수 요건임을 거듭 주장할 것으로 예상된다. 대화에 의한 해결은 미국에게 가능만하다면 최선의 방법일 뿐만 아니라, 이후 북한 압박을 위한 국제사회로부터의 정당성 확보를 위해서도 필요한 수순이다.

2) 대북 제재

미국은 협상에 의한 북한 핵문제의 해결이라는 선택이 타결책을 찾지 못하게 되면, 대북 제재에 들어갈 가능성이 크다. 미국은 이미 동맹국들과 함께 북한의 무기 수출과 마약 밀거래, 위조지폐 등 불법적인 외화획득에 대한 저지에 들어갔다. 북한의 무기수출 마약밀매 등은 모두 합쳐 연 10억 달러가 넘는 것으로 추정된다.[64] 이와 관련해서 켈리 차관보는 위조지폐와

---

63) Robert J. Einhorn(2004), 특히 존 볼튼(John R. Bolton) 국무부 군축 및 국제안보담당 차관은 북핵문제의 해결은 PSI의 대표적 성공 사례인 리비아의 경우와 마찬가지로 김정일의 핵프로그램 폐기라는 전략적 선택 없이는 불가능하다는 것을 강조하고 있다. John R. Bolton, "Lessons from Libya and North Korea's Strategic Choice," Graduate School of International Studies, Yonsei University, July 21, 2004. 북한은 이에 대하여 "한마디로 말해서 미국의 '제안'은 '전향'이라는 보자기로 감싼 '리비아식 선핵포기' 방식이다"라고 비판하였다. 조선 외무성 대변인, "미국의 '전향적인 제안'은 론의할 가치도 없다," 『조선중앙통신』, 2004년 7월 24일.

64) Raphael F. Perl, *Drug Trafficking and North Korea: Issues for U.S. Policy*, CRS Report for Congress, December 5, 2003. 주한미군의 발표에 따르면, 북한은 연간 5억 달러의 마약을 수출하고 있으며, 2001년 중동지역 등에 5억 8,000만 달러 어치

마약의 거래를 막는 국세적 연계망인 불법행위방지구상(IAI: Illicit Activities Initiative)도 언급하고 있다.[65] 미국은 2003년 6월 스페인 마드리드에서 일본, 호주, 영국, 프랑스, 독일 등 11개국이 참석한 가운데 '대량살상무기 확산방지구상(PSI: Proliferation Security Initiative)의 구체안을 마련, 북한의 의심스런 해상수송을 추적해 검사할 계획임을 밝혔다. PSI는 미사일·핵물질 등을 실은 선박이나 항공기를 공해상이나 우방의 영공·영해에서 압수·수색하는 국제공조체제이다.[66)]

특히 미국은 북한의 경우 석유자원이 풍부한 이라크와 달리 외부 지원이 들어가지 않으면 고사될 것이라 믿고 있다. 부시 행정부는 북핵 문제 해결을 위한 '맞춤형 봉쇄(tailored containment)' 전략을 이미 마련한 바 있다.[67] 북한은 무역이나, 대외지원에서 중국과 일본, 한국, 미국에 대한 의존도가 매우 크다.[68] 그러므로 한·중·일 등 주변국가의 협력이 없이는 경

의 탄도미사일을 수출하였다. 북한은 또한 위조지폐도 연간 1,500만~2,000만 달러를 발행하고 있다. 주한미군 관계자는 "북한은 아편의 경우 세계 3위, 헤로인은 세계 6위 생산국이며, 북한 위조지폐는 미국이 달러를 자주 교체하는 주요 이유 중의 하나"라고 밝혔다. 『조선일보』, 2003년 5월 12일.

65) James A. Kelly, "An Overview of US-East Asia Policy," Testimony before the House International Relations Committee, June 2, 2004 (http://www.state.gov).

66) 2004년 10월 당시 4개국이 추가로 가입하여 PSI 참여 국가는 15개국이었으며(미국, 호주, 일본, 영국, 프랑스, 독일, 이탈리아, 스페인, 포르투갈, 네덜란드, 폴란드, 캐나다, 노르웨이, 싱가포르, 러시아) 2010년 말, 한국을 포함한 95개국이 PSI에 참여하고 있다.

67) 맞춤형 봉쇄는 『아미티지보고서』에 명시한 '억제·봉쇄정책'을 그대로 옮겨 놓은 것으로써 그 내용은 ① 한반도 주변국들의 북한과의 경제교류 축소권고, ② 유엔 안전보장이사회의 경제제재 등 압박, ③ 미국의 북한 돈줄을 끊기 위한 북한 미사일 선적 선박의 이동 차단 등이다. Richard L. Armitage, "A Comprehensive Approach to North Korea," National Defense University, *Strategic Forum,* No.159(March 1999) 참조.

68) 2001년 기준으로 북한의 무역총액(22.7억 달러)에서 중국(7.4억 달러)과 일본(4.7억 달러)이 차지하는 비중은 각각 32.6%, 20.9%로써 이 두 국가가 북한 무역의 1/2 이상을 점유하고 있다. 2002년 남북교역 규모는 6.4억 달러로써, 북한의 공식 무역통계에 들어간다면 그 비중은 매우 크다고 하겠다. 한편 국제사회는 1995년 6월 이후 2002년 말까지 총 26억 1,519만 달러 상당의 식량·비료 등 대북 지원을 제공하였다.

제제재가 실패할 수밖에 없으므로 주변국들의 참여와 협력을 설득하는 작업이 필요하다. 한·미정상회담(2003.5.15)에서는 북한이 핵위협의 수준을 높여 한반도의 평화와 안전을 위협하면 '추가적인 조치(further steps)'를, 미·일정상회담(2003.5.23)에서는 북한이 상황을 더욱 악화시킬 경우 '더욱 강력한 조치(tougher measures)'를 합의하였다. 이미 일본은 이러한 미국의 정책에 상당 부분 협력해 왔다.[69] 한편 미국은 명분있는 제재를 위하여 유엔을 통한 제재를 유도하고자 할 것이다. 미국은 IAEA에 북핵 문제의 유엔 안보리 상정을 요구하여 반대없이 통과시켰다. 북한이 핵 개발 수위를 높일 경우, 미국은 안보리에 북한에 대한 제재를 본격 논의할 것을 요구할 것이다.[70]

이 가운데 한국(7억 4,270만 달러, 28.3%)을 비롯하여 미국, 중국, 일본, EU 5개국이 71.6%를 차지하는 18억 7,249만 달러어치를 지원하였다. 특히 미국은 식량 규모를 기준으로 8년 동안 190여만 톤을 지원했으며, 한국도 유상차관을 포함하여 150여만 톤을 지원하여, 두 국가가 북한의 최대 지원국이다. 대한무역투자진흥공사, 『2001년도 북한의 대외 무역동향』(2002); 통일부, 『남북교류협력 및 인도적 사업동향』(2002) 각월호 참조.

69) 일본은 북한이 핵개발 계획을 멈추지 않을 경우 북한 화물선 만경봉호(원산-니가타)의 일본 입항 정지 및 대북 송금(연간 2억~6억 달러 규모) 중단 등을 중심으로 한 대북 대응책을 검토하고 있다고 밝혔다. 『讀賣新聞』, 2003년 5월 19일. 일본 정부는 북한의 '핵보유 선언'에 대한 외교적 압력의 일환으로 북한이 핵무기와 미사일, 생물 화학 무기에 사용할 우려가 있는 티타늄 합금, 질량분석계, 수치제어공작기계 등 30개 품목을 명시해 수출 규제를 엄격하게 적용하기로 했다. 일본 정부의 이 같은 방침은 북한을 자금 면에서 봉쇄하기 위해 국제협력체제 구축을 서두르는 미국 정부의 요청을 수용한 조치라고 밝혔다. 『讀賣新聞』, 2003년 5월 9일. 한편 세계식량계획(WFP)을 통해 가장 많은 대북 식량지원을 해 온 나라 중 하나였던 일본은 2002년부터 모든 지원을 중단했다. 게다가 일본 당국은 조총련계 인사들이 북한에 송금하는 것을 연기하도록 아시카가(足利)은행에 대해 은밀한 압력을 유지하고 있다. Victor Cha, "이미 시작된 日 對北제재," 『조선일보』, 2003년 4월 23일.

70) 이전에도 미국은 1994년 5월 북한이 IAEA의 참관 없이 핵연료봉 인출을 강행함에 따라 대북 유인책이 실패로 돌아가자 6월 초 유엔 안보리의 대북제재와 군사력을 사용한 압박을 고려한 바 있다. 6월 15일 안보리에 배포한 미국의 제재결의 초안은 북한이 IAEA 사찰단을 축출하는 경우, NPT에서 탈퇴하는 경우, 그리고 플루토늄을 가공하는 경우에 한하여 안보리 의장의 경고발언과 30일간의 유예기간을 둔 다음 단계적으로 정치·경제제재를 가하는 것을 골자로 한다. 1단계는 ① 5년에 걸쳐 1,500

또한 미국은 경제제재·해상봉쇄와 함께 북한이 핵 개발 수위를 높일 경우 군사력 사용에 대한 위협을 병행하며, 실제로 군사력 사용이 가능하다는 신뢰성(credibility)을 높여 북한을 압박하고자 할 것이다. 부시 행정부의 소형 핵무기(Mini Nuke) 연구 개발 재개를 위한 노력도 이러한 과정의 일환이라고 할 수 있다.[71)]

3) 핵보유 방치

'핵보유 방치' 카드는 미국은 북한의 핵보유 문제에 대해서는 방치하여 중국이 대신 나서 문제를 해결하게 하고, 미국 자신은 북한의 핵물질 수출을 차단하는 데에 정책의 중심을 두는 것이다.[72)] 이러한 선택은 미국은 손

만 달러의 가치를 지닌 유엔의 기술 원조 중단, ② 무기의 수출입 통제, ③ 모든 개발 원조 중단, ④ 승객 수송이외의 항공 운송금지, ⑤ 기술과학 협력 금지, ⑥ 문화·상업·교육분야 교류금지, ⑦ 체육행사 참여 금지 등이었다. 2단계 조치는 ① 일본으로부터의 대북 송금 차단, ② 중국·러시아·이란·이라크 등으로부터의 석유공급 중단 등이고, 3단계 제재안은 무역활동 전체를 봉쇄하기 위해 북한의 수출입 해상로 봉쇄 등이었다. Susan Rosegrant in collaboration with Michael D. Watkins, *Carrots, Sticks, and Question Marks: Negotiating the North Korean Nuclear Crisis(A)* (Cambridge: The President and Fellows of Harvard College, 1995), p.37; Don Oberdorfer, *The Two Koreas: A Contemporary History* (London: Little, Brown and Company, 1997), p.318; Leon V. Sigal, *Disarming Strangers: Nuclear Diplomacy with North Korea* (Princeton: Princeton University Press, 1998), p.153; 신성택, "북한 핵개발의 현황과 아국의 대응방향," 한국개발연구원, 『KDI 북한경제리뷰』(2003.2), pp.41-42 참조.

71) 부시 행정부는 북한과 이란 등의 핵개발을 억제하기 위해 의회에 소형 핵무기 연구 개발금지법의 폐기를 요구했으며, 미국 상원 군사위원회는 이에 따라 이 법의 폐기 조항이 포함된 2004년 국방예산안을 가결시켰다. 이 법안은 TNT 500톤 미만에 해당하는 소형 핵무기의 연구 개발을 금지해 왔다. 1945년 일본 히로시마에 투하된 원자폭탄은 TNT 1만 5,000톤 정도였다. 부시 행정부 관리들은 "실제로 사용할 수 있다고는 아무도 생각하지 않는 무기는 억지력을 가질 수 없다"고 강조하며, 대형 핵무기는 파괴력이 너무나 커 작은 나라들에 이러한 대형 핵무기를 사용할 것으로 믿지 않는다는 점을 소형 핵무기가 필요한 근거로 들었다. *The New York Times,* May 10, 2003. 소형 핵무기 개발은 이미 2002년 1월 발표된 「핵태세검토보고서(NPR)」에서 필요성이 제기되고 있다.

72) 부시 대통령은 5월 3일 존 하워드(John W. Howard) 호주 총리와 만나 "북한이

을 대지 않고도 북핵 문제를 해결할 수 있다고 해서 '공짜점심(free lunch)론' 또는 '무임승차(free rider)론' 이라고도 한다.[73] 이 선택의 핵심은 중국을 이용하는 것으로, 중국은 북한 핵문제가 악화되어 미국이 북한을 공격하거나, 일본·한국·대만이 핵무장을 하는 사태를 원하지 않기 때문에 북한이 핵을 포기하도록 압박할 것이라는 계산이다.[74] 다시 말해서 북한이 핵무기를 소유하면 골치 아픈 쪽은 주변 국가들이니 당사자들이 직접 나서서 해결하라는 것이다. 미국의 북한 핵보유 인정 전략에는 한국의 노무현 정부와 중국이 어떠한 대북제재나 군사행동도 반대한다는 종전의 입장도 영향을 미쳤을 것으로 보인다.

무엇을 가졌느냐가 아니라 그것(핵)이 어디로 가느냐가 중요하다"며 정책 변화를 확인하고, 북한의 핵물질 수출 봉쇄 방안을 논의했다고 전했다. *The New York Times,* May 5, 2003. 그러나 미국 정부는 이를 부인했다. 이에 앞서 워싱턴 포스트도 2003년 3월 초 미국은 북한의 핵보유를 사실상 용인하는 쪽으로 방향을 잡았다고 보도했으나 켈리 차관보는 2003년 4월 9일 한국 특파원단과의 간담회에서 이 같은 보도를 전면 부인했었다.

73) Samuel R. Berger and Robert L. Gallucci, "A Nuclear North, All Over Again," *NEWSWEEK,* May 12, 2003, p.11.

74) 중국은 최근 외교전문지를 통하여 북한 핵개발에 대해 "국제사회에 대한 도전이며, 한국과 일본에 대한 위협이자, 중국에도 잠재적인 위협"이라고 비판하였으며, "확고하게 북한 핵개발에 반대해야 한다"고 주장했다. 『중앙일보』, 2004년 8월 21일. '핵보유 방치' 전략의 또 다른 대안은 '일본의 핵무장' 카드로 중국을 압박해야 한다는 것이다(현재 일본은 미국보다도 많은 38t의 플루토늄을 보유하고 있어 언제든지 4,000~6,000개의 핵탄두를 만들 수 있다). 다시 말해서 중국이 북한의 핵보유를 저지하지 못할 경우, 미국은 일본의 핵무장을 용인할 수밖에 없으며, 이는 대만 한국 등 주변국의 핵무장까지 촉발할 가능성이 있다는 식으로 중국을 몰아붙인다는 것이다. (현재 중국은 에너지 공급중단과 국경 검문 완화를 통한 탈북자 허용과 같은 북한에는 치명적인 수단을 보유하고 있지만 북한 공산주의 체제가 바뀌거나 정권이 붕괴되는 것을 바라지 않기에 북한에 대한 압력행사에 한계가 있다.) 이러한 대안은 실제로 중국에게는 북한정권의 붕괴보다도 일본이나 대만의 핵보유가 더 큰 위협이 될 것이라는 것이다.

4) 비밀공작에 의한 정권교체

북한 핵문제가 대화나 실현 가능한 대북제재에도 불구하고 해결되지 않을 경우, 미국이 중국과 협력하여 북한 김정일 정권을 교체(regime change)하는 것도 가능한 시나리오이다. 미국은 북한 핵문제의 해결뿐만 아니라 '자유 북한'을 만드는 것이 대북정책의 목표라고 할 수 있으나, 핵문제 자체가 해결되지 않을 경우, 위험부담이 너무 큰 군사행동 이전의 단계에서 비밀공작(clandestine operation)에 의한 북한정권의 교체를 시도할 가능성이 있다.[75] 부시 대통령은 2004년 11월 국방부 산하 미군 특수작전사령부에 2,500만 달러의 예산을 배정하여 '외국군대 및 비정규전 부대'를 지원하는 임무를 수행하도록 하는 법안에 서명했다.[76] 그러나 이러한 시도가 성공하기 위해서는 중국과의 협력이 필수적이며, 결과적으로 나타나는 북한정권도 김정일 정권보다 중국이 통제하기가 수월한 친중정권이 될 것이다. 새로운 북한정권은 김정일 정권보다는 국제질서에 순응할 것이며, 따라서 미·중 양국은 북핵문제의 해결과 함께 중국은 보다 다루기 용이한 친중정권을, 미국의 입장에서는 보다 국제질서에 따르는 북한정권을 만드는 공통의 이득을 누릴 수 있다.

5) 군사행동

미국은 북한 핵 문제를 다룸에 있어 모든 가능성이 열려있다는 것을 수차례에 걸쳐 분명히 했다. 실제로 미국이 문제가 되는 북핵 시설을 외과적 공격(surgical strike)으로 무력화하고, 방사능 낙진을 극소화하는 일 자체는 어렵지 않다고 평가된다.[77] 그러나 북한이 대량보복으로 대응하여 제2의

75) 미국 CIA 포터 고스(Porter J. Goss) 국장은 북한과 이란 등 적성국가와 테러단체에 스파이를 심어 놓는 공격적 첩보활동의 필요성을 강조한 바 있다. *USA TODAY*, November 18, 2004. 미국 CIA는 정보수집 업무 외에 외국정부 전복, 요인암살 등 '준군사작전(paramilitary operation)'을 수행하는 준군사 조직을 자체적으로 운영하고 있다.

76) 『조선일보』, 2004년 11월 27일.

77) Don Oberdorfer, *The Two Koreas: A Contemporary History, Revised and*

한국전이 돌발될 때 감수해야 할 가공할 비용이 문제인 것이다. 한편 미국 내에서 지금까지 금기시되어 왔던 선제공격의 적실성을 조심스럽게 타진하는 인사들이 나온다는 사실에 주목해야 한다. 이들은 미국의 제한적 군사 행동에 대해 북한이 정권의 붕괴를 의미하는 자살 행위인 대량보복을 감행할 가능성은 거의 없다고 주장한다.[78]

부시 대통령은 "미국은 적이 공격해 오기 전에 적을 쫓아 무너뜨리는 일을 계속할 것" 이라며 테러리즘·대량살상무기 등 미국 안보의 위협 대상에 대한 선제공격론을 거듭 천명한 바 있다.[79] 더 나아가 미국은 적대국가들이 대량살상무기를 보유하고 있지 않더라도 이를 개발할 능력과 의지만 있으면 군사적 행동이 가능하다는 '사전예방론' 을 정책화할 가능성이 크다.[80] 미국은 최근 '레드 라인(red line)' 이란 개념을 다시 설정하여, 북한이 레드 라인을 넘을 경우 북한군이 전면 남침하는 상황과 같은 수준으로 여겨 무력사용도 불사한다는 입장을 밝혔다. 북한이 레드 라인을 넘는 것은 핵무기, 플루토늄 또는 고농축 우라늄 등 핵물질, 핵무기 기술 등을 외국 또는 테러집단에게 수출하는 경우이다.[81]

미국은 먼저 '대화를 통한 외교적 해법' 을 통해서 북한 핵문제를 해결하고자 노력할 것이다. 대화에 의한 해결은 가능만 하다면 최선의 선택이다. 부시 행정부는 이라크 문제 해결의 난항으로 인하여 북한 핵문제가 더 이상 악화되는 것을 막기 위해 대화에 의한 해결을 추진하면서 시간을 벌고자 할 것이다. 그러나 미국은 북한과의 대화에서 미국의 대북핵 원칙을 양보

Updated(New York: Basic Books, 2001), p.323.

78) 정옥임(2003), p.9.

79) 『중앙일보』, 2003년 5월 5일. 제임스 울시(James Woolsey) 전(前) 미국 CIA 국장은 도쿄의 일본국제문제연구소에서 가진 강연에서 북한의 핵개발을 저지하기 위한 최종 수단으로 무력행사도 불가피하다는 견해를 밝혔다. 울시 전 국장은 "비록 무력행사가 중대한 결과를 가져온다고 해도 가혹한 체제(북한)에 대해 핵무기 제조를 허용하는 것보다는 파멸적이지 않다" 고 강조했다. 『조선일보』, 2003년 5월 12일.

80) *Financial Times,* May 3, 2003.

81) 『중앙일보』, 2004년 11월 20일.

하지는 않을 것이다. 대화를 통해 해결이 이루어지지 않는 경우, 미국은 2차적으로 두 가지 선택－대북제재 또는 핵보유 방치－중 하나를 택할 것이다. 다시 말해서 미국은 대화에 의한 방법이 효과를 거두지 못할 경우, 다음 선택에서 중국이나 한국 등 주변 국가들로부터 북한제재에 대하여 협력할 것이라는 확신만 있다면 '제재를 통한 대북 압박'에 들어갈 것이며, 이것이 불가능하다고 판단되면 제3의 선택인 '북한의 핵보유를 방치'하여 주변국들의 책임과 역할을 요구할 수 있다. 다음으로 대북제재로도 해결이 되지 않을 경우, 군사적 방법을 사용하기에 앞서 미국은 중국의 협력하에 김정일 정권을 좀 더 다루기 용이한 친중 정권으로 교체함으로써 북한 핵문제를 해결하고자 할 것이다. 마지막으로 대북제재와 무력적 해결의 위협에도 불구하고 북한이 핵포기를 수용하지 않을 때는 중국과 한국이 군사적 해결을 동의하거나, 한미동맹의 신뢰관계가 최악의 상태에서 한국은 반대하나 중국이 암묵적으로 묵인할 경우에 미국은 '대북 군사행동'의 선택을 배제하지 않을 것이다.[82)]

그러나 미국의 입장에서도 무력에 의한 방법은 쉽지 않은 선택이다. 따라서 가장 가능성이 큰 선택은 대화를 통한 해결책을 모색하되 가시적 성과가 보이지 않을 경우에는 유엔 안전보장이사회 회부, 대량살상무기 확산방지구상(PSI)의 강화, 대북 경제교류 억제 등 채찍(압박정책)을 병행 추진하는 것이다. 중국도 미국의 무력사용을 용인하기보다는 대북압박이나 친중 정권으로의 교체에 협력하는 선택을 할 것이다.

---

82) 미국 핵비확산 전문 연구기관인 몬터레이 국제관계연구소(MIIS) 산하 비확산연구센터(CNS)의 요한 진동 상임연구원은 미국의 자유아시아방송(Radio Free Asia)과의 인터뷰에서 "북한이 핵무기 보유 등 중국의 이익을 무시하는 행동을 삼가지 않는다면 중국은 미국이 추진할 가능성이 있는 무력을 동원한 북한정권의 교체작업을 방치할 수도 있을 것으로 보인다."고 주장했다. 『중앙일보』, 2003년 5월 5일.

VI. 맺는말: 도전과 과제

1991년 사회주의 종주국 소련의 붕괴로 상징되는 냉전의 종식은 미국을 유일 초강대국으로 만들었다. 그러나 2001년 9·11 테러의 순간부터 미국은 새로운 전쟁상태로 돌입했다.[83] 독립전쟁 이후 본격적으로 본토 공격을 받아보지 못한 미국은 항상 생존의 위협을 받고 있는 국가들이 보기에는 과민하다고 할 만큼 반테러를 국가이익의 최우선 과제로 설정했다.

그중에서도 핵무기 테러를 막기 위한 필사적 노력을 진행하고 있다. 부시 행정부는 '테러와의 전쟁(War on Terrorism)'을 기본원칙으로 미국 국민에 대한 테러를 감행하는 조직이나 그들의 테러행위를 지원하는 세력을 동등하게 미국의 적으로 본다. 또한 테러조직과 협력적으로 연계되어 있고 대량살상무기를 보유하거나 가지려 하는 불량국가들은 문명세계에 대한 중대한 위협이며 대결의 상대로 보고 있다. 따라서 미국의 목표는 대량살상무기의 확산을 막는 것(Non-Proliferation)만이 아니라, 대량살상무기를 갖고 있거나 혹은 가까운 시기에 그것을 확보할 것으로 보이는 불량국가들과 테러집단들로부터 대량살상무기를 회수하고 폐기하는 것(Counter-Proliferation)이다.

미국은 20세기의 냉전 동맹체제에 이어 21세기에는 반테러 동맹체제의 구축을 시도하고 있다. 이러한 국제정치의 성격 변화는 국가 간 동맹의 의미와 양태도 바꿔놓고 있다. 이미 미국은 '동맹국이 작전을 결정하는 것이 아니라 작전에 따라 동맹국을 결정한다'는 방침을 밝힌 바 있다. 미국은 새로운 위협에 직면하여 적과 동지를 구분하는 새 기준을 마련했다. 전통적인 의미의 동맹국이라 할지라도 테러와의 전쟁에 적극적으로 동참하지 않는다면 인정하지 않겠다는 것이 9·11 이후 미국의 입장이다.

우리가 직면한 북한 핵 문제의 해결이나 민족통일로의 진전 또한 국가

---

83) 9·11 테러에 의한 미국인의 사망자는 3,000여 명이다. (일본의 진주만 폭격으로 2,400여 명이 사망했다) 부시 대통령은 2003년 5월 1일 이라크 전투 작전의 종료를 공식 선언하면서 "이라크전은 2001년 9월 11일에 시작해 아직까지 계속되고 있는 반테러전들 중 하나의 승리"라고 말했다.

간의 문제이기 때문에 해당 시기 국제정치의 흐름과 틀 속에서 해결책을 찾아야 한다. 그렇다면 국제정치의 급격한 성격 변화를 이해하고 적절히 대처하는 지혜와 능력에 따라 우리의 미래가 좌우될 것이다. 그러나 노무현 정부와 부시 행정부는 직면한 북핵 위협에 대한 인식은 물론 북한을 바라보는 근본적인 시각에서부터 차이를 보였다. 부시 행정부는 북한의 핵개발을 대테러 문제 또는 핵비확산 문제라는 관점에서 보는 반면, 노무현 정부는 북핵 문제가 외교적 고립과 경제의 파탄에 의한 북한의 안보 불안에서 파생된다고 인식했다.[84] 또한 노무현 정부가 북한의 개혁·개방 가능성에 초점을 맞추고 있는 반면, 미국 정부를 비롯한 상당수 전문가들은 북한의 개혁·개방 의지를 신뢰하지 않고 있다.

노무현 정부는 북핵 위기의 전개과정에서 6자회담의 한 당사자로서, 북·미 간 협상의 중재자(촉진자)로서의 역할을 위하여 부심하여 왔으나 각 당사자들의 이해관계를 냉정하게 계산하고 행동하는 현실적 접근보다는 자신의 희망에 입각한 이상적 사고에 사로잡혀 문제의 본질을 정확히 보지 못하는 잘못을 범해왔다. 북핵위기의 타결에 한국이 기여하기 위해서는 각 당사자들의 이해관계를 냉정히 파악함과 동시에, 한국이 할 수 있는 역할의 범위와 한계를 명확히 인식하여야 할 것이다.

노무현 정부는 북핵문제 해결의 3원칙으로 제시한 ① 북핵 불용, ② 평화적(대화) 해결, ③ 주도적 역할에서 첫째 원칙과 둘째 원칙이 상호 충돌할 경우, 무엇이 우선하느냐의 문제에 우선 답해야 했다. 다시 말해서 북한 핵문제가 한국 정부가 요구하는 대화에 의해서 해결되지 않을 경우에 북한 핵을 용인해야 하는 지(제1원칙과 충돌) 아니면 대화가 아닌 제재수단을 사용해야 하는지(제2원칙과 충돌)가 명확하지 않았다.

---

84) 2004년 11월 12일 노무현 대통령은 칠레의 APEC 참석차 중간에 기착한 미국의 LA에서 행한 연설에서 "북한의 핵이 자위 수단으로 일리 있는 측면이 있다"며 대북 강경론에 비판적 입장을 밝혔다. 이에 대하여 미국 국무부는 "북한의 핵무기 프로그램은 세계적인 핵확산 방지노력과 우리의 동맹, 우방국들에 대한 위협"임을 분명히 했다. 『중앙일보』, 2004년 11월 20일.

북한 핵문제는 외교와 협상을 통한 평화적 방법으로 해결해야 한다. 이는 유무형의 압력을 병행하면서 다른 한편으로 대화의 문을 열어놓을 때 실현 가능하다. 따라서 한·미 양국은 한반도의 평화적인 비핵화를 이끌어내기 위해 동원 가능한 모든 외교적 방법들을 구체적으로 상정하고 실효를 거둘 수 있는 방안을 토론해야 한다. 또한, 무엇이 외교적 실패를 의미하며, 외교적 방안이 실패했을 때 무엇을 할 수 있을지도 미리 고민해야 한다.

1994년 제1차 핵위기 시에 지미 카터 전 미국 대통령이 협상에 성공한 이유는 미국이 여차하면 군사행동을 할 수 있다는 것(credibility)을 북한이 알고 있었기 때문이다.[85] 반면, 노무현 정부는 다자회담과 대량살상무기확산방지구상(PSI)의 이중접근을 제시한 미국과 이에 적극 협조하는 일본의 입장과는 차이를 보였다. 이러한 한국의 대북핵 접근방법에 대해 미국은 문제의 해결을 위한 실질적인 노력으로 이해하기 보다는, 미국의 반테러 정책과 그 동맹 구축에 있어 한국 정부의 미온적 대응 또는 비협조적 자세로 받아들였다.

이런 의미에서 북핵 문제 해결에 있어서 한·미공조와 한·미신뢰는 매우 중요하다. 무엇보다 혹시 있을지도 모를 미국의 일방적 행동 가능성을 사전에 차단하고, 한·미 간 이견을 북한이 활용할 가능성도 배제한다는 점에서 그렇다. 더욱이 미국이 양자 간 담판만을 집요하게 요구하는 북한의 입장을 궁극적으로 수용할 경우, 북·미회담의 결과에 우리의 이해관계를 투영하기 위해서라도 신뢰를 바탕으로 한 한·미공조는 더욱 긴요하다. 또한 이 문제의 해결을 위해 일본, 중국 등을 포함한 다자협상의 형태로 접근할

---

85) 카터 대통령이 평양에 도착하여 북한과 협상을 시작한 날인 1994년 6월 15일, 유엔에서는 미국의 유엔 제재결의 초안에 대한 협의가 진행되었다. 또한 6월 16일 아침 클린턴 대통령은 긴급회의를 소집하여 유엔 안보리의 대북 제재 추진을 승인하였으며, 이에 따라 샐리카슈빌리 합참의장이 1만 명의 미군 병력을 추가로 한국에 투입할 계획을 설명하는 도중 방북 중인 카터로부터 전화가 와서 회의가 중단되었다. Ashton B. Carter and William J. Perry, *Preventive Defense: A New Security Strategy for America* (Washington, D.C.: Brookings Institution Press, 1999), p.131; Don Oberdorfer(2001), pp.323-326.

경우에도 한·미공조는 비용과 역할을 분담하는 과정에서 우리의 입장을 반영하는 데에 중요하게 작용할 것이다.

▮참고문헌

국방정보본부. 2002.『2002년 미 국방 연례보고서』. 서울: 국방정보본부.

김영윤 외. 2002.『북한 핵문제와 남북관계의 진로』. 서울: 통일연구원.

김용호. 2003. “북핵 문제와 남북관계: 현황과 전망.” 성신여자대학교 동아시아연구소 개소기념 학술회의.『동아시아의 핵위기와 한미동맹』 발표논문. 4월 19일.

대한무역투자진흥공사. 2002.『2001년도 북한의 대외 무역동향』.

『동아일보』, 2010.2.3.

_____, 2011.1.12.

박 진. 2003.『박진의 북핵리포트』. 서울: 한국경제신문.

신성택. 2003. “북한 핵개발의 현황과 아국의 대응방향.” 한국개발연구원.『KDI 북한경제리뷰』.

『연합뉴스』, 2003.2.12.

_____, 2009.1.13.

유호열. 2003. “북한의 핵개발 현황과 대미전략.” 국제문제조사연구소·한국정치학회 공동 학술회의.『신정부의 대북 및 대미정책 과제와 방향』 발표논문. 2월 27일.

전성훈. 2009『북한 비핵화를 위한 한·미 전략적 협력에 관한 연구』. 서울: 통일연구원.

전현준. 2003. “북핵문제의 해법과 해결전망.” 통일정책연구소 학술회의.『북한 핵문제 해결과 한반도 평화 체제 구축』 발표논문. 10월 21일.

정옥임. 2003. “부시 행정부의 북핵문제에 대한 대응전략.” 국제문제조사연구소·한국정치학회 공동학술회의.『신정부의 대북 및 대미정책 과제와 방향』 발표논문. 2월 27일.

조선외무성 대변인. 2000. “조미사이의 불가침조약체결이 핵문제의 합리적이고 현실적인 방도.”『조선중앙통신』, 10월 25일.

_____. 2003. “미국이 대조선정책을 전환할 용의가 있다면 대화형식에 구애되지 않겠다.”『조선중앙통신』, 4월 12일.

_____. 2003. “조선반도 비핵화운명은 전적으로 미국의 정책에 달려있다.”『조선중앙통신』, 4월 30일.

_____. 2004. "미국의 '전향적인 제안'은 론의할 가치도 없다." 『조선중앙통신』, 7월 24일.
『조선일보』, 2003.4.23.
_____, 2003.5.3.
_____, 2003.5.12.
_____, 2003.11.28.
_____, 2004.10.13.
_____, 2004.11.27.
『조선중앙통신』, 2003.8.29.
_____, 2003.9.29.
『중앙일보』, 2003.5.5.
_____, 2004.11.20.
_____, 2009.12.29.
최진욱. 2002. 『9-11테러사태 이후 미국의 대북정책과 북미관계 전망』. 서울: 통일연구원.
통일부. 2002. 『남북교류협력 및 인도적 사업 동향』 각월호.
피터 헤이즈, 고대승·고경은 역. 1993. 『핵 딜레마』. 서울: 한울.

『讀賣新聞』, 2003.5.9.
_____, 2003.5.19.
『日本經濟新聞』, 2010.10.22.

Albright, David. 2000. "Inconsistencies in North Korea's Declaration to the IAEA." In David Albright and Kevin O'Neill (eds.). *Solving the North Korean Nuclear Puzzle.* Washington, D.C.: Institute for Science and International Security.
Armitage, Richard L. 1999. "A Comprehensive Approach to North Korea." National Defense University. *Strategic Forum,* No.159, March.
Berger, Samuel R. 2004. "Foreign Policy for a Democratic President." *Foreign Affairs* 83(3), May/June.
Berger, Samuel R., and Robert L. Gallucci. 2003. "A Nuclear North, All Over Again." *NEWSWEEK.* May 12.
Bermudez, Joseph S. Jr. 1999. *A History of Ballistic Missile Development in the DPRK.* Center for Nonproliferation Studies at the Monterey Institute of International Studies.
Bolton, John R. 2004. "Lessons from Libya and North Korea's Strategic Choice." Graduate School of International Studies. Yonsei University. July 21.
Carter, Ashton B., and William J. Perry. 1999. *Preventive Defense: A New Security*

Strategy for America. Washington, D.C.: Brookings Institution Press.
Cha, Victor D. 2002. "North Korea's Weapons of Mass Destruction." *Political Science Quarterly* 117(2), Summer.
Dao, James. 2003a. "U.S. Official Says North Korea Could Sell Bomb Material." *The New York Times.* February 5.
_____. 2003b. "U.S. to Ask Atom Agency to Chastise North Korea." *The New York Times.* February 12.
Einhorn, Robert J. 2004. "The North Korea Nuclear Issue: The Road Ahead." September 14 (http://www.nautilus.org/fora/security/0433A-Einhorn.html).
Engelberg, Stephen, and Michael Gorden. 1993. "North Korea likely to have developed own atomic bomb, CIA tells President." *The New York Times.* December 26.
Financial Times, May 3, 2003.
Haass, Richard. 2003. "When nations forfeit their sovereign privileges." *International Herald Tribune.* February 7.
Holmes, Kim R., and Thomas G. Moore (eds.). 1996. *Restoring American Leadership: A U.S. Foreign and Defense Policy Blueprint.* The Heritage Foundation.
HR 4011: To Promote Human Rights and Freedom in the Democratic People's Republic of Korea, and Other Purpose (North Korean Human Rights Act of 2004).
Hwang, Balbina Y. 2003. "Curtailing North Korea's Illicit Activities." *Backgrounder,* No.1679, August 25.
Kelly, James A. 2004. "An Overview of US-East Asia Policy." Testimony before the House. International Relations Committee, June 2 (http://www.state.gov).
Kessler, Glenn. 2003. "U.S. Believes N. Korea Rapidly Seeking Stockpile." *The Washington Post,* February 1.
Laney, James T., and Jason T. Shaplen. 2003. "How to Deal with North Korea." *Foreign Affairs* 82(2), March/April.
Manyin, Mark E. 2003. "U.S. Assistance to North Korea." *CRS Report for Congress.* March 17.
Niksch, Larry A. 2003. "North Korea's Nuclear Weapons Program." *CRS Report for Congress.* March 17.
Oberdorfer, Don. 1997. *The Two Koreas: A Contemporary History.* London: Little, Brown and Company.
_____. 2001. *The Two Koreas: A Contemporary History, Revised and Updated.* New York: Basic Books.
Perl, Raphael F. 2003. "Drug Trafficking and North Korea: Issues for U.S. Policy." *CRS Report for Congress.* December 5.
Perry, William J. 1999. *Review of United States Policy toward North Korea: Findings and Recommendations.* Unclassified Report, October 12.

Pincus, Walter. 2003. "N. Korea's Nuclear Plans Were No Secret: U.S. Stayed Quiet as It Built Support on Iraq." *The Washington Post,* February 1.

Potter, William C. 1982. *Nuclear Power and Nonproliferation: An Interdisciplinary Perspective.* Cambridge: Oelgeschlager, Gunn & Hain.

Reiss, Mitchell B. 2004. "North Korea's Legacy of Missed Opportunities." Remarks to the Heritage Foundation. March 12 (http://www.state.gov).

Rosegrant, Susan, and Michael D. Watkins. 1996. *Carrots, Sticks, and Question Marks: Negotiating the North Korean Nuclear Crisis (A).* Cambridge: The President and Fellows of Harvard College.

Sigal, Leon V. 1998. *Disarming Strangers: Nuclear Diplomacy with North Korea.* Princeton: Princeton University Press.

SIPRI. 2004. *SIPRI Yearbook.*

Spector, Leonard, and Jacqueline Smith. 1991. "North Korea: the next nuclear nightmare?" *Arms Control Today* 21(2), March.

The IAEA Resolution 2636, February 25, 1993.

The Washington post, May 21, 2003.

_____, December 28, 2009.

The White House. 2002a. *The National Security Strategy of the United States of America.* September.

_____. 2002b. *State of the Union Address.* January 29.

_____. 2003. *State of the Union Address.* January 28.

Tkacik, John J. Jr. 2003. "Getting China to Support a Denuclearized North Korea." *Backgrounder,* No.1678, August 25.

U.S. CIA. 2002. *North Korea Nuclear Weapon: CIA Estimate for Congress.* November 19.

U.S. Department of Defense. 2001. *Quadrennial Defense Review Report.* September 30.

_____. 2002a. *Annual Report to the President and the Congress.*

_____. 2002b. *Nuclear Posture Review.* January.

U.S. Department of State. 2003. *Patterns of Global Terrorism 2002.* April.

World Bank. 2004. *World Development Indicator Database.* September.

【부록 4-1】 북핵 6자회담 일지

6자회담		개최 기간	6자회담 결과	비고	
1차		'03.8.27~29	-대화를 통한 평화적 해결 원칙에 대한 공감대 형성	'04.4	미국, 북한의 제네바 합의사항 위반을 이유로 북미 양자 대화 거부
2차		'04.2.25~28	-상호 조율된 조치에 의한 해결 및 실무그룹 구성 합의		
3차		'04.6.23~26	-비핵화를 위한 초기조치 필요성, '말 대 말', '행동 대 행동' 원칙 공감	'05.2 '05.5	북한외무성, 6자회담 참가 무기 중단과 핵보유 선언 북한, 폐연료봉 8천개 인출 완료 발표
4차	1단계	'05.7.26~8.7	-9.19 공동성명 채택: 북한 핵폐기 및 여타국의 상응조치 합의	'05.9	미국, BDA 금융제재
	2단계	'05.9.13~19			
5차	1단계	'05.11.9~11	-9.19 공동성명 이행의지 재확인	'06.7 '06.10	북한, 장거리 미사일 발사 UNSC 대북결의 1695호 채택 북한, 1차 핵실험 UNSC 대북결의 1718호 채택
	2단계	'06.12.18~22	-9.19 공동성명 이행의지 재확인	'06.12	북한, BDA 선해결원칙 고수
	3단계	'07.2.8~13	-2.13 초기조치 합의		
6차	1단계	'07.3.19~22	-6자회담 참가국들의 2.13합의 이행 의지 확인	'07.3 '07.7 '07.9	북한, BDA 문제로 제6차 6자 수석대표회의 불참 북한 외무성, 중유 5만 톤 도착 확인 후 영변 핵시설 가동중단 발표 북미, 핵시설 연내 불능화 전면 신고 합의
	2단계	'07.9.27~30	-10.3 2단계 이행조치 합의	'08.2 '08.6	북한, 영변 원자로 냉각탑 폭파 북한, 중국에 북핵 신고서 제출
	수석대표회의	'08.7.10~12	-북핵 신고 검증 및 6자 의무이행 감시체제 수립 합의		
6자 외교장관 회동 (비공식)		'08.7.23	-비핵화 2단계의 마무리 및 3단계로의 진전 필요	'08.10	미국 국무부, 대북 테러지원국 지정 해제 발표
6자 수석대표 회의		'08.12.8~11	-불능화와 대북 경제·에너지 지원의 병렬적 이행 합의 -동북아 평화·안보 메커니즘 실무그룹회의 개최 합의	'09.4 '09.5 '09.6	북한, 장거리 미사일 발사, 6자회담 불참 선언 북한, 2차 핵실험 UNSC, 대북결의 1874호 채택

【부록 4-2】 북핵 일지

구분	연도	날짜	내용
배경	1956	2.28	북한, 옛 소련 드브나 핵연구소 창설 참여를 위한 협정체결 (방사화학연구소 설립)
	1962	11.2	영변 원자력 연구소 설립
	1963	6	북한, 옛 소련의 지원으로 IRT-2000형(2MW) 연구용 원자로 도입
	1965	-	연구용 원자로 준공
	1967	-	연구용 원자로 가동
	1974	9.6	북한, 국제원자력기구(IAEA) 가입
	1975	4	북한, 중국에서 DF-61 구입 미사일 연구 시작
	1985	12.12	북한, 핵확산금지조약(NPT) 가입
	1991	12.31	남·북한, 한반도 비핵화 공동선언 채택
	1992	5.23~6.5	IAEA, 북한 보고서 검증사찰 실시
		12.12	IAEA, 핵폐기물보관시설 의심 2곳 접근요구(북한, 1곳에 대해 사찰 허용)
1차 위기	1993	2.10	IAEA, 미신고시설 2곳 특별사항 수용촉구(5일 뒤 거부)
		3.12	북한, NPT 탈퇴서한 UN 안전보장이사회 제출
		5.11	UN 안보리, 대북 결의 825호 채택
		5.29	북한, 중거리 탄도미사일 '노동 1호' 발사
		6.2~6.11	북미, 1차 고위급회담(뉴욕), 북한 NPT탈퇴 유보
		7.14~9.19	북미, 2차 고위급회담(제네바). '제네바 선언문(Agreed Statement)' 발표
	1994	2.15	북한, IAEA 전면 핵사찰 수용 발표
		3.12	IAEA, 사찰단 일부 북한잔류(영변 추가사찰 방침)
		3.21	IAEA 특별이사회, 북핵문제 안보리 회부 결정
		6.10	IAEA, 대북 제재결의안 채택
		6.13	북한, IAEA 탈퇴선언 제출
		6.14	미국, 장관급 회의 중 '대북공격(Osirak Option)' 검토
		6.15	카터 전 미국대통령 방북(고위급회담 재개 제의)
		7.8	김일성 사망
		8.5~8.13	북미, 3차 고위급회담(제네바), 4개항 합의 발표
		10.21	북미, 「제네바 기본합의문(Agreed Framework)」 공식 서명
		11.1	북한, 핵 활동 동결선언
	1995	3.9	한반도에너지개발기구(KEDO) 협정서명
	1998	8.31	북한, 장거리 미사일 '대포동 1호' 발사 (북한, 인공위성 '광명성 1호' 주장)
	1999	6.15	1차 연평해전
		9.12	북한, 미사일 시험발사 모라토리엄(유예) 선언
	2000	6.13~15	제1차 남북정상회담(평양)
		10.9~10.12	북미, 공동코뮤니케 발표

	2001	9.11	9.11 테러사건 발생
2차 위기	2002	6.29	2차 연평해전
		10.3~5	켈리 미대통령 특사 평양방문
		10.17	켈리, 북한의 고농축우라늄(HEU) 핵개발 의혹 제기
		10.25	북한, 미국의 불가침조약 체결 요구
		11.14	KEDO, 대북중유지원 중단 결정
		12.12	북한, 핵동결 해제 선언
		12.21~24	북한, 핵동결 해제 조치 단행(핵시설 봉인제거, 감시카메라 무력화, 사용 후 핵 연료봉 봉인해제)
		12.27	북한, IAEA 사찰단 추방선언
	2003	1.10	북한, NPT 탈퇴선언
		2.12	IAEA특별이사회, 북한 핵문제 안보리 회부 결정
		2.26	북한, 영변의 원자로 재가동
		3.19	미국, 이라크 전쟁 개시
		4.12	북한, 다자회담 수용가능성 시사
		4.18	북한, 폐연료봉 재처리 작업 중 발표
		4.23~25	베이징 3자회담(북·미·중) 개최(북한 이근대표, 핵 보유 시인)
		8.27~29	제1차 6자회담 개최
		11.21	KEDO, 대북 경수로 사업 1년간 중단 발표
	2004	2.25~28	제2차 6자회담 개최
		4.7~8	한·미·일 3자협의('북한의 완전하고 검증가능하며 돌이킬 수 없는 핵폐기(CVID)') 재확인
		6.23~26	제3차 6자회담 개최
	2005	2.10	북한, 핵무기 보유 선언
		5.11	북한, 영변 5MW 원자로 폐연료봉 8천개 인출 완료 발표
		7.26~8.7	제4차 6자회담 1단계 회의
		9.15	미국, 방코델타아시아(BDA)은행 '주요 자금 세탁 우려 대상'으로 지정(북한 계좌 동결)
		9.13~19	제4차 6자회담 2단계 회의('9.19공동성명' 채택)
		11.9~11	제5차 6자회담 1단계 회의
	2006	1.18	북·미·중 6자회담 수석대표 베이징 회동
		7.5	북한, 장거리 미사일 발사('대포동 2호' 1기, 노동 및 스커드급 6기 등 7발)
		7.15	UN 안보리, 대북제재 결의 1695호 채택
		10.9	북한, 1차 핵실험 실시
		10.15	UN 안보리, 헌장 7조 의거 대북 제재 결의 1718호 채택
		12.18~22	제5차 6자회담 2단계 회의

2차 위기	2007	2.8~13	제5차 6자회담 3단계 회의('2.13 합의문' 채택)
		3.19	북한, BDA 자금동결 문제삼아 제6차 6자회담 수석대표회의 불참
		3.19~22	제6차 6자회담 1단계 회의
		6.20	미국 크리스토퍼 힐 국무부 차관보, BDA 동결 북한자금의 러시아 은행 북한 계좌 입금완료 발표
		9.1~2	북·미 관계정상화 실무그룹 제2차 회의, 핵시설 연내 불능화 및 전면신고 합의(제네바)
		9.27~30	제6차 6자회담 2단계 회의
		10.3	6자회담 '9.19 공동성명 이행 제2단계 조치' 합의(10.3합의)
	2008	6.26	북한, 플루토늄 생산량 등을 적시한 핵 신고서 제출 미국, 대북 테러지원국 지정 해제 절차 착수
		6.27	북한, 영변원자로 냉각탑 폭파
		8.11	미 국무부, "북한이 강력한 핵 검증 체제에 합의하기 이전 테러지원국 지정 해제 않을 것" 확인
		9.19	북한 외무성, "영변 핵시설 원상복구 중" 발표
		10.11	미 국무부, 대북 테러지원국 지정 해제 발표
		12.8~11	북·미 6자 수석대표 회동(싱가포르), 검증의정서 채택 실패
	2009	4.5	북한, 장거리 로켓 발사(북한, 인공위성 '광명성 2호' 주장)
		4.14	UN 안보리, '대북 제재 강화' 의장성명 공식 채택 북한, 6자회담 불참 및 핵시설 원상복구 방침 천명
		4.25	북한, 영변 핵시설 폐연료봉 재처리작업 착수 발표
		5.25	북한, 2차 핵실험 실시
		6.12	UN 안보리, 헌장 7장 41조에 의거 대북제재 결의 1874호 채택
		6.13	북한, 우라늄 농축, 추출한 플루토늄 무기화, 봉쇄 시 군사적 대응 선언
		8.4	빌 클린턴 전 미국 대통령 방북
		9.3	북한, UN 안보리 의장에게 전달한 편지 통해 "폐연료봉의 재처리가 마감단계에서 마무리되고 있으며 추출된 플루토늄이 무기화되고 있다." 및 "우라늄 농축 시험 성공"을 주장
		9.21	이명박 대통령, '그랜드 바겐(Grand Bargain)' 제안, "이제 6자회담을 통해 북핵 프로그램의 핵심 부분을 폐기하면서 동시에 북한에게 확실한 안전보장을 제공하고 국제지원을 본격화하는 일괄타결, 즉 '그랜드 바겐'을 추진해야 한다."
		9.30	북한 중앙통신, "남조선 고위당국자의 일괄타결(그랜드 바겐) 제안이 '비핵·개방·3000'의 답습으로 백해무익하다." 보도
		11.3	북한 조선중앙통신, "8,000대의 폐연료봉 재처리를 8월 말까지 성과적으로 끝냈다." 보도
		11.4	모하메드 엘바라데이 국제원자력기구(IAEA) 사무총장, 북한의 핵 문제를 해결하는 방안은 '패키지 딜(Package Deal)'이라 언급
		11.10	3차 연평해전(대청해전)

2차 위기	2009	12.11	국제 핵물질 위원회(IPFM) 「2009 국제핵물질보고서」, "북한이 2006년 10월에 실시한 1차 핵실험에서 플루토늄을 2kg 사용했으며, 2009년 5월에 실시한 2차 핵실험에는 5kg을 사용한 것으로 추정된다." 발표
		12.16	보즈워스 특별대표 방북결과 브리핑(미 국무부), "6자회담 재개시 비핵화와 연관된 모든 단계, 새로운 평화체제로의 진전, 평화협정, 에너지 및 경제적 지원 공급, 관계 정상화를 논의할 것/평화협정 협상의 당사자는 4개국(한, 북, 미, 중)임을 6자회담 참여국 모두가 동의/비핵화 논의 재개시 우라늄 농축 프로그램이 의제" 발표
	2010	3.26	북한, 백령도 서남방 2.5km 해상에서 한국 1천 200t급 초계함 천안함 격침. 대한민국 해군 40명 사망, 6명 실종
		5.12	북한 노동신문 "자체 기술로 핵융합 반응 성공" 주장
		10.8	미 과학국제안보연구소(ISIS), 보고서 통해 "북, HEU개발 실험실 단계 넘어" 주장
		11.17	잭 프리처드 미국 한미경제연구소(KEI) 소장, "북한이 2012년 목표로 영변 지역에 100MW 규모의 실험용 경수로 건설 추진 중" 주장
		11.21	지그프리드 해커 스탠퍼드대 국제안보협력센터 소장, "9~13일 방북시 영변에서 수백 개의 원심분리기가 설치된 것 목격" 주장
		11.23	북한, 연평도의 남측 군부대 및 민간인 거주지역 포격 도발. 해병대원 2명 및 민간인 2명 사망, 19명 중경상
	2011	1.5	북한, 남북 당국간 회담을 위한 실무접촉과 적십자회담 개최를 남측에 정식으로 제의
		1.10	한국, 연평도·천안함 사건과 북핵문제를 의제로 한 남북 당국간 회담 개최를 북측에 역제안
		7.7	파키스탄 압둘 카디르 칸(Abdul Qadeer Khan) 박사, "북한, 1998년 파키스탄으로부터 핵기술 확보를 위해 파키스탄 군수뇌부에 현금 350만 달러(32억 원)와 보석 등 뇌물 전달"
		7.28	뉴욕 북미 고위급 대화, 미, 우라늄 농축 임시중지 등 요구. 북, 이에 대해 대북제재 임시중지, 식량제공(미국이 3년 전 공약했던 50만 톤 중에서 미달된 33만t) 제시
		10.24~26	북·미 2차 고위급 대화(스위스 제네바), "우라늄 농축 프로그램(UEP)중단, IAEA사찰단 복귀, 핵·미사일 실험 중지 등 비핵화 선행조치 및 6자회담 재개" 등 협의
		11.7	IAEA, 「이란 핵 보고서」 발표, "이란이 핵무기 개발 작업을 진행, 북한과 구소련, 파키스탄 과학자들의 도움을 받아 핵무기 개발에 필요한 핵심기술을 확보한 것으로 판단"
		12.17	김정일 국방위원장 사망

2차 위기	2012	2.29	「2.29합의」 9.19공동성명 이행, 정전협정 준수, 평화협정 체결
		4.11	김정은 노동당 제1비서 추대
		4.13	북한, 헌법에 핵무기 보유국 명시. 장거리 로켓 '은하 3호' 발사(실패로 판명)
		4.16	UN 안보리, 북한 장거리 로켓발사 강력 규탄, 의장성명 채택
		5.4	UN 안보리 5개 상임이사국, 북에 핵 실험 자제 촉구 공동성명 (오스트리아 빈)
		5.30	북, 개정 헌법에 '핵 보유국' 명기
		10.8	한·미 당국, 탄도미사일 협상 타결, "한국군 탄도미사일 사거리를 현재의 300km에서 800km로 연장 합의, 탄두 중량은 사거리 800km 기준, 기존 500kg 제한 유지"
		12.12	북한, 장거리 로켓 '은하 3호' 발사 성공, 정상궤도 진입
	2013	1.22	UN 안보리 대북제재 결의 2087호 채택
		1.23	북한 외무성, "6자 회담, 9.19공동성명은 사멸되고 조선반도 비핵화는 종말을 고하였다" "앞으로 조선반도 비핵화를 논의하는 대화는 없을 것" 밝힘
		2.12	북한, 3차 핵실험 실시
		3.5	북한, '정전협정 백지화' 선언
		3.7	UN 안보리, 대북제재 결의(2094호), "기존보다 더 확대된 금수조치 및 금융제재, 북한 외교관들의 위법·이상행위 감시 강화"
		3.31	북한 당중앙위 전원회의, '핵무력과 경제건설 병진노선' 채택. "자위적인 핵 보유를 영구화하고 그에 토대하여 경제강국건설에서 결정적 승리를 이룩해 나가자"
		4.1	북한 최고인민회의, ≪자위적 핵보유국의 지위를 더욱 공고히 할 데 대하여≫의 법령 채택
		4.2	북한, 영변 5MWe 원자로 재가동 조치
		5.10	중국의 4대 국유 은행 모두 대북 송금 업무 중단. 해당 은행: 중국은행·건설은행·농업은행·공상은행
	2014	4.28	추궈훙(邱國洪) 주한중국대사, "중국은 북한이 핵무기를 개발하고 미사일 발사나 핵실험을 갖고 다른 나라를 위협하는 것에 반대", "우리는 북한의 동선을 예의주시하면서 북한을 설득하기 위한 많은 노력을 기울이고 있음"
		5.10	젠 사키 미 국무부 대변인, 북한과의 대화 재개 가능성에 대해 "북한에 대한 우리의 시각은 바뀌지 않았다"며 "북한이 비핵화에 대해 진정한 의지를 갖고 있다는 증거를 보여주지 못하고 있다"고 지적
		7.28	황병서 군 총정치국장, "자주권 위협하면 美 본토 핵공격 할 것"
		8.27	미 정치·군사전문 웹진 '워싱턴 프리 비컨', 잠수함 발사 탄도미사일(SLBM)을 북한이 보유하고 있다는 관측을 제기. SLBM을 전력화하기 위한 수직발사대를 설치할 수 있는 3천t급 이상의 잠수함 개발가능성 언급

【부록 4-3】 언론보도로 살펴본 북한의 핵무기 보유 추정치

보도일자	보도매체	핵무기 수	정보 출처
2003.05.09	산케이 신문	2개	3자회담 북한대표[1]
2003.07.05	경향신문	불확실 (핵보유)	황장엽(전 노동당 비서)
2004.02.22	드러지 리포트 (drudge report)	2~4개	미 국방부 정보국 보고서[2]
2004.10.02	연합뉴스	최대 1개	찰스 카트먼(한반도에너지개발기구 사무총장)
2004.10.09	연합뉴스	4~7개	존 케리(당시 민주당 대선후보)
		6~8개	존 에드워즈(당시 민주당 부통령후보)
2005.02.11	문화일보	1~2개	한국 외교부/국방부 미 국무부
		2~9개	미 과학국제안보연구소(ISIS)
2005.02.21	동아일보	12~15개	미 국방정보국(DIA)
2005.06.08	ABC	비밀 (핵보유)	김계관(북 외무성부상)
2005.08.28	세계일보	불확실 (증거 없음)	SIPRI Yearbook 2005 edition 섀넌 카일(SIPRI 연구원)
2006.03.01	헤럴드경제	2개 이상	존 니그로폰테(미 국가정보국장)
2008.07.23	CBS	8개	버락 오바마(당시 민주당 대선후보)
2009.09.11	한겨레	최대 10개	한스 크리스텐슨(미국과학자협회 연구원) 로버트 노리스(자연자원방위협의회 연구원)
2009.12.28	동아일보	3개 (1999년)	압둘 카디르 칸(파키스탄 핵 과학자)
2010.04.12	동아일보	1~6개	힐러리 클린턴(미 국무장관)
2010.10.22	일본경제신문 (日本経済新聞)	8~10개	데니스 블레어(前 미 국가정보국장)
2010.01.22	세계일보	6~10개	과학기술정책연구원(STEPI)
2011.11.02	영·미안보정보 협의회 (영국 민간 연구기관)	최소 6개	British American Security Information Council

1) 일본의 산케이 신문은 2003년 4월 베이징에서 열렸던 3자회담 당시, 북한이 핵폭탄을 2개 가지고 있다는 사실을 미국 측에 통보했다고 보도했다.

2) 미국 인터넷 매체 〈드러지 리포트〉는 워싱턴 타임스의 미 국방부 출입 베테랑 기자 로윈 스카버러는 곧 발매될 자신의 저서 '럼즈펠드의 전쟁' 에서 미 국방부의 한 정보국 보고서를 인용하여 "북한은 사거리가 제한된 핵무기 2~4기와 공격용 생화학 무기 공장 1개를 보유하고 있음이 미 국방부 정보보고서에서 나타나 있다" 고 전했다.

국제 에너지 위기와 중국의 에너지 안보 전략*

I. 머리말

21세기에 들어서며 에너지 안보(energy security)는 국제사회에서 가장 주목받는 주요 명제 중 하나로 부상했다. 에너지는 국가존립과 직결되는 문제로서 에너지의 안정적 확보 없이는 경제발전은 물론 국민생활의 안정 또한 기대할 수 없게 되었다. 이 때문에 향후 에너지를 중심으로 한 자원민족주의와 국제적 패권경쟁은 심화될 것으로 전망된다. 2000년부터 다시 상승하기 시작한 국제원유 가격은 2004년에 1970년대 오일쇼크 수준(배럴당 30~35달러)을 추월하였고, 2008년 7월에는 147달러까지 치솟아 전 세계를 '석유공포(oil panic)' 에 빠뜨렸다(〈부록 5-1, 5-2〉 참조).[1]

* 이 글은 "에너지 안보: 중국의 전략에 대한 분석," 『국제정치연구』 제10권 제1호(2007)을 수정·보완한 것이다.

1) 이후 원유가격은 세계 경기침체로 인해 5개월 만에 배럴당 35달러까지 폭락한 뒤, 2011년 1월 현재 배럴당 90~100달러 사이에 머물고 있다. 세계에너지기구(IEA)의 전

이 같은 에너지 시장의 불안은 급증하는 수요를 공급이 안정적으로 받쳐주지 못하면서 발생한 것이다. 중국 및 인도와 같은 신흥경제국에서의 소비 급증, 미국 같은 에너지 소비대국의 불균형적인 대량 소비, 그동안 가격 안정판 역할을 해온 잉여 생산 능력의 고갈 등이 그 원인으로 지목되고 있다. 그러나 더욱 주목해야 할 것은 러시아, 이란, 베네수엘라, 볼리비아 등 에너지 공급국들이 잇달아 석유를 정치적 무기로 사용함으로써 에너지의 생산과 유통이 '시장의 논리'에 의해서가 아니라 '국가전략'에 따라 이루어지고 있다는 점이다.

석유수급을 둘러싼 국제정치관계 역시 2000년부터 급격하게 변화하고 있다. 2001년 9·11 테러 이후 진행되고 있는 일련의 사건들은 기존 국제석유 관계의 틀을 흔들어 놓기에 충분했고, 이에 대처하기 위해 에너지 소비국들은 에너지 안보 측면에서 정책적 노력을 기울이고 있다. 이라크 전쟁을 전후한 독일·프랑스 등 유럽 주요 국가들과 미국 간의 갈등, 시베리아 가스전을 둘러싼 한국·중국·일본의 경쟁, 중앙아시아 및 아프리카에 대한 강대국의 경쟁적 외교 강화 움직임 등 다양한 원인이 있을 수 있으나, 에너지 안보에 입각한 국가전략의 충돌이 에너지 시장에서 불안을 급증시키는 중요한 변수로 작용하고 있다.

중국은 향후 자국의 '지속가능한 경제발전(sustainable economic development)' 가능성을 모색하는 가운데 에너지 안보에 대한 심각성을 인식하기 시작하였다. 중국이 지속적인 발전을 유지하고 산적한 내부문제를 효과적으로 해결하기 위해서는 보다 균형적인 경제구조와 산업 및 사회 발전이 전제되어야 하는데, 이와 관련 가장 핵심적인 요소가 안정적인 에너지 공급과 효율적인 에너지 소비이다. 전 세계적으로 에너지 자원은 한정되어 있고 제한적인 반면, 중국의 에너지 소비는 급증하는 상황에서 중국은 에너지 문제가 향후 지속적인 경제발전에 심각한 장애요인이 될 수 있다고 인식한

망에 따르면, 국제유가는 2020년 배럴당 100달러 선에 이른 뒤, 2030년에는 배럴 당 200달러까지 오를 것으로 예상하고 있다.

것이다. 더욱이 중국은 9·11 사태 이후, 미국이 감행하고 있는 '테러와의 전쟁(war against terrorism)'의 숨겨진 목표가 미국의 패권 유지를 위한 '미국 주도의 에너지 수급질서 재편'에 있으며, 이를 위하여 에너지 생산국 및 에너지 수송에 긴요한 지역을 선점하고자 하는 조치라고 해석하고 있다. 따라서 중국 역시 이후 에너지 확보 문제에 대해 국가안보적 차원에서 접근하고 있다 할 것이다.[2]

이러한 상황인식에 기초하여 이 장에서는 에너지 안보 개념, 세계 에너지 수급현황과 에너지 위기 요인, 그리고 중국의 에너지 안보전략 분석 및 한국의 대처방안을 제언하고자 한다. 특히, 5대 상업 에너지원(석유, 천연가스, 석탄, 원자력, 수력) 중 가장 핵심인 석유를 중심으로 안보적 관점에서 살펴보고자 한다.

II. 에너지 안보란 무엇인가?

에너지 안보 문제는 1970년대 석유위기를 겪는 과정에서 주로 에너지의 공급중단이나 부족사태를 방지하기 위한 에너지 공급의 안정적인 확보 측면에서 제시되었다.[3] 이후의 쟁점은 '공급안보' 개념에서 '경제안보' 개념으로 발전되어 왔으며, 21세기에는 기존의 물량위기와 가격위기의 차원을 넘어 '국가안보'의 총체적 위기상황까지 고려하는 종합적인 에너지 안

2) 김재두, "에너지 안보와 세계 동맹의 재편," 미래전략연구원, 『이슈와 대안』 2006년 6월 13일. 미국의 강력하고 중요한 중국 견제 수단은 첫째, 지정학적으로 중국이 유라시아의 대륙세력에서 해양세력으로 진출하는 것을 막는 것이고 둘째, 경제적으로 중국의 아킬레스건인 에너지 분야의 취약성을 확대시키는 것이다.

3) 에너지 안보 정책은 위협의식에서 출발한다. 따라서 에너지 안보 정책은 해외의 에너지 공급국가 및 지역, 에너지 수송로 지역 및 국가, 에너지 시장에 매우 민감한 정책으로 이들 국가와 지역의 안정을 도모함으로써 에너지 자원의 안정적인 공급을 보장한다는 것이 정책의 핵심이다.

보/개념으로 확대되었다. 즉, 에너지 안보란 비엘렉키(Bielecki)가 "합리적인 가격을 통한 안정적이고 적정한 에너지의 공급"이라고 정의한 바와 같이 한 경제가 특정 에너지의 공급 불안으로부터 자유로운 상태를 의미한다.[4] 이러한 자유를 달성하기 위해서는 다음의 세 가지 조건이 충족되어야 한다.

첫째, 에너지의 양적 확보이다. 기본적으로 에너지 안보는 한 국가가 최적의 경제활동을 수행하기 위해 필요한 양의 에너지를 차질 없이 확보할 수 있을 때 달성된다.[5] 에너지 공급 물량의 중요성은 1970년대 두 차례의 석유위기(oil crisis)를 거치면서 특히 강조되었다. 두 차례의 오일쇼크는 에너지 물량위기의 전형적인 사례로 1차 오일쇼크는 1973년 아랍의 석유 금수조치로, 2차 오일쇼크는 1979년 이슬람혁명으로 인한 이란의 전면적인 석유 수출 중단으로 발생했다. 당시 에너지 소비국들은 아랍산유국들의 소규모 공급 물량 감축 통보만으로도 일종의 공황상태에 빠졌으며, 필요 물량을 확보하기 위해 치열한 경쟁을 벌인 바 있다.

둘째, 에너지 가격안보이다. 에너지의 양적 확보에 병행하여 가격 또한 에너지 안보의 중요한 요소이다. 합리적인 가격(reasonable price)에 기초한 에너지 공급은 소비국의 정상적인 경제활동을 위해 필수이며, 지나치게 높은 에너지 가격은 에너지 소비국의 경제를 파국으로 몰아갈 수 있다. 경제학적 관점에서 합리적인 가격이란 생산자와 소비자가 참여하는 시장에서 원가에 기초하여 수요 공급에 의해 결정된 가격이다. 그러나 국제유가는 경제학에서 이야기하는 것처럼 전적으로 시장에서 이루어지는 것은 아니며, 국제정치경제적 환경에 좌우된다 할 수 있다. 한 예로 1차 오일쇼크 때는 원유가격이 약 4배로, 2차 오일쇼크 시에는 약 3배로 폭등하였다.[6]

---

4) J. Bielecki, "Energy Security: Is the Wolf at the Door?" *The Quarterly Review of Economics and Finance,* Vol.42(2002), 도현재, 『21세기 에너지 안보의 재조명 및 강화 방안』(서울: 에너지경제연구원, 2003), pp.32-35에서 재인용.

5) 크루거(Kruger)는 에너지 안보를 "적절하고 안전한 석유공급의 확보"라고 정의했다. R. B. Kruger, *The United States and International Oil* (New York: Praeger Publisher Inc., 1975).

불과 6~7년 만에 13배에 이르게 된 원유가격의 폭등은 세계경제를 엄청난 공황상태에 빠지게 했으며, 석유소비국과 석유생산국 사이에 막대한 부의 이전이 이루어졌다.

셋째, 에너지를 둘러싼 국제정치적 리스크의 회피이다. 이를 위해서는 신뢰할 수 있는 에너지 공급원의 확보와 에너지 자원의 안정적인 수송이 관건이다. 에너지 소비국이 신뢰할 수 없는 에너지 공급원에 의존할 경우, 에너지 소비국은 에너지 공급에 대한 대가로서 정책적인 변화를 요구받는 상황에 처하게 될 수 있다. 예를 들어, 제1차 석유위기 당시 아랍산유국들은 지속적인 석유공급의 대가로서 소비국들에게 반(反)이스라엘 정책의 채택이라는 외교정책의 변화를 요구하였다.[7] 이런 측면에서 보면 에너지 안보란 에너지 공급과 관련하여 정책적인 변화를 요구받지 않는 상태를 의미하며,[8] 이를 위해서는 에너지 공급원의 신뢰성이 에너지 안보의 주요 구성요소라고 할 수 있다.

이와 같이 에너지 안보의 중요 구성요소는 에너지의 '적정한(adequate) 물량', '합리적인(reasonable) 가격', '안정적(reliable) 공급원', '안전한(safe) 수송'으로서 경제적 요인만을 내포하지 않는다. 일부 국가에서는 에너지 정책이 국내정책으로서 경제정책의 일부로 간주되고 있는 것이 사실이지만, 세계 에너지 수급에 영향력을 행사하려는 국가들은 에너지 정책을 국가안보정책의 핵심요소로 간주하고 있다. 실례로 미국의 경우, 안정적인 에너지 공급원의 확보는 곧 에너지 공급 지역과 에너지 수송로에 대한 군사적 보호

---

6) 1차 오일쇼크 당시 원유가격은 1973년 배럴당 2.8달러에서 1974년 10.4달러로 폭등했으며, 2차 오일쇼크 시에는 1978년 13달러에서 1979년 30달러, 1980년에는 35.7달러로 상승했다. British Petroleum, *Statistical Review of World Energy* (2006).

7) 제1차 석유위기는 1973년 가을 발생한 제4차 중동전쟁을 계기로 발생했다. 아랍국가들과 이스라엘의 전쟁을 계기로 사우디아라비아를 비롯한 아랍산유국으로 구성된 아랍석유수출국기구(OAPEC: Organization of Arab Petroleum Exporting Countries)는 미국, 유럽국가, 일본 등 친이스라엘 정책을 표방하는 국가에 대한 금수조치와 생산량 자체의 삭감을 단행했다.

8) Robert O. Keohane and Joseph S. Nye, *Power and Interdependence: World Politics in Transition* (Boston: Little Brown and Co., 1977), pp.11-19.

를 의미하는 것이다. 이처럼 에너지 공급원을 안정적으로 확보하는 것은, 국가의 '사활적 이익(vital interest)' 이 달린 국제정치적 문제가 되었다.[9]

III. 세계 에너지 수급과 에너지 위기 요인

1. 세계 에너지 수급 현황

오늘날 세계 경제는 에너지 소비에 있어 석유 계통의 연료에 절대적으로 의존하고 있다. 〈표 5-1〉에서 보는 바와 같이 2008년 현재 석유는 전 세계 에너지 소비의 34.8%인 39억 2,790만 TOE(석유환산톤)를 소비하였고, 그 다음으로 석탄이 전체 소비의 29.2%인 33억 380만 TOE를 차지하였다. 그리고 천연가스가 24.1%를, 마지막으로 수력과 원자력이 각각 6.4%, 5.5%를 점하였다.[10]

석유와 천연가스는 그 성격상 동일한 석유 계통의 연료로 간주되므로 이러한 소비 구조는 석유의 위치가 절대적임을 나타내고 있다. 즉, 석유 계통의 에너지가 전 세계 에너지 소비의 60%를 차지하고 있다고 할 수 있다. 결과적으로 석유는 오늘날 세계가 경제성이 있는 것으로 인정하고 있는 5대 상업 에너지원 중 가장 큰 비중을 차지하고 있다. 이는 현대경제는 곧 '석유경제' 이며, 문명상으로는 '석유시대(petroleum age)' 라는 주장이 과언이 아님을 보여 준다.[11]

---

9) Kim R. Holmes and Thomas G. Moore (eds.), *Restoring American Leadership: A U.S. Foreign and Defense Policy Blueprint* (Washington, D.C.: The Heritage Foundation, 1996), pp.11-23.

10) British Petroleum, *Statistical Review of World Energy* (2009).

11) 예긴(Yergin)은 국제정치경제에서 국가 간 갈등과 협력의 이면에는 항상 석유(에너

〈표 5-1〉 세계 1차 에너지 소비 구성(2008)

	석유	천연가스	석탄	원자력	수력	계
물량 (백만TOE)	3,927.9	2,726.1	3,303.8	619.7	717.5	11,294.9
비율	34.8%	24.1%	29.2%	5.5%	6.4%	100%

주: TOE는 석유환산톤(Tons of Oil Equivalent)을 의미한다. TOE는 상이한 에너지원의 열량을 석유 열량으로 환산하여 무게인 톤으로 표시한 에너지 단위로서, 1TOE는 원유 1톤의 열량 100만 Kcal를 의미한다
출처: British Petroleum(2009)

세계 최대의 석유소비국은 미국으로 2008년 현재 전 세계 소비의 22.5%에 해당하는 연 8억 8,450만 톤의 석유를 소비하고 있다. 중국은 지속적인 석유소비 증가(3억 7,570만 톤, 9.6%)로 2002년부터 일본을 제치고 석유소비 2위국으로 나섰으며, 그 다음으로 일본이 전 세계 소비의 5.6%, 인도 3.4%, 러시아 3.3%, 독일 3.0%, 차지하고 있다. 한국은 연 1억 330만 톤의 석유소비로 2.6%를 차지하여 세계 8위의 소비국이다(〈표 5-2〉 참조).

에너지 안보를 위협하는 본질적인 요인 가운데 하나는 에너지 수요 자체가 증가한다는 것이다. 국제에너지기구(IEA: International Energy Agency)는 금융위기로 인해 세계 에너지 사용이 다소 감소하는 추세에 있지만, 에너지 소비는 다시 상승하여 2030년에는 현재보다 40%가 증가하여 168억 TOE를 차지할 것으로 전망하였다. 특히 화석연료가 여전히 에너지 구성에서

지) 문제가 자리잡고 있었으며, 현대 문명은 석유의 화학적 주성분인 '탄화수소'에 기반하여 건설되었다고 하여 '탄화수소시대(Hydrocarbon Age)'라고 주장하였다. Daniel Yergin, *The Prize* (New York: Simon and Schuster, 1991). 세계 경제가 주력 에너지원을 석탄에서 석유로 전환한 것은 제2차 세계대전 이후이며, 석유를 집중적으로 사용하기 시작한 것은 1960년대부터이다. 석유는 석탄에 비해 월등히 우수한 경쟁력을 갖고 있다. 첫째, 석유는 석탄보다 열효율이 높다. 둘째, 동일한 부피인 경우 원유는 석탄보다 가벼워 선박, 철로 등에 의한 대형 수송에 유리하다. 셋째, 석유는 석탄에 비해 연소 후 공해물질이 적게 배출되어 환경적 측면에서도 상대적으로 유리하다.

〈표 5-2〉 세계 석유 소비 주요 국가(2008)

순위	국가	연간 소비량 (백만 톤)	일일 소비량 (천 b/d)	비중	연간 수입량 (백만 톤)
1	미국	884.5	19,419	22.5%	533.6(1)
2	중국	375.7	7,999	9.6%	163.2(3)
3	일본	221.8	4,845	5.6%	199.9(2)
4	인도	135.0	2,882	3.4%	121.7(4)
5	러시아	130.4	2,797	3.3%	2.7
6	독일	118.3	2,505	3.0%	106.8(6)
7	브라질	105.3	2,397	2.7%	21.1
8	한국	103.3	2,291	2.6%	118.3(5)
9	캐나다	102.0	2,295	2.6%	42.0
10	멕시코	90.0	2,039	2.3%	0

주: ( )속은 석유 수입량 순위
출처: British Petroleum(2009), 수입량은 http://data.iea.org (검색일: 2010.7.1)

우위를 차지할 것이라고 전망하면서 2025년에는 중국이 미국을 제치고 세계에서 가장 많은 석유와 천연가스를 소비하는 수입국가가 될 것으로 전망하고 있다.[12] 하지만 에너지 소비가 세계 1위인 미국의 경우에도 1차 에너지 소비는 2035년까지 연평균 0.5%씩 증가할 것으로 예측되고 있다. 갈수록 미국 내 에너지 생산이 줄어드는 상황을 고려하면 문제는 상당히 심각해진다.[13]

---

12) IEA, *World Energy Outlook 2009* (2009a).

13) 미국은 세계 최대의 석유소비국으로서 일일 소비량은 2008년 현재 약 1,942만 b/d에 달하고 있다. 2025년에는 2,830만 b/d로 현재보다 약 37% 증가할 것으로 전망되고 있다. 석유 수입량은 현재의 약 1,350만 b/d에서 2025년에는 약 1,970만 b/d로 증가할 것으로 전망된다. 미국의 석유해외존도는 2001년 55% 수준에서 2025년에는 70%로 증대될 것으로 예상된다. 대외경제정책연구원, 『석유의 안정적 확보 전략』(2004.

높은 석유의존율과 소비 증가추세는 석유공급에 대한 위기의식을 불러일으키고 있다. 지금까지는 석유 탐사 채취 기술의 발달로 채취 가능 석유매장량이 석유소비량보다 빠르게 증가해 왔기에, 1970년대의 석유파동 시기를 포함해서 일시적인 몇몇 시기를 제외하고는 석유공급 부족에 따른 문제는 별로 겪지 않았다. 그러나 유전 발견의 역사를 살펴보면, 1960년대에 최대치를 기록한 후 지속적으로 감소하여 2000년대에는 1960년대의 3분의 1 이하로 떨어졌다. 지금까지의 추세라면, 2030년대에는 1960년대 유전의 10분의 1 규모로 줄어들 수 있다.

가채년수, 즉 석유를 얼마 동안 사용할 수 있는가에 대해 흔히 매장량을 생산량으로 나눈 비율(Reserve/Production Ratio) 개념을 사용하는데, 2009년에 발표한 British Petroleum(BP) 통계에 따르면 이 비율은 42년(2008 자료를 기준)으로 나타났다(〈표 5-3, 5-4, 5-5〉 참조). 대륙별로는 중동이 가장 긴 78.6년, 중남미가 50.3년, 아프리카 33.4년, 유라시아(중앙아시아+유럽) 22.1년, 아시아·태평양 14.5년, 북미(멕시코 포함)가 14.8년 동안 석유를 생산할 수 있는 것으로 나타났다.[14] 그러나 보다 심각한 문제는 석유공급이 40여 년 동안 일정한 수준으로 유지되기 어려울 것이라는 점이다.

'석유정점(peak oil)' 주창자들은 세계 원유생산은 빠르면 2006년에서 2009년경에 정점에 달한 후 그 이후에는 지속적으로 매년 2~3%씩 하락할 것이라고 주장한다.[15] 실제로 북미와 중남미에서의 원유생산은 각각 2003

---

12), p.171. 미국은 2008년 현재 전 세계 1차 에너지 소비의 20.4%, 석유소비의 22.5%, 석유수입의 23.6%, 석유생산의 7.8%를 차지하고 있다. British Petroleum (2009).

14) British Petroleum(2009).

15) Colin J. Campbell, *The Coming Oil Crisis* (UK: Petroconsultants, in association with Multi-Science Publishing Co., 1997); Kenneth S. Deffeyes, *Hubbert's Peak: The Impending World Oil Shortage* (Princeton: Princeton University Press, 2001) 참조. 이들의 계산과 추론은 미국의 석유생산 정점에 대해 정확하게 예측했던 허버트(King Hubbert)의 분석방식을 세계 석유생산에 적용한 것이다. 허버트는 1956년 미국의 석유생산량이 1970년대 초반에 정점에 달한 후 점차 감소할 것이라고 예측하였고 그의 예측은 역사적 사실을 통해 증명된 바 있다. 한편 IEA는 원유 생산정점을

년, 2007년부터 뚜렷한 감소추세를 보이고 있다. 석유정점론에 따르면 머지않아 바로 수년 후부터, 길게 잡아도 10년 이내에 석유생산 감소로 다양한 사회·경제·심리적 문제를 겪게 될 수 있다.[16] 더군다나 이제까지의 추세나 예측처럼 석유소비량이 증가하여 공급량과의 격차가 커지게 되면, 상황은 훨씬 더 심각해질 수 있다.[17]

1996년부터 1999년까지 배럴당 10달러대 선을 유지하던 국제유가는, 2001년 이후 지속적으로 상승하여 2008년에는 배럴당 94.34달러($/bbl, 이하 중동산 두바이유 기준)를 기록하여 '고유가 시대'를 구가하고 있다. 2004년 1월까지 국제유가는 석유수출국기구(OPEC)에 의해 배럴당 28달러 이하를 유지해 왔다. OPEC은 1997년 아시아 금융위기 직후 경험한 극단적인 저유가 현상을 방지하기 위해 국제유가를 배럴당 22~28달러로 관리할 것을 천명한 바 있다. 국제유가가 배럴당 22달러 이하로 하락할 경우 자동으로 감산하고, 배럴당 28달러 이상으로 상승할 경우 회원국 간 협의 없이 자동 증산하여 국제유가를 배럴당 22~28달러의 가격에 머무르도록 할 것이라고 공언해온 것이다. 하지만 2004년 1월, 국제유가가 배럴당 28달러를 넘겼음에도 불구하고, OPEC은 자동 감산은 고사하고 유가를 안정시키기 위한 구체적인 행동을 취하지 않았다.[18]

2013~2037년경으로 보고 있으며, OPEC도 수요증가 추세를 감안하더라도 50~100년 정도는 사용할 수 있는 매장량이 확인되고 있다고 주장한다.

16) 실제 1998년부터 2008년간 11년 동안 세계 석유 생산은 3억 8,340만 톤이 증가한 반면, 소비는 4억 8,870만 톤으로 증가하였다. 수급 불균형이 점차 커지고 있는 추세이다.

17) 특기할 만한 사실은 최근 미국 에너지부(DOE: Department of Energy)가 석유정점론을 심각하게 받아들이고 있다는 것이다. 미국 에너지부가 민간과학기술자문회사에 세계 석유생산 부족에 따른 영향을 줄일 수 있는 실행 가능한 기술에 대한 연구를 의뢰한 바 있다. 보고서의 제목은 「The Peaking of Oil Production: Impacts, Mitigation and Risk Management」로 Robert Hirsh, Roger Bezdek, Robert Wendling이 함께 작업하였다. 윤순진, "에너지 안보의 대안: 재생가능에너지," 『국제평화』 제2권 제1호(2005), p.42에서 재인용.

18) 이준범, "에너지 안보에 대한 이론적 접근: 에너지 수급의 정치경제," 『국제평화』 제2편 제1호(2005), pp.16-17.

〈표 5-3〉 세계 원유매장량 주요 국가(2008)

순위	국가	매장량 (십억 배럴)	매장량 (십억 톤)	비중	가채년수 (R/P)
1	사우디	264.1	36.3	21.0%	66.5
2	이란	137.6	18.9	10.9%	86.9
3	이라크	115.0	15.5	9.1%	100년 이상
4	쿠웨이트	101.5	14.0	8.1%	100년 이상
5	베네수엘라	99.4	14.3	7.9%	100년 이상
6	UAE	97.8	13.0	7.8%	89.7
7	러시아	79.0	10.8	6.3%	21.8
8	리비아	43.7	5.7	3.5%	64.6
9	카자흐스탄	39.8	5.3	3.2%	70.0
10	나이지리아	36.2	4.9	2.9%	45.6
11	미국	30.5	3.7	2.4%	12.4
12	캐나다	28.6	4.4	2.3%	24.1
13	카타르	27.3	2.9	2.2%	54.1
14	중국	15.5	2.1	1.2%	11.1
15	앙골라	13.5	1.8	1.1%	19.7
16	브라질	12.6	1.7	1.0%	18.2
세계 전체		1,258.0	170.8	100.0%	42.0

출처: British Petroleum(2009)

이후 국제유가는 2004년 8월 배럴당 38달러를 돌파, 1970년대 석유위기 이래 최고 가격을 기록하였고 2005년에도 강세를 유지하면서 4월에는 배럴당 50달러를 넘었으며, 2006년 12월에는 배럴당 60달러를 넘었다. 이후 국제유가는 지속적으로 상승하여 2008년에는 배럴당 94.34달러를 기록하여 7년 동안 약 4배가 상승하였다.[19] 이러한 국제유가 강세에 대하여 세계

〈표 5-4〉 세계 석유생산량 주요 국가(2008)

순위	국가	생산량 (백만 톤)	생산량 (천 b/d)	비중
1	사우디	515.3	10,846	13.5%
2	러시아	488.5	9,886	12.1%
3	미국	305.1	6,736	7.8%
4	이란	209.8	4,325	5.3%
5	중국	189.7	3,795	4.8%
6	멕시코	157.4	3,157	4.0%
7	캐나다	156.7	3,238	4.0%
8	UAE	139.5	2,980	3.6%
9	쿠웨이트	137.3	2,784	3.5%
10	베네수엘라	131.6	2,566	3.4%
11	이라크	119.3	2,423	3.0%
12	노르웨이	114.2	2,455	2.9%
13	나이지리아	105.3	2,170	2.7%
14	브라질	93.9	1,899	2.4%
15	앙골라	92.2	1,875	2.3%

출처: British Petroleum(2009)

적인 금융회사인 골드만 삭스는 '초강세(super-spike)' 유가라고 강조했고, 공공기관인 국제통화기금(IMF: International Monetary Fund)은 '영구적인

19) 이란과 국제사회의 마찰로 걸프만 지역에 불안이 고조되는 가운데 국제시장 현물가격($/bbl)은 중동산 두바이유의 경우, 2005년 49.35달러, 미국 서부 텍사스산 중질유(WTI)는 56.59달러, 북해산 브렌트유는 54.52달러를 기록한 바 있다. 이후 가격상승이 지속되어 2008년에 이르러 중동산 두바이유는 94.34달러, 미국 서부 텍사스산 중질유는 100.06달러, 북해산 브렌트유는 97.26달러를 기록하였다. British Petroleum (2009).

〈표 5-5〉 지역별 석유공급 비중(2008)

	중동	아프리카	유럽 + 중앙아시아	중남미	북미 (멕시코 포함)	아시아 (오세아니아 포함)	세계
매장량 (십억 톤)	102.0	16.6	19.2	17.6	9.7	5.6	170.8
비중	59.9%	10.0%	11.3%	9.8%	5.6%	3.3%	100%
가채년수	78.6	33.4	22.1	50.3	14.8	14.6	42.0
생산량 (백만 톤)	1,253.7	488.1	851.0	335.6	619.2	381.2	3,928.8
비중	31.9%	12.4%	21.7%	8.5%	15.8%	9.7%	100%
수출량 (백만 톤)	895.0	370.7	325.3 (유럽 14.0)	123.8	176.1 (멕시코 72.8) (캐나다 96.4)	65.9 (오세아니아 13.7)	1,969.9 (기타 지역 12.8 제외)
비중	45.4%	18.8%	16.5%	6.3%	8.9%	3.3%	100% (기타 지역 0.8% 제외)

출처: British Petroleum(2009) 참조하여 작성

석유공급 충격(a permanent oil shock)' 이라고 지적했다.[20] 1970년대의 오일쇼크가 충격은 강했던 반면 단기간에 해소된 특징이 있다면, 현재 진행되고 있는 고유가 현상은 석유자원의 고갈 가능성과 관련된 시장의 구조적인 문제와 이에 따른 지전략적(geo-strategic) 갈등 요인들이 복합된 만성적인 성격을 강하게 띠고 있다.

20) "On the Climb: a natural resources boom is unearthing both profits and perils," *Financial Times,* April 11, 2005.

2. 에너지 위기 요인

에너지는 기본적으로 공급, 즉 자원의 매장량이 제한되어 있는 반면 수요는 지속적으로 증가하고 있어 수급불균형의 위기 가능성이 항시적으로 존재한다고 할 수 있다. 하지만 21세기에 들어서는 과거부터 지속되어 오던 위기 요인이 심화되는 동시에 새로운 위기 요인이 가속화되고 있어 에너지 안보를 위협하고 있다. 최근 에너지 위기를 심화시키는 요인들을 살펴보면 다음과 같다.

첫째, 세계적 차원(global level)에서 보면 에너지 수급의 불균형, 에너지 자원의 지역적 편재에 따른 정치적 불안정성 등 과거부터 지속되어 오던 위기 요인이 심화되고 있으며, 동시에 2000년 이후 국제 석유수급을 둘러싼 국제정치경제적 상황은 과거와 다른 양상으로 전개되고 있다. 냉전 이후 석유공급의 국제관계에서 핵심적인 역할을 수행한 것은 미국과 사우디아라비아 간에 형성된 에너지-안보의 교환관계이다.[21] 1990년 이라크의 쿠웨이트 침공이 미국 및 에너지 소비국 동맹에 의해 퇴치되면서 국제 에너지 관계는 철저하게 이 교환관계에 기초하였다. 즉 미국을 비롯한 에너지 소비국들은 사우디아라비아 등 중동 산유국들에게 안보우산을 제공하고, 산유국들은 안정적인 석유를 합리적인 가격에 공급한다는 원칙이 확립되어 있었다. 하지만 2001년 9·11 테러와 미국의 이라크 침공을 계기로 이런 관계는 붕괴된 것으로 평가되고 있다. 특히 미국의 이라크 침공이 이라크

---

21) 미국은 제2차 세계대전 종전 후 중동, 특히 사우디아라비아에서 대규모 유전을 발견하여 동맹국에 대한 안정적인 원유공급원을 갖고 있었고, 이곳에서 생산된 원유를 처분할 수 있는 안정적인 시장도 필요했다. 미국은 세계 석유공급에 있어 결정적인 역할을 수행하는 동시에, 여타 국가들은 대부분 미국의 세계 에너지정책에 의존함에 따라 미국의 헤게모니 질서에 편입되었다. 미국은 중동 지역과 같은 세계 주요 석유 공급원에 대한 정치적 영향력 행사를 통해 자국에게 필요한 석유를 확보할 뿐만 아니라 여타 석유소비국과의 관계에도 영향을 미침으로써 헤게모니 형성을 강화해 왔다. Simon Bromley, *The American Hegemony and World Oil: the Industry, the State, and the World Economy*(College Station: Penn State University, 1991) 참조.

석유산업을 재건하여 사우디아라비아를 포함한 기존의 중동 산유국들과 경쟁을 유도하려는 목적이 있는 것으로 관측되면서, 사우디아라비아 등 중동 산유국의 정책이 변화를 겪고 있는 것으로 보인다.[22)]

중국은 원유 확보를 위해 해외 유전 확보에서 미국을 비롯한 기존 국가들과 경쟁하고 있다. 중국은 미국의 영향력이 상대적으로 약한 아프리카의 수단, 중동의 이란, 남미의 베네수엘라 등지에서 유전확보를 위해 적극적으로 나서고 있다.[23)] 이에 대해 미국은 중국이 에너지 안보를 확보하기 위해 이들 국가와 원자력 기술 제공과 같은 대규모 군사협력이 진행될 가능성을 배제하지 않고 있다. 이러한 배경에서 에너지 안보가 향후 미국과 중국 사이의 가장 첨예한 갈등요인으로 작용할 가능성이 크다.[24)]

한편, 개발도상국의 인구증가 및 경제성장에 따라 세계 에너지 수요는 지속적으로 증가하고 있으며, 중동지역에 편재된 에너지 자원을 둘러싼 정치적 불안정성으로 인해 원유가격을 비롯한 에너지 가격의 불안정성도 심화되고 있다. 또한 기후변화협약 등 국제환경규제가 강화되어 에너지 안보의 새로운 위기 요인으로 대두하고 있다. 2005년 2월 선진국에 온실가스 배출 감축의무를 부여한 '교토의정서'가 발효되어 에너지 사용 및 효율에

---

22) 미국의 중동 교두보였던 사우디아라비아가 미국과의 관계 악화를 빌미로 중국 러시아와 에너지를 공급하고 무기를 구매하는 등 가장 본질적인 연결고리로서의 동맹 형태의 변화를 보여주고 있다. Jean-Francois Seznec, "Business as Usual: The Saudi-U.S. Relationship," *Harvard International Review,* Vol.26(Winter 2005), pp.56-60.

23) 베네수엘라 국영 석유개발회사와 중국석유공사(CNPC)는 광대한 석유가 매장된 것으로 알려진 베네수엘라 오리노코 유전지대를 공동개발하기로 합의했으며, CNPC는 유전개발 사업의 40% 지분을 인수했다. 베네수엘라는 유전의 대부분을 국유화하면서 미국을 비롯한 다국적 석유기업인 엑슨모빌(Exxon Mobil Corporation), 코노코필립스(Conoco Phillips), 셰브론(Chevron Corporation)이 보유하고 있던 지분을 빼앗았다. 미국회사들을 몰아낸 자리를 중국회사가 차지하는 셈이다. 『중앙일보』, 2007년 3월 9일. 아프리카의 차드는 2006년 미국계 석유회사 셰브론텍사코를 몰아낸 뒤 유전사업권을 중국에 내줘 미국과 마찰을 빚었다. 『중앙일보』, 2007년 4월 7일.

24) Amy Myers Jaffe and Steven W. Lewis, "Beijing's Oil Diplomacy," *Survival,* Vol.44, No.1(Spring 2002), pp.115-133; Wu Lei, "Oil: The Next Conflict in Sino-U.S. Relations?" *Middle East Economic Survey,* Vol.46, No.21(May 2003) 참조.

대한 규제가 강화됨으로써 변화하는 에너지 패러다임에의 신속한 대응이 요구된다.[25]

둘째, 동북아 지역적 차원(regional level)에서는 중국의 에너지 수요와 수입이 급증함에 따라 지역의 에너지 수급에 불균형이 발생하고 있다. 중국은 1979년 개혁·개방 이후 연평균 10% 이상의 고도 경제성장을 실현하는 과정에서 에너지 소비가 급증하였고, 이에 따라 산유국이지만 자국의 수요를 감당하기 어려워지면서 1993년 이후 석유 순수입국이 되었다. 이후 국내 원유 증산의 제약에 따라 해외 석유에 대한 의존을 확대하고 있다. 중국의 원유 수요 및 수입의 급증은 국제원유시장의 교란요인이 되고 있으며, 에너지 수급상황을 악화시켜 중동 원유가격의 '아시안 프리미엄(asian premium)' 을 심화시키는 요인이 되고 있다.[26] 중국이 주요 에너지 수입국으로 부상함에 따라 동북아시아 역내에서도 일본과 같은 주변국과 불편한 관계를 보이고 있다. 중국과 일본의 에너지 확보 경쟁은 러시아 동시베리아의 석유 송유관 건설이나 동중국해 가스전을 둘러싸고 갈등 양상으로 진행된 바 있다. 이러한 양상은 동북아시아 지역의 역내 에너지 자원이 부족

---

25) 「교토의정서」는 1992년에 체결된 기후변화협약의 부속의정서로 1997년 일본 교토에서 개최된 제3차 기후변화협약 당사국 총회에서 채택되었다. 교토의정서는 지구온난화를 방지하기 위해 선진국에 차별화된 온실가스 감축의무를 부과하고 있다. 체결된 지 8년 만인 2005년 2월 교토의정서가 발효됨으로써 2008~2012년 사이에 선진국(부속서 I국가) 38개국은 온실가스 배출량을 1990년 대비 평균 5.2% 감축해야 한다. 현재 한국은 OECD국가이면서도 기후변화협약상 부속서 I국가로 분류되지 않아서 제1차 의무감축 이행기간(2008~2012년)에는 감축의무가 없다. 하지만 2008년 한국은 GNI가 세계 13인 G20 회원국이며, 에너지연소에 의한 온실가스 배출량이 세계 9위로 2013년 이후엔 교토의정서에서 선진국으로 분류될 가능성이 높다. 따라서 의무감축을 위한 국제적인 노력에 동참하지 않으면 안 되는 상황에 놓여 있다.

26) '아시안 프리미엄' 이란 한국·중국·일본을 포함한 아시아 국가들이 북미나 유럽 국가에 비해 중동원유(사우디아라비아가 주도) 수입 시, 더 많은 비용을 지불하고 있는 현상을 지칭하는 것으로, 배럴당 약 1달러의 아시안 프리미엄이 존재한다. Shoichi Itoh, "Prospects and Limits in Eastern Russia's Energy Potential: Implications for Northeast Asian Regional Cooperation," 2006 IUS International Conference, *Energy, Regional Security, and the Korean Peninsula: Toward a Northeast Asian Energy Forum* 발표논문, 서울대학교 호암교수회관, 2006년 11월 27~28일 p.82.

함에 따라 이들 국가들이 에너지 자원 확보를 위해 외교적 군사적 갈등을 겪을 수도 있다는 점에서 우려의 대상이 아닐 수 없다.[27]

이와 같은 에너지 위기 요인은 수급 불균형이나 급작스런 공급중단 사태 등으로 인한 기존의 물량위기 차원을 넘어 가격위기, 국가안보상의 총체적 위기 차원으로 확대되고 있다. 석유의 물량위기는 가격 급등을 동반하기 때문에 자연히 가격위기로 이어지게 되지만, 최근에는 물량위기를 동반하지 않는 가격위기 현상이 대두되고 있다.

가격위기 현상이 구조화되는 상황 속에서 필수 에너지의 안정된 공급원 확보를 위한 개별 국가 간의 경쟁이 심화될 경우 에너지 위기는 군사안보까지 포함한 국가의 총체적 위기 상황을 야기할 가능성까지 예고하고 있다. 이미 러시아 시베리아 유전, 이란 아자데간 유전개발, 카스피해 이권 확보 등을 둘러싸고 미국·중국·일본·유럽 등 세계 주요국 간의 자원확보 경쟁이 심화되고 있다. 냉전시대의 군사동맹이 허물어지는 과정에서 미국과 러시아의 접근 등 국제 에너지동맹의 재편이 가시화되고 있으며,[28] 미국 주도의 국제석유시장을 신뢰하지 않는 중국은 독자적인 에너지 확보에 나서고 있다.

---

27) Robert A. Manning, *The Asian Factors* (New York: Council for Foreign Relations, 2003), pp.55-71.

28) 러시아는 풍부한 에너지 자원을 보유(세계 원유매장량의 6.3%, 생산량의 12.1%, 천연가스 매장량의 26.6%, 생산량의 21.6%)하고 있으며, 세계에서 유일하게 중동 산유국들과 경쟁할 수 있는 위치에 있다. 미국은 러시아의 이러한 점들을 높이 평가함과 동시에 9·11 테러 이후 사우디아라비아와의 불편한 관계를 감안하여 2002년 러시아와 에너지동맹에 합의하였다. Gawadat Bahgat, "Russia's Oil Potential: Prospects and Implications," *OPEC Review,* Vol.23, No.2(June 2004), pp.133-147. 한편 러시아는 90%에 이르고 있는 자국 원유의 유럽시장 수출 의존도를 줄이고, 원유증산을 위한 기반시설 투자를 유치하기 위해 미국과의 협력이 필요한 실정이다. 이런 목적에 의해 양국은 2002년 에너지 정상회담을 개최하였으며, 이의 상징적인 표시로서 경제성 부족에도 불구하고 러시아산 원유를 미국에 수출하였다. David G. Victor and Nadejda M. Victor, "The Axis of Oil," *Foreign Affairs,* Vol.82, No.2(March/April 2003).

IV. 중국의 에너지 안보 전략

1. 중국의 에너지 수급 현황과 과제

중국은 1978년 12월 개최된 공산당 제11기 3중전회에서 '4대 근대화 정책'이 채택되면서 개혁·개방에 의한 시장경제화 정책을 실시한 이후 현재까지 연평균 10%를 상회하는 고도 경제성장을 지속해 왔다. 그러나 제조업 중심의 고속성장이 지속되는 과정에서 에너지 수요의 비약적인 증가를 초래한 결과 에너지 수급 문제가 향후 중국의 고도 경제성장을 제약할 주요 요인으로 부상하고 있다(〈표 5-6, 5-7〉 참조). 2002년 이후에는 에너지 소비가 더욱 빠른 속도로 증가하고 있어 중국의 에너지 문제가 국내 차원의 문제에 그치지 않고 동아시아 지역, 나아가 세계 차원의 중국발 에너지 위기가 초래될 가능성이 고조되고 있다.[29]

특히, 공업부문에 편중되어 있는 중국 에너지 소비의 특징을 고려하면 향후 교통·운수 부문을 중심으로 중국의 에너지 소비가 급증할 가능성이 높다. 2008년 현재 중국의 에너지 소비비율은 공업부문이 전체의 71%, 민생부문이 10%, 교통·운수부문이 8%로 산업부문에 에너지 소비가 편중되어 있는 상태이다. 이는 이제까지 에너지 소비에서 민생부문이 억제되어 왔음을 의미하는 것이기도 한데, 향후 국민생활 수준의 향상은 필연적으로 생활부문의 에너지 소비를 급증시키게 될 것이다.[30] 중국이 2008년 현재

---

29) 1980~2002년 동안 중국의 1차 에너지 소비는 연평균 4.17% 증가했으나, 2002년에는 연평균 에너지 소비 증가율이 9.6%, 2003년에는 13.2%, 2004년에는 15.9%, 2005년에는 9.5%, 2007년에는 7.2% 수준으로 증가하고 있다. British Petroleum(2009).

30) 특히 이제까지 중국 국민의 1인당 에너지 소비량은 빠르게 증가하고 있지만 국제적으로 매우 낮은 수준이다. 2008년 말 기준으로 일본의 5분의 2 이하, 한국의 3분의 1 이하, 미국의 5분의 1 이하의 수준이다. 국민 1인당 석유소비는 일본의 6분의 1 이하, 한국의 7분의 1 이하, 미국의 10분의 1 이하의 수준이다. British Petroleum(2009). 중국의 1인당 에너지 소비량과 각 국가의 1인당 석유소비량은 중국의 1차 에너지

〈표 5-6〉 중국의 1차 에너지 소비 구성(2008)

에너지원	석유	천연가스	석탄	원자력	수력	합계
물량 (백만TOE)	375.7	72.6	1,406.3	15.5	132.4	2,002.5
비율	18.8%	3.6%	70.2%	0.8%	6.6%	100%

출처: British Petroleum(2009)

〈표 5-7〉 중국의 에너지 소비와 생산 추이(1965~2008)

연도	1차에너지 소비(백만 TOE)	석유 소비(백만 톤)	석유 생산(백만 톤)
1965	182.4	11.0	11.3
1970	233.4	28.2	30.7
1975	337.4	68.3	77.1
1980	416.1	85.4	106.0
1985	532.9	89.8	124.9
1990	684.9	112.8	138.3
1995	916.4	160.2	149.0
2000	966.7	223.6	162.6
2005	1,554.0	327.3	180.8
2008	2,002.5	375.7	189.7

출처: British Petroleum(2009)

세계 전체 에너지 소비에서 차지하는 비중은 17.7%로 미국(20.4%)에 이어 세계 2위의 에너지 소비국의 위치를 유지하고 있다. 중국의 에너지 소비는

소비량과 각 국가의 석유소비량을 인구수로 나누어 계산하였다. World Bank, *World Development Indicators Database,* 1 July 2009.

20억 TOE를 넘어섰으며, 이는 개혁·개방에 착수한 1978년(4.1억 TOE)에 비해 약 5배의 수준이다.[31)]

반면 에너지의 국내 생산은 한계에 직면하기 시작했다. 중국은 급격한 수요의 증대와 국내 생산의 감소로 1993년 석유수출국에서 석유수입국으로 전환되었으며, 1997년 이후에는 1차 에너지 순수입국으로 전환되었다. 특히 석유생산은 기존의 유력 유전들이 노후해지고 새로운 유전 개발이 어려워 증산이 곤란한 상태이다. 2008년 말 현재 중국의 원유 확인매장량은 21억 톤(전 세계 매장량의 1.2%)이며 가채년수는 11.1년이다.

장기적으로 볼 때, 중국의 에너지 문제에 있어 최대 과제는 석유의 수요 공급 불균형이다. 중국은 1993년 석유 순수입국으로 전환한 이래, 2003년부터 미국에 이어 세계 2위의 석유 소비국으로 부상했다. 중국의 2008년 현재 석유소비량은 3억 7,570만 톤이며, 세계 석유 소비에서 차지하는 비중은 9.6%로 미국(22.5%)에 이어 두 번째이다. 중국은 2008년 1억 8,970만 톤(전 세계 4.8%)의 원유를 생산하고, 1억 6,320만 톤(전 세계 9.1%)의 원유를 수입하였다. 원유 수입량은 미국(5억 3,360만 톤), 일본(1억 9,990만 톤)에 이어 세계 3위이다. 문제는 석유소비의 증가 속도이다. 특히 중국의 석유소비 증가율은 2001~2005년 사이에는 11%의 증가율을 기록하여 세계 평균인 2.0%의 5배를 초과하고 있다.[32)]

향후 석유 수급 전망은 더 비관적으로 전망된다. 일본의 에너지경제연구소는 중국의 석유 수요를 2010년 3억 3,000만 톤, 2020년 4~5억 톤으로 전망하였다. 그런데 중국은 2005년에 이미 2010년의 예상소비량에 육박하는 3억 2,730만 톤의 석유를 소비하였으며, 2008년에는 3억 7,570만 톤을 기록하였다.[33)] 특히 2005~2008년 사이 중국의 석유수요가 연평균 1,600만

---

31) British Petroleum(2009).

32) 중국의 석유수요는 1993년에 300만 b/d대에 접어든 후 1997년에 400만 b/d대, 2002년에 500만 b/d대, 2004년에 600만 b/d대에 접어들었으며, 2005년에는 700만 b/d, 2008년에는 약 800만 b/d에 육박하며 꾸준한 증가세를 보이고 있다. British Petroleum(2009).

톤이 증가한 사실을 감안하면 2010년 석유수요량은 4억 톤에 이를 것으로 예측된다.

2. 중국의 에너지 정책 전개

중국 정부가 에너지 문제에 대해 그 심각성을 인식하기 시작한 시기는 1993년으로, 중국이 석유 순수입국으로 전환되면서부터이다. 그 이후 중국은 세계무역기구(WTO)에 가입(2001.11)하여 국제경제와의 연계를 강화하는 가운데, 에너지 부족이 중국의 경제발전을 제약하는 중대 장애요인이며 중국이 경제발전을 지속하기 위해서는 에너지 등 주요자원의 수급문제 해결이 필요하다는 인식을 강화하기 시작하였다.

중국의 에너지 정책은 중국정부가 발표한 일련의 중장기 에너지 정책을 분석함으로써 그 내용, 목적, 이행전략을 추론할 수 있을 것이다. 중국의 오늘날 에너지 정책은 1997년 리펑(李鵬) 전 총리가 발표한 '중국의 에너지 정책'에서 출발하여 2004년 11월 국무원에서 발표한 '2004~2020 정책'에서 그 완성도를 높였다.

1997년 리펑 전 총리는 『인민일보(人民日報)』에 게재한 '중국의 에너지 정책'에서 중국의 에너지 소비구조의 문제점을 지적함과 동시에 석탄소비 체질에서 천연가스, 석유, 수력 등을 포함하는 에너지 다양화 정책으로의 전환을 강조했다.[34] 이 정책은 향후 중국 에너지 문제 해결을 위한 정책의 방향성을 제시한 것으로 국내외 자원의 탐사, 개발, 생산에서 중국의 활동을 보다 적극적으로 확대시켜 나갈 것을 강조하였다. 또한 원유분야 개발

---

33) 일본에너지경제연구소, 『중국의 석유와 천연가스』(2004). 국제에너지기구도 2003년에 중국의 석유수요가 2010년에는 700만 b/d, 2020년에 940만 b/d, 2030년에는 1,200만 b/d로 증가할 것으로 전망했으나, 중국은 2008년의 소비량이 이미 799만 b/d에 이르렀다.

34) 『人民日報』, 1997년 5월 29일.

을 위해 중국이 두 개의 시장(국내와 해외)과 두 종류의 자원(석유와 천연가스)에 의존해야 할 것이라고 설명하면서 이에 대한 전략적 대응으로 이른바 '조우추취(走出去, 해외로)' 를 채택하였다.[35] 이어서 1998년 당시 주룽지(朱鎔基) 총리는 '해외로 전략' 을 중국 세계전략의 일부로 천명하면서 중국의 해외 석유자원 개발의 주요 목표로서 중앙아시아와 러시아, 중동과 북아프리카, 그리고 남미를 '전략적 3개 지역' 으로 설정하였다.[36] 이후 중국의 에너지에 대한 정책은 순수 경제적인 차원에서보다는 국가안보이익에 기초한 전략적인 차원에서 진행되었고, 이는 특히 21세기에 들어와 더욱 가시화되었다.

2001년에 승인된 「제10차 경제발전5개년계획(2001~2005년)」에서는 에너지 공급의 확보, 에너지 구조의 최적화, 에너지 효율의 개선, 환경보호, 서부지역 개발 등이 주요 과제로 지적된 바 있다. 특히 제10차 5개년계획에서는 석유공급 안보의 확립과 국내시장의 안정성 확보를 위한 전략석유 비축을 추진할 것이 공식적으로 결정되었다.[37]

원자바오(溫家寶) 총리는 2003년 5월 26일 개최된 「중국지속발전전략연구회의」에서 중국 경제의 지속적인 발전을 위한 에너지 문제의 심각성을 제기하면서, 주요 검토 항목으로 다음 7가지를 지적했다: 자원의 수급상황, 국내의 석유 및 천연가스 개발, 에너지 수입 및 해외자원개발에의 참여,

---

35) '해외로 전략' 의 의미는 다음과 같이 정리할 수 있다. 즉, 중국기업의 해외진출을 통해 중국 국내자원과 시장의 부족한 점을 보충하고; 중국의 기술, 설비, 상품의 수출을 통해 새로운 시굴을 도입하고 새로운 산업분야를 발전시키며; 대규모 중국 다국적 기업의 육성을 촉진시켜 반패권주의와 세계평화를 수호할 수 있는 국제적 역량을 증대시키는 것이다. 그러므로 중국 '해외로 전략' 의 기본 내용은 자원개발형 해외투자, 수출주도형 해외투자, 시장개척형 해외투자와 첨단기술연구발전형 해외투자 등으로 구성되어 있다. 주재우·류동원, "중국의 에너지안보 정책: 목적, 전략 및 정책," 한국세계지역학회 2006 추계학술회의 『협력과 갈등의 동북아 에너지 안보: 현황과 쟁점』 발표논문, 2006년 9월 19일, p.3.

36) Xu Yi-Chong, "China's Energy Security," *Australian Journal of International Affairs,* Vol.60, No.2(June 2006), p.274.

37) 『中國人民共和國國民經濟和社會發展第十個五年計劃綱要』(2001년 3월).

전략석유비축, 석유공업의 발전, 자원절약 및 대체에너지 개발, 관련 정책의 연구 강화이다. 이와 같은 장기적이고 상세한 에너지 전략의 검토는 중국정부로서는 최초의 시도라고 할 수 있다. 이의 결과물이 '에너지중장기발전계획강요(2004~2020)' 이다.

'2004~2020 계획' 은 에너지가 경제사회발전과 국민생활수준을 높이는데 가장 중요한 요소라는 중국 지도부의 공통된 인식에서 비롯되었다.[38] 중국 국무원 상무회의는 에너지 자원의 중장기 정책과 관련하여 다음과 같은 여덟 가지 정책방침을 제시하였다.

첫째, 에너지 절약정책을 전면적으로 실시할 수 있는 제도와 조치를 도입하여 에너지 자원의 효율적인 활용을 보장한다.

둘째, 에너지 자원의 구조를 전반적으로 조정하여 '전력을 중심으로, 석탄을 기반으로, 석유와 천연가스의 자원탐사와 개발을 강화하고, 신에너지를 적극적으로 도입한다.'

셋째, 합리적인 에너지 배분 발전을 위해 동부지역과 중서부지역, 도시와 농촌의 경제사회발전 수요를 고려하여 에너지 자원의 생산·운송 및 소비의 합리적인 배분을 위한 종합적인 검토를 통해 에너지와 교통이 협력적으로 발전할 수 있도록 추진한다.

넷째, 두 개의 시장(국내와 해외)과 두 종류의 자원(석유와 천연가스)을 충분히 활용하도록 국내 에너지 탐사·개발·생산에 주안점을 두는 동시에 해외 에너지 자원의 협력과 개발에 적극 참여토록 한다.

다섯째, 에너지 개발과 에너지 절약 양자 모두를 달성하기 위해서는 과학기술의 이론적 창출을 중시하고 광범위한 선진 기술과 설비가 요구되므로 과학기술의 발전과 창출을 위해 주력한다.

여섯째, 환경보호를 강화해야 하는 상황에서 자원의 생산오염과 환경의 수용력을 충분히 고려하여 에너지 생산과 소비가 환경에 미치는 악영향을

---

38) 중국 지도부의 에너지 안보에 대한 태도와 관심은 원자바오 총리가 "에너지를 중국 경제성장, 사회안정과 국가안보에 중요한 전략적 이슈"로 규정한데서 잘 나타나고 있다. "Energy Leading Group Set Up," *China Daily,* June 4, 2005.

감소시키는 데 노력한다.

일곱째, 에너지 안보의 중요성과 심각성을 의식하면서 에너지 수급의 다원화를 추진한다. 이를 위해 에너지 경보 대비체계를 만드는 것과 더불어 석유의 전략비축량을 조속히 제고하도록 노력한다.[39)]

여덟째, 에너지 발전을 보장할 수 있도록 에너지 자원정책과 에너지 개발정책을 완성시켜 에너지의 투입력을 확대시킬 수 있는 기반을 마련한다.

3. 에너지 외교: 해외 에너지 자원의 협력과 개발

중국은 해외 에너지 자원에 대한 의존도가 급속히 증대되자, 에너지 자원국과의 관계 개선 및 강화에 주력하고 있다.[40)] 미국 주도의 국제석유시장을 신뢰하지 않는 중국은 독자적인 에너지 확보에 나서 이른바 에너지 외교를 강화하고 있는데,[41)] 이 같은 외교적 전략은 1990년대 후반 중국 지도부의 에너지 자원 생산국과 수출국에 대한 적극적인 정상외교·다자외교에서 잘 나타나고 있다. 중국은 특히 아프리카, 중동, 중앙아시아 지역에서의 에너지 협력을 이끌어내기 위하여 국가의 노력을 집중하고 있다.[42)]

---

39) 이러한 중국의 석유비축 계획은 석유비축기지 건설을 통해 실현되고 있다. 중국은 국가 비축기지 건설을 3단계 사업으로 나누어 진행하고 있다. 1단계 비축기지 건설은 2009년 이미 완료되었으며, 총 4개의 기지에 1.03억 배럴의 석유를 비축하였고, 2단계 비축계획은 8개 기지로 현재 깐수성(甘肅省) 란조우(蘭州), 신장(新疆)의 두산쯔(獨山子) 등 2개 기지가 건설 중에 있다. 3단계 비축계획은 2단계와 비슷한 규모로 추진될 예정인 것으로 알려지고 있다.

40) 중국은 지속적이고 적극적인 에너지 무역 확대를 통해 국제 에너지를 이용하고 국제 에너지 시장과의 보완을 촉진할 것을 밝히고 있다. 新闻办公室, "中国的能源状况与政策," 『中国的能源状况白皮书』(2007.12.26).

41) 미국의 견제전략에 대응해 중국의 에너지 확보전략은 매우 적극적 태도를 보이고 있다. 특히 중국은 이란(중동), 카자흐스탄(중앙아시아), 수단(아프리카), 베네수엘라(남미), 미얀마(동남아) 등과 협력을 강화하고 있다. 실제 2005년부터 2009년 사이 중국이 해외에서 인수한 기업 4분의 1이 원유나 광물을 비롯한 자원과 관련된 기업이며, '해외자원개발 지원기금' 을 설치할 구상을 가지고 있는 것으로 알려지고 있다.

중국의 이들 국가에 대한 전략은 에너지 협력과 더불어 통상협력 증진, 군사협력 확대 등을 동시에 진전시켜 전반적인 '전략적 연대' 관계를 형성해 나가는 것이다.

1) 대아프리카 외교

중국의 에너지 외교 노력은 '중국-아프리카 협력 포럼(中非合作論壇)'을 통해 성과를 보기 시작했다. 동 포럼은 1999년 장쩌민(江澤民) 전 국가주석의 아프리카 순방의 결실로 발족되었다.[43] 중국과 아프리카 국가들의 외교, 무역, 국제협력, 경제, 사회 분야 장관들이 모두 함께하는 중-아프리카 협력 포럼 장관급회의가 2000년 10월 베이징에서 개최되었으며, 매 3년마다 중국과 아프리카를 순환하면서 개최하는 방식으로 운영되고 있다.

2003년 12월 에티오피아의 아디스아바바에서 개최된 제2차 포럼에는 원자바오 총리가 참석하여 다자협력을 더욱 강화하였다. 제3차 포럼은 2006년 11월에 베이징에서 개최되었으며, 아프리카 53개국 가운데 5개국을 제외한 48개국 정상과 장관들이 참여함으로써 중국과 아프리카대륙 관계의 새로운 외교의 장으로 발전하였다.[44] 또한 2009년 11월에 열린 제4차 포럼 장관급회의에서 원자바오 총리는 향후 3년간 아프리카 국가에 대한 100억 달러의 우대차관 제공, 아프리카 제품에 대한 관세(현행 15%)면제 등 8대 조치를 발표한 바 있다.[45]

---

42) 2008년 중국과 아프리카의 무역액은 1,068억 달러를 기록하였으며, 2010년 현재 중국의 아프리카 무역이 전체 교역에서 차지하는 비중은 4.1%에 달한다. 또한 2007년 중국 세관통계에 따르면, 중국에 대한 원유수출국 상위 5개국은 사우디아라비아, 앙골라, 이란, 러시아와 오만이다. 『2007年 海关统计年报』.

43) 장쩌민 주석의 1999년 아프리카 순방은 개혁·개방 이래 중국 최고 지도자의 아프리카 최초 방문이었다. 그 성과로 중국은 2000년 10월 '중국-아프리카 협력 포럼(FOCAC: Forum on China-Africa Cooperation)'을 창설해 3년마다 정상급 회의를 개최, 원조 규모 확대 및 채무 면제, 개발펀드 설치, 인력교육 및 의료지원 등 각종 지원책을 실시하고 있다.

44) '제3차 중국-아프리카 협력 포럼'에 참석하지 않은 말라위, 스와질랜드, 감비아, 부르키나 파소, 사웅토메프린시페 등 5개 국가는 대만과 외교관계를 맺고 있다.

중국은 2006년을 '아프리카의 해'로 정하고 중국 지도부가 아프리카 주요 국가들을 집중 방문한 바 있다.[46] 중국 지도부의 아프리카 방문의 가장 큰 목적은 에너지 확보를 위한 새로운 시장의 개척이다. 이와 같은 외교적 노력의 결과로 중국과 아프리카 국가 간의 교역은 급상승하였고, 아프리카 대륙의 원유 및 천연가스 생산국과 에너지 분야의 협력을 보장하는 일련의 계약을 체결할 수 있었다.[47]

중국은 2000년부터 2007년까지 아프리카 최대 석유 생산국인 나이지리아에서부터 앙골라, 이집트, 적도기니 등 원유 생산 상위 10국을 포함한 20개국과 유전탐사 및 개발 계약을 맺었다.[48] 국가별로 보면, 2006년 1월에는 나이지리아의 유전을 22억 달러를 투자해 매입했으며, 수단에는 1999년 이후 40억 달러 이상을 집중 투자해 왔고, 수단은 생산 원유의 2분의 1 이상(중국 원유수입의 약 5%)을 중국에 수출하고 있다.[49] 아프리카 남서부

45) 제4차 포럼에서 합의한 8대 조치는 다음과 같다. ① 중-아프리카 간 기후변화대응 동반자관계 수립(아프리카의 태양에너지, 메탄가스, 소규모 수력발전 등 100개 청정에너지 사업에 지원 결정), ② 과학기술협력 강화(100개 공동 과학기술연구 시범사업 실시, 아프리카의 박사학위 인력(100명)의 중국 내 연구 및 귀국 후 활동지원), ③ 대 아프리카 융자 확대(향후 3년간 100억 달러의 우대차관 제공), ④ 아프리카제품의 중국수출 확대(2010년 60% 제품의 면세조치 우선 실시), ⑤ 농업협력 강화, ⑥ 의료위생협력 심화, ⑦ 인적자원개발 및 교육협력확대, ⑧ 인적교류 확대 등이다.

46) 2006년 1월에는 리자오싱(李肇星) 외교부장이 나이지리아 등 6개국을 순방한 데 이어 4월에는 후진타오(胡錦濤) 국가주석이 모로코, 나이지리아, 케냐 3개국을, 6월에는 원자바오 총리가 7개국을 방문하였다.

47) 중국 지도부는 50%를 상회하는 원유의 중동 의존도를 점차 낮춘다는 목표 아래 적극적인 아프리카 자원외교를 펼치고 있다. 후진타오 주석은 2005년 총 30여 차례의 정상회담 중 절반 정도를 아프리카와 중앙아시아, 러시아, 중남미 등 자원대국에 할애했다. 또한 후진타오 주석은 2009년에도 2월 10일부터 17일까지 7일간 사우디아라비아, 말리, 세네갈, 탄자니아, 모리셔스 등 중동·아프리카 5개국을 순방하였으며, 이 기간 동안 사우디아라비아와 에너지 협정을 체결하는 등 '에너지 협력'에 높은 비중을 두었다.

48) 『동아일보』, 2007년 6월 16일.

49) 중국의 CNPC는 수단의 다르푸르(Darfur) 지역에서 홍해를 거쳐 중국으로 이어지는 송유관 공사인 「The Greater Nile Project」의 지분 40%를 보유하고 있으며, 이 공사가 완료되면 중국은 매일 33만 배럴의 석유를 공급받게 된다. 한편 미국과 중국의

에 위치한 앙골라는 사우디아라비아에 이어 제2의 석유 공급국의 지위를 차지하고 있다.[50] 그 밖에도 중국은 2010년 5월 13일 나이지리아 국영 석유회사와 총 230억 달러 상당의 석유협력에 합의하였다.

중국 상무부 무역통계에 따르면, 중국과 아프리카 무역액은 2000년 105억 9,700만 달러 수준이던 것이 2005년에는 397억 4,700만 달러에 이르러 5년 만에 약 4배로 늘었으며, 2008년에 이르러서는 2000년의 약 10배 수준인 1,000억 달러에 이른 것으로 집계됐다. 이로써 중국은 미국, 프랑스에 이어 아프리카 대륙에서의 3위 교역국으로 부상했다.[51] 아프리카를 '전통 안방' 이라고 여기는 미국과 유럽은 중국의 급부상을 크게 경계한다. 특히 아프리카에서 가장 많이 석유를 수입하는 미국의 경계심은 어느 국가보다도 클 수밖에 없다.[52]

대표적인 각축장은 수단 정부에 의해 인종학살이 자행된 다르푸르 지역이다. 반군 쪽을 지원하는 미국은 유엔결의안을 채택해 수단 정부의 인종학살을 막자고 주장하지만, 수단 정부와 원유 합작계약을 맺은 중국은 제재보다 지원이 더 효과적이라고 반박한다. 2004년 7월 30일 유엔 안보리의 '수단 정부가 다르푸르 학살을 자행하는 것으로 알려진 무장단체 잔자위드(Janjaweed)를 무장해제하지 않을 경우 외교·경제적 행동에 나선다' 는 내용의 결의안 채택과정에서 안보리 회원 15개국 가운데 중국과 파키스탄 2개국은 기권하였다.

50) 중국 해관통계에 따르면, 2009년 중국의 원유 도입량은 총 2억 4백만 톤이며, 이 중 사우디아라비아로부터 4,186만 톤, 앙골라로부터 3,217만 톤, 이란으로부터 2,315만 톤을 각각 도입하였다. 중국이 이들 3국가로부터 도입한 원유는 중국의 전체 해외 원유 도입량의 47.6%를 차지하고 있다. 中华人民共和国海关总署(www.customs.gov.cn 검색일: 2010.6.17).

51) 특히 미국과 유럽 국가들이 아프리카의 정치적 불안과 부정부패, 인권탄압 등의 이유로 투자를 주저하는 동안 중국은 석유 등 자원개발사업 외에도 인프라 구축, 무역 등 전 분야에서 교류를 확대하고 있다. 『동아일보』, 2006년 11월 2일.

52) 2008년을 기준으로 중국은 아프리카산 석유(4억 8,810만 톤)의 11.0%(5,390만 톤)를 수입했으며, 미국은 25.3%(1억 2,350만 톤), 유럽은 31.0%(1억 5,140만 톤)를 수입했다. 이들 세 국가(지역)의 아프리카산 석유 수입량은 자국의 전체 석유 수입량의 약 20% 정도의 비중을 차지하고 있다. 즉 중국(전체 수입량: 1억 6,320만 톤)은 22.2%, 미국(전체 수입량: 5억 3,360만 톤)의 19.4%, 유럽(전체 수입량: 6억 8,090만 톤)의 22.2%의 비중을 차지하고 있다. British Petroleum(2009).

2) 대중동 외교

중국은 1990년대 들어 중동 에너지 확보정책에 더욱 박차를 가하기 시작했다. 초기에는 오만, 예멘과 원유 수입 관계를 형성해 갔는데 이는 단지 중국의 정유시설이 이 국가들의 경질유에 적합했기 때문이었다. 그 다음으로 쿠웨이트와 아랍에미리트(UAE) 등으로 수입선을 확대해 갔다.

중국은 1990년대 후반에 접어들면서 중동의 에너지 강국인 사우디아라비아, 이란과의 에너지 관계 개선에 노력을 기울였다. 그러한 노력 결과 중국석화공사(Sinopec: China Petrochemical Corporation)는 2004년 10월 이란과 총 700억 달러에 달하는 원유·가스 25년 장기 공급에 대한 양해각서를 교환했으며, 2006년 정식으로 계약을 체결했다.[53] 이는 중국의 해외 에너지 협력에서 가장 중요한 성과이며, 두 국가의 전략적 연계성을 반영하는 조치라고 할 수 있다. 2005년 말 이미 중국의 이란에 대한 석유-천연가스 투자액은 '이란-리비아 제재법(ILSA: Iran-Libya Sanction Act of 1996)'의 상한선을 초과한 상태이다. 미국이 이란을 경제적으로 고립시키기 위해 시행된 이 법으로 인해 미국 기업들이 상당한 제약을 받고 있는 사이 그 공백을 중국이 파고든 것이다.[54]

2004년 이란은 궁극적으로 주된 소비국을 일본에서 중국으로 대체하겠다고 밝힌 바 있다. 중국은 이러한 성과를 발전시키기 위해 회담의 격에 비해 상대적으로 고위급 인사를 파견하는 등 많은 노력을 했다. 또한 테헤란의 지하철 시스템을 확대하는 데 도움을 주었고, 광역 주파수 네트워크 건설과 자동차·텔레비전 공장을 건설해 주었다. 중국의 이러한 적극성은

53) 이란의 중국에 대한 원유수출 비율은 매년 증가해 왔다. 그러나 2010년 들어 중국의 세 번째 원유 수입국이었던 이란은 사우디아라비아, 앙골라, 러시아에 이어 4위를 차지하고 있다. 이란의 중국에 대한 원유 수출량은 2010년 1~2월에 253만 톤으로 2009년과 비교해 37.2% 감소한 것으로 나타났다.

54) 이란 역시 미국이 '악의 축'으로 지목한 자국의 안전보장 강화를 위해 미국에 가장 강력한 견제력을 가진 중국과의 협력이 절실한 상황이다. 핵개발 문제로 국제적 압력에 직면하고 있는 이란에게 유엔 안보리와 IAEA 이사국으로 있는 중국의 지원은 매우 긴요하다.

이란으로 하여금 중국을 장기적인 에너지 전략 파트너로 인식하게 하였다. 결과적으로 중국석유천연가스유한공사(CNPC: China National Petroleum Corporation)는 이란에서 가장 큰 야다바란(Yadavaran) 유전의 지분 50%를 차지하여 주 운영자가 되었다.[55]

중국은 사우디아라비아의 원유 시장에서의 비중과 잠재매장량도 계속 주목하면서 에너지 협력을 추진해 나갔다. 그 결과, 장쩌민 주석은 1999년 사우디아라비아를 방문하여 '전략적 오일 파트너십'의 관계를 형성하기에 이르렀고, 2002년부터는 사우디아라비아가 중국 원유수입의 17%를 차지하는 최대 원유 공급국가가 되었다.

더 나아가 사우디아라비아 ARAMCO(아라비안-아메리칸석유, Arabian-American Oil Co.)는 중국에게 유전개발과 유전관리에 대한 선진 기술을 제공함으로써 중국의 에너지 안보분야에 큰 도움을 주었다. 이러한 기술을 미국으로부터 도입하는 것은 전략통제 품목이나 이중목적 통제 때문에 어려움이 많았다. 또한 2006년 1월 압둘 아지즈(Abdul Aziz) 사우디아라비아 국왕의 방문과 함께, ARAMCO는 중국 후난성(湖南省)의 석유화학단지 건설에 7억 5,000만 달러를 투자했다. 이 석유화학시설에서는 사우디아라비아의 원유 800만 톤이 가공될 계획이다.

중국은 사우디아라비아와의 수출과 투자를 지속적으로 확대시켜 2005년에는 양국의 무역이 전년 대비 59%가 증가한 140억 달러를 기록했다. 또한 중국은 사우디아라비아의 제2의 수입 국가이며, 사우디아라비아의 제 5위의 수출대상국이 되었다. 중국은 2010년 목표로 삼았던 양국 간 무역고 400억 달러를 이미 달성하였다. 2009년 1월에는 천더밍(陳德銘) 중국 상무부장의 사우디아라비아 방문 중, 중국과 사우디아라비아 양국은 2015년까지 쌍무 무역액을 600억 달러로 늘이는 데 합의했다고 밝힌 바 있다.[56]

---

55) 나머지 지분은 이란 30%, 인도가 20% 보유하고 있다. 김재두, "21세기 국제 질서와 에너지 안보," 한국세계지역학회 2006 추계학술회의『협력과 갈등의 동북아 에너지 안보: 현황과 쟁점』발표논문, 2006년 9월 19일, p.14, 20.

56)『中國證券報』, 2010년 1월 12일.

사우디아라비아는 1990년대 초 이후 가장 낮은 수준인 하루 850만 배럴의 원유를 생산하고 있다. 석유 가격 하락을 막기 위해 생산량의 4분의 1을 줄여야만 했다. 그러나 사우디아라비아가 원유 생산량을 더 이상 감축하지 않았던 것은 중국 때문이었다.

미국 에너지정보국(EIA: Energy Intelligence Agency)에 따르면 사우디아라비아가 2009년 미국에 수출한 원유는 하루 98만 9,000배럴로 22년 만에 최저 수준이다. 2008년 하루 150만 배럴에 비해 크게 감소했다. 반면 사우디아라비아가 중국에 수출한 원유는 하루 120만 배럴에 달했다. 이는 중국 전체 원유 수입량의 4분의 1을 차지하는 규모이다.[57] 2009년에는 중국이 미국을 제치고 사우디아라비아산 석유의 최대 수입국가가 됐다. 미국이 중국에 사우디아라비아 석유 수입국 1위 자리를 내준 것은 이번이 처음이다.

이처럼 사우디아라비아의 원유 최대 수출국이 미국에서 중국으로 바뀐 것은, 국제질서라는 커다란 틀로 볼 때 상당한 의미가 있다. 중국과 사우디아라비아 간에는 무역규모의 확대와 에너지 협력을 넘어 국방 분야에 대한 협력도 이루어지는 단계로 발전하고 있다. 중국의 중동 개입정책은 결과적으로 미국과 사우디아라비아 간의 동맹을 약화시키는 역할을 했다고 볼 수 있다. 중동에서 중국의 석유 확보 의지와 노력은 이 지역에서 미국이 영향력을 행사하는 데 중국을 경쟁자로서 경계 대상으로 떠오르게 하고 있으며, 이 문제를 신중하게 다루지 않을 경우 미국과 중국 간의 갈등이 조성될 가능성이 크다.[58]

---

57) U.S. EIA, *Annual Energy Outlook 2010.*

58) Flynt Leverett and Jeffrey Bader, "Managing China-U.S. Energy Competition in the Middle East," *The Washington Quarterly,* Vol.29, No.1(Winter 2005-2006), p.194. 매닝(Manning)은 아시아와 중동이 에너지를 매개로 결합하는 연합세력(Islamic-Confucian Coalition)으로 등장할 가능성을 제기하였다. 또한 중동과 아시아의 결합이 통상과 자본투자의 확대로 이어질 것으로 보았으며, 중국이 핵심 역할을 할 것으로 진단했다. Robert A. Manning, *The Asian Energy Focus*(New York: Palgrave, 2000), p.60.

3) 대중앙아시아 외교

과거 중앙아시아는 냉전으로 인해 유럽과 아시아 대륙의 경계선에 머물러 있었지만, 1990년대 중반 이후 이 지역은 미국의 세계전략과 중국의 국가전략이 경쟁하고 있는 각축장이자, 양국의 군사적, 경제적(에너지) 이익이 충돌하는 접점으로서 국제관계의 주요 무대로 다시 등장하였다. 특히, '제2의 중동' 으로 불리는 중앙아시아의 석유와 천연가스 매장량은 중국의 에너지 확보 측면에서 매우 높은 전략적 가치를 갖는다. 중동과 아프리카의 석유와 천연가스를 미국 등 서방국가가 선점하고 있는 상황에서 중앙아시아 국가들과의 관계 강화는 중국의 에너지 안보전략에서 매우 중요한 요소로 자리 매김할 수밖에 없기 때문이다.

중앙아시아 지역에 대한 중국의 외교적 공세는 1996년 러시아 및 카자흐스탄, 키르기스스탄, 타지키스탄 등 중앙아시아 3국과 상하이에서 정상회담을 가졌던 것을 계기로 이른바 '상하이 5국(Shanghai-Five)' 을 발족시키면서 시작되었다. 1998년부터 중국은 '상하이 5국' 을 모체로 정치와 경제, 법률 등 여러 분야에서 협력을 강화해왔으며, 2001년 6월 15일 상하이에서 개최된 제6차 '상하이 5국' 정상회의에서는 우즈베키스탄을 회원국으로 가입시켜 중국과 러시아 및 중앙아시아 4개국이 참여한 가운데 '상하이협력기구(SCO: Shanghai Cooperation Organization)' 를 결성하였다.[59)]

이 기구는 해마다 한 번씩 개최하는 정상회담을 필두로 정치, 경제, 무역, 과학기술, 문화, 교육, 에너지 등 다양한 협력체를 구성하고 있다. 중국은 SCO를 자국의 경제안보이익을 추구하는 데 매개체로 활용하면서 중국의 서부 경제개발 프로젝트와 연계시키고 있다. 서부지역이 러시아 및 중앙아시아와 인접하고 있어 중국은 SCO를 통해 이들 국가들과 경제관계를 강화하여 서부지역의 경제발전을 촉진하고자 한다. 특히 에너지 안보이익 차원에서 러시아 및 중앙아시아 국가들이 보유하고 있는 풍부한 천연가스와 석

---

59) Bates Gill, "Shanghai Five: An Attempt to Count U.S. Influence in Asia?" *Newsweek,* May 2001.

유자원에 대한 접근을 적극 추진하고 있다.[60)]

중국과 러시아는 각각 '러시아의 해(2006)', '중국의 해(2007)'를 설정하는 등 미국 견제를 위한 협력관계가 더욱 긴밀해지고 있다. 중국과 러시아는 2003년 9월 22일 베이징에서 열린 양국 부총리 간 회담에서 러시아 원유의 대중 수출협정에 조인했다. 이에 따라 2004년부터 2006년까지 연간 450~550만 톤, 향후 연간 1,500만 톤의 원유를 공급하기로 합의하였다.[61)]

한편 러시아는 2003년 동시베리아를 통과하는 송유관의 목적지를 중국

〈그림 5-1〉 동시베리아-태평양 송유관

출처: "'석유대국 러시아' 아태지역 수출 시동," 『한겨레신문』, 2009년 12월 30일

60) 상하이협력기구 6개국(중국 · 러시아 · 우즈베키스탄 · 카자흐스탄 · 키르기스스탄 · 타지키스탄)의 원유와 천연가스 매장량은 각기 전 세계의 8.8%, 25.7%를 차지하고 있다. British Petroleum(2009).

61) 러시아의 중국에 대한 장기적 석유 공급협력은 2005년 2월 러시아 국영 석유회사 로스네프트(Rosneft)가 중국과 장기적인 공급계약을 체결하고 2010년까지 3억 5,000만 배럴이 넘는 원유를 공급하기로 하면서 본격화되었다. 2008년 12월에는 중국과 러시아가 향후 20년간 중국에 3억 톤의 원유를 공급하는 최대 250억 달러 규모의 계약을 체결하였다. 『연합뉴스』, 2008년 10월 28일.

〈그림 5-2〉 카자흐스탄-중국 송유관

으로 결정했다. 중국라인은 시베리아 중심도시 이르쿠츠크(Irkutsk) 인근 타이셰트(Tayshet)-스코보로디노(Skovorodino)-중국 헤이룽장성(黑龍江省) 다칭(大慶)을 연결하는 송유관이다.[62] 러시아는 2009년 3월 국영 송유관 운영회사인 트랜스네프트(Transneft)의 시베리아에서 중국으로 연결하는 동시베리아·태평양송유관(ESPO: Eastern Siberia-Pacific Ocean oil pipeline) 건설계획을 승인했다. 이에 따라 시베리아 송유관을 통해 이르쿠츠크에서 헤이룽장 모허(漠河)를 거쳐 다칭에 이르는 송유관이 완공(2010.9)되어 2011년 1월 1일부터 향후 20년간 연간 1,500만 톤(약 80억 달러) 상당의 러시아산 원유가 중국에 공급될 예정이다.[63] 중국과 러시아 간의 에너지 분야 협력

62) 전체 공사비가 115억 달러에 이르는 '동시베리아·태평양 송유관' 건설 공사는 2단계로 나누어 추진된다. 1단계는 타이셰트-스코보로디노 구간(2,700km)으로 2009년 12월 완공되었으며, 2단계는 스코보로디노에서 수출터미널이 들어설 극동 나홋카(Nakhodka)항 인근 코즈미노(Kozmino) 구간(2,100km)으로 2012년 완공을 목표로 하고 있다. 러시아의 푸틴 대통령은 러시아 전체 석유와 천연가스 수출 중 현재 3%에 불과한 아시아 지역 수출 비중을 10~15년 뒤에는 30%까지 끌어올리겠다고 강조했다. 『중앙일보』, 2006년 11월 13일.

은 2008년 구성된 부총리급 중·러 에너지 대화협의체에 기초해 있다.[64]

한편 중앙아시아 국가들은 중국과 국경이 연결되어 있어, 송유관을 통한 안정적인 원유 수송이 가능하다는 점에서 더욱 매력적 대상으로 여겨지고 있다.[65] 미국 에너지 정보청의 평가에 따르면, 특히 카자흐스탄의 석유 확인 매장량은 396억 배럴로 세계 8위에 이르며, 자원의 보고인 카스피해 일대에는 사우디아라비아에 육박하는 2,400억 배럴의 원유가 매장돼 있는 것으로 추정된다.

중국은 2005년 8월 카자흐스탄의 석유회사 페트로카자흐스탄(Petro-Kazakhstan)을 41억 8,000만 달러에 인수했으며, 2006년 5월에는 카자흐스탄 중부지역 쿰콜(Kumkol)에서 송출한 석유가 962km의 송유관(카자흐스탄 아타수(Atassu)-중국 알라샨코우(Alashankou))을 통해 중국의 알라샨코우(두산쯔 인접도시)로 공급되었다.[66] 이는 미국이 세계의 바다를 사실상 장악하고 있는 상황에서 석유자원을 안정적으로 확보할 수 있게 되었음을 의미할 뿐만 아니라, 중앙아시아 역내 다른 국가들과의 송유관 합의를 이끌어낼 수 있는 단초를 확보하였다는 점에서 큰 의미를 갖는다.[67]

2005년 봄에 시작되어 1년여 만에 원유 송출이 시작된 중국과 카자흐스탄의 송유관은 연간 2천만 톤의 원유를 운송할 수 있게 설계됐으나, 운영 초기에는 연간 1천만 톤씩을, 추가 송유관 공사가 완공되는 2011년부터는

---

63) 『동아일보』, 2011년 1월 3일.

64) *Wall Street Journal,* July 4, 2005.

65) 중국은 러시아와는 4,300km, 카자흐스탄과는 1,700km, 키르기스스탄과는 1,100km, 타지키스탄과는 400km에 달하는 거리를 국경선으로 맞닿아 있다. 지재운, "중국의 중앙아시아 전략," 『중국학연구』 제31집(2005), p.272.

66) 『동아일보』, 2006년 7월 20일.

67) 중국은 카스피해 원유를 도입하기 위해 송유관을 적극 건설하고 있다. 3단계로 나누어 카스피해와 중국을 연결하는 3,000km 송유관 건설을 1990년대 말부터 추진했다. 2003년 3월 완공한 1단계 송유관은 카스피해의 아티라우(Atyrau)항에서 켄키야크(Kenkiyak)를 연결하는 연장 450km 송유관이며, 2단계는 아타수-알라샨코우 구간이다. 3단계 켄키야크-쿰콜 간 송유관은 착공 12년 만인 2009년 7월에 완공되었다. 이를 통해 카스피해 원유의 중국 서부 신장지역까지 육로 수송이 가능하게 되었다.

연간 2천만 톤을 운송하게 된다. 이러한 내용은 중앙아시아 에너지 시장에서 중국의 입김이 강화되는 징표라 할 수 있다.[68] 또한 중국은 아제르바이잔 정부에게 BTC 라인 운송 대안을 포기하고 BTC 라인의 역방향으로 원유를 운송할 것을 제안한 바 있다.[69] 즉, 아제르바이잔의 석유를 카자흐스탄으로 유조선이나 파이프라인을 통해 운송하겠다는 것이다.

한편 중국은 2009년 12월 중앙아시아 최대 천연가스 매장국인 투르크메니스탄과 중국을 연결하는 '중국-중앙아시아 천연가스관'을 개통하였다. 이 가스관은 투르크메니스탄 동부 사만데페(Samandepe)를 출발해 우즈베키스탄, 카자흐스탄을 거쳐 중국 서부 신장(新疆)·위구르 자치구까지 연결되는 총 연장 7천km로, 러시아로 나가는 가스관을 제외하면 중앙아시아에서 가장 큰 규모에 해당한다. 이러한 중앙아시아 상황은 중동지역과는 달리 미국과 가시적인 이익충돌이 발생하고 있다고 할 수 있다.[70]

---

68) William Engdahl, "China lays down gauntlet in energy war," *Asia Times*, December 19, 2005.

69) BTC 라인(The Baku-Tbilisi-Ceyhan pipeline)은 아제르바이잔의 바쿠(Baku)에서 시작해 그루지야의 트빌리시(Tbilisi), 터키의 세이한(Ceyhan)을 잇는 송유관으로 카스피해 바쿠유전에서 생산되는 석유를 러시아를 우회해 서방으로 실어 나를 수 있는 주요 통로이다. 러시아와 이란을 견제하기 위하여 미국의 주도하에 BTC 라인이 결정되었으며, 2005년 개통되었다.

70) 중국은 2005년 카자흐스탄 아스타나(Astana)에서 개최된 제5차 상하이협력기구 정상회담에서 러시아와 공조하여 중앙아시아 지역에 주둔하는 미군의 철군 일정을 공식 요구했고, 이에 따라 우즈베키스탄의 미군기지는 폐쇄되었다. 그러나 미국은 중앙아시아에서는 유일하게 키르기스스탄에 아프가니스탄의 미군 보급 역할을 담당하는 공군기지를 2001년부터 운영 중에 있다. 2009년 미국은 키르기스스탄과의 계약 갱신을 통해 2014년까지 공군기지의 사용 기간을 연장하기로 합의한 바 있어 미국의 키르기스스탄 공군기지 사용은 지속될 것이다. *Reuter*, April 12, 2010.

V. 맺는말

한국은 높은 에너지 해외의존도, 에너지 다소비형 산업구조, 대체에너지 부족 등 에너지 위기에 매우 취약한 구조를 가지고 있다. 특히, 높은 해외의존도는 한국의 에너지 안보에 있어 가장 큰 문제가 되고 있다. 한국은 2008년 현재 원유 수입 세계 5위, 천연가스 수입 세계 9위, 석탄 수입 세계 2위로서 세계 9위의 1차 에너지 소비국이며 세계 8위의 석유 소비국이다.[71] 한국의 에너지소비 증가율은 1981년에서 2006년까지 연평균 6.7% 정도로, 이는 OECD회원국 평균 소비증가율인 연 1.7%의 4배에 해당한다.

2009년 말 기준으로 한국의 원유 수입량은 하루 289만 배럴이며, 이 중 한국자본으로 생산하는 분량은 26만 배럴이다. 이는 2008년 기준으로 볼 때, 미국(,1347만 배럴), 유럽연합(861만 배럴), 일본(526만 배럴), 중국(439만 배럴)에 이어 가장 많았다. 천연가스 소비는 한국이 347억m^3로 세계 25위인 반면 수입은 362억m^3로 세계 9위였다. 이는 한국의 에너지 자원 수입의존도가 절대적임을 보여주고 있다.[72]

2008년 말 현재 한국의 에너지 해외의존도는 96.4%에 달하고 총수입 중 에너지 수입(912억 달러) 비중은 33.1%이다.[73] 총 에너지 소비 중 석유 의존도는 1981년 58.1%, 1990년 53.8%, 2000년 52.0%, 2005년 44.4%, 2009년 말 현재 40.3%로 점차 감소하고 있다. 그러나 여전히 석유에 대한 의존도가 매우 높아 해외로부터 안정적인 석유공급이 필수적인 상황이다.[74] 석유수입의 중동지역 의존도 역시 1980년 98.8%에서 1990년 73.7%

---

71) British Petroleum(2009); IEA, *Key World Energy Statistics 2009*(2009b).

72) U.S. CIA, *The World Factbook*(2010).

73) 한국의 에너지 해외의존도는 2차례의 석유위기 당시보다도 악화되어 1980년 73.5%에서 2005년 96.4%로 증가하였으며, 이후 2009년까지 96~97% 수준을 유지하고 있다.

74) 석유자주개발률(지분생산량/원유도입량)은 2005년 4.1%에서 2009년에는 9%로 증가하였으나 아직 갈 길이 멀다. 프랑스 역시 에너지 수입의존도가 97%에 달하지만 자주개발률이 51.5%에 달하며, 일본은 84%에 달하는 에너지 수입의존도에도 불구하고 19%의 자주개발률을 보이고 있다. 이에 따라 한국은 2016년까지 석유자주화비율

로 감소하였으나 2000년 76.8%, 2005년 81.8%로 다시 증가되고 있는 실정이다. 2008년의 경우, 총 수입량 8억 6,487만 2,000배럴(약 828억 7,011만 달러) 중 86.3%인 7억 4,645만 5,800배럴(714억 5,339만 달러 상당)을 중동지역으로부터 수입했다. 그 결과, 중동지역의 정치경제적 불안요인이 한국의 에너지 사정에 직결되고 있다.[75]

동북아 지역의 에너지 수급 상황이 악화되고 에너지 확보를 둘러싼 국가 간 경쟁이 심화되는 상황에서 한국의 전략적 과제는 다음과 같이 정리할 수 있다.

첫째, 세계 에너지질서 변화에 적극적으로 대응하는 전략이 요구된다. 에너지 공급지역의 정치적 상황 및 주도권 변화, 거대 에너지 소비국들의 에너지 확보경쟁 심화 등 에너지를 둘러싼 세계질서 변화에 주목해야 한다. 향후 에너지를 둘러싼 국제관계는 더욱 복잡한 방향으로 전개될 것이다. 미국과 사우디아라비아의 갈등, 중국과 이란의 협력 강화, 미국과 중국의 잠재적 긴장, 중국과 러시아의 에너지 및 군사적 협력 강화, 미국과 러시아의 에너지 부문 협력 강화 등 세계 에너지 전략 및 에너지 동맹 재편과정이 보다 명확해지고 있다. 이처럼 자원 확보를 둘러싼 세계 각국의 경쟁이 심화되는 상황에서 동북아 각국은 자국의 국익과 국가 간의 협력을 조화시키려는 보다 실질적인 방안을 창출해야 한다.

둘째, 동북아 지역에서 에너지 확보를 위한 역내 국가 간 경쟁이 갈등으로 확대되는 것을 미연에 방지하는 것이 필요하다. 역내 국가들의 에너지 자급도가 악화되고 있는 상황에서 에너지 확보를 위해 경쟁체제로 들어갈 경우 서로에게 불리한 결과만을 초래할 것이다. 에너지 확보를 위한 개별적 경쟁보다 다자간 협력이 동북아 에너지 안전보장에 크게 기여할 것이다. 자원 확보를 위한 경쟁 및 갈등관계를 협력관계로 발전시키기 위해서는 '동북아에너지기구(동북아시아판 IEA)' 같은 포괄적 협력체제의 확립이 필요하

을 20%까지 향상시키는 것을 목표로 하고 있다.

75) 에너지경제연구원, 『에너지통계연보』 각년도.

다. 이를 통해 역내에서는 한국, 일본, 중국 등 에너지 대소비국(전 세계 원유소비의 20.6%, 원유수입의 24.1%)과 에너지 공급국인 러시아의 수요공급 관계를 조정하는 한편 중동, 중앙아시아, 아프리카 등 역외의 주요 에너지 공급원으로부터의 에너지 수입에서도 역내 국가들의 협력으로 협상력을 강화시키는데 주력해야 할 것이다.

셋째, 에너지 확보 외교의 경제외교정책의 주류화가 필요하다. 에너지 자원의 해외의존도가 가장 높은 한국으로서는 에너지 확보를 위한 경제외교 강화에 국가적 최우선 순위를 부여하여 추진해야 할 것이다. 정부와 민간기업 간의 정보공유 및 협력 체제를 강화하고 한국의 외교적·경제적 수단을 총체적으로 동원하는 입체적 전략을 강구해야 할 것이다.[76] 또한 중국의 사례를 참고하여 석유 메이저 기업과의 경쟁력을 가질 수 있도록 탐사 개발·생산·경제성 분석을 독자적으로 수행 가능하며, 전 세계적 네트워크 등의 인프라를 갖춘 대형기업으로 육성하는 국가 차원의 정책적 접근이 요구된다.[77]

끝으로, 기후변화협약의 전개과정, 에너지 신기술 개발 동향 등 에너지에 구조적인 변화를 가져올 트렌드 변화에 주목하는 것이 필요하다. 2005년 2월 기후변화협약이 발효됨으로써 선진국들의 온실가스 감축이 기정사실화되었고 세계 각국은 친환경 에너지 정책으로의 전환이 불가피한 실정이

76) 일본은 해외 에너지 확보를 위해 자원 보유국에 대한 ODA의 전략적 활용과 경제파트너십협정(EPA: Economic Partnership Agreement) 체결 등 경제외교의 최우선 순위로 부여하고, 아프리카를 포함한 자원 개도국에 대한 외교망과 인력을 대폭 확충하고 있다. 한편 일본 외무성 내에는 석유공사 및 가스공사 직원이 파견되어 업무협조를 하고 있다.

77) 중국은 정부의 확고한 지원하에 중국석화공사(Sinopec), 중국석유천연가스유한공사(CNPC), 중국해양석유공사(CNOOC: China National Offshore Oil Corporation) 등 3대 국영석유회사를 중심으로 해외 유전개발 및 해외 석유회사의 지분 매입 및 인수를 적극적으로 추진하고 있다. 중국은 미국 석유메이저들이 진출하지 않은 지역을 중심으로 현재까지 17개국 30여 건의 해외유전을 매입하였고, 동 유전으로부터 연간 2,500만 톤(전체 도입량의 14.7%)의 석유를 들여오고 있다. 박석범, "세계 각국의 에너지 외교 현황," 『에너지 패권주의: 에너지 전쟁과 우리의 대책』 토론회 발표논문, 국회헌정기념관, 2006년 11월 15일, p.3.

다. 현재 한국은 OECD국가이면서도 기후변화협약상 부속서 I국가로 분류되지 않아서 제1차 의무감축 이행기간(2008~2012년)에는 감축의무가 없다. 2010년도 기준 한국은 GDP 세계 15위이며, 2005년도 기준 온실가스 총배출량은 5억 3,800만tCO_2(이산화탄소톤: 각종 온실가스를 이산화탄소 기준으로 환산한 톤단위)로 세계 16위이다. 그러나 에너지 부문 이산화탄소(CO_2) 배출량을 놓고 보면 4억 4,900만tCO_2로 세계 10위로 의무감축을 위한 국제적인 노력에 동참하지 않으면 안 되는 상황으로, 이에 대응하는 시급한 대책이 마련되어야 한다.

▮참고문헌

김재두. 2006a. “에너지 안보와 세계동맹의 재편.”『이슈와 대안』6월 13일.
_____. 2006b. “21세기 국제질서와 에너지 안보.”『협력과 갈등의 동북아 에너지 안보: 현황과 쟁점』9월 19일.
도현재. 2003.『21세기 에너지 안보의 재조명 및 강화방안』. 서울: 에너지경제연구원.
『동아일보』, 2006.7.20.
_____, 2006.11.2.
_____, 2007.6.16.
_____, 2011.1.3.
박석범. 2006. “세계 각국의 에너지 외교 현황.”『에너지 패권주의: 에너지 전쟁과 우리의 대책』. 토론회 발표논문. 11월 15일.
서진영. 2006.『21세기 중국 외교정책: ‘부강한 중국’과 한반도』. 서울: 폴리테이아.
에너지경제연구원.『에너지통계연보』각년도.
『연합뉴스』, 2008.10.28.
윤순진. 2005. “에너지 안보의 대안: 재생가능에너지.”『국제평화』제2권 제1호.
이준범. 2005. “에너지 안보에 대한 이론적 접근: 에너지 수급의 정치경제.”『국제평화』제2편 제1호.
일본에너지경제연구소. 2004.『중국의 석유와 천연가스』.
주재우·류동원. 2006. “중국의 에너지안보 정책: 목적, 전략 및 정책.” 한국세계지역학회 2006 추계학술회의.『협력과 갈등의 동북아 에너지 안보: 현황과 쟁점』발표논문. 9월 19일.
『중앙일보』, 2006.11.13.
_____, 2007.3.9.
_____, 2007.4.7.
지재운. 2005. “중국의 중앙아시아 전략.”『중국학 연구』제31집.

『한겨레신문』, 2009.12.30.

『2007年 海关统计年报』. 2007.
新闻办公室. “中国的能源状况与政策.”
『中国的能源状况白皮书』. 2007.12.26.
『人民日報』, 1997.5.29.
『中國人民共和國國民經濟和社會發展第十個五年計劃綱要』. 2001.3
『中國證券報』, 2010.1.12.
中华人民共和国海关总署 (www.customs.gov.cn 검색일: 2010.6.17).

Bahgat, Gawadat. 2004. “Russia’s Oil Potential: Prospects and Implications.” *OPEC Review* 23(2).
Bielecki, J. 2002. “Energy Security: Is the Wolf at the Door?” *The Quarterly Review of Economics and Finance* 42.
British Petroleum. 2006. *Statistical Review of World Energy.* June.
_____. 2009. *Statistical Review of World Energy.* June.
_____. 2010. *Statistical Review of World Energy.* June.
Bromley, Simon. 1991. *The American Hegemony and World Oil: the Industry, the State, and the World Economy.* College Station: Penn State University.
Campbell, Colin J. 1997. *The Coming Oil Crisis.* UK: Petroconsultants, in association with Multi-Science Publishing Co.
China Daily. 2005. “Energy Leading Group Set Up.” June 4.
Deffeyes, Kenneth S. 2001. *Hubbert’s Peak: The Impending World Oil Shortage.* Princeton: Princeton University Press.
Engdahl, William. 2005. “China lays down gauntlet in energy war.” *Asia Times,* December 19.
Financial Times, 2005. “On the Climb: a natural resources boom is unearthing both profits and perils.” April 11.
Gill, Bates. 2001. “Shanghai Five: An Attempt to Count U.S. Influence in Asia?” *Newsweek,* May
He, Yiming. 2006. “China’s Energy Security Strategy.” 한국국제정치학회 국제학술회의 *Energy Security and Energy Cooperation Regime in East Asia* 발표논문, November 3.
Holmes, Kim R., and Thomas G. Moore (eds.). 1996. *Restoring American Leadership: A U.S. Foreign and Defense Policy Blueprint.* Washington, D.C.: The Heritage Foundation.
IEA. 2003. *World Energy Investment Outlook 2003.*
_____. 2004. “Global Energy Trends.” *World Energy Outlook 2004.*

_____. 2005. *World Energy Outlook 2005.*
_____. 2006. *Key World Energy Statistics 2006.*
_____. 2009a. *World Energy Outlook 2009.*
_____. 2009b. *Key World Energy Statistics 2009.*
Itoh, Shoichi. 2006. "Prospects and Limits in Eastern Russia's Energy Potential: Implications for Northeast Asian Regional Cooperation." 2006 IUS International Conference, *Energy, Regional Security, and the Korean Peninsula: Toward a Northeast Asian Energy Forum* 발표논문. 서울대학교 호암교수회관. 11월 27~28일.
Jaffe, Amy Myers, and Steven W. Lewis. 2002. "Beijing's Oil Diplomacy." *Survival* 44(1), Spring.
Keohane, Robert O., and Joseph S. Nye. 1977. *Power and Interdependence: World Politics in Transition.* Boston: Little Brown and Co.
Kruger, R. B. 1975. *The United States and International Oil.* New York: Praeger Publisher, Inc.
Lei, Wu. 2003. "Oil: The Next Conflict in Sino-U.S. Relations?" *Middle East Economic Survey* 46(21), May.
Leverett, Flynt, and Jeffrey Bader. 2005-2006. "Managing China-U.S. Energy Competition in the Middle East." *The Washington Quarterly* 29(1), Winter.
Manning, Robert A. 2000. *The Asian Energy Focus.* New York: Palgrave.
_____. 2003. *The Asian Factors.* New York: Council for Foreign Relations.
Reuter, April 12, 2010.
Seznec, Jean-Francois. 2005. "Business as Usual: The Saudi-U.S. Relationship." *Harvard International Review* 26(4), Winter.
U.S. CIA. 2010. *The World Factbook.*
U.S. EIA. 2010. *Annual Energy Outlook 2010.*
Victor, David G., and Nadejda M. Victor. 2003. "The Axis of Oil." *Foreign Affairs* 82(2), March/April.
Wall Street Journal, July 4, 2005.
World Bank. 2006. *World Development Indicators Database.* 1 July.
_____. 2009. *World Development Indicators Database.* 1 July.
Xu Yi-Chong. 2006. "China's Energy Security." *Australian Journal of International Affairs* 60(2), June.
Yergin, Daniel. 1991. *The Prize.* New York: Simon and Schuster.

【부록 5-1】 원유가격(1861~2009)

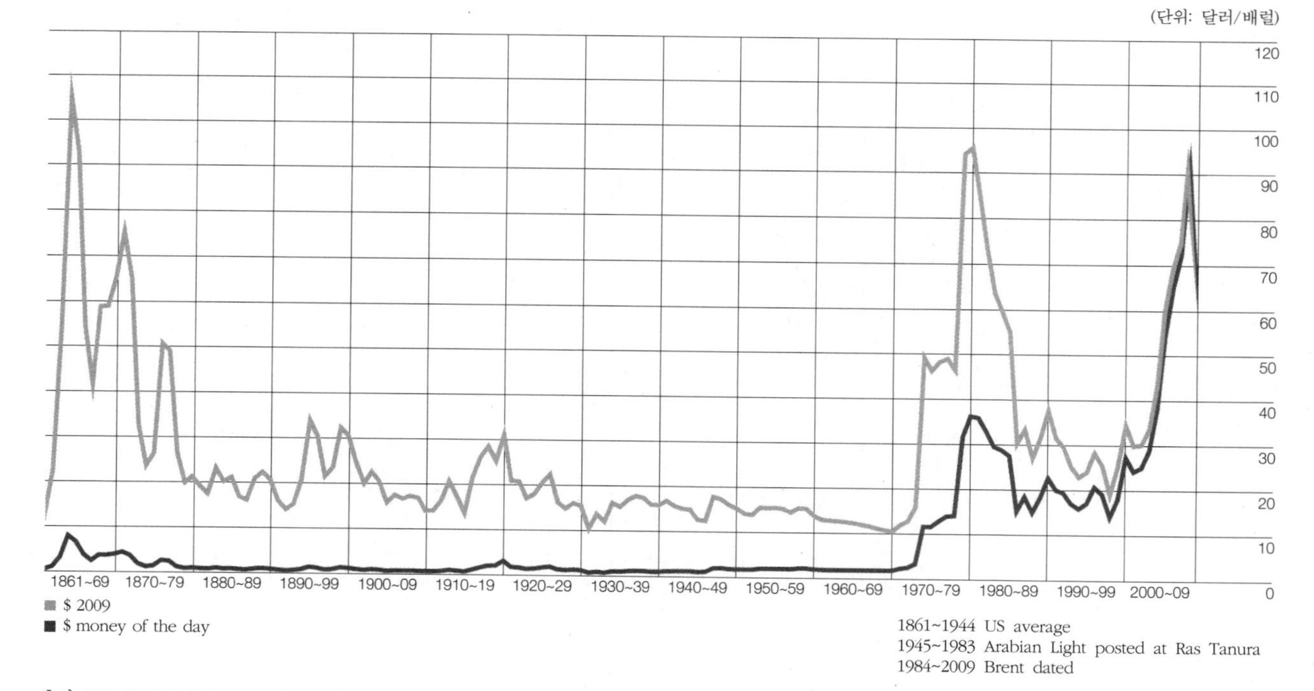

출처: BP, *Statistical Review of World Energy*, June 2010, p.16

【부록 5-2】 생산지별 원유가격(1972~2009)

(단위: 달러/배럴)

연도	Dubai	Brent	Nigerian Forcados	West Texas Intermediate
1972	1.90	-	-	-
1973	2.83	-	-	-
1974	10.41	-	-	-
1975	10.70	-	-	-
1976	11.63	12.80	12.87	12.23
1977	12.38	13.92	14.21	14.22
1978	13.03	14.02	13.65	14.55
1979	29.75	31.61	29.25	25.08
1980	35.69	36.83	36.98	37.96
1981	34.32	35.93	36.18	36.08
1982	31.80	32.97	33.29	33.65
1983	28.78	29.55	29.54	30.30
1984	28.06	28.78	28.14	29.39
1985	27.53	27.56	27.75	27.98
1986	13.10	14.43	14.46	15.10
1987	16.95	18.44	18.39	19.18
1988	13.27	14.92	15.00	15.97
1989	15.62	18.23	18.30	19.68
1990	20.45	23.73	23.85	24.50
1991	16.63	20.00	20.11	21.54
1992	17.17	19.32	19.61	20.57
1993	14.93	16.97	17.41	18.45
1994	14.74	15.82	16.25	17.21
1995	16.10	17.02	17.26	18.42
1996	18.52	20.67	21.16	22.16
1997	18.23	19.09	19.33	20.61
1998	12.21	12.72	12.62	14.39
1999	17.25	17.97	18.00	19.31

2000	26.20	28.50	28.42	30.37
2001	22.81	24.44	24.23	25.93
2002	23.74	25.02	25.04	26.16
2003	26.78	28.83	28.66	31.07
2004	33.64	38.27	38.13	41.49
2005	49.35	54.52	55.69	56.59
2006	61.50	65.14	67.07	66.02
2007	68.19	72.39	74.48	72.20
2008	94.34	97.26	101.43	100.06
2009	61.39	61.67	63.35	61.92

출처: BP, *Statistical Review of World Energy,* June 2010, p.16

제6장

탈냉전기 한국의 대북정책과 효과*

Ⅰ. 머리말

탈냉전기로의 이행이라는 세계사적 변화에도 불구하고 남북한은 여전히 불안정한 상호작용을 지속하고 있다. 그간 남북한은 빈번한 대화와 교류협력을 추진하였으며 크고 작은 성과를 달성하였고, 2000년에 성사된 남북정상회담 이후에는 높은 수준의 사회·경제 교류를 추진해온 결과 금강산관광이나 개성공단과 같은 가시적인 성과가 나타나기도 하였다. 그러나 대량살상무기로 인한 국제적 위기는 물론이고, 남북한 사이의 직접적인 갈등관계 역시 끊이지 않았다. 이러한 갈등은 북한의 빈번한 대남비방과 대화중단, 정전협정 위반과 소규모 전투, 잠수함 침투, 연평해전 등 다양한 양상으로 전개되었다.

* 이 글은 남궁영·김형기, "탈냉전기 이후 한국 정부의 대북전략: 이벤트 데이터 기법을 통한 정책효과 분석," 『세계지역연구논총』 제27집 제1호(2009)를 수정·보완한 것이다.

이 글의 목적은 이러한 탈냉전기 남북관계의 변화 양상과 추이를 측정하고 역대 한국 정부의 대북정책을 경험적으로 분석하는 데 있다. 이를 위해 다음의 세 가지 문제에 초점을 맞추고 있다.

첫째, 대북정책의 기반전략으로서 전략적 상호주의(TFT 전략)와 포괄적 상호주의(GRIT 전략)를 제시한 뒤, 그러한 전략이 탈냉전기 이후 한국의 역대 정부에 어떻게 적용되었는가를 살펴볼 것이다. 특정 정부의 정책변화는 여러 요인과 수준에서 도출될 수 있으며, 최고정책결정자의 교체 또는 변화, 해당 정책결정자의 입각과 퇴출, 새로운 정책의 발표 등이 해당된다. 한국의 경우 탈냉전기 이후 5명의 대통령이 집권하였으며, 각각 어느 정도 구별되는 전략과 정책을 추진하였다. 이에 따라 노태우 정부부터 노무현 정부까지 4명의 대통령이 집권기에 추진한 대북전략을 구별하고 이에 대한 경험적 분석을 시도할 것이다.

둘째, 각 정부의 전략이 실제 남북의 협력과 갈등에 어떤 영향을 주었는가를 파악하기 위하여 이벤트 데이터(event data) 기법을 사용하였다. 이벤트 데이터 기법은 국제정치연구에서 통상 이용되는 정량화 기법으로, 국가 또는 국가 하부단위의 양자관계(dyad)에서 벌어지는 상호관계를 분류하는 기법이다. 냉전기 미·소관계를 경험적으로 분석하기 위해 도입된 이벤트 데이터 기법은 탈냉전기에 더욱 발전하여 중동지역, 구소련공화국, 중부유럽의 분쟁분석에 주로 활용되고 있다. 한반도는 2차 대전 이후 가장 오래된 분쟁지역임에도 불구하고 이벤트 데이터를 이용한 경험적 분쟁·협력관계의 분석은 매우 희소한 상황이며, 이는 데이터베이스의 구축이 이루어지지 않은 데 기인한다. 여기서는 기존 분쟁연구에서 구축된 분류척도에 의거하여 탈냉전기(1990년~2008년) 남북의 갈등·협력관계를 분류하고 각각의 상호관계 수준에 따라 가중치를 부여한 데이터베이스를 구축하여 정량분석에 이용하였다.

셋째, 협력과 갈등으로 분류된 각 정부의 대북정책에 대해 북한이 어떻게 대응하였는가를 평가하기 위해 골드스타인 척도(Goldstein scale)를 이용한 점수를 부여하였다.[1] 부여된 점수는 각 정부별로 합산되어 평균분석과 분산분석을 이용하여 그 영향력을 평가하였다. 또한 북한의 갈등행위가 미국과의 관계와 불가분의 관계에 있음을 염두에 두고, 보조적으로 미국의 각 행정부 변화와 북한의 대미관계를 비교하였다. 끝으로 탈냉전기 전반에 걸쳐 지속적으로 제기되어 온 문제인 한·미·일 3국의 대북정책 공조를 경험적으로 평가하였다.

II. 탈냉전기 한국 정부의 대북정책과 기반전략

1. 전략적 상호주의와 포괄적 상호주의

상호주의(reciprocity) 전략은 이익이 충돌하는 두 개의 행위자 사이에서 "합의를 통한 정책조정으로 공동이익을 실현"하기 위한 전략이다.[2] 상호주의 전략은 국가 간 협력의 도출, 전략·재래식 무기 감축 등에 통상 이용되는 전략으로 역대 한국 정부 역시 (명시하지 않더라도) 예외 없이 적용했던 대북정책의 전략이었다. 상호주의는 무정부 상태에서의 국가가 어떻게 협력할 수 있는가에 대한 탐구에서 출발되었으며, 로버트 액셀로드(Robert Axelrod)와 로버트 코헤인(Robert Keohane)의 선구적 분석 이후 국가 간의 협력을 평가하고 국가의 협력전략을 선택하는 중요한 기준이 되어왔다.[3]

상호주의는 지속적인 상호관계에 있어 쌍방이 과거의 행동에 따라 공정

1) Joshua Goldstein, "A Conflict-Cooperation Scale for WEIS Events Data," *Journal of Conflict Resolution,* Vol.36(1992), pp.369-385.

2) Robert Keohane, *After Hegemony: Cooperation and Discord in the World Political Economy* (Princeton: Princeton University Press, 1984), p.51.

3) Robert Axelrod, *The Evolution of Cooperation* (New York: Basic Books, 1984); Robert Keohane, "Reciprocity in International Relations," *International Organization,* Vol.40, No.1(1986), pp.1-27 참조.

한 또는 동등한 방식으로 교환하는 관계를 말한다. 상호주의의 핵심적 요소는 행위의 연계성(contingency)과 질적·양적 등가성(equivalence)이다.[4] 연계성이란 일방의 행위에 대한 타방의 행위가 서로 연계되어 있다고 여겨질 만한 시간적 근접성을 의미한다. 등가성은 반응의 성질과 관련된 질적 등가성과 받은 만큼 돌려준다는 양적 등가성이 존재하는 경우이다. 이러한 연계성과 등가성이 존재할 경우 상호주의가 적용되었다고 할 수 있다.

그런데 하나의 행위에 대한 반응이 얼마만큼의 시간적 격차를 가져야 하는가, 그리고 반응의 질적·양적 크기는 어느 정도가 되어야 하는가라는 문제가 제기될 수 있다. 이에 대해 학자들은 크게 두 가지의 유형으로 분류하고 있다. 즉, 비교적 짧은 반응시간과 비슷한 크기의 반응을 반복하는 경우와 상대적으로 긴 반응시간과 불균형적인 반응의 크기를 허용하는 경우이다. 이에 대해 학자들은 '구체적(specific) 상호주의'와 '포괄적(diffuse) 상호주의', '능동적 상호주의'와 '수동적 상호주의', '제한적 상호주의'와 '개방적 상호주의' 등으로 분류하고 있다.[5]

상호주의의 이러한 두 가지 범주는 게임이론에 적용되어 두 가지 전략으로 이어진다. 구체적(전략적) 상호주의 전략으로 제시된 TFT(tit-for-tat) 전략과 확산적(포괄적) 상호주의 전략으로서 GRIT(graduated reciprocation in tension-reduction) 전략이다.

통상적으로 상호주의와 동의어로 평가되는 TFT 전략은 소위, '선(善)에는 선으로, 악(惡)에는 악으로' 대응하는 방식이다. 액셀로드는 '수인의 딜레마(Prisoner's dilemma) 게임'에 대한 컴퓨터 시뮬레이션을 통해 TFT 전략이 가장 이익을 극대화시킨다고 주장했다.[6] 이 전략에 따르면, 상대방과의 협력을 위해 최초에는 상대방에게 호의적인 행동을 취하고 그 다음 단계부터는 상대방의 호의에는 호의로, 악의에는 악의로 대응하는 전략이다. 액

4) Robert Keohane(1984); Robert Keohane(1986) 참조.

5) Robert Keohane(1986); Akiko Yanai, "Reciprocity in Trade Liberalization," *IDE APEC Study Center Working Paper Series* 00/01-no.2(2001).

6) Robert Axelrod(1984).

셸로드는 TFT 전략의 조건으로 다음의 세 가지를 들고 있다.

첫째, 양측은 반드시 협조를 통해서만 획득될 수 있는 이익을 공유해야 한다.

둘째, 협상 당사자는 예측 가능한 미래에 상대방과 상호작용을 지속할 것이라고 믿어야 한다. 즉, TFT 게임은 단발로 종료되는 것이 아니라 상당 기간 반복되므로 행위자는 앞으로도 상호작용이 계속될 것이라는 '미래의 음영(shadow of the future)' 속에 살고 있다는 전제이다.

셋째, TFT 전략의 성패는 '비협조에 대한 처벌과 협조에 대한 보상' 여부에 따라 좌우된다. 이 과정에서 협조의 동기를 유발하게 되며, 선의에 입각한 상대방의 양보에 편승하여 자신의 이득을 일방적으로 극대화시키려는 '악용(exploitation)의 시도' 를 좌절시키는 학습이 이뤄져야 한다.[7)]

TFT 전략의 단점은 첫째, 행위자들이 장기적으로 적대적인 관계에 있을 경우 최초의 우호적 행위가 받아들여지지 않을 수 있으며 둘째, 추구해야 할 공동이익이 존재한다고 믿지 않을 경우 즉, 제로섬게임(zero-sum game)의 상황에서 적용되기 어렵다는 것이다. 또한 악의에 대해 악의로 반응하는 상호관계가 무한히 반복되면서 협력보다는 긴장이 더욱 증가하게 될 수 있다.

GRIT 전략은 심리학자인 찰스 오스굿(Charles Osgood)이 제시한 전략으로 포괄적 상호주의의 이행수단으로 채택된다.[8)] GRIT 전략은 쌍방이 서로 제로섬게임으로 인식하고 갈등의 반복이 증폭될 경우 TFT 전략의 대안이 되기도 한다. 불신과 긴장 고조라는 악순환에서 벗어나 상호신뢰를 구축하

---

7) Joseph Nye, "Nuclear Learning," *International Organization,* Vol.41, No.3(1987), pp.378-379; Philip Tetlock, "Learning in U.S. and Soviet Foreign Policy: In Search of an Elusive Concept," in George Bresluer and Philip E. Tetlock (eds.), *Learning in U.S. and Soviet Foreign Policy* (Boulder: Westview, 1990); 송승종, "유럽에서의 재래식 군비통제에 관한 연구: 협상전략을 중심으로,"『한국정치학회보』제31집 1호(1997), p.255.

8) Charles Osgood, *An Alternative to War or Surrender?* (Urbana: University of Illinois Press, 1962).

기 위해서는 상당한 기간 동안 우호적인 조치를 취할 필요가 있으며, 여기에는 돌파구를 마련하기 위한 일방적이고 전향적인 양보가 포함된다.

GRIT 전략의 핵심은 일방적으로 상대방에게 협력적이거나 우호적인 조치를 반복적으로 취하되 그에 상응하는 이쪽의 의도와 요구사항을 상대방에게 분명하게 전달하는 것이다. GRIT 전략은 일방적인 선의를 통해 긴장을 완화시킴으로써 신뢰를 구축하는 것이 목적이므로, 극단적인 경우 상대방이 상호주의 정신에 입각하여 상응하는 양보조치를 곧바로 취하지 않더라도 지속하는 것이 중요하다고 본다.[9]

GRIT 전략의 핵심요소는 다음과 같이 요약될 수 있다.[10]

첫째, 전략의 일환으로 구사되는 일방적인 행위는 긴장을 완화시키기 위한 의도적 정책으로서 실행하기 이전 적당한 시점에 공개적으로 발표하며, 이때 어떤 형태로든 상호대응을 촉구하는 조항을 포함한다.

둘째, 기존에 발표된 일방적 행위는 대응에 대한 상대방의 언질에 상관없이 예정대로 수행하며, 이러한 행위는 상대의 즉각적인 대응행위를 초래하지 못하더라도 일정 기간 이상 점진적으로 꾸준히 지속돼야 한다.

셋째, 가능하면 일방적인 행위는 비타협적 혹은 부정적 제재의 형태이기보다는 공개적으로 선의에 기초하여 수행된다는 점을 분명히 하고, 차후에 최대한 확인이 가능하도록 명확히 해야 한다.

넷째, 상대방이 이쪽의 선의를 악용하거나 적대적인 반응을 보일 경우 즉각적으로 이에 대응하여 이전 상황으로 회귀할 수 있어야 하며, 이를 위해서 자신을 보호할 수 있는 능력을 제한할 정도로 지나친 조치는 취하지 않아야 한다.

다섯째, 상대방이 긍정적인 반응을 보일 경우 보다 강도 높은 협력조치를 통해서 상대방의 행동에 대한 보상을 하는 방식으로, 상호대응 정도에

---

9) 송승종(1997), p.256.

10) 임강택, 『새로운 남북협력모델의 모색: 지속적으로 발전가능한 협력모델』(서울: 통일연구원, 2002), pp.26-27.

따라서 단계적으로 이루어져야 한다.

그러나 GRIT 전략은 지속적이고 일방적인 양보로 인해 상대방이 이득만을 챙길 수 있다는 단점이 있다. 일정한 기간이 지속되어도 상대방의 호의와 양보가 없거나, 비정치적 차원의 협력이 정치적 차원의 협력으로 유도되지 않을 경우 당사자(또는 국가)는 실효성 없는 비용만을 지불한 셈이 된다. 따라서 일정 정도의 기간 설정을 통해 신뢰구축을 달성한 뒤 TFT 전략으로 전환하는 것이 필요하다.

2. 역대 한국 정부의 대북전략: GRIT 전략의 선택적 운용

탈냉전기 이후 역대 한국 정부의 대북전략은 기본적으로 포괄적 상호주의 또는 GRIT 전략을 제한적 또는 집중적으로 추진해 왔다고 요약할 수 있다. 1988년 2월 취임한 노태우 대통령은 같은 해 7월 7일 「민족자존과 통일번영을 위한 특별선언」을 통해 북방정책을 추진했으며, 남북협력기금을 조성하고 경제협력을 시작했다. 냉전의 해체와 한국의 우호적 정책은 1991년 5월 북한의 유엔가입결정과 12월 남북기본합의서 및 한반도 비핵화 공동선언을 이끌어 냈다. 이러한 일방적 선언과 그에 이은 지속적인 인센티브의 제시는 전형적인 GRIT 전략의 형태로 볼 수 있다.

제1차 북핵 위기 등으로 남북관계가 경색되기 시작한 국면에서 취임한 김영삼 대통령은 GRIT 전략과 TFT 전략을 일관성이 없게 운용하였다. 김영삼 정부는 실질적인 남북대화의 진전 없이 대화와 핵문제의 해결을 촉구하면서, 다른 한편으로 미국과의 긴밀한 군사협력을 추진하였다. 이에 북한 역시 군사훈련을 강화하고 성명전을 지속하면서 양국의 위기는 더욱 심화되었다. 1994년에 들어서면서 북한의 '서울 불바다 발언(1994.3)'은 남북대결의 분위기를 고조시켰고, 북미 제네바합의(1994.8)의 발표 이후에도 '한국형' 경수로 공급에 미온적인 태도를 보였다. 한편 김영삼 정부 시기 단기적으로 GRIT 전략이 채용되기도 했다. 1993년 비전향 장기수였던 이인모를 아무 조건없이 북송하고 1995년 15만 톤의 쌀을 무상으로 지원한 것이 이에 해당한다고 볼 수 있다. 그러나 일회적 시도에 그쳤으며, 이후 잠수함 사건(1996), 군사분계선 포격전(1997) 등의 저(低)강도 갈등이 지속되었다.

1998년 취임한 김대중 대통령의 햇볕정책은 전형적인 GRIT 전략이라고 볼 수 있다. 강인덕 통일부장관은 대북정책의 '비등가성, 비동시성, 비대칭성'을 강조하고, 임동원 외교안보수석은 '선공후득'을 포함한 16자 성어로 대북정책을 설명했는데, 이는 GRIT 전략의 내용과 일치한다.[11]

취임 초부터 김대중 대통령은 북한 잠수정 사건(1998.6), 미사일실험(1998.8), 연평해전(1999.11)에도 불구하고 북한에 대한 협력적 태도를 지속시켰으며, 그러한 전략은 2000년 3월 베를린선언으로 이어진다. 2000년 남북정상회담 이후 남북한의 협력은 인도적 차원과 경제협력 분야에서 높은 수준의 협력을 이끌어 냈다. 양측의 당국 간 회담도 빈번히 중단되던 과거와는 달리 대체로 지속되었다. 그러나 2002년 제2차 북핵 위기가 시작되고 제2차 연평해전이 발생함으로써 비정치 분야의 화해협력이 정치·군사적인 분야까지 전환되지는 못했음을 보여주었다.

노무현 정부 역시 김대중 정부의 대북전략을 공유했다. 이전 정부의 계획은 점차 확대되어 경의·동해선 연결, 개성공단 개발, 금강산 육로관광, 문화교류 등이 활발하게 전개되었다. 그러나 제2차 북핵 위기는 여전히 진전 중에 있었으며, 단거리 미사일 실험발사, 서해 북방한계선(NLL: Northern Limit Line) 침범, 휴전협정 위반 등 저강도 군사행동도 종식되지 않았다. 노무현 정부의 GRIT 전략은 2006년 7월 장거리 미사일 실험발사와 10월 제1차 핵실험을 전후로 해 비로소 중단되는 듯 했으나, 2007년 다시 재개

11) 당시 임동원 수석이 제시한 16자 해법은 다음과 같다. ① 선이후난(先易後難), 쉬운 것부터 먼저하고 어려운 것은 나중에 한다; ② 선경후정(先經後政), 경제부터 접근하고 정치문제는 나중에 푼다; ③ 선민후관(先民後官), 민간이 먼저 접촉하고 정부는 나중에 한다 ④ 선공후득(先供後得), 먼저 주고 나중에 받는다. 『조선일보』, 1999년 3월 12일, 김태현, "상호주의와 국제협력: 한반도 핵문제의 경우," 『국가전략』 제8권 3호(2002), pp.28-29에서 재인용.

되었다. 남북정상은 7년 만에 10·4 남북공동선언을 채택하고 대규모 경협 지원을 약속했다.

긍정적인 측면에서 김대중·노무현 정부의 대북정책은 북한을 대화의 장으로 유도하여 반목과 갈등이라는 대결의 장에서 화해와 협력의 분위기로 이끌었다는 평가를 할 수 있다. 그러나 대북정책을 우선적인 국내 정치적 이슈로 부각시키고, 일방적인 대북지원을 지속함으로써 '퍼주기 논쟁'을 야기시켰다. 10년간 90억 달러라는 막대한 규모의 대북지원에도 불구하고 의미 있는 북한의 변화를 도출하지 못했다는 평가도 있었다.[12)]

III. 역대 한국 정부의 남북관계에 대한 효과: 이벤트 데이터 기법을 이용한 경험분석

1. 방법론

역대 한국 정부의 북한에 대한 포괄적 상호주의와 전략적 상호주의의 운용을 보다 객관적으로 살펴보기 위해 경험적 자료를 이용한 통계분석을 시행할 것이다. 분석에 사용될 자료는 이벤트 데이터 기법으로 생성된 정량자료이다. 이벤트 데이터 기법이란 기존의 미디어로부터 양자관계(dyad)를 도출한 뒤 이를 〈날짜〉, 〈행위자〉, 〈피행위자〉, 〈행위유형〉으로 정렬·대조하는 방법으로, 개인·집단·국가 간의 변화하는 상호작용을 실시간으로 관측하여 매일, 매월, 매년의 단위로 정량화할 수 있는 기법이다. 코스피(KOSPI) 지수가 한국의 주식현황, 심지어 국가경제의 등락을 대변하듯이, 잘 짜인 이벤트 데이터 베이스는 국가수준 행위자 간의 협력·갈등의 변화 양상과 심

---

12) 남·북 갈등의 자세한 내용은 제4장의 〈부록 4-2〉 참조.

도를 추적할 수 있도록 하며 조기경보체제의 필수적 요소로 간주되고 있다.

냉전기에 개발된 이벤트 데이터는 경험적 국제정치 분석에서 가장 빈번하게 이용되는 자료이다.[13] 찰스 맥클랜드(Charles McClelland)[14]의 WEIS와 에드워드 아자르(Edward E. Azar)의 COPDAB으로 시작된 기법은 지속적으로 발전하여 현재 탈냉전기 현상을 포괄하면서 컴퓨터 자동화기술을 도입한 캔자스대학의 CAMEO[15]와 하버드대학에서 시작한 IDEA라는 양대 프레임워크가 개발된 상태이다. IDEA는 상용서비스 중이며,[16] CAMEO는 자동화기법을 공개해 놓고 있어 본 연구에는 CAMEO 프레임워크[17]를 이용하였다.

연구에 이용될 이벤트 데이터는 탈냉전기(1990~2007) 남한과 북한의 갈등·협력관계이며, 추가적으로 미국과 북한 간의 갈등·협력관계를 포함하였다. 추출 미디어는 AP통신(Associated Press)을 중심으로 하고, 통일부에서 발행하는『남북대화』의 '남북대화일지'를 대조 미디어로 이용하였다. 연구기간 중 한국의 대통령은 노태우(1990.1~1992.12), 김영삼(1993.1~1998.1), 김대중(1998.2~2003.1), 노무현(2003.2~2008.1)이며, 각 정부의 대북정책과 북한의 반응은 국가표준화기구(ISO)가 정한 국가코드[18]를 이용하여 변수명을 부여하였다. 수집된 자료는 협력과 갈등을 기준으로 1개월 단위로

13) 그러나 이벤트 데이터 기법을 이용한 국내연구는 매우 희소하며, 배진수(1995), 박종철(1997), Woosang Kim(1991, 2002) 등이 있다.

14) Charles McClelland, *World Event/Interaction Survey (WEIS) Codebook* (ICPSR 5211), (Ann Arbor: Inter-University Consortium for Political and Social Research, 1976).

15) CAMEO(http://web.ku.edu/keds).

16) IDEA(http://vranet.com).

17) CAMEO 코드의 상위분류는 언급, 협의, 승인, 협력, 요청·제안, 동의, 원조제공, 양보, 조사, 요구, 불승인, 거절, 위협, 시민직접행동, 군사태세, 관계감소, 구조적 폭력의 사용, 비재래식 폭력의 사용, 재래식 무력의 사용, 대규모 비재래식 무력사용의 20가지이며, 물질적·비물질적, 협력·갈등으로 대별할 수 있다.

18) 각국의 코드는 다음의 홈페이지에서 확인할 수 있다(http://unstats.un.org/unsd/methods/m49/m49alpha.htm).

〈표 6-1〉 남북한 및 북·미관계 변수명

변수명	내용	변수명	내용
rokdrkpos	남한 → 북한 협력관계	drkrokpos	북한 → 남한 협력관계
rokdrkneg	남한 → 북한 갈등관계	drkrokneg	북한 → 남한 갈등관계
rokdrk	남한 → 북한 협력·갈등관계	drkrok	북한 → 남한 협력·갈등관계
usadrkpos	미국 → 북한 협력관계	drkusapos	북한 → 미국 협력관계
usadrkneg	미국 → 북한 갈등관계	drkusaneg	북한 → 미국 갈등관계
usadrk	미국 → 북한 협력·갈등관계	drkusa	북한 → 미국 협력·갈등관계

합산하였으며, 합산 시 통상적인 정량화 방법인 골드스타인 척도를 이용하였다.[19)]

골드스타인 척도는 갈등·협력으로 분류된 이벤트 데이터를 -10~10의 범위로 정량화한 것으로, 거의 모든 이벤트 데이터 기반 연구의 정량화 수단으로 채택되고 있다. 상호 독립적인 각각의 이벤트는 '독립성 가정'을 충족하므로 합산해도 무방하며, 협력·갈등관계는 각 협력과 갈등관계를 단순 합산하였다. 이에 따라 음수가 높을수록 갈등이 심화되고 양수가 높을수록 협력이 강화되는 방식으로 구성된 1개월 단위의 정량화된 협력·갈등 관계가 도출되었다.

2. 역대 한국 정부의 남북관계 비교

탈냉전기 이래 진행된 남북의 협력과 갈등은 간헐적인 협력과 갈등만 존재했던 냉전기와는 뚜렷하게 구별된다. 그러나 〈그림 6-1〉을 통해 잘 알 수 있듯이, 탈냉전기 남북관계는 한국이 북한에 대한 화해와 협력을 지속적으로 촉구하고 이에 대한 북한의 일정 정도의 화답이 수반됨으로써 비교적

---

19) Joshua Goldstein(1992).

〈그림 6-1〉 탈냉전기 남북한의 협력과 갈등(1990~2007)

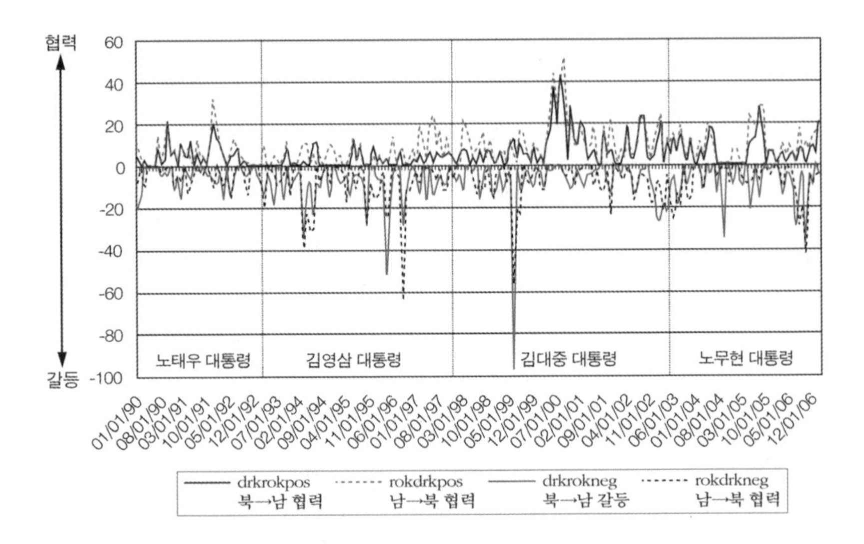

지속적인 협력곡선을 그림과 동시에, 그에 못지않은 비난전과 저강도 분쟁 역시 계속되었음을 알 수 있다.

이벤트 데이터의 장점 중 하나는 정책의 변화에 따른 갈등·협력 양상을 파악할 수 있으며, 이에 따라 기존의 정책을 평가하고 새로운 정책수립에 이용하거나 새로운 정책을 시뮬레이션할 수 있다는 것이다. 정책의 변화는 여러 요인과 수준에서 도출될 수 있으며, 그 중 가장 중시되는 것이 최고정책결정자의 교체 또는 변화이다. 연구기간(1990~2007) 중 한국은 4명의 대통령이 집권하였다. 일차적인 관심은 이들이 교체됨으로써 한국의 대북관계가 어떻게 변화하였으며, 이에 대해 북한의 대남관계가 어떤 영향을 받았는가를 추적하는 것이다.

대통령의 변화에 따른 남북한의 갈등과 협력의 차이를 구분할 수 있는 가장 간단한 방법은 평균비교이다. 즉, 한국 대통령의 교체 변인을 통제한 상태에서, 북한의 한국에 대한 협력과 갈등, 한국의 북한에 대한 협력과 갈등, 그리고 각 양자관계의 협력·갈등관계의 합을 비교하였다.

〈표 6-2〉에 따르면, 대통령에 따라 한국의 대북정책뿐만 아니라 북한의 대남정책도 차이가 있는 것으로 나타났다. 노태우 대통령 시기 한국의 대북정책은 협력(rokdrkpos) 6.53, 갈등(rokdrkneg) -3.93으로 분명한 협력적 자세를 가졌음을 알 수 있다.[20] 이에 대해 북한은 협력(drkrokpos) 5.03, 갈등(drkrokneg) -4.41로 남한의 대북정책에 대해 어느 정도 호응해 왔음을 나타낸다. 이는 북한이 대남비방과 일정 정도의 저강도 분쟁을 완전히 포기하지는 않았지만, 탈냉전기 초기의 고립된 상황에서 남한의 정책에 호응한 결과이다. 탈냉전기에 들어서면서, 주변 공산권 국가들이 몰락하고 노태우 정부의 북방정책으로 한국과 공산권 국가가 수교를 맺자 수세에 있던 북한이 냉전기 정책을 조정하면서 나타난 결과이다(〈부록 6-1〉 참조).

반면 김영삼 정부의 대북정책은 협력 5.29, 갈등 -8.84로 다른 3명의 대통령과 뚜렷이 대조된다. 통상 남한의 대북정책이 일방적 강경전략을 쓰는 경우는 거의 없다. 이와 같이 낮은 협력-높은 갈등은 당시 북한의 정책으로 남한이 고립되었다는 기존의 연구와 일치한다. 즉, 김영삼 정부의 특징은 남한의 부분적이고 일방적인 협력에 대해 북한이 거의 반응하지 않았으며, 오히려 대남갈등으로 응대했음을 나타내고 있는 것이다. 특히 북한의 대남협력은 눈에 띌 정도로 현저하게 다른 정부와 차이를 보이고 있다. 북한의 대남협력(drkrokpos)의 평균 2.26은 가장 큰 김대중 정부의 8.84보다 6.58이나 차이나는 수치이다.

김대중 대통령 시기 한국의 대북협력(rokdrkpos)의 평균은 11.87로 역대 대통령 중 가장 높다. 잠수함침투사건과 1, 2차 연평해전과 같은 직접적인 남북갈등이나 북핵위기와 같은 국제적인 갈등의 영향으로 북한의 대남갈등(drkrokneg)은 다른 정부에 비해 크게 낮다고 할 수 없다(평균 -6.91). 그러나 이에 호응해 북한의 대남협력(drkrokpos)은 8.84의 평균으로 가장 높다.

---

20) 골드스타인 척도는 -10~10의 범위를 갖고 있지만 0이 중앙값이 아니다. 통상 협력보다는 갈등이 더 높은 절대값을 가지며, 이에 따라 협력과 갈등이 거의 비슷한 수준으로 나타났을 때의 평균은 0보다 낮은 값을 갖게 된다. 이는 골드스타인 척도 자체가 0을 평균으로 하는 정규분포를 그리는 것을 가정하지 않고 있기 때문이다.

이는 김대중 정부의 대북포용정책이 북한과의 갈등을 완화하는 데는 큰 영향을 미치지 못했지만, 최소한 북한의 협력적인 태도를 이끌어내는 데는 성공했다는 평가를 가능하게 한다.

노무현 정부의 대북협력(rokdrkpos)의 강도는 평균 9.21로 김대중 정부보다는 못하지만 상당히 높다. 또한 북한의 대남협력(drkrokpos)도 평균 6.48로 역시 김대중 정부보다는 낮지만 다른 정부보다 높은 편이다. 그러나 갈등의 평균 역시 북한→한국, 한국→북한 각각 -8.39, -7.87로 김영삼 정부에 버금가는 수치를 보이고 있다. 이 때문에 한국의 대북한 갈등·협력관계(rokdrk)가 1.34에 불과하며, 북한의 대남관계(drkrok)도 -1.92로 음수이다.

한국의 대북협력에 대한 북한의 대남협력의 비율은 역대 정부의 순서대

〈표 6-2〉 한국 대통령과 남북한의 갈등과 협력: 평균분석

대통령		drkrokpos (북→남 협력)	rokdrkpos (남→북 협력)	drkrokneg (북→남 갈등)	rokdrkneg (남→북 갈등)	drkrok (북→남 합산)	rokdrk (남→북 합산)
노태우	평균	5.028	6.528	-4.414	-3.931	.6139	2.5972
	N	36	36	36	36	36	36
	SD	5.7227	7.0963	5.5182	4.7430	6.97248	7.92073
김영삼	평균	2.257	5.289	-8.674	-8.844	-6.4164	-3.5557
	N	61	61	61	61	61	61
	SD	3.4177	5.6180	9.4228	11.4434	10.94373	12.82225
김대중	평균	8.843	11.870	-6.912	-7.062	1.8983	4.8083
	N	60	60	60	60	60	60
	SD	9.5591	10.7901	12.8921	9.1371	15.97726	15.37684
노무현	평균	6.476	9.210	-8.392	-7.873	-1.9163	1.3367
	N	49	49	49	49	49	49
	SD	6.8139	8.0522	9.5432	9.1243	11.54782	11.39950
합계	평균	5.663	8.355	-7.359	-7.235	-1.6956	1.1194
	N	206	206	206	206	206	206
	SD	7.2677	8.5849	10.1411	9.4066	12.44505	12.96883

로 각각 77%, 43%, 75%, 70%이다. 즉, 통계적으로 볼 때 한국이 북한에 대해 10번의 제안 또는 물질적 협력을 했을 때 북한은 약 6~7번 정도의 반응을 보였다는 것이다. 이는 역대 정부가 예외 없이 북한에 대한 대화촉구와 일방적 지원을 시행하였으며, 대화 유지 자체를 정부의 중대한 대북정책의 목표 중 하나로 간주했다는 것을 암시한다. 또한 남한의 역대 정부가 일방적 호의를 우선적으로 제공하는 GRIT 전략을 펼쳐왔음을 확인하는 것이다.[21]

한편 노태우 정부의 대남갈등(drkrokneg) 평균은 -4.41로 김대중 정부(-6.91), 노무현 정부(-8.39)에 비해서도 현저히 낮다. 이는 북한의 대남갈등에 영향을 주는 주요 요인은 대북지원이나 남북관계이기보다는 북한의 저항력 정도라는 해석을 가능하게 한다.

평균분석은 탈냉전기 역대 정부의 남북관계에 따른 각각의 협력·갈등관계를 대조할 수 있도록 하지만, 대통령의 교체와 교체에 따른 정책의 변동이 각 협력·갈등 관계에 실제로 어떤 영향을 미치고 있는가를 파악하지는 못한다. 즉, 한국 대통령의 대북전략이 북한의 남한에 대한 협력·갈등을 변화시키는가라는 가설을 설정했을 경우, 이를 검증하는 손쉬운 방법은 일원분산분석(One-Way ANOVA)이라고 할 수 있다. 분산분석은 상용 통계프로그램인 SPSS(ver.16)를 이용하였으며, 독립변수는 한국의 역대 대통령으로, 종속변수는 〈drkrokpos〉, 〈drkrokneg〉, 〈rokdrkpos〉, 〈rokdrkneg〉, 〈drkrok〉, 〈rokdrk〉로 상정하였다. 종속변수 중 〈drkrok〉와 〈rokdrk〉는 각 행위자의 협력과 갈등의 합이다. 따라서 두 변수를 삽입한다는 것은 변수의 중복개입으로 간주될 수도 있다. 그러나 양자관계에서 협력과 갈등뿐만 아니라 양자가 합산되어 갈등과 협력의 진폭 전체를 보다 선명히 조망할

---

21) 그러나 김영삼 정부의 경우 북한의 협력비율은 남북 간 협력과 갈등의 크기와 남북한과 미국 간 3자관계의 특수성을 고려하여야 한다. 즉, 남한의 협력에 대한 북한의 협력이 43%라는 것은 남한 측에서 일방적으로 북한에 호소하거나 물질적 제공을 한 비율이 매우 높지만, 그 절대적인 크기와 협력·갈등의 비율로 인해 김영삼 정부 시기 전체를 GRIT 전략의 결과로 해석할 수는 없다.

수 있다는 점에서 두 변수의 삽입은 문제가 없다고 판단되었다.

분산분석의 결과는 〈표 6-3〉에 요약하였다. 북한의 한국에 대한 협력(drkrokpos)과 한국의 북한에 대한 협력(rokdrkpos)은 유의수준 0.01의 수준에서 각각 F=9.682, F=7.263의 값을 가진다. 즉, 대통령에 따라 한국의 대북협력정책이 변화하였으며, 북한의 이에 대한 호응 역시 변화하였다. 그러나 한국의 대북갈등(rokdrkneg)과 북한의 대남갈등(drkrokneg)은 모두 유의수준 0.05에도 만족하지 못하고 있다. 남북의 갈등은 대통령의 교체와 큰 관계없이 진행되었다는 것이다. 특히 이는 김대중 대통령 이후 전개된

〈표 6-3〉 한국 대통령과 남북한의 갈등과 협력: 분산분석

변수명		제곱합	자유도	평균제곱	F	유의확률
drkrokpos (북→남 협력)	집단-간	1361.240	3	453.747	9.682	.000
	집단-내	9466.839	202	46.866		
	합계	10828.080	205			
drkrokneg (북→남 갈등)	집단-간	480.253	3	160.084	1.570	.198
	집단-내	20602.306	202	101.992		
	합계	21082.559	205			
rokdrkpos (남→북 협력)	집단-간	1470.945	3	490.315	7.263	.000
	집단-내	13637.505	202	67.512		
	합계	15108.450	205			
rokdrkneg (남→북 갈등)	집단-간	572.847	3	190.949	2.196	.090
	집단-내	17566.264	202	86.962		
	합계	18139.111	205			
drkrok (북→남 합산)	집단-간	2328.823	3	776.274	5.330	.001
	집단-내	29421.403	202	145.651		
	합계	31750.226	205			
rokdrk (남→북 합산)	집단-간	2230.702	3	743.567	4.658	.004
	집단-내	32248.360	202	159.645		
	합계	34479.062	205			

주: F값이 클수록 각각의 변수가 변화하는 과정이 독립적이며 다른 변수와 상호 영향을 주고받지 않았다는 것을 의미함

한국의 대북포용정책이 북한과의 협력적 관계에는 상당한 영향을 미쳤지만, 북한의 대남 갈등에는 통계적으로 의미 있는 변화를 가져오지 못했다고 해석할 수 있다. 그 이유는 김대중 정부 시기의 연평해전과 노무현 정부 시기의 북핵위기 때문이다. 한편 합산치(rokdrk, drkkrok)는 모두 유의수준 0.05에서 각각 F=4.658, F=5.330으로 나타났다. 협력의 진폭이 크게 작용했기 때문이다.

〈그림 6-2〉는 분산분석으로 제공되는 평균변화의 도표이다. 비록 분산분석에서 유의수준을 만족하지는 않았지만 평균변화가 확연히 드러나기 때문에 갈등관계의 도표도 포함시켰다. 〈그림 6-2〉에서 알 수 있듯이, 한국의 대북정책에서 대통령에 따라 각 양자관계의 차이는 매우 확연하게 드러나

〈그림 6-2〉 한국 대통령의 교체와 남·북관계: 평균도표

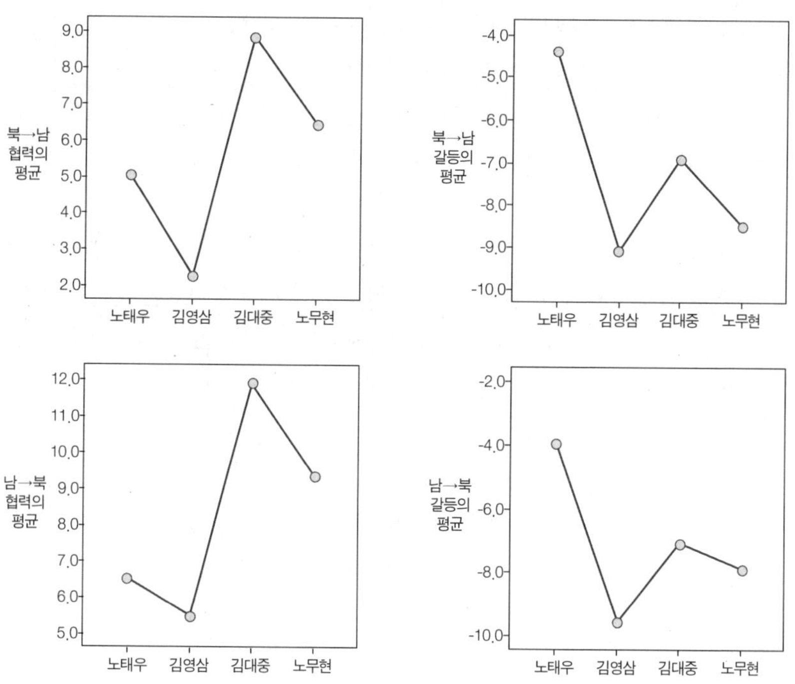

고 있다. 굳이 서열화하자면, 한국의 대북협력의 경우 김대중 정부 〉 노무현 정부 〉 노태우 정부 〉 김영삼 정부의 순이라고 볼 수 있으며, 북한의 대남갈등의 경우 낮은 순서로 노태우 정부 〉 김대중 정부 〉 노무현 정부 〉 김영삼 정부의 순이라고 볼 수 있다. 결과적으로 북한의 대남갈등 및 도발은 한국의 대북정책의 성격(우호적 또는 비우호적)과 의미 있는 상관관계를 갖지 않는다는 것이다.

3. 미국의 대북정책과 한·미·일 공조

역대 한국 정부의 최대 목표는 북한의 남한에 대한 협력(drkrokpos)을 최대한 이끌어 내면서, 북한의 남한에 대한 갈등(drkrokneg)을 최소화시키는 것이다. 즉, 사회·경제적 협력을 점차 정치·군사적 협력으로 전환시킴으로써 한반도의 분쟁가능성을 낮추는 것이다. 그러나 앞서 살펴본 바와 같이, 역대 정부의 대북정책은 북한의 일시적 협력을 유도하는 데 어느 정도 성공했으나 그것이 북한의 갈등적 행위를 근본적으로 종식시키는 데는 커다란 역할을 하지 못했다. 그렇다면, 북한의 갈등을 유발하거나 그 변화에 영향을 미치는 주된 요인은 무엇인가? 이미 많은 논문에서 북한이 미국을 체제보장의 가장 큰 변수로 간주하고 있다는 것을 밝히고 있다. 이에 따라 같은 방식으로 북·미 간 갈등과 협력을 간략히 살펴보면 다음과 같다.

연구기간 동안 미국은 조지 부시(George Herbert Walker Bush, 1989.01~1993.01), 빌 클린턴(William J. Clinton, 1993.01~2001.01), 조지 W. 부시(George Walker Bush, 2001.01~2009.01), 3명의 대통령이 집권하였다.[22] 북·미관계의 협력과 갈등은 탈냉전 초기인 조지 부시 대통령 시기 그 절대적 크기가 매우 작았으나, 북핵위기의 등장과 미국의 국제비확산레짐 강화정책으로 인해 양자간 협력·갈등관계가 본격화되었다.

---

22) 클린턴 대통령과 조지 W. 부시 대통령의 경우 집권 1기와 2기로 다시 구분하였다.

클린턴 행정부와 조지 W. 부시 행정부의 대북전략은 전자가 GRIT 전략과 TFT 전략을 혼용하였다면, 후자의 경우 TFT 전략과 강압전략을 혼용하였다고 할 수 있다. 클린턴 행정부는 기본적으로 포용정책(engagement)의 맥락에서 GRIT 전략을 사용하였다. 한국전쟁 이후 최초의 북·미 고위급 회담이었던 1992년 1월 김용순-켄터(Kantor) 회담 이후 2000년까지 미국은 지속적인 대화를 통한 해결과 정치적 목적의 식량지원을 대체로 지속했다. 미군 유해송환과 관련된 북·미협상 역시 협력적 자세를 견지했다. 그러나 1993년 북한의 IAEA 사찰거부와 NPT 탈퇴표명으로 불거진 제1차 북핵위기에서의 대북정책, 1999년 1차 연평해전 이후의 군사적 동원 등은 명백한 TFT 전략이었다.

조지 W. 부시 행정부의 경우 전반적으로 강압전략과 TFT 전략이 결합된 강압적 포용(hawk engagement) 전략을 채택하였다. 전 집권기에 걸쳐 미국은 북한에 대한 선제비난, 군사적 압박을 중단하지 않았으며, 북한은 상응한 강도로 반발하였다. 이는 협력과 갈등의 수준에서도 확연히 대별되는데, 간략히 평균도표로 살펴보면 〈그림 6-3〉과 같다.

미국 각 행정부의 정책변화가 북한의 미국에 대한 협력·갈등에 어떤 영향을 미치고 있는가를 파악하기 위해 동일한 방법으로 분산분석을 시행하였다. 분산분석 결과 북한의 미국에 대한 협력(drkusapos)과 갈등(drkusaneg)은 각각 F값 4.988(유의수준 0.001), 11.552(유의수준 0.000)에서 만족하고 있는 것으로 나타났다. 이러한 결과는 한국의 경우와 상당히 대조적이다. 한국의 경우 대통령의 정책변화가 북한의 대남갈등을 변화시키지 못한 것으로 나타났으나, 미국의 경우 대통령의 정책변화가 북한의 대미협력과 갈등에 그대로 반영되고 있다.

이러한 사실은 북한의 갈등행위를 조정하기 위해 한미공조를 중심으로 한 국제공조가 필요함을 반증한다. 두 차례의 북핵위기와 북한의 핵실험, 미사일 시험발사를 겪으면서 한국, 미국, 일본은 북한에 의한 위협이 더 이상 단독으로 해결될 수 없다는 인식을 어느 정도 공유하고 있다. 3국의 협력은 1995년 이후 차관보급 고위정책협의회의 형식으로 진행되다 1999

〈그림 6-3〉 미국 대통령의 교체와 북·미관계: 평균도표

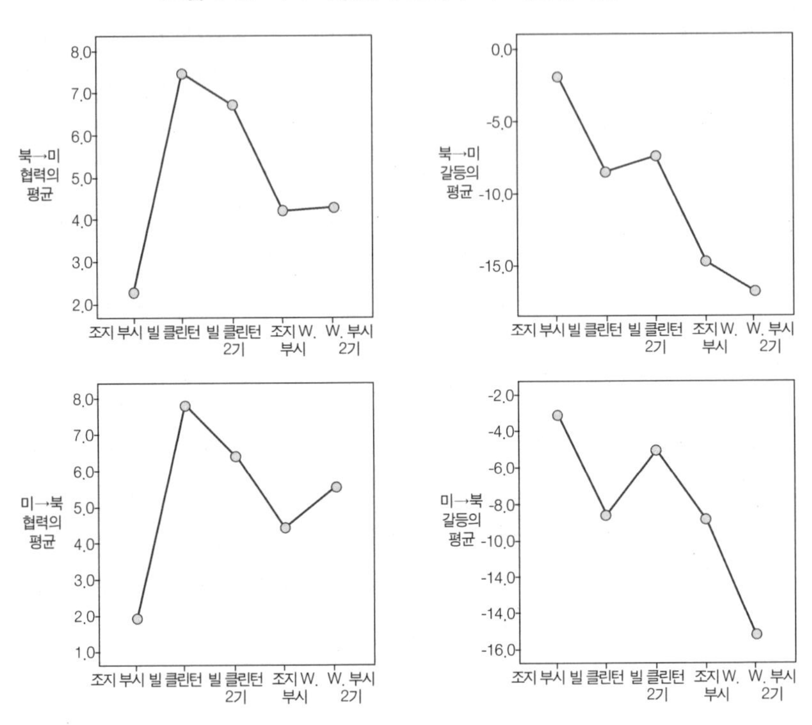

년부터 대북정책조정그룹회의(TCOG: Trilateral Coordination and Oversight Group)로 이어지고 있다. TCOG는 2005년 이후 6자회담 쪽으로 중심이 경도되기 시작해, 현재 북핵문제는 6자회담의 차원에서 다뤄지고 있다.

북한의 위협적 행동은 어느 한 국가에 배타적 영향을 미치는 범위를 넘어왔기 때문에 위협의 당사자인 한국과 미국 또는 한·미·일의 대북한 정책조율은 필수적이다. 한국과 미국, 또는 한·미·일의 대북정책에 대한 공조가 강화될 경우 북한의 대외적인 협력·갈등 관계에 커다란 영향을 미칠 수 있다. 그렇다면 탈냉전기 한·미·일 3국의 대북정책은 얼마나 공조되었으며, 그 추이는 어떤 형태로 진행되었는가?

우선 대북공조의 필요성이 강조되는 한국, 미국, 일본의 북한에 대한 협

〈표 6-4〉 한·미·일 정책공조 상관관계 매트릭스

관계		상관계수	관계		상관계수
남→북 협력	미→북 협력	.245*	남→북 갈등	미→북 갈등	.375*
남→북 협력	일→북 협력	.245*	남→북 갈등	일→북 갈등	.208*
미→북 협력	일→북 협력	.251*	미→북 갈등	일→북 갈등	.446*

* 유의수준 0.01 만족(양쪽)

주: 두 변수의 상관계수가 1일 경우 양자는 완벽한 상관관계를 가지며, 0일 경우 양자는 공변성이 없는 배타적인 변수라는 의미이다

력과 갈등관계를 1개월 단위의 이벤트 데이터 변수로 작성하여 상관관계 분석을 시도하였다. 〈표 6-4〉는 각국의 대북협력과 대북갈등의 상관관계 분석의 결과이다. 〈표 6-4〉에 의하면, 모든 협력관계와 갈등관계는 일정 정도 상관관계를 갖고 있는 것으로 파악된다. 한국의 대북갈등(rokdrkneg)과 일본의 대북갈등(jpndrkneg)이 상관관계 0.21(유의수준 0.01 만족)로 가장 낮으며, 미국의 대북갈등(usadrkneg)과 일본의 대북갈등이 0.45(유의수준 0.01 만족)로 가장 높다. 상관관계로 본다면, 탈냉전기 한·미·일 정책공조가 일정 정도 이루어졌으나 공조의 수준은 그리 높지 않다고 평가할 수 있다.

북한문제를 다루기 위해 남한, 북한, 미국, 일본, 중국, 러시아는 6자회담에 참여하고 있다. 이에 따라 탈냉전기 5개국의 대북정책이 어떤 차원을 가지고 있는가를 살펴볼 필요가 있다. 이를 위해 5개국별로 북한에 대한 협력과 갈등을 합산하여 하나의 협력·갈등관계를 나타내는 새로운 변수를 생성하였다. 일례로, 한국의 북한에 대한 협력과 갈등을 협력·갈등관계(rokdrk=rokdrkpos+rokdrkneg)로 생성한다는 것이다. 생성된 변수는 남한-북한(rokdrk), 미국-북한(usadrk), 일본-북한(jpndrk), 중국-북한(chndrk), 러시아-북한(rusdrk) 등 5개이다. 변수 간 공변양상을 파악하기 위해 요인분석을 시행하였다.

요인분석은 변수 간 차원을 비교하여 유사한 변인을 묶는 기법이다. 이

를 위해 주성분 추출을 하였으며, 요인회전은 변수의 차원구별에 유리한 배리맥스(VARIMAX)를 사용하였다. 만일 5개의 변수가 하나로 묶인다면 5개국의 북한정책에 대한 공조가 매우 강하게 일치한다고 할 수 있을 것이다. 반대로 5개국의 대북관계가 각각 독립적이라면 한 개의 요인도 생성되지 않을 것이다.

요인분석 결과 〈표 6-5〉와 같이 2개의 요인이 생성되었으며, 요인 1은

〈표 6-5〉 6자회담 5개국의 대북 정책공조: 회전된 성분행렬

	성분	
	1	2
usadrk (미-북)	.834	
jpndrk (일-북)	.768	
rokdrk (남-북)	.623	.189
chndrk (중-북)		.832
rusdrk (러-북)	.103	.826

- 요인추출 방법: 주성분 분석
- 회전 방법: Kaiser 정규화가 있는 베리멕스(3회 반복)
- 0.1 이하 성분은 삭제됨

〈그림 6-4〉 대북 정책공조에 대한 회전공간의 성분분포

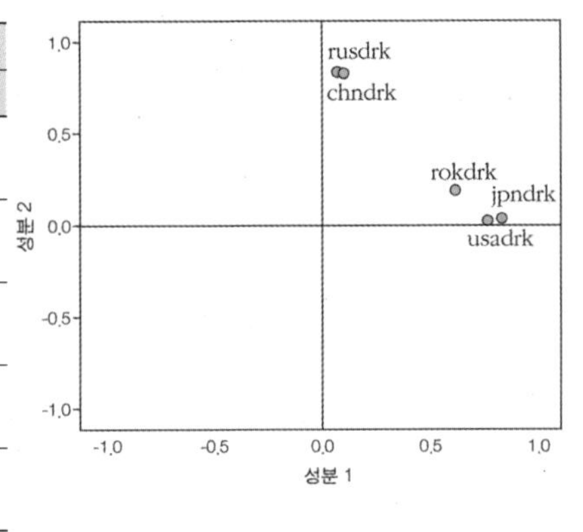

〈usadrk(미국-북한)〉, 〈jpndrk(일본-북한)〉, 〈rokdrk(남한-북한)〉으로, 요인 2는 〈chndrk(중국-북한)〉, 〈rusdrk(러시아-북한)〉으로 묶였다.[23] 그런데 〈rokdrk〉

23) 한편 북한의 주요행위자에 대한 협력과 갈등을 합산해 5개의 변수를 만들고 이를 기존 5개의 변수와 함께 요인을 분석하였다. 베리멕스로 회전한 결과 3개의 요인이 추출되었다: 1요인(북미, 북일), 2요인(북중, 북러), 3요인(남북).

와 〈rusdrk〉의 성분 중 일부가 다른 요인에 포함되고 있다. 이를 더 살펴보기 위해 회전된 요인의 성분 분포표를 〈그림 6-4〉와 같이 제시하였다.

이에 따르면, 중국과 러시아의 성분은 회전 공간상에서 거의 일치하고 있다. 또한 미국과 일본 역시 상당히 가깝게 위치하고 있다. 그런데 한국의 경우 미국 및 일본과 더 가깝기는 하지만 일정한 거리를 두고 있다. 요약하면, 한·미·일의 대북공조는 상당 부분 일치하는 경향을 보이고 있다. 그러나 미·일의 대북정책이 매우 근접하고 있음에 반해, 한국의 대북정책은 이들의 공변양상과 일정 차별을 두고 있음을 확인할 수 있다.

요컨대, 노태우 대통령부터 노무현 대통령까지 탈냉전기에 집권한 4명의 대통령 중 김영삼 대통령을 제외하고는 전반적인 포용정책 또는 GRIT 전략의 기조로 대북정책을 수행해왔다. 특히 김대중 정부와 노무현 정부는 매우 현저한 GRIT 전략 기반의 대북정책을 수행하였다. 이는 이 기간 동안 미국과 일본의 북한에 대한 원칙적인 상호주의 정책과는 달리 김대중·노무현 정부는 전반적인 포용정책을 추진한 결과로 보인다. 즉, 북한과의 신뢰구축을 위해 일방적인 양보와 시혜를 특징으로 하는 대북협력을 지속하였으며, 그 결과 어느 정도 이에 상응하는 북한의 협력을 이끌어 냈음을 알 수 있다. 그러나 매우 강력한 남북협력이 전개되었음에도 불구하고 북한의 대남갈등에는 의미 있는 영향을 나타내지 못하였다.

IV. 맺는말

역대 한국 정부의 대북정책에 대한 경험적 분석 결과는 다음의 몇 가지 의미 있는 내용을 제공한다.

첫째, 탈냉전기 이래 역대 한국 정부는 정도의 차이는 있지만 포괄적 상호주의(또는 GRIT 전략)를 일관되게 추진해 왔다는 점이다. 역대 한국 대통령의 집권기간 중 갈등과 협력의 진폭이 매우 좁게 배열되고 있다는 점(〈그림 6-1〉 참조)을 볼 때 한국 정부는 북한의 적대적 행태에도 불구하고 협력적 태도를 유지해 왔음을 보여주고 있다. 그 가운데 특히 김대중·노무현 정부는 북한의 직접적인 군사적 도발에도 불구하고 포용정책을 계속했으므로 더욱 적극적인 GRIT 전략을 구사한 것으로 보지 않을 수 없다.

둘째, 한국 정부의 포용 일변도의 대북정책은 실효를 거두지 못했다는 점이다. 앞서 논의한 바와 같이 이른바 GRIT 전략은 팽팽한 대치관계에 있는 두 행위자 사이에서 한쪽이 먼저 손해와 비용을 감수하고 우선 상호 신뢰를 구축하는 것을 일차적 목표로 두고 있다. 따라서 한국에게 일정 정도 손해와 비용이 발생했다 할지라도 대립하고 있던 남북한 간 지속적·안정적 신뢰 구축의 토대가 마련되었다면 두 정부의 적극적 GRIT 전략은 소기의 성과를 거둔 것으로 볼 수 있다. 반면 북한과의 협력이 북한 정권의 적대적인 속성과 태도를 변화시키지 못하고 단지 시혜를 베푸는 일방적 지원에 그쳤다면 그 대북정책은 실패한 것으로 볼 수 있다. 연구 결과 두 정부의 대북포용정책은 북한과의 활발한 사회·경제적 교류를 이끌어냈으나 북한체제의 속성 자체에 대한 심도있는 변화로 이어지지는 못했다. 또한 일방적인 포용정책을 추진하는 가운데 소요된 경제적 비용은 물론 이후 한층 강화된 북핵 위협과 남한 사회 내 보수·진보 갈등으로 인한 국론분열로 인한 피해까지 고려한다면 이러한 포용 일변도의 정책이 보여준 한계는 더욱 뚜렷해질 것이다.

셋째, 북한의 태도를 변화시키기 위해서는 남·북 양자의 구도가 아닌 국제정치적 역학관계 속에서 대북정책을 수행해야 한다는 점이다. 역대 한국 정부가 선택한 대북정책의 성격과 심도는 북한의 이후 행태에 큰 영향을 주지 못한 것으로 나타나고 있다. 반면 미국의 역대 행정부별 대북정책의 변화는 북한의 이후 행태에 직접적인 영향을 주며 이로 인해 남북한 관계에도 적잖은 영향이 있는 것으로 나타났다. 이러한 결과는 북한의 적대적 행동을 막고 더 나아가 북한 체제의 유의미한 변화를 이끌어내기 위해서는 국제사회와의 긴밀한 연대, 그 중에서도 한미공조의 중요성을 단적으로 보여주고 있다. 또한 대량살상무기와 관련된 북한의 적대적 행태가 초래하는 부정적 결과의 범위가 한반도에만 국한되지 않는다는 측면에서도 국제사회와의 연대는 필수불가결한 것이다. 그럼에도 불구하고 요인분석 결과 한국과 미국 양국 간 정책공조의 심도와 긴밀성은 중국과 러시아 양국 간의 경우와 뚜렷한 차이를 보였을 뿐만 아니라 미·일 간 공조와도 발맞추지 못한 것으로 나타났다(〈그림 6-4〉 참조).

역대 한국 정부의 이와같은 대북정책의 실패요인은 첫째로 한국이 북한을 상대로 실효성있는 대화를 하지 못했기 때문으로 볼 수 있다. 이 글에서 주목한 시기는 한국 정부가 정상회담 등 가시적인 성과에 연연했으며 북한의 일방적 대화 중단과 군사도발에도 불구하고 지나친 저자세로 북한과의 대화재개를 요구했던 시기이다. 우리 사회도 남북대화가 중단되면 마치 무슨 일이 벌어진 것 같이 우려하는 분위기가 퍼져 있었던 것이 사실이다. 이에 반해 북한은 남북 대화를 혁명목표 달성을 위한 다른 형태의 투쟁으로 간주,[24] 철저한 실익을 위해 이용했다. 북한이 단지 남측 협상단을 만나주는 것만으로도 보상을 요구하거나 남북대화 결렬을 유용한 대남 협상카드로 이용해 각종 경제적 지원을 받아간 다양한 전례들이 이점을 실증하고 있다.

둘째로 북한이 남북대화를 통해 만들어진 다양한 분야의 합의서를 일정한 목적(한국의 경제원조 등)이 달성되었다고 판단되면 바로 무효화시켜 의미 있는 합의의 축적이 이뤄지지 못한 것도 중요한 요인으로 지적된다. 덧

---

24) 강인덕·송종환 외, 『남북회담: 7.4에서 6.15까지』(서울: 극동문제연구소, 2004) 참조.

붙여 이러한 반복되는 북한의 합의사항 불이행에 대해 한국 정부가 적극적으로 문제제기를 하지 않았던 점도 아울러 지적할 수 있다.

한국 대북정책의 1차적 목적은 북한과의 각종 교류·협력 성사 그 자체가 아니라 그것을 통해 한국의 안보위협을 줄이는 것이어야 한다. 따라서 이후 한국 정부는 지난 노무현 정부까지의 '포용 일변도'의 정책이 보여준 실책을 교훈삼아 북한이 진정성 있는 태도를 보이지 않을 경우 이를 압박할 수 있는 수단을 병행해야 한다. 적어도 북한의 일방적 협약파기, 군사도발 등 적대적 행위가 있을 시 비난성명 채택 및 각종 원조계획 유보, 상응하는 군사대응 등 최소한의 대응조치만큼은 신속히 행해야 할 것이다. 또한 이러한 과정에서 국제사회, 특히 한·미 공조를 보다 공고히 할 때 북한의 태도변화를 이끌어 낼 수 있을 것이다.

▮참고문헌

강인덕·송종환 외. 2004.『남북회담: 7.4에서 6.15까지』. 서울: 극동문제연구소.

김태현. 2002. "상호주의와 국제협력: 한반도 핵문제의 경우."『국가전략』제8권 3호.

남궁영. 2004. "김대중 정부의 대북정책에 대한 비판적 해석: 남남갈등의 쟁점을 중심으로."『국제정치연구』제7집 2호.

_____. 2008. "이명박 정부의 대북정책: 인식, 방향, 과제."『21세기 정치학회보』제18집 2호.

박종철. 1997.『북한과 주변 4국 및 남한간 갈등·협력관계, 1984-1997: Event Data 분석기법 활용』. 서울: 민족통일연구원.

_____. 2008. "대북포용정책과 상생공영정책의 비교: 도전과 전략적 선택."『이명박 정부 대북정책 비전 및 추진방향』. 통일연구원 건국 60주년 기념통일 심포지엄. 7월 18일.

배진수. 1995.『탈냉전이후 한반도 긴장기류 분석: Event Data분석, 1989-1995』. 서울: 한국군사문제연구원.

송승종. 1997. "유럽에서의 재래식 군비통제에 관한 연구: 협상전략을 중심으로."『한국정치학회보』제31집 1호.

임강택. 2002.『새로운 남북협력모델의 모색: 지속적으로 발전가능한 협력모델』. 서울: 통일연구원.

전성훈. 2003. "PSI와 한국안보: 분석과 제안."『국가전략』제14권 2호.

『조선일보』, 1993.3.12.

통일부. 2008.『통일백서 2008』. 서울: 통일부.

Axelrod, Robert. 1984. *The Evolution of Cooperation.* New York: Basic Books.

Azar, Edward E. 1982. *The Codebook of the Conflict and Peace Data Bank (COPDAB).* College Park, MD: Center for International Development (University of Maryland).

Bond, Doug, Craig Jenkins, Charles L. Taylor, and Kurt Schock. 1997. "Mapping Mass Political Conflict and Civil Society: The Automated Development of Event Data." *Journal of Conflict Resolution* 41.

Gerner, Deborah J., Philip A. Schrodt, Ömür Yilmaz, and Rajaa Abu-Jabr. 2002. "The Creation of CAMEO (Conflict and Mediation Event Observations): An Event Data Framework for a Post Cold War World." Presented at the annual meeting of the American Political Science Association. [web.ku.edu/keds/papers.dir/Gerner.APSA.02.pdf].

Goldstein, Joshua S. 1992. "A Conflict-Cooperation Scale for WEIS Events Data." *Journal of Conflict Resolution* 36.

_____. 1995. "Great-Power Cooperation under Conditions of Limited Reciprocity: From Empirical to Formal Analysis." *International Studies Quarterly* 39(4).

Keohane, Robert O. 1984. *After Hegemony: Cooperation and Discord in the World Political Economy.* Princeton: Princeton University Press.

_____. 1986. "Reciprocity in International Relations." *International Organization* 40(1).

Kim, Woosang. 1991. "An Expected Utility Model of Regional Rivalry: A Case of North and South Korea." *Asian Perspective* 15(2).

Leng, Russell J. 1993. "Reciprocating Influence Strategies in Interstate Crisis Bargaining." *Journal of Conflict Resolution* 37(1).

Lindskold, Svenn, Pamela S. Walters, and Helen Koutsourais. 1983. "Cooperators, Competitiors, and Response to GRIT." *Journal of Conflict Resolution* 27(3).

McClelland, Charles A. 1967. *Event-Interaction Analysis in the Setting of Quantitative International Relations Research.* Los Angeles: Department of Political Science, University of Southern California.

_____. 1976. *World Event/Interaction Survey (WEIS) Codebook.* ICPSR 5211 Ann Arbor: Inter-University Consortium for Political and Social Research.

Nye, Joseph S. 1987. "Nuclear Learning." *International Organization* 41(3).

Osgood, Charles. 1962. *An Alternative to War or Surrender?* Urbana: University of Illinois Press.

Tetlock, Philip E. 1990. "Learning in U.S. and Soviet Foreign Policy: In Search of an Elusive Concept." In George Bresluer and Philip E. Tetlock (eds.). *Learning in U.S. and Soviet Foreign Policy.* Boulder: Westview.

Yanai, Akiko. 2001. "Reciprocity in Trade Liberalization." *IDE APEC Study Center Working Paper Series* 00/01-no.2.

【부록 6-1】 탈냉전 일지(1985~1992)

연도		사건
1985.	03	고르바초프(Mikhail Gorbachev) 당서기장으로 취임
	04	페레스트로이카(Perestroika: 경제개혁) 추진
	11	미-소 정상회담(레이건-고르바초프, Reykjavik)
1986.	~	소련 위성국가에 경제지원 중단
1987.	06	페레스트로이카 개편 및 글라스노스트(Glasnost: 정치 개방) 추진
	12	미-소 정상회담(레이건-고르바초프, Washington, D.C.) 중거리핵전력폐기조약(INF Treaty) 협정에 서명
1989.	01	소련군 아프가니스탄에서 철수
	02	한국-헝가리 수교(한국이 사회주의 국가와 맺은 첫 수교)
	06	중국, 천안문 사태 발발
		폴란드, 자유화
	09	헝가리, 자유화
	11	독일, 베를린 장벽 붕괴
	12	체코슬로바키아, 루마니아, 불가리아에서 공산주의 정권 붕괴
1990.	03	리투아니아, 에스토니아 독립선언
	05	라트비아 독립선언
		옐친(Boris N. Yeltsin) 러시아 대통령 당선
	06	한국-소련 수교
	09	2+4조약 체결(동·서독 미국, 소련, 영국, 프랑스)
	10	독일 통일
1991.	04	바르샤바조약기구 해체
	08	소련 붕괴 및 냉전 종료
	09	러시아, 발틱 3개국(리투아니아, 에스토니아, 라트비아) 독립 승인
	12	독립국가연합(CIS) 출범
1992.	08	한국-중국 수교

남북한 경제력 비교

I. 머리말

한 국가의 경제력을 측정하거나 국가 간의 경제력을 비교하는 일은 그리 쉬운 작업이 아니다. 왜냐하면 경제력이란 한 국가의 전체적인 경제적 성과에 대한 광범위한 인식에 기초한 개념이며, 경제상황의 서로 다른 국면에 대한 다각적이고 폭 넓은 고찰을 통해서만 판단이 가능한 복합적인 개념이기 때문이다.

더욱이 남북한과 같이 서로 다른 경제체제를 운용하고 있는 경우에는 경제발전전략 차이로 인한 경제 구조적 차이, 상이한 경제체제 하에서 통용되는 각종 경제지표와 개념의 차이 등으로 인하여 각국의 경제력을 비교하는 것은 더욱 어려운 작업이 된다. 이러한 한계를 인식한다면 북한의 경제력을 평가하는 데 있어서 특히 다음의 두 가지 점에 유의해야 한다. 먼저, 서로 다른 체제의 경제역량을 평가하고 비교할 수 있는 적절한 변수(variables)를 선택하여야 한다는 것이고, 다른 하나는 이러한 변수들을 대표할 수 있는 데이터를 수집하여 타당한 방법으로 분석하여야 한다는 것이다.

이러한 점을 염두에 두고 이 장에서는 다음과 같이 남북한의 경제역량을 회계적으로 분석하고자 한다. 첫째, 래이 클라인(Ray S. Cline)의 모델에 따라 경제역량을 분석하는 것으로, 비교·평가의 변수로는 국민총생산(GNP: Gross National Product), 에너지, 전략적 광물자원, 공업력, 식량생산, 대외무역을 상정한다.[1] 이에 따라 분석모델을 수식화하면 다음과 같다.

$$\underset{(200)}{Ep} = \underset{(100)}{G} + \underset{(20)}{E} + \underset{(20)}{M} + \underset{(20)}{I} + \underset{(20)}{F} + \underset{(20)}{T}$$

Ep: 경제력(Economic Power)
G: 국민총생산(Gross National Product)
E: 에너지(Energy)
M: 전략적 광물자원(Critical Minerals)
I: 공업력(Industrial Strength)
F: 식량생산(Food Production)
T: 대외무역(Foreign Trade)

주: ( ) 속은 가중치

통상적으로 한 국가의 경제력을 평가하는 총체적 지표는 국민총생산(GNP)이다. 왜냐하면 국민총생산은 물질적 생산뿐만 아니라 생활의 질에 영향을 미치는 서비스와 경제조직의 효율성 및 기술능력 그리고 경제발전에 중요한 두뇌의 힘까지도 포함하는 종합적인 지표로 인정되기 때문이다.[2] 이는 생산측면에서 국민소득을 파악한 것으로, 1990년대 이후 세계경

1) 클라인의 경제력 평가를 위한 변수와 세부지표 그리고 그것들의 가중치를 보면 다음과 같다.
경제력 = GNP{100} + 에너지{20;석유(10) + 천연가스(4) + 원자력(4) + 석탄(2)} + 광물자원{20; 철광석(8) + 구리(3) + 보크사이트(3) + 크롬(3) + 우라늄(3)} + 공업생산력{20; 강철(10) + 알루미늄(5) + 시멘트(5)} + 식량생산{20; 밀 + 잡곡 + 쌀} + 대외무역{20; 수출 + 수입}
Ray S. Cline, *World Power Trends and U.S. Foreign Policy for the 1980s* (Boulder: Westview Press, 1980), pp.53-91.

2) Ray S. Cline(1980), p.55.

제가 개방됨에 따라 해외투자소득 측면을 고려하여 국민소득을 나타내는 경제력 평가지표인 국민총소득(GNI: Gross National Income)을 사용하고 있다. 그러나 클라인에 따르면 국민총생산이나 국민총소득만으로 한 국가의 경제력을 평가하는 것은 충분치 못하다. 보다 총체적인 경제의 특성을 비교·평가하기 위해서는 국제적으로 경제성과의 지표로 통용되는 에너지, 전략적 비연료 광물자원, 공업력, 식량생산 그리고 무역량을 보조적 지표로 함께 보아야 한다는 것이다.[3)]

따라서 이 장에서는 총체적인 경제성장 성과 자체를 나타내는 경제규모(economic volume)와 한 경제체제가 환경(특히 외적환경)의 변화에 대처하여 얼마나 안정적으로 성장을 지속시킬 수 있는가 하는 경제안정성(economic security)의 양 측면을 중심으로 비교·분석할 것이다. 자료의 수집 및 분석에 있어서는 북한의 경제역량을 나타내는 통계는 1990년 이전에는 통일원의 자료를, 1990년대 이후에는 한국은행과 통계청의 자료를 주로 사용하되 가능한 여러 해외 출처의 통계자료와 비교하고자 한다.[4)]

II. 국민총생산(GNP) 및 국민총소득(GNI)

통상적으로 한 국가의 경제력을 평가하는 총체적 지표로는 GNP 및 GNI가 이용되고 있다. 그러나 북한과 같은 사회주의 국가들은 거시경제의 지표로서 GNP·GNI개념을 사용하지 않고 모든 개별 생산단위의 생산물 가치를 합계한 사회총생산(GSP: Gross Social Product)개념을 사용한다.

GNP·GNI개념과 GSP개념 간에는 중요한 두 가지 차이가 있다. 첫째, GNP·GNI는 생산부문과 비생산(서비스)부문을 포함하여 추정하나 GSP의

---

3) Ray S. Cline(1980), p.58.
4) 1998년 2월 28일 정부조직 개편에 따라 '통일원'을 '통일부'로 명칭을 개편하였다.

측정에는 비생산부문이 배제되어 있다. 둘째, GNP·GNI는 총산출가치에서 중간 투입재 비용을 뺀 부가가치 개념인데 반하여 GSP는 모든 독립생산 단위 각각의 총산출액에서 자체소비분만 뺀 것을 합계한 것으로 중간재 투입물이 포함되는 개념이다. 그러므로 남북한 경제력 비교를 위해서는 먼저 북한의 GSP개념을 GNP·GNI개념으로 조정하는 작업이 필요하다.

〈표 7-1〉에서와 같이 국내외의 여러 기관에서 북한의 GNP·GNI를 추정하여 왔는데 이들 추정치들은 GSP와 GNP·GNI개념상의 차이와 북한 화폐의 미국달러 환율 적용상의 차이 등으로 인하여 심한 편차를 보이고 있다. 예컨대 영국의 국제전략문제연구소(IISS)와 통일원(부)의 1990년 북한의 GNP추정치를 비교해 보면 2.09배의 차이를 나타나는데, 편차의 상당 부분은 통일원이 북한 GNP추정에 있어서 무역환율을 사용하고 있는데 비하여 IISS는 공정환율을 적용함으로써 생기는 결과라 할 수 있다.[5] 또한 한국은행과 UN의 2008년 북한의 GNI추정에 있어서도 1.86배의 차이가 나타난다.[6]

---

5) 북한은 원래 공정환율, 무역환율, 비무역환율(여행자환율)등 세 가지로 구분되는 복식환율제였다가 1990년대 후반들어 공정환율(official rate) 및 무역환율(trade rate)로 단순화하여 채택하였다. 2002년 7월 이후부터는 공식환율로 단일화하였다. 공정환율은 북한 당국이 국민소득을 대외적으로 발표할 때 적용하는 환율이며, 무역환율은 외국과의 무역 및 무역외거래 등을 할 때 적용되는 환율로 이론적으로는 외국상품가격에 대한 북한상품가격의 비율을 나타낸다. 공식환율은 타국과의 협정이나 국제금융시장에서 수요·공급에 따라 정해지지 않고 국가가 인위적으로 결정하는 것으로 북한의 공식환율은 2002년 7.1조치 시에 이전에 1달러당 2.2원선이었던 것이 150원선으로 70배 이상 인상되었다.

6) 한국은행에서 발표하는 북한 GNI추계는 남한의 물가와 환율, 부가가치율을 적용해서 계산하기 때문에 현실 북한경제를 완전히 반영한 것이라 보기 힘들다. 통일부, 『북한이해 2009』(2010), p.135. 그리고 UN은 1993년부터 국민계정체계(SNA: System of National Accounts)를 적용하여 GNI를 추계하는데 이는 자본주의 국가뿐만 아니라 러시아와 중국 등의 체제 전환 국가들에게도 이 체계에 따라 국민소득통계를 편제하고 있다. 북한의 국민소득통계에 대한 차이가 나타나는 이유는 발표하는 각 기관에 따라 비생산부문이 GNI에서 차지하는 비중의 추정치 차이, 환율적용방식의 차이 등으로 발생한다고 볼 수 있다. 따라서 북한의 경제활동에 대한 신뢰성 있는 통계가 부족한 상황에서 어떠한 추정치가 정확한 것인지 판단하기는 어렵다.

〈표 7-1〉 북한 GNP(GNI)에 대한 여러 기관들의 추계치

(단위: 억 달러)

GNP						GNI[d]		
연도	통일원(부)[a]	SIPRI	ACDA	USCIA	IISS	연도	한국은행	UN
1960	15.2			48.0				
1961	18.1							
1962	20.2							
1963	21.5		23.0					
1964	23.0		25.0					
1965	23.4		25.0					
1966	24.1		29.0	76.0				
1967	26.0		30.0					
1968	29.8		35.0					
1969	31.2		40.0					
1970	39.8		45.0	100.0		1970		55
1971	40.9		49.0			1971		61
1972	46.2		53.0		28.0	1972		67
1973	62.7		57.7		35.0	1973		74
1974	72.9		70.5			1974		82
1975	93.5		90.0	160.0		1975		91
1976	96.8		99.0	155.5	89.0	1976		95
1977	106.4		111.0	155.5	98.0	1977		98
1978	133.2		124.0	166.9	105.0	1978		102
1979	125.0		144.0	173.4	141.0	1979		107
1980	135.0	137.0	155.0	195.0	105.0	1980		111
1981	135.6	143.3	186.0	214.0	188.0	1981		115
1982	136.0	145.8	205.0	222.0	187.7	1982		145
1983	144.7	153.1	216.0	224.0	383.2	1983		144
1984	147.2	160.0	253.0	230.0	399.7	1984		138
1985	151.4	195.8	263.0		423.6	1985		136
1986	173.5	201.6	272.0		-	1986		153
1987	194.0	206.1	282.0		452.5	1987		162
1988	206.0		292.0		471.3	1988		161
1989	240.0[b]				489.1	1989		177
1990	231.0				479.4	1990	232	167
1991	229.0				204.5[c]	1991	-	156
1992	211.0				-	1992	211	138
						1993	-	117

					1994	212	93
					1995	-	52
					1996	214	105
					1997	177	103
					1998	126	103
					1999	158	103
					2000	168	106
					2001	157	110
					2002	170	109
					2003	184	110
					2004	208	111
					2005	242	130
					2006	256	137
					2007	267	143
					2008	248	133

주: a) 1988년까지 통일원이 추정한 북한 GNP는 북한의 공정환율을 0.60으로 나눈 후 무역환율로 환산한 수치임
b) 통일원의 1989년 이후 북한 GNP수치는 UN의 국민경제체계(SNA: System of National Accounts)에 의해 재평가한 추계임
c) 영국의 전략문제연구소(IISS)는 1983년 이전에는 무역환율을, 1983년 이후에는 공정환율을, 그리고 1991년에는 다시 무역환율을 적용한 것으로 보임
d) 한국은행은 북한경제의 총량적 추세를 파악한다는 차원에서 1990년부터 자본주의적 추계 방식에 따라 북한의 GNI를 추계하고 있음

출처: 통일원, 『분단 45년 남북한 경제의 종합적 비교연구』(1990), p.51; 통일원, 『북한경제 종합평가』 각년도판; 한국은행 수치는 통계청, 『남북한 경제사회상 비교』 각년도판; The Stockholm International Peace Research Institute(SIPRI), *SIPRI Yearbook* (1987); U.S. Arms Control and Disarmament Agency(ACDA), *World Military Expenditures and Arms Transfers* (1973, 1984, 1989); U.S. CIA, *Handbook of Economic Statistics* (1984, 1985); International Institute of Strategic Studies(IISS), *The Military Balance* (1971~1993) 각 해당년도판; 유엔홈페이지(http://unstats.un.org/unsd/snaama/dnllist.asp)

한편 IISS의 1991년 북한 GNP 추계에서는 다시 무역환율을 적용함으로써 통일원의 평가보다도 적은 204.5억 달러로 나타나고 있다. 통일원의 통계자료에 따르면 남한의 국민총생산(GNP)은 1953년 13.5억 달러에서 1992년에는 2,945억 달러로 무려 200배 이상 증가했으며 북한은 1953년 4.4억 달러에서 1992년 GNP추정치가 211억 달러로 동기간에 약 48배가 증가한 것으로 나타났다. 1990년 이후 통계청의 자료에 따르면 남한과 북한의 국

〈표 7-2〉 북한 원화의 대미달러 환율 추이

(북한 원/미 달러)

연도	1975	1980	1985	1990	1995	2000	2002	2003	2004	2005	2006	2007	2008
공정 환율	-	0.87	1.07	1.01	0.96	1.00	-	-	-	-	-	-	-
무역 환율	2.05	1.79	2.43	2.14	2.05	2.19	2.21a)	-	-	-	-	-	-
공식 환율	-	-	-	-	-	-	153	145	139	140	141	135	130

주: a) 2002.1~6월분 2.21원, 7~12월까지는 153원임. 북한의 2002년 7·1경제개혁조치에 따름
출처: 한국수출입은행, 『북한의 무역 및 외국인투자제도』(1991.10), p.55; IISS, *The Military Balance* 1992~1993, p.152; 통계청, 『남북한 경제사회상 비교』 각년도판 참고

〈표 7-3〉 남북한 GNP(GNI) 및 1인당 GNP(GNI) 추이 비교

연도	GNP(억 달러)			1인당 GNP(달러)			GNI(억 달러)			1인당 GNI(달러)		
	남한 (A)	북한 (B)	(A/B)	남한 (A)	북한 (B)	(A/B)	남한 (A)	북한 (B)	(A/B)	남한 (A)	북한 (B)	(A/B)
1953	13.5	4.4	3.07	76	58	1.31						
1957	16.7	9.4	1.78	90	85	1.61						
1960	19.5	15.2	1.28	94	137	0.69						
1962	23.2	20.2	1.49	96	179	0.54						
1964	28.8	23.0	1.25	107	194	0.55						
1966	36.7	24.1	1.52	125	192	0.65						
1968	52.3	27.8	1.88	169	225	0.75						
1970	79.9	39.8	2.00	248	286	0.87						
1971	93.7	40.9	2.29	285	308	0.93						
1972	105.7	46.2	2.29	316	316	1.00						
1973	135.0	62.7	2.15	396	418	0.95						
1974	185.5	72.9	2.54	535	461	1.16						
1975	208.5	93.5	2.23	591	579	1.02						
1976	286.8	96.8	2.96	800	585	1.37						
1977	374.2	106.4	3.52	1,028	642	1.60						
1978	519.6	133.2	3.90	1,406	784	1.79						
1979	623.7	124.0	5.03	1,662	873	1.90						

1980	603.0	135.0	4.47	1,589	758	2.09						
1981	662.0	135.6	4.88	1,719	746	2.30						
1982	693.0	136.0	5.09	1,773	735	2.41						
1983	760.0	144.7	5.25	1,914	765	2.50						
1984	824.0	147.2	5.59	2,044	762	2.68						
1985	834.0	151.4	5.51	2,047	765	2.68						
1986	1,027.0	174.0	5.90	2,296	860	2.67						
1987	1,284.0	194.0	6.62	2,826	936	3.02						
1988	1,692.0	206.0	8.21	4,040	980	4.12						
1989	2,112.0	240.0	8.80	4,994	987	5.06						
1990	2,379.0	231.0	10.30	5,569	1,064	5.23	2,635	232	11.4	6,147	1,142	5.4
1991	2,808.0	229.0	12.26	6,498	1,038	6.26	-	-	-	-	-	-
1992	2,945.0	211.0	13.96	6,749	943	7.16	3,293	211	15.6	7,527	1,013	7.4
1994							4,223	212	19.9	9,459	992	9.5
1995							5,155	223	23.1	11,432	1,034	11.1
1996							5,553	214	25.9	12,197	989	12.3
1997							5,136	177	29.0	11,176	811	13.8
1998							3,404	126	27.0	7,355	573	12.8
1999							4,400	158	27.9	9,438	714	13.2
2000							5,308	168	31.6	11,292	757	14.9
2001							5,035	157	32.1	10,631	706	15.1
2002							5,762	170	33.9	12,100	762	15.9
2003							6,442	184	35.0	13,460	818	16.5
2004							7,245	208	34.8	15,082	914	16.5
2005							8,439	242	34.9	17,531	1,056	16.6
2006							9,525	256	37.2	19,722	1,108	17.8
2007							10,512	267	39.3	21,695	1,152	18.8
2008							9,347	248	37.7	19,231	1,065	18.1

출처: GNP 자료 1988년까지는 통일원, 『분단 45년 남북한 경제의 종합적 비교연구』(1990), p.51; 1989~1990년은 통일원, 『남북한 경제현황 비교』(1991), p.38; 1991년은 통일원, 『북한경제동향 종합평가』(1992), p.40; 1992년은 한국은행, 『1992년 북한 GNP 추정결과』(1993); GNI 자료는 통계청, 『남북한 경제사회상 비교』 각년도판 참고

민총소득(GNI)의 격차는 1990년 11.4배에서 2000년 31.6배, 2008년에는 37.7배로 점점 더 벌어지고 있는 것을 나타났다(〈표 7-3〉 참고).

또한 1인당 국민총생산(GNP) 역시 남한은 1953년 76달러에서 1992년 6,749달러로 90배의 증가를 보인데 반해 북한은 1953년에 비해 16배 증가한 943달러에 머물렀으며, 1992년부터 2008년까지의 1인당 GNI 역시 남한

은 3배 가까이 증가한 반면 북한은 정체하거나 오히려 줄어들었다. 즉, 〈표 7-3〉에 나타난 바대로 남한은 1974년을 기점으로 1인당 GNP에서 북한을 앞서기 시작했으며, 이 격차는 시간이 흐를수록 크게 증대되어 왔다.

결국, 2008년 남한의 GNI는 북한에 비해 37.7배, 1인당 국민소득에서 18.1배가 되었음을 알 수 있다. 이와 같이 1990년대부터 남북한의 GNP·GNI 및 1인당 GNP·GNI의 격차가 급속히 커진 것을 알 수 있다. 이와 같은 이유는 1980년대 중반 이후부터 1990년대 중반까지 남한이 연평균 약 9% 수준에 달하는 괄목할 만한 경제성장을 보였고 2000년대 들어도 연평균 약 5%대의 꾸준한 성장을 보인 반면, 같은 기간 중 북한은 연평균 성장률은 동구권 사회주의 체제 붕괴와 극심한 경제난으로 인해 해마다 마이너스 경제성장률을 보였기 때문이다.

클라인은 앞에서 언급했던 바와 같이 경제력(200) 평가에 있어서 GNP·GNI가 차지하는 비중을 50%인 100으로 보았다. 남북한의 GNP·GNI 차이를 클라인의 방식에 따라 평가해 보면 1960년 100 : 78, 1970년 100 : 50, 1980년 100 : 23, 1990년에는 100 : 10으로 10년 기간마다 그 격차는 2배 이상 늘어났다. 그리고 1990년대 중반 이후부터 2008년까지 남북한 GNI의 평가치는 100 : 3 수준으로 더욱 늘어났다.

〈표 7-4〉 남북한 GNP(GNI) 평가

연도	GNP(억 달러)			연도	GNI(억 달러)		
	남한	북한	평가치a)		남한	북한	평가치
1960	19.5	15.2	78	1995	5,155	223	4
1970	79.9	39.8	50	2000	5,308	168	3
1980	693.0	135.0	23	2005	8,439	242	3
1990	2,379.0	231.0	10	2007	10,512	267	3
1992	2,945.0	211.0	7	2008	9,347	248	3

주: a) GNP(GNI)가 더 큰 남한을 100으로 하고 북한은 이에 비례하여 도출

III. 식량생산

'얼마나 식량을 자급하고 있는가'는 경제력 평가에 있어서 가장 중요한 요소 중 하나로 부각되고 있다. 식량이 부족할 경우 그 국가는 커다란 혼란을 겪게 될 것이며, 식량을 수입해야만 하는 국가는 안정성이 보장되지 않는 국제 농산물시장의 특성상 매우 곤란한 지경에 빠질 수도 있기 때문이다.[7]

국제농산물 시장은 미국, 캐나다, 호주 및 일부 유럽국가가 중심이 되어 수출국 중심의 판매자 거점시장을 형성되어 있는데다가, 농산물의 가격과 공급량 조정이 이른바 '곡물메이저(crop majors)'로 불리는 다국적 매머드 기업들에 의해서 조정되고 있다. 이러한 사실은 세계 전체의 총량적 식량 수급 사정과는 무관하게 특정 지역의 작황과 식량수급 사정에 따라서 언제든지 식량수입국에게 불리한 가격이 형성될 수 있고, 경우에 따라서는 식량 공급국의 다른 경제적 이익이나 정치적 목적을 달성하기 위해 식량이 압력 도구로 사용될 수 있게 한다.

2008년 기준으로 남한의 경지면적은 176만 헥타르, 북한의 경지면적은 191만 헥타르이다. 남북한 경지면적을 논과 밭으로 구분해 살펴보면 남한은 논이 전체 경지 면적의 59.5%인 104만 6천 헥타르, 밭이 40.5%인 71만 3천 헥타르이나 북한은 이와 대조적으로 밭이 130만 1천 헥타르로 68.1%, 논이 60만 9천 헥타르로서 31.9%를 차지하고 있다.[8]

남한의 곡물생산은 쌀이 1970년 394만 톤에서 1988년 605만 3천 톤으로 최고 생산량을 보이다가 1990년대 이후 다소 감소하는 추세를 보이며, 2008년 기준으로 484만 4천 톤으로 나타나고 있다. 남한의 총 곡물 생산량은 감소추세에 있는 반면 전체수요량은 급격히 증가하고 있기 때문에 많은 양의 곡물을 수입해야 하는 실정에 있다. 남한의 곡물 자급률(연간 곡물소비량/연간 곡물생산량)은 사료용 곡물까지 합할 경우 1965년의 93.9%에서 1970년

---

7) Ray S. Cline(1980), p.77.

8) 통계청, 『북한의 주요 통계지표』(2009), pp.24-25.

〈표 7-5〉 남북한 곡물생산 추이 비교(정곡기준)

(단위: 만 톤)

연도	곡물 생산량		쌀 생산량	
	남한	북한	남한	북한
1970	693.7	398	393.9	148
1975	765.4	435	466.9	173
1980	691.5	510.0	506.4	195.7
1985	699.0	503.0	562.6	201.4
1986	677.4	482.5	560.7	200.9
1987	668.8	495.2	549.3	203.4
1988	729.9	521.0	605.3	209.9
1989	716.0	548.2	589.8	215.9
1990	663.5	481.2	560.6	193.2
1991	623.6	442.7	538.4	164.1
1992	620.6	426.8	533.1	153.1
1993	557.4	388.4	-	-
1994	574.4	412.5	506.0	150.2
1995	547.6	345.1	469.5	121.1
1996	614.5	369.0	-	-
1997	614.3	348.9	-	-
1998	575.9	388.6	509.7	146.1
1999	600.0	422.2	526.3	162.9
2000	591.1	359.0	529.1	142.4
2001	620.0	394.6	551.5	168.0
2002	559.6	413.4	492.7	173.4
2003	500.4	425.3	445.1	172.0
2004	566.9	431.1	500.0	179.5
2005	552.0	453.7	476.8	202.4
2006	530.0	448.4	468.0	189.5
2007	503.4	400.5	440.8	152.7
2008	549.8	430.6	484.4	185.8

주: 남한의 1980년 생산량은 당시 흉년으로 인해 1981년 생산량임

출처: 통일원, 『분단 45년 남북한 경제의 종합적 비교연구』(1990), p.60; 통일원, 『남북한 경제지표』(1992), p.94, 118; 한국은행, 『1992년 북한 GNP 추정결과』 (1993), p.7; 통계청, 『북한의 주요 통계지표』(2009), pp.26-27

〈표 7-6〉 남한의 식량자급률 추이

(단위: %)

구분	1965	1970	1975	1980	1985	1990	2000	2005	2008
양곡	93.9	80.5	73.1	56.0	48.4	43.1	29.7	29.4	26.2
쌀	100.7	93.9	94.6	95.1	103.3	108,3	102.9	102.0	93.9
보리쌀	-	106.3	92.0	57.6	63.7	97.4	46.9	60.0	36.1
밀	27.0	15.4	5.7	4.8	0.4	0.1	0.1	0.2	0.4
옥수수	36.1	18.9	8.3	5.9	4.1	1.9	0.9	0.9	0.9

출처: 농림수산부, 『농림수산 주요통계』(1993), p.228.; 통계청, 『양곡소비량조사』(2009); 통계청, 『작물통계』(2009); 농림수산식품부, 『양곡수급실적 및 계획』(2009) 자료 참조

80.5%, 1980년 56.0%, 1990년 43.1%, 2000년 29.7%, 2008년에는 26.2%로 계속 줄고 있어, 국제 식량 값이 폭등할 경우 식량파동이 발생할 우려가 있다.

남한의 곡물 해외의존도가 크게 늘어난 직접적 요인은 식생활패턴의 변화에 따라 밀과 옥수수의 수요가 대폭 증가하였고, 주식으로 육류의 수요가 늘어남에 따라 도입사료에 의존하는 축산물 생산의 증가가 식량자급률을 크게 떨어뜨리는 요인으로 작용했다.[9] 남한 국민의 주식이라고 할 수 있는 쌀은 1984년 이래 자급하고 있으며 최근에는 과잉생산 기미까지 보이고 있다. 반면에 밀은 거의 전량을 수입에 의존하고 있고, 옥수수를 비롯한 사료용 곡물 그리고 식용과 사료용을 겸한 두류의 자급률도 급격히 떨어져

9) 실제로 남한에서 국민 1인당 연간 곡물소비량은 점차 감소하고 있는 반면 육류소비량은 점차 증가하고 있다. 곡물의 1인당 연간 소비량은 1972년의 220kg을 고비로 하여 1975년 207kg, 1980년 195.2kg, 1985년 181.7kg, 1990년 167kg, 2000년 153.3kg, 2005년 137.5kg, 2008년 131.4kg으로 계속 감소하고 있다. 쌀의 소비도 1975년 124kg에서 1979년에는 136kg까지 증가하였으나 그 후 계속 감소하여 1980년 132.4kg, 1985년 128.1kg, 1990년 119.6kg, 1995년 106.5kg, 2000년 93.6kg, 2005년 80.7kg, 2008년 75.8kg으로 계속 감소하고 있다. 반면에 육류소비량은 1975년 6.4kg에서 1990년 19.9kg, 2000년 31.9kg, 2008년 35.9kg으로 33년 동안 약 5배 이상 증가하였다. 농림수산식품부, 『농림수산식품 주요통계』(2009), p.491.

거의 수입에 의존하고 있는 실정이다. 결과적으로 남한의 양곡수입은 1973년의 327만 1천 톤(4억 1,753만 달러)에서 1992년에는 1,217만 3천 톤(18억 6,941만 달러)으로 증가하였고, 2008년 1,232만 4천 톤(44억 7,737만 달러)으로 증가하였다.[10)]

북한은 식량생산 실적을 조곡개념인 '알곡'을 기준으로 발표하고 있으며, 곡종별 생산량이나 조곡환산율, 심지어는 서류(薯類)의 포함 여부까지도 정확히 파악하기가 어려운 형편이다. 북한에서 발표하는 식량통계가 조곡개념이라는 것 외에도 통계 작성 시 중앙통계국이 생산성과를 높이기 위해 가장 수확이 많은 지역의 생산량을 표본으로 선정하여 통계를 작성하고 있기 때문에 통계 발표 수치와 실제 생산량 간에는 큰 오차가 발생할 수 있다.[11)]

통일부와 통계청이 평가한 통계에 따르면 북한의 곡물생산 실적은 조곡기준으로 1965년 354만 톤, 1970년 398만 톤, 1980년 510만 톤, 1990년 481만 톤, 2000년 359만 톤, 2008년에는 430만 톤이며, 쌀 생산은 1965년 125만 톤, 1970년에는 148만 톤, 1980년 195만 7천 톤, 1990년 193만 2천 톤, 2000년 142만 4천 톤, 2008년 185만 8천 톤으로 추정된다(〈표 7-5〉 참조).

북한의 이러한 곡물생산 실적은 북한주민의 수요량에 상당량 미달되어 식량자급자족은 어려운 실정이다. 특히 북한은 쌀 생산량의 심각한 부족현상을 극복하기 위해 식량증산과 절약을 강조하고 있는데 1982년 김일성은 "쌀은 곧 공산주의다"라고 선언할 정도로 농업부문의 개발을 시급한 과제로 제시하는가 하면 종래의 '의·식·주'라는 용어를 '식·의·주'로 변경 사용하고 있다.[12)]

---

10) 통계청, 『주요 경제지표』(1993), p.33; 농림수산식품부, 『2008년 농림수산식품 수출입동향 및 통계』(2009).

11) 만약 북한의 발표치가 옳다면 (북한은 1982년 476만 7천 톤의 쌀을 생산했다고 발표) 북한의 인구를 감안할 때 쌀밥만 먹더라도 쌀이 남는 처지인데, 월남한 귀순자들이나 북한 방문자들의 증언은 전혀 반대이다.

12) 1986년 12월 7일, 노동당 제6기 12차전원회의 시 김일성 연설, 통일원, 『북한개요』(1991), p.249에서 재인용.

2008년도 북한의 연간 곡물 총수요량은 652.5만 톤으로 추정되며, 구체적인 내역으로 식용 523.2만 톤, 사료용 30만 톤, 종자용 19만 톤, 가공용 15.7만 톤, 감모분 64.6만 톤이다.[13] 그러나 농촌진흥청은 2008년 북한의 곡물 생산량을 431만 톤으로 추정하였으며,[14] 유엔식량농업기구(FAO)는 이보다 약 100만 톤이나 낮은 334만 톤으로 추정하였다. 종합해 볼 때 북한의 식량공급량을 긍정적으로 평가하더라도 약 100~200만 톤 가량을 외부에서 조달해야 하는 상황으로 추정할 수 있다.

클라인은 경제력에서 식량이 차지하는 비중을 전체 경제력의 10%로 보았으며 경제력에서 식량에 대한 평가는 곡물의 자급도 [수출(+), 수입(-)]로 보았다. 이는 앞서 언급한 바대로 식량을 자급하지 못하고 수입을 해야만 하는 국가는 안보상의 위험을 초래할 수 있기 때문이다. 클라인의 평가에 따르면 남북한의 식량조건은 -20 : -4로 남한이 식량안보상의 문제가 크다고 할 수 있다. 그러나 이러한 평가는 남한이 주식인 쌀을 자급하고 밀과 잡곡의 수입이 주를 이룬 반면, 북한의 경우 주식인 쌀의 절대적 부족으로 곤란을 겪고 있다는 점과 북한이 외환사정의 악화로 부족분의 식량수입 자

〈표 7-7〉 남북한 식량 평가(2008)

	식량수입(만 톤)	평가치
남한	1,232.4	-20
북한	221.5	-4

주: 수입량이 더 큰 남한을 -20으로 하고 북한은 이에 비례하여 도출
북한은 총 식량수요−식량생산

13) 통일부는 북한의 식량수요를 세계보건기구(WHO)가 권장하는 정상적인 에너지 섭취 기준인 1인당 1일 2,130kcal, 연간 222kg을 기준으로 추정하는 것이 적절하다는 입장 하에 곡물 총수요량을 추정하고 있다. 한국농촌경제연구원, "2009년 북한의 식량수급 전망과 남북한 협력과제," 『KREI 북한농업동향』 제10권 제4호(2009), pp.11-12.

14) 농촌진흥청 보도자료, "2008년도 북한 곡물생산량 추정 발표"(2008.12.19).

체가 어려운 지경이라는 면을 고려하지 않고 있다는 한계가 존재한다고 볼 수 있다.

결과적으로 볼 때 북한은 경제난 및 자연재해로 인해 지속되는 식량부족으로 심각한 식량위기에 빠져 있는 것은 자명한 사실이다. 그리고 남한의 식량자급률도 2008년 기준으로 26.2%로, 식량자급률이 22.4%인 일본과 21.2%인 네덜란드를 제외하면 OECD국가 중에서 가장 낮은 수준이다. 한국은 곡물 수입이 미국·호주·중국 등 일부 국가에 편중돼 있고, 다국적 곡물회사에 의존하는 비율이 높기 때문에 비상시 식량안보상의 우려가 있을 수 있다.

IV. 에너지

산업사회에 있어서 에너지는 국가의 존립과 직결되는 문제로서 에너지의 안정적 확보 없이는 경제발전도 국민생활의 안정도 기대할 수 없다. 특히 이러한 에너지는 현재의 경제력에뿐만 아니라 경제성장의 잠재력에도 막대한 영향을 미친다. 여기서 초점이 되는 것은 남북한 각 체제가 충분한 에너지를 생산하고 있는가 하는 점과 에너지 자급률로 나타나는 에너지 안보의 문제이다.

남북한 에너지 공급구조 비교는 〈표 7-8〉에 나타나 있다. 2008년 북한의 석탄 생산량은 남한의 약 14.5배가 되며 가정용 연료인 무연탄뿐만 아니라 산업용 연료로 쓰이는 유연탄도 생산하고 있다. 그러나 금속공업에 필수적인 제철, 제강용 코크스의 원료탄(coking coal)인 역청탄은 남북 모두 생산이 전무하다. 남한은 석유, 천연가스, 유연탄을 전량 수입하고 있으며 1970년대 초까지는 무연탄을 수출하였으나 1970년대 후반부터는 수요 급등에 따른 절대적인 물량부족으로 무연탄마저 수입하는 실정이어서 석탄의 수입의존도도 1980년에는 37.6%, 1990년에는 66.2%로 급격히 높아지고 있다.

〈표 7-8〉 남북한 총 에너지공급 비교(1990/2008)

(단위: 천 TOE)

구분	1990년			2008년		
	남한	북한	남북비교(북한=1)	남한	북한	남북비교(북한=1)
① 국내생산	22,249.5	32,861.5	0.68:1	44,731	20,813	2.15:1
•석탄	7,919.8	30.367.5	0.26:1	1,276	18,561	0.07:1
•원자력	13,782.7	-	-	39,341	-	-
•수력	547.1	2,494.0	0.22:1	264	1,210	0.22:1
② 해외수입	74,289.9	5,288.0	14.0:1	240,067	1,121	214.2:1
•석탄	15,473.9	1,732.5	8.9:1	61,507	254	242.2:1
•석유	55,905.9	3,555.5	15.7:1	145,197	867	167.5:1
•가스	2,910.1	-	-	33,337	-	-
③ 해외수출	3,747.1	30.7	122.1:1	44,954	1,675	26.8:1
•석탄	-	30.7	-	-	1,675	-
•석유	3,747.1	-	-	44,954	-	-
④ 벙커 및 재고변동	388.8	-	-	40	-	-
총 에너지 공급 (①+②-③-④)	92,403.5	38,118.7	2.4:1	239,804	20,259	11.8:1

주: TOE(Ton of oil Equivalent, 원유상당톤) = 천만 Kcal = 약 7.3배럴

출처: 1990통계는 International Energy Agency, *Energy Statistics and Balance of Non-OECD Countries* (Paris: IEA, 1993), p.331, 352에서 발췌 작성. 2008년 통계는 International Energy Agency 홈페이지 (남한=http://www.iea.org/stats/balancetable.asp?COUNTRY_CODE=KR, 북한=http://www.iea.org/stats/balancetable.asp?COUNTRY_CODE=KP) 참조

북한에서 주로 수입하는 에너지원은 석유이며 소량의 역청탄이 수입되고 있다. 하지만 북한은 경제난으로 절대 필요량의 원유도 수입하지 못하고 있다.

에너지 공급능력에 있어서는 1971년에는 남한은 1,670만 3천 TOE, 북한은 2,741만 6천 TOE로서 북한이 남한의 1.6배였으나 1980년에는 남한은 4,156만 8천 TOE, 북한은 3,402만 3천 TOE로 남한이 1.2배 정도로 북한을 능가하였다. 1990년에는 남한은 에너지 총공급이 9,240만 4천 TOE로서 북

〈표 7-9〉 남북한 에너지원 자급도

구분	1971년	1980년	1990년	2000년	2008년
남한	39.3%	26.5%	12.1%	2.8%	3.6%
북한	95.9%	92.2%	86.2%	-	-

출처: 국가에너지통계종합시스템(http://www.kesis.net/flex/new_main.jsp), 『에너지산업·자원 통계정보』 참고하여 작성(검색일: 2010년 10월 5일)

〈표 7-10〉 남북한 1차 에너지원별 공급량 및 구성비(1990/2008)

(단위: 천 TOE)

구분	1990년			2008년		
에너지원별	남한(%)	북한(%)	남북비교 (북한=1)	남한(%)	북한(%)	남북비교 (북한=1)
석탄	24,273.1 (26.3)	32,069.3 (84.1)	0.76:1	66,060 (27.4)	11,236 (66.2)	5.9:1
석유	50,626.9 (54.8)	3,555.5 (9.3)	14.3:1	100,170 (41.6)	967 (5.7)	103.5:1
가스	2,973.8 (3.2)	- (-)	-	35,671 (14.8)	- (-)	-
원자력	13,728.7 (14.9)	- (-)	-	32,456 (13.5)	- (-)	-
수력	547.1 (0.6)	2,494.0 (6.5)	0.22:1	1,196 (0.5)	3,517 (20.7)	0.34:1
총계	92,403.5 (100.0)	38,118.7 (100.0)	2.4:1	240,752 (100.0)	16,980 (100.0)	14.1:1

출처: 1990년 자료는 International Energy Agency, *Energy Statistics and Balance of Non-OECD Countries*(Paris: IEA, 1993), p.331, 352에서 발췌 작성. 2008년 자료는 통계청, 『북한의 주요 경제지표』(2009), pp.64-65

한의 3,811만 9천 TOE에 비하여 약 2.4배의 에너지 공급능력을 나타냈으며, 2008년에는 남한의 에너지 총공급이 2억 3,980만 4천 TOE로 북한의 2,025만 9천 TOE에 비하여 11.8배의 차이를 나타내어 그 격차는 더욱 벌어졌다.

남북한의 에너지 공급구조를 살펴보면 1990년 북한은 석탄이 1차 에너지 공급량의 84%를 점유하는 '주탄종유(主炭從油)' 인 반면, 남한은 55%를 석유에 의존하는 '주유종탄(主油從炭)' 의 에너지 공급구조를 보였다. 마찬가지로 2008년 북한은 석탄이 1차 에너지 공급량의 66%를 점유하는 '주탄종유' 이며, 남한은 석유의존이 42%로 줄었으나 여전히 석유가 에너지 구조의 주를 이루고 있다. 또한 남한이 원자력발전, 가스 등 에너지원의 다변화를 이루고 있는데 비해 북한은 거의 석탄과 수력발전에 전적으로 의존하고 있다고 볼 수 있다.

북한의 에너지 공급구조는 자력 갱생적 주체경제노선에 입각해 외국으로부터 수입해야 하는 유류의존도를 최소한으로 줄인 대신 수력발전과 석탄 등 북한이 자체적으로 해결할 수 있는 자원을 최대한 활용하는 형태로 되어 있다.

클라인은 경제력 평가에 있어서 에너지의 비중을 10%(20)로 두었다. 그 중 석유가 현재까지는 에너지원으로 가장 중요하고 또한 세계 에너지교역에서 차지하는 비중이 가장 크기 때문에 10, 그리고 석탄, 가스, 원자력 비중을 각각 2, 4, 4로 평가했다. 또한 클라인은 그 평가의 주안점을 에너지

〈표 7-11〉 남북한 에너지 평가(2008)

(단위: 천 TOE)

	석유(10)		석탄(2)		가스(4)		원자력(4)		합계
	수출(+)/수입(-)	평가치	수출(+)/수입(-)	평가치	수출(+)/수입(-)	평가치	수출(+)/수입(-)	평가치	
남한	-105,871	-10	-54,475	-2	-29,906	-4	37,250	4	-12
북한	-848	0	2,158	0	0	0	0	0	0

원의 자급 정도에 두었다. 즉 한 국가의 에너지평가는 그 국가가 에너지원을 국내생산으로 자급하는가, 수출까지 하는가 아니면 외국에 의존하는가를 보는 것이다. 1973년과 1979년의 석유위기 경우에서 보듯이 에너지공급을 외국에 의존하는 국가는 국제 에너지위기 시에 심각한 경제활동의 제약을 받게 된다는 것이다. 클라인의 평가에 따라 2008년 에너지평가를 하면 남한은 -12, 북한은 0이다.

그러나 북한의 에너지 자력갱생구조는 외형적으로는 안정적으로 보이지만 내용 면에서는 에너지원의 편중화를 초래하였고 유류도입선의 확보에 어려움을 겪는 등 결과적으로 심각한 에너지난을 야기시키는 원인이 되었다는 것도 고려해야 한다. 예컨대 전력생산의 경우 수력발전 위주로 되어 있어 이로 인해 계절별 전력생산량의 편차가 크다는 등 문제를 유발시키고 있는 점이나, 유류를 석탄으로 대체함으로써 석탄수요가 늘어나 산업전반에 석탄 공급을 제때에 하지 못하는 점, 그리고 유류사용을 제한함으로써 유류도입선을 확보하지 못해 산업 활동에 필요한 최소한의 유류마저 도입하지 못하고 있는 점 등은 에너지 공급구조에서 비롯된 대표적인 문제점들이다.

북한의 에너지위기는 에너지공급의 구조적 문제로서 앞으로도 지속될 것으로 전망된다. 한편 에너지 부존자원이 빈약한 남한은 경제성장과 함께 에너지수요가 지속적으로 증가함에 따라 수입에 의존할 수밖에 없으며 그 결과 2008년 1차 에너지 해외수입의존도가 96.4%를 차지하는 등 에너지 해외의존도는 앞으로도 더욱 높아질 전망이다. 이에 안정된 에너지 확보를 위해 해외 자원개발을 통해 2009년 9%에 머무르고 있는 에너지 자주개발률을 높여가야 할 것이다.

V. 전략적 광물자원

2차 세계대전 이후 지속된 경제성장과 공업화, 폭발적인 인구증가에 따라 광물자원 소비량은 계속 증가하고 있고, 이와 같은 경향은 앞으로도 가속될 것으로 전망된다. 그러나 광물자원은 지질 특성에 따라 일부지역에만 편재되어 있으며, 특히 일부 주요 광물은 머지않은 장래에 고갈될 것으로 예상된다. 이러한 광물자원은 소모만 있을 뿐 단기간 내에 재생산이 불가능하기 때문에 자원전쟁이 불가피하다. 따라서 오늘날 한 국가의 산업 및 경제능력은 그 국가의 자원 확보 및 관리능력에 따라 크게 좌우된다고 할 수 있다.

남북한의 광물 매장량은 〈표 7-12〉에 나타난 바와 같다. 남한의 광물자원 부존현황을 보면 30여 종의 광종이 확인되고 있다. 중소규모의 금속 및 비금속광산들이 전국적으로 산재해 있으나 경제성이 있는 광산은 많지 않

〈표 7-12〉 남북한 주요 광종 매장량 및 잠재가치 비교(2007)

광종	기준품위	단위	매장량		잠재가치		남한수입 의존율(%)
			북한	남한	북한	남한	
무연탄	각 급	억 톤	45	13.7	3,402,945	1,036,007	65.34
갈탄	각 급	억 톤	160	-	10,077,760	-	100.00
금	금속 기준	톤	2,000	41	417,300	8,555	93.04
은	금속 기준	톤	5,000	1,582	20,400	6,455	94.76
동	금속 기준	천 톤	2,900	56	22,500	435	100.00
연	금속 기준	천 톤	10,600	404	59,437	2,262	99.90
아연	금속 기준	천 톤	21,100	588	153,869	4,288	100.00
철	Fe 50%	억 톤	50	0.2	2,135,600	8,542	99.39
중석	WO3 65%	천 톤	246	127	19,858	10,252	89.10
몰리브덴	MoS2 90%	천 톤	54	22	12,156	4,952	99.05

망간	Mn 40%	천 톤	300	176	406	238	100.00
니켈	금속 기준	천 톤	36	-	11,698	-	100.00
인상흑연	F.C 100%	천 톤	2,000	121	7,463	452	99.80
석회석	각 급	억 톤	1,000	99.7	10,923,000	1,089,023	1.24
고령토	각 급	천 톤	2,000	106,335	332	17,671	11.24
활석	각 급	천 톤	700	8,152	875	10,190	92.20
형석	각 급	천 톤	500	477	667	637	100.00
중정석	각 급	천 톤	2,100	842	1,636	656	100.00
인회석	P2O5 30%	억 톤	1.5	-	116,250	-	100.00
마그네사이트	MgO 45%	억 톤	60		13,762,860		100.00
총계					41,147,012	2,200,615	

출처: 대한광업진흥공사, 『북한 광물자원 개발현황』(서울: 대한광업진흥공사, 2008); 한국지질자원연구원, 『2007년 광산물 수급현황』(과천: 지식경제부, 2008)

은 실정이다. 반면 북한의 광물자원은 그 종류가 다양하고 매장량이 풍부하다는 특징을 가지고 있으며, 현재까지 발견된 주요 광물 400여 종 가운데 경제적 가치가 높은 광물만도 220여 종에 이른다.

매장량에 있어서도 북한은 철광석, 니켈, 아연, 석회석, 마그네사이트 및 석탄 등 거의 전 광물에서 남한보다 절대적인 우위를 차지하고 있다. 남북한의 주요 광물 매장량을 비교해 보면 주요 에너지원인 석탄(무연탄, 갈탄)은 남한의 매장량이 13억 7천 톤인데 비해 북한은 거의 20배에 달하는 205억 톤 정도로 추정된다. 광물자원 중 가장 중요하다고 할 수 있는 철광석의 매장량은 남한이 2천 톤인데 비해 북한은 50억 톤 이상으로 큰 차이를 보이고 있다. 특히 경금속공업 원료인 마그네사이트는 남한에서는 전혀 생산되지 않고 있는데 반해 북한은 세계 최대의 매장량(60억 톤으로 추정)을 자랑하고 있다. 이와 같은 지하자원 부존량의 차이로 인해 남한은 경제규모의 확대와 더불어 내수용 자원조차 절대량이 부족하여 많은 양을 수입에 의존

(2006년 기준 해외의존율 92%)[15]하고 있지만, 북한의 광물자원은 공업원료 수요를 충족(자급률 70%)[16]할 뿐 아니라 외화획득원의 하나로 자리 잡아 왔다.

〈표 7-13〉의 남한의 주요 광종 수급현황을 살펴보면 국내생산으로 완전자급 가능한 광종이 7종, 전량 수입에 의존하고 있는 광종이 27종이다(2003년 기준). 남한은 클라인이 경제력의 중요 요소로서 지적한 5가지의 전략적 비연료 광물자원—철광석, 구리, 보크사이트, 크롬, 우라늄—중 철광석과 구리만 소량 생산하고 있으나 그 외 보크사이트, 크롬, 우라늄은 전량 수입에 의존하고 있다.

남한의 이러한 주요 광물 수급 추이를 보면 경제규모의 확대에 따른 수요의 증대와 생산량 감소로 인하여 해외의존도가 점차 더욱 심화되고 있음

〈표 7-13〉 남한의 주요 광종 자급수준별 현황(2003)

구분	자급률(%)	광종수	해당광종 및 자급률(%)
전량자급	100	7	납석, 장석, 사문석, 불석, 석면, 명반석, 연옥
거의자급	90 이상	2	규석(99.74), 석회석(99.36)
일부자급	10~90	6	고령토(89.93), 티타늄광(63.98), 운모(59.79), 활석(45.27), 규사(26.91), 은(12,46)
거의수입	10 미만	7	규조토(8.76), 금(1.51), 철광(0.51), 흑연(0.64), 유화철(0.24), 중정석(0.16), 연광(0.04)
전량수입	0	27	아연광, 형석, 동광, 인광석, 석고, 유황, 망간광, 알루미늄, 마그네사이트, 백금, 규회석, 질코늄, 홍주석, 붕소광, 크롬 몰리브덴, 남정석, 비소광, 금강석, 수정, 주사, 하석, 창연, 안티모니광, 코발크, 베릴륨광, 니켈, 텅스텐광, 세륨 등

출처: 산업자원부·한국지질자원연구원, 『2004년도 광물수급현황』(서울: 웅진문화사, 2004), p.5

15) 권석택 의원(자유선진당), "2007년 대한광업진흥공사 국정감사 보도자료"(2007.10.22).

16) 통일연구원·대한광업진흥공사, 북한경제전문가 100인 포럼 공동주최 학술회의, 『북한 광물자원 개발전망과 정책방안』(2005), p.46.

을 알 수 있다. 철광석의 경우 1975년에는 자급률이 31%였으나 1990년에는 1.4% 수준으로 떨어졌으며 이후 자급률은 계속 저하되면서 2008년에는 0.75%의 철광석 자급률을 나타내고 있다. 동광 역시 1975년에는 25% 정도의 자급률을 보였으나 1990년의 자급률은 0.05%로 급속히 저하되어 이 후 거의 전량을 수입에 의존하는 실정이다. 고도산업 발전에 긴요한 알루미늄 원광(보크사이트)과 특수강 원료인 크롬광은 남한에는 매장되어 있지 않아 전량 수입하고 있다. 오늘날 원자력 에너지원으로 중요성이 크게 부각되고 있는 우라늄은 남한에도 매장되어 있는 것으로 알려지고 있으나 경제성이 낮아 현재까지 생산되고 있지는 않다(〈표 7-14〉 참조).

북한은 철광석, 구리, 보크사이트, 우라늄 등 주요 광물자원의 매장량이 풍부하며 또한 상당량을 생산하고 있다. 철광석의 생산은 철광산의 계속적

〈표 7-14〉 남한의 주요 광종 수급 추이

광종	단위		1975	1980	1985	1990	1995	2001	2006	2007	2008
철광석	천 톤	내수	2,076	9,760	12,171	21,359	35,351	45,837	43,407	47,777	48,650
		생산	644	619	668	298	184	22	227	290	365
		수입	1,494	9,142	12,418	21,183	35,075	48,875	43,895	46,176	49,542
동광	톤	내수	38,700	235,486	308,961	380,953	463,077	1,168,584	1,459,369	1,428,547	1,390,436
		생산	9,670	1,487	1,234	197	123	0	13	6	4
		수입	29,030	233,999	355,210	368,402	468,714	1,173,647	1,458,115	1,402,886	1,483,914
알루미늄광	톤	내수	800	2,247	9,177	34,536	124,380	109,371	448,653	276,580	458,119
		생산	0	0	0	0	0	0	0	0	0
		수입	800	2,247	9,177	34,536	124,384	109,371	448,653	276,622	459,039
크롬광	톤	내수	300	5,264	3,875	528	478	171	1,859	2,536	6,300
		생산	0	0	0	0	0	0	0	0	0
		수입	300	2,264	3,875	528	478	171	1,859	2,596	6,300
우라늄	U톤	내수	0	81	207	170					
		생산	0	0	0	0	–	–	–	–	–
		수입	0	81	207	170					

출처: 에너지경제연구원, 『에너지 통계연보』(1991), pp.234-249에서 발췌 작성; 지식경제부·한국지질자원연구원, 『2008년도 광산물 수급현황』(2009.5), p.16, pp.284-308에서 발췌 작성

인 확장 및 개발로 인하여 지속적으로 증가하여 왔으나 최근 수년간 철광석 생산이 정체되고 있다. 철광석의 연간 생산량은 1970년 520만 톤, 1980년 830만 톤, 1990년 843만 톤, 2000년 379만 톤, 2008년 531만 6천 톤으로 1990년을 기점으로 감소하고 있으며, 거의 자체수요를 충당하고 있는 것으로 추정된다.

북한의 동광, 알루미늄광, 크롬광의 내수, 수출, 수입에 대한 정확한 평가는 통계의 미비로 알 수는 없다. 가용한 통계에 따르면 북한은 1990년 동 583톤, 알루미늄 3,543톤을 일본에 수출했다.[17] 또한 북한은 구소련으로부터 크롬광을 1989년에 1만 8천 톤, 1990년에 1만 9천 톤을 수입했다.[18] 원자력에너지의 원료인 우라늄의 경우도 북한은 2,600만 톤 규모의 매장량을 보유하고 있으며, 순천 등 2곳의 고품위 우라늄광산에서 우라늄원광을 생산하고 있다. 또한 북한은 평산, 박천에 있는 2개의 우라늄정련공장에서 자체적으로 원광으로부터 우라늄을 추출, 원자로의 연료로 쓰고 있다.[19]

클라인은 에너지와 마찬가지로 전략적 광물자원도 전체 경제력의 10%(20) 비중을 두었다. 그 평가의 주안점도 에너지에서와 같이 광물자원의 생산, 소비가 아닌 수출을 하느냐 또는 수입을 하느냐, 즉 국내자급도에 두었다(광물자원의 생산·소비는 GNP와 공업력 평가에서 어느 정도 계산되고 있다). 철광석, 동광, 보크사이트, 크롬광, 우라늄 각각의 비중에 있어서는 철광석이 중공업·군수공업 등에서 필수적인 광물자원이며 가장 널리 쓰이는 자원이라는 면에서 8, 그리고 나머지 광물자원은 각각 3의 비중을 갖는다. 클라인의 평가에 따르면 〈표 7-15〉에 나타난 바와 같이 남한은 -17, 북한은 -3 정도로 북한이 우위에 있다.

광물자원은 지질 특성에 따라 일부 지역에만 편재되어 있기 때문에 자연조건상 북한은 남한에 비하여 유리한 조건에 있다. 특히 남한의 경우 생산

17) 日本貿易振興會, 『北朝鮮の経済と貿易の展望』(東京: 日本貿易振興會, 1991), p.99.
18) 日本貿易振興會(1991), p.72.
19) 한국원자력연구소, 『북한의 원자력개발 현황』(1993.7) 참조.

〈표 7-15〉 북한의 철광석 생산량 추이

(단위: 만 톤)

연도	1965	1970	1975	1980	1985	1990	1991	1992	1993	1994
생산	580	520	750	830	980	843	816.8	574.6	476.3	458.6
연도	1995	1996	1997	1998	1999	2000	2001	2002	2003	2004
생산	422.1	344	291	289	378.6	379.3	420.8	407.8	443.3	457.9
연도	2005	2006	2007	2008						
생산	491.3	504.1	513	531.6						

출처 : 대한광업진흥공사, 『북한의 광물자원 개발현황』, p.15; 김영윤, 『북한 광물자원 개발을 위한 남북 협력방안 연구』(서울: 통일연구원, 2005), p.56; 통계청, 『북한의 주요 통계지표』(2009), p.33

화 과정이 가속화됨에 따라 에너지소비량의 급증과 더불어 원자재로서 광물자원의 수요가 늘고 있으나 부존자원의 부족으로 수입에 의존하고 있는 형편이다. 돌발적인 가격불안과 수급의 불균형이 수시로 재현될 수 있는 자원문제의 특수성에 비추어 볼 때 해외의존도가 높다는 사실은 남한경제의 불안정요인이 될 수 있다.

〈표 7-16〉 남북한의 전략적 광물자원 비교(1990)

		철광석(8) (천 톤)	동광(3) (톤)	알루미늄광(3) (톤)	크롬광(3) (톤)	우라늄(3) (U톤)	합계 (20)
수출(+) 수입(-)	남한	-21,183	-368,402	-34,536	-528	-170	
	북한	0	583	3,583	-19,000	0	
평가치	남한	-8	-3	-3	0	-3	-17
	북한	0	0	0	-3	0	-3

주: 2000년대 이후 광물자원 수출입에 대한 북한의 통계자료 미비로 1990년 자료로 비교를 대신함

VI. 공업력

클라인은 공업력을 평가하는 지표로서 강철생산량, 알루미늄생산량, 시멘트생산량을 보았다. 철강공업은 국민경제의 골격을 이루고 있는 기간산업으로 흔히 '산업의 쌀'이라고 불리운다. 철강공업은 기계·전자·자동차·조선·건설 등의 주요산업에 원자재를 공급하는 기초소재생산을 담당한다. 따라서 철강공업은 한 국가의 산업발전의 척도가 될 뿐만 아니라 국력의 상징으로까지 인식되고 있다.

해방 전에는 약 60만 톤의 제철시설 및 16만 톤의 제강시설 중 약 90%가 북한에 편재되어 있었다.[20] 더구나 분단 이후 북한은 풍부하게 매장되어 있는 철광석을 바탕으로 철광공업에 집중적인 노력을 기울인 결과, 1970년대 초까지만 하더라도 북한의 철강 생산설비능력은 남한보다 월등한 위치에 있었다. 그러나 1973년 8월 포항종합제철 제1기 준공을 시발점으로 하여 남한의 철강제품 생산량은 급속한 성장을 보여 1980년에는 남한은 제선능력 557만 7천 톤, 제강능력 571만 2천 톤으로 북한의 제선능력 346만 6천 톤, 제강능력 398만 3천 톤을 압도하게 되었다(〈표 7-17〉 참조).

남한은 늘어나는 철강수요에 대비 1987년 5월 연산 270만 톤 규모의 광양제철소 제1기를 완공, 완전가동에 들어갔으며 1988년 7월에는 연산 270만 톤 규모의 광양제철소 제2기, 1990년 12월에는 동일 규모의 제3기를 완공하는 등 지속적인 철강설비 확충과 수요증가로 2008년 현재 제강생산 6,013만 9천 톤 능력을 갖춘 세계 6위의 철강생산국으로 부상했다.[21]

이에 비해 같은 기간 중 북한은 철강공업 부문에서 1988년 8호 제강소의 조업을 개시하고 1989년 김책제철연합기업소 제2단계 확장공사를 완료(강철생산량 240만 톤, 압연능력 140만 톤)하였으며 1989년 12월 철강생산량 연

20) 국토통일원, 『남북한 부문별 경제력비교 및 장기예측』(1972), p.7.

21) 한국의 2007년 조강(Crude Steel) 생산량은 5,723만 8천 톤으로 전 세계의 생산량의 3.8%를 차지하고 있으며, 이는 1970년 세계 비중 0.1%에 비해 비약적인 성장을 하였다. 한국철강협회(http://kosa.or.kr) 자료 참조.

〈표 7-17〉 남북한 철강제품 생산량 추이

(단위: 만 톤)

연도	제선		제강		압연강제	
	남한	북한	남한	북한	남한	북한
1960	1.32	120	5.0	66		
1965	1.84	149	22.7	205		
1970	1.90	206	48.1	217		
1975	118.6	304	20.1	240		
1980	557.7	347	571.2	398		
1985	883.2	508	1561.2	430	1650.5	339
1986	883.2	512	1584.2	430	1798.4	339
1987	1167.2	517	1829.8	481	2191.5	356
1988	1451.2	517	2165.6	504	2567.3	397
1989	1451.2	517	2220.6	594	2792.6	404
1990	1756.1	541	2551.6	596	2849.0	404
1991	1756.1	541	2586.0	598	3438.9	404
1992	2046.9	541	3215.5	598	4261.8	404
1993	2114.4	541	3424.9	598	4497.6	404
1994	2114.4	541	3532.9	598	4623.6	404
1995	2174.4	541	3867.9	598	4955.1	404
1996	2174.4	541	4255.4	598	5372.4	404
1997	2174.4	541	4335.4	598	5807.2	404
1998	2167.4	541	4509.2	598	5936.0	404
1999	2601.0	541	4865.5	600	6562.3	404
2000	2601.0	541	4965.5	600	6725.3	404
2001	2601.0	541	4988.8	600	6794.7	404
2002	2613.0	541	5198.3	600	6765.6	404
2003	2613.0	541	5203.5	600	6848.1	404
2004	2614.0	541	5299.0	600	7260.7	404
2005	2614.0	546	5323.0	649	7468.9	404
2006	2814.5	546	5641.7	649	7925.7	404
2007	3028.0	546	5723.8	649	8339.6	404
2008	3192.0	546	6013.9	649	8709.0	404

출처: 통일원, 『분단 45년 남북한 경제의 종합적 비교연구』(1991), pp.64, 67; 통일원, 『남북한 경제지표』(1992), pp.152-56; 1990년도 이후 자료는 통계청, 『북한의 주요 통계지표』(2009), p.37

산 200만 톤 규모의 '10월 9일 강철종합공장'을 착공(1993년 완공목표)하는 등 생산능력 증대에 노력하였으나 남한의 성장에 비교한다면 미약하다고 할 수 있다.

〈표 7-17〉에 나타난 바와 같이 2008년 남한의 제강능력은 6,013만 9천 톤에 달하고 있으며 북한의 제강능력은 649만 톤으로, 남한의 제강능력은 북한의 10배에 이르는 수준이다. 선철생산능력은 남한이 3,192만 톤인데 비해 북한은 549만 톤이고 압연강재 생산능력은 남한이 8,709만 톤, 북한이 404만 톤으로 각각 약 5배와 20배의 차이를 나타내고 있다.

비철금속공업을 보면, 북한은 비철금속 생산에 필요한 다양한 광물자원을 갖고 있기 때문에 일찍부터 비철금속 생산에 역점을 두어왔다. 북한의 주요 비철금속공장으로는 남포제련소, 문평제련소, 홍남제련소, 해주제련소, 북창 알루미늄공장, 단천제련소, 평양유색금속공장, 청화제련소 등이 있다. 과거에 북한은 연, 아연, 동 그리고 이들 제련과정에서 추출되는 금, 은 등의 생산에 치중하였으나, 1983년 북창 알루미늄공장을 건설하여 알루미늄, 텅스텐, 니오비움, 세리움 등의 생산에도 노력하고 있다.[22] 북한은 1985년 연 4만 8천 톤, 아연 26만 5천 톤, 동 9만 7천 톤, 알루미늄 2만 톤의 생산량에서, 2008년에는 연 생산량이 9만 3천 톤으로, 아연 생산량이 30만 5천 톤으로 증대하였으나 동과 알루미늄 생산량은 정체를 나타내고 있다.

남한의 비철금속공업이 본격적으로 성장궤도에 오른 것은 1970년대 후반이다. 중화학공업 건설이 본격적으로 추진됨에 따라 급격히 증가하는 비철금속의 수요에 대처하기 위하여 경상남도 온산지역에 대규모의 비철금속 단지를 조성·육성하기 시작하였다. 그 후 신·증설투자가 활발히 이루어져 알루미늄을 제외한 동, 아연, 연의 제련부문과 비철금속 가공부문의 시설능력이 계속 확대되었다.

22) 소련 및 서방으로부터 설비를 들여와 건설된 북창 알루미늄공장은 연간 생산능력이 2만 톤 규모인데, 원료인 알루미리 알루미나공장(연간 4만 톤 규모)으로부터 공급받고 있다. 통일원, 『북한개요』(1991), p.176.

〈표 7-18〉 남북한 비철금속 생산량 추이

(단위: 천 톤)

연도	연		아연		동		알루미늄	
	남한	북한	남한	북한	남한	북한	남한	북한
1985	70.0	48.0	104.0	265.0	130.0	97.4	17.5	20.0
1986	104.0	48.0	205.0	275.0	130.0	97.4	17.5	20.0
1987	130.0	77.5	220.0	275.0	150.0	92.4	17.5	20.0
1988	130.0	87.5	235.0	295.0	200.0	90.4	17.5	20.0
1989	130.0	87.5	247.0	295.0	200.0	90.4	17.5	20.0
1990	75.0	88.0	256.0	295.0	225.0	90.4	17.5	20.0
1991	60.0	88.0	232.0	295.0	225.0	90.4	17.5	20.0
1992	90.0	88.0	259.0	295.0	-	-	-	-
1993	133.0	88.0	249.0	295.0	-	-	-	-
1994	132.0	88.0	287.0	295.0	-	-	-	-
1995	175.0	88.0	285.0	295.0	235.0	27.0	-	-
2000	219.0	88.0	475.0	240.0	471.0	13.0	312.0	-
2005	245.0	93.0	646.0	305.0	526.6	13.0	463.0	-
2006	241.0	93.0	660.0	305.0	-	-	-	-
2007	255.0	93.0	683.0	305.0	-	-	-	-
2008	271.0	93.0	737.0	305.0	-	-	-	-

출처: 통일원, 『남북한 경제지표』(1992), pp.158-164; 1990년 이후는 통계청, 『북한의 주요 통계지표』(2009), p.39; 1995년 이후 동과 알루미늄 자료는 UN 홈페이지(http://data.un.org)

남한의 비철금속 생산능력을 보면 비철금속 중 가장 안정된 공급구조를 보이고 있는 아연은 1980년대 중반부터 국내 자동차산업의 호황에 따른 아연도강판 수요증대와 대외가격경쟁력 향상 및 수출증대로 인하여 1985년 10만 4천 톤의 생산능력에서 1990년 25만 6천 톤, 1995년 28만 5천 톤, 2000년 47만 5천 톤, 2005년 64만 6천 톤, 2008년에는 73만 7천 톤 규모로 비약적으로 증대되었다. 아연과 마찬가지로, 자동차용 축전지 제조에 사용되는 연은 1980년대 후반기 이후 자동차 산업의 급성장에 힘입어 1985년 7만 톤 생산에서 1995년 17만 5천 톤, 2000년 21만 9천 톤, 2005년 24만 5천 톤, 2008년 27만 1천 톤 생산능력으로 성장하였다.

남북한의 비철금속 부문의 생산능력을 비교해 보면 매장량의 열세에도 불구하고 남한의 생산시설 능력이 북한보다는 상대적으로 우월하다. 북한의 비철금속 공업은 철강공업부문과 마찬가지로 제련기술 및 생산설비가 세계적 수준에 비해 뒤떨어져 있기 때문에 이들 시설의 근대화가 시급하다.[23)]

시멘트공업의 경우 〈표 7-19〉에서 볼 수 있는 바와 같이 북한은 1946년에 10만 3천 톤을 생산하여 남한(1만 1천 톤)에 비해 10배에 가까운 생산실적을 나타냈다. 북한의 이러한 시멘트공업에 있어서의 우위는 1960년대까지는 지속되었으나 1970년대에 들어서는 남한보다 낮은 수준을 나타내고 있다.

북한은 1970년 400만 톤, 1980년 870만 톤, 1991년 517만 톤, 1995년 422만 톤, 2000년 460만 톤, 2005년 593만 톤, 2008년에는 641만 5천 톤의 시멘트를 생산했다. 한편 북한의 시멘트생산능력은 1985년 904만 톤에서 1991년에는 1,202만 톤으로 증대하였다. 북한의 시멘트제조설비는 현대화설비인 NSP킬른(Kiln)이 2기, SP킬른이 3기로, 전체 설비능력의 35%(남한은 98%)에 불과하며 여타 설비는 에너지절감 및 자동화면에서 낙후된 습식, 반건식, 단순건식의 재래식 설비이다.[24)]

남한은 시멘트공업을 제1차 경제개발계획의 시작으로 그 기반을 굳히고 10대 전략산업의 하나로 선정하여 중점적으로 육성하였다. 그 결과 1960년까지만 해도 북한생산량(229만 톤)의 1/5 수준 정도인 48만 톤에 불과하던 남한의 시멘트생산은 1970년에는 578만 톤으로 북한의 생산량을 앞서 나갔다. 이후 남한의 시멘트생산량은 1975년 1,013만 톤, 1980년 1,557만 톤, 1990년 3,357만 5천 톤, 1995년 5,513만 톤, 2000년 5,125만 5천 톤, 2005

23) 아연은 북한 수출의 주종을 이루고 있으나 남한의 품위 99.995%에 비해 북한의 품위는 99.95% 수준으로 품질이 떨어지며 동은 북한의 경우 반사로 및 용광로 공법을 사용하고 있어 남한의 자용로 공법에 비해 구식 공법으로 생산하고 있다. 통일원, 『북한개요』(1991), p.27.

24) 한국산업은행, 『산업기술동향: 남북한 간의 산업기술 현황과 협력방향』(1992.3), p.37.

〈표 7-19〉 남북한 시멘트 생산능력 및 생산량 비교

(단위: 만 톤)

연도	생산 능력		생산량	
	남한	북한	남한	북한
1946	-	160.0	1.1	10.3
1950	-	-	1.2	50.8
1955	-	-	5.6	36.6
1960	72.0	-	48.1	229.0
1965	-	-	161.4	239.0
1970	700.0	-	578.2	400.0
1975	-	-	1012.9	580.0
1980	2200.0	-	1557.0	870.0
1982	-	-	2345.0	870.0
1984	-	-	2429.0	891.0
1985	2522.1	904.0	-	-
1986	2986.3	904.0	-	-
1987	2986.3	904.0	-	-
1988	3021.3	977.5	2899.5	880.0
1989	3082.3	1177.5	3047.4	890.0
1990	4210.4	1202.0	3357.5	-
1991	4210.4	1202.0	3833.5	516.9
1994			5163.5	433.0
1995			5513.0	422.0
1996			5726.0	379.0
1997			5979.6	334.0
1998			4609.1	315.0
1999			4815.7	410.0
2000			5125.5	460.0
2001			5204.6	516.0
2002			5551.4	532.0
2003			5919.4	554.3
2004			5433.0	563.2
2005			4719.7	593.0
2006			4919.9	615.5
2007			5218.2	612.9
2008			5165.3	641.5

출처: 1946~80년의 생산능력은 한국산업은행, 『산업기술동향: 남북한의 산업기술현황과 협력방향』(1992. 3), p.37; 1985~91년의 생산능력은 통일원, 『남북한 경제지표』(1992), p.182; 1946~80년의 생산량은 통일원, 『남북한 총력추세비교』(1982), p.82. 1982년 생산량은 The EIU, *Quarterly Economics Review of China, North Korea, Annnual Supplement* (1984), p.30; 1984년 생산량은 통일원 발표(『동아일보』, 1985년 12월 28일자); 1988~1990년 생산량은 CEMBUREAU, *World Statistical Review*, 통계청, 『통계로 본 세계와 한국』(1991), p.214에서 재인용; 1991년 생산량은 한국은행, 『1991년 북한 GNP 추정결과』(1992), p.5; 1994년부터 2008년 생산량은 통계청, 『북한의 주요 통계지표』(2009), p.36

년 4,919만 9천 톤, 2008년 5,165만 3천 톤으로 증가하였다.

클라인은 공업력을 평가하는 지표로서 강철생산량, 알루미늄생산량, 시멘트생산량을 보았으며, 총체적 경제력 평가에 있어서 10%(20)의 가중치를 공업력에 주었다. 그의 의견에 따르면 강철은 산업국가의 국력을 평가하는 데 있어서 누구나가 인정하는 가장 중요 요소의 하나로, 그 가중치는 공업력 전체 가중치 20 중 10을 차지한다. 알루미늄(가중치 5)은 경공업과 소비재공업의 주요지표가 되며 시멘트(가중치 5)는 건자재의 주요 요소로서 공업력의 평가에서 차지하는 바가 크다고 보았다.

남북한의 공업력 평가를 클라인방식에 따라 수치로 비교하자면 남한은 20, 북한은 2로서 남한의 공업력은 북한의 10배가 된다고 볼 수 있다. 한편 클라인은 단지 강철, 알루미늄, 시멘트만을 비교의 지표로 삼았으나 그 외에도 공업력의 중요 지표로 볼 수 있는 자동차, 조선 능력 등을 포함한다면, 남북한 간의 격차는 더욱 커질 것이다.[25]

〈표 7-20〉 남북한 공업력 평가

(단위: 천 톤)

	강철(10)		알루미늄(5)		시멘트(5)		합계
	생산량	평가치	생산량	평가치	생산량	평가치	
남한	60,139	10	463.0	5	51,653	5	20
북한	6,490	1	20.0	0	6,415	1	2

주: 알루미늄은 북한의 통계자료 미비로 2005년 자료 사용

25) 존 루크(John T. Rourke)는 공업력 평가의 지표로 철강, 알루미늄, 시멘트, 자동차, 전력생산 등을 보고 있다. John T. Rourke, *International Politics on the World Stage* (Monterey: Cole Publishing Co., 1986), pp.152-153.

VII. 대외무역

국제관계에 있어서 무역규모는 한 국가의 경제력을 가늠할 수 있는 좋은 지표이다. 미국, 일본 등과 같이 세계 무역에서 차지하는 비중이 높은 국가들이 일반적으로 세계경제에서 더 큰 힘과 영향력을 갖는다는 것은 주지의 사실이다.

남북한의 경제체제와 성장전략의 차이는 대외무역에 잘 반영되어 나타나고 있다. 대내 지향적 발전전략을 채택한 북한은 GNP·GNI 기준으로 1990년대 초반까지 20%, 2000년대 이후에는 10%대 내외를 GDP기준으로는 1990년까지는 30%대를 1990년 이후에는 20%내외의 낮은 무역의존도를 유지해 온 반면, 수출위주의 성장정책을 추진한 남한은 1970년대 중반 이래 50~70%의 높은 무역의존도를 보여 왔다. 특히 무역규모에서 나타나는 뚜렷한 차이는 남북한 경제력 격차의 단면을 보여주는 좋은 예라고 할 수 있다(〈표 7-21, 7-22〉 참조).

북한의 총 교역규모는 2008년 38.2억 달러이며 이는 1960년의 3.2억 달러와 비교할 때 약 12배 증가하였다. 같은 기간 동안 남한의 총 교역액은 3.7억 달러에서 8,572.8억 달러로 약 2,300배 증가하였다. 이와 같은 남한의 급속한 교역량 증가로 인하여 1960년에 북한의 약 1.2배이던 남한의 무역규모는 2008년에는 북한 무역규모의 약 224배에 이르게 되었다. 한편 이 기간 동안의 수출은 북한이 1.5억 달러에서 11.3억 달러로 7.5배 증가한 반면 남한은 0.3억 달러에서 4,220.1억 달러로 약 14만 배 증가하였으며, 수입은 북한이 1.7억 달러에서 26.9억 달러로 약 16배 증가하였으나 남한은 3.4억 달러에서 4,352.7억 달러로 약 1,280배 증가하였다. 매년 남한의 기록적인 무역총액 증가는 남북한 무역규모의 격차를 심화시키는 데 크게 기여하였다.

남북한 무역규모의 성장 추이에서 나타나는 것처럼 남한의 무역규모는 1960년대 중반 이래 꾸준히 괄목할만한 성장을 해 왔으나 북한의 무역규모는 1970년대 중반의 급격한 신장이 있은 후 감소와 증가를 반복해 왔다.

남한은 수출주도의 경제 성장전략을 바탕으로 수출산업을 육성해 왔으며 노동집약적인 경공업제품의 국제경쟁력이 낮아져서 수출전망이 어두워지자 1970년대 초반부터 수출위주의 중화학 공업화를 추진하였다. 그 결과 남한의 수출상품구조는 개선되었으며 수출의 지속적인 증가가 가능하였다.[26]

한편 북한은 사회주의국가와의 구상무역에 치중해 왔으며, 1970년대 중반 이후 신기술과 자본도입의 어려움으로 수출상품의 다양화와 품질향상, 신상품 개발이 미흡하여 국제시장에의 진출에는 한계가 있었다. 특히 1980년대 후반 동구사회주의 국가들의 붕괴 이후 북한의 무역규모는 지속적인 감소추세를 나타냈으며 1998년에는 14.4억 달러를 기록해 1975년 이래 최저의 무역규모를 기록하였다. 1998년 이후에는 북한의 무역규모는 점차 증

〈표 7-21〉 남한의 대외무역 추이

(단위: 억 달러)

연도	수출 (A)	수입 (B)	무역총액 (C=A+B)	무역수지 (A-B)	GNP(GNI) (D)	GDP (D1)	무역의존도	
							C/D	C/D1
1960	0.3	3.4	3.7	-3.1	19.5		20.0	
1965	1.8	4.6	6.4	-2.8	30.1		21.3	
1970	8.4	19.8	28.2	-11.4	79.9	92.8	35.3	30.4
1975	50.0	66.7	116.7	-16.7	208.5	223.7	56.0	52.2
1980	172.1	216.0	388.1	-43.8	603.0	665.4	64.4	58.3
1985	264.4	264.6	529.0	-0.2	834.0	1,007.2	63.4	52.5
1986	339.1	297.1	636.2	42.0	1,027.0	1,160.3	61.9	54.8

26) 그러나 남한 국내생산 상품의 수입유발효과(상품 1단위를 생산하기 위해 투입되는 중간재 수입규모를 나타내는 지표)는 1990년 기준으로 평균 24.5%로 미국의 11.6%나 일본의 4.8%, 대만의 22.2%보다 훨씬 높은 수준이다. 이는 생산구조의 대외의존도가 높다는 것을 의미하며 또한 같은 생산액을 갖고도 선진국이나 경쟁국에 비해 부가가치액이 낮다는 것이다. 한국은행, 『주요상품별 수입유발효과』(1993) 참조.

1987	462.4	385.8	848.2	76.6	1,284.0	1,459.5	66.1	58.1
1988	596.5	482.0	1,078.5	114.5	1,692.0	1,954.1	63.7	55.2
1989	614.1	568.1	1,182.2	46.0	2,112.0	2,402.6	56.0	49.2
1990	631.2	651.3	1,282.5	-20.0	2,379.0	2,749.8	53.9	46.6
1991	695.8	765.6	1,461.4	-69.8	2,808.0	3,212.7	52.0	45.5
1992	751.7	773.2	1,524.9	-21.5	2,945.0	3,438.9	51.8	44.3
1993	822.4	838.0	1,660.4	-15.6	3,713.0	3,775.1	44.7	44.0
1994	960.1	1,023.5	1,983.6	-63.4	4,223.0	4,414.2	47.0	44.9
1995	1,250.6	1,351.2	2,601.8	-100.6	5,255.0	5,390.7	49.5	48.3
1996	1,297.2	1,503.4	2,800.6	-206.2	5,553.0	5,813.2	50.4	48.2
1997	1,361.6	1,446.2	2,807.8	-84.6	5,136.0	5,382.1	54.7	52.2
1998	1,323.1	932.8	2,255.9	390.3	3,404.0	3,601.0	66.3	62.6
1999	1,436.9	1,197.5	2,634.4	239.4	4,400.0	4,643.1	59.9	56.7
2000	1,722.7	1,604.8	3,327.5	117.9	5,308.0	5,333.9	62.7	62.4
2001	1,504.4	1,411.0	2,915.4	93.4	5,035.0	5,045.8	57.9	57.8
2002	1,624.7	1,521.3	3,146.0	103.4	5,762.0	5,759.3	54.6	54.6
2003	1,938.2	1,788.3	3,726.5	149.9	6,442.0	6,437.6	57.8	57.9
2004	2,538.4	2,244.6	4,783.0	293.8	7,245.0	7,219.8	66.0	66.2
2005	2,844.2	2,612.4	5,456.6	231.8	8,439.0	8,448.7	64.7	64.6
2006	3,254.6	3,093.8	6,348.4	160.8	9,525.0	9,517.7	66.6	66.7
2007	3,714.9	3,568.5	7,283.4	146.4	10,512.0	10,492.4	69.3	69.4
2008	4,220.1	4,352.7	8,572.8	-132.6	9,347.0	9,291.2	91.7	92.3

주: 1) 통관금액을 국제수지기준으로 조정한 것이며 그 평가는 모두 F.O.B. 기준임
2) 1993년 이후부터 명목 GNI 통계 사용

출처: 수출·수입·무역액 및 GNP·GNI 통계는 경제기획원, 『주요 경제지표』(1977), p.184; 통계청, 『주요 경제지표』(1993), p.247; 1993년 이후부터는 통계청, 『북한의 주요 경제지표』(2009), pp.41-42, p.46; GDP통계는 UN 홈페이지 통계자료(http://unstats.un.org/unsd/snaama/downloads/Download-GDPcurrent-USD-countries.xls) 참조

〈표 7-22〉 북한의 대외무역 추이

(단위: 억 달러)

연도	수출 (A)	수입 (B)	무역총액 (C=A+B)	무역수지 (A-B)	GNP(GNI) (D)	GDP (D1)	무역의존도	
							C/D	C/D1
1960	1.5	1.7	3.2	-0.2	15.2		21.3	
1965	2.1	2.3	4.4	-0.2	23.4		19.1	
1970	3.7	4.4	8.1	-0.7	39.8	49.3	20.4	16.4
1975	8.1	10.9	19.0	-2.8	93.5	80.8	20.3	23.5
1980	15.3	18.1	33.4	-2.8	93.5	98.8	35.7	33.8
1985	13.5	17.2	30.7	-3.7	135.0	120.7	22.7	25.4
1986	14.9	21.1	36.0	-6.2	173.5	136.5	20.7	26.4
1987	16.7	24.0	40.7	-7.3	194.0	143.9	21.0	28.3
1988	20.3	32.1	52.4	-11.8	206.0	141.9	25.4	36.9
1989	19.5	28.5	47.9	-9.0	240.0	157.7	20.0	30.4
1990	20.2	26.2	46.4	-6.0	231.0	147.0	20.1	31.6
	12.6	18.2	30.9	-5.6	231.0	147.0	13.4	21.0
1991	9.5	16.4	25.9	-6.9	229.0	136.9	11.3	18.9
1992	9.2	15.5	24.7	-6.4	211.0	124.6	11.7	19.8
1993	9.9	16.6	26.5	-6.7	205.0	107.4	12.9	24.7
1994	8.6	12.4	21.0	-3.8	212.0	83.1	9.9	25.3
1995	7.4	13.2	20.6	-5.8	223.0	48.5	9.2	42.5
1996	7.3	12.5	19.8	-5.2	214.0	105.9	9.3	18.7
1997	9.1	12.7	21.8	-3.6	177.0	103.2	12.3	21.1
1998	5.6	8.8	14.4	-3.2	126.0	102.7	11.4	14.0
1999	5.2	9.7	14.9	-4.5	158.0	102.8	9.4	14.5
2000	5.6	14.1	19.7	-8.5	168.0	106.1	11.7	18.6
2001	6.5	16.2	22.7	-9.7	157.0	110.2	14.5	20.6

2002	7.4	15.3	22.7	-7.9	170.0	109.1	13.4	20.8
2003	7.8	16.1	23.9	-8.3	184.0	110.5	13.0	21.6
2004	10.2	18.4	28.6	-8.2	208.0	111.7	13.8	25.6
2005	10.0	20.0	30.0	-10.0	242.0	130.3	12.4	23.0
2006	9.5	20.5	30.0	-11.0	256.0	137.6	11.7	21.8
2007	9.2	20.2	29.4	-11.0	267.0	143.7	11.0	20.5
2008	11.3	26.9	38.2	-15.6	248.0	133.4	15.4	28.6

주: 1) 1990년 하단 이후 통계는 1990년 11월부터 도입된 상업환율을 적용하여 1990년은 1$=1.6458루블, 1991년은 1$=1.7466루블로 환산하였음
2) GNP·GNI와 GDP 간의 수치상 차이가 나는 이유는 한국은행이 발표한 북한의 GNP·GNI는 북한의 생산량에 남한의 가격을 적용하였으며, UN이 발표한 GDP의 경우 북한의 가격과 환율을 적용하였기 때문임

출처: 수출·수입·무역액 및 GNP·GNI 통계는 1990년 상단까지는 통일원 관계자료 종합작성; 1990년 하단~1991년은 KOTRA, 『91년도 북한의 대외무역동향』(1992.12), p.11; 1992년은 KOTRA, 『92년도 북한의 대외무역동향』(1993.5), p.5; 1993년 이후부터는 통계청, 『북한의 주요 경제지표』(2009), pp.41-42, p.46; GDP 통계는 UN 홈페이지 통계자료(http://unstats.un.org/unsd/snaama/downloads/Download-GDPcurrent-USD-countries.xls) 참조

가세를 보이며 2000년 19.7억 달러, 2005년 30.0억 달러, 2008년에는 38.2억 달러를 나타냈다.

클라인은 경제력 평가에 있어서 대외무역이 차지하는 비중을 10%(20)로 보았으며 대외무역에 대한 평가는 수출과 수입을 합한 무역총량으로 보았다. 즉 무역의존도는 앞에서 식량, 에너지, 전략적 광물자원의 해외의존도

〈표 7-23〉 남북한 대외무역 평가(2008)

	무역량(억 달러)	평가치
남한	8,572.8	20
북한	38.2	0

주: 무역량이 더 큰 남한을 20으로 하고 북한은 이에 비례하여 도출

에서 취급되었기 때문에 여기서의 목적은, 한 국가가 세계무역에서 차지하는 비중이 어느 정도인가를 평가하는 것이다. 클라인의 평가에 따르면 대외무역에서 차지하는 역량은 20 : 0으로 남한이 북한을 크게 앞서고 있다.

VIII. 종합평가

지금까지의 분석을 바탕으로 현 단계 남북한 경제력에 대한 종합적인 평가를 내려 보기로 한다. 2008년을 기준으로 남한의 경제총력은 91점으로서, -2점을 얻는데 그친 북한보다 100배 이상 우세한 것으로 평가된다. 이를 각 변수별로 나누어 볼 때, 남한 : 북한은 GNI 규모에 있어서는 100 : 3, 공업생산력은 20 : 2, 그리고 무역량에 있어서는 20 : 0이라는 상대적 수치를 보이고 있다. 다시 말해서 남한은 북한에 비해서 국민총생산 규모에서 33.3배, 공업생산력에서 10배, 그리고 무역량에서 20배 이상 우위를 나타내고 있는 것이다.

한편 식량 자급도는 -20 : -4, 에너지 국내 자급도는 -12 : 0, 전략적 광물자원의 자립도는 -17 : -3으로 남한이 식량, 에너지, 전략적 광물자원에 있어서 높은 해외의존도로 인하여 북한에 비해 상대적으로 안보적 취약성이 높은 것으로 나타나고 있다. 이를 〈표 7-24〉로 정리하면 다음과 같다.

〈표 7-24〉 남북한 경제총력 비교(2008)

	GNP (100)	식량 (20)	에너지 (20)	광물자원 (20)	공업생산력 (20)	무역량 (20)	합계 (200)
남한	100	-20	-12	-17	20	20	91
북한	3	-4	0	-3	2	0	-2

주: 북한에 대한 통계자료 한계로 광물자원은 1990년, 공업생산력 중 알루미늄은 2005년 통계임

이상에서 살펴본 것처럼 2008년을 기준으로 볼 때, 해외의존도가 높은 몇몇 자원의 경우를 제외하고는 통계적 경제총력의 거의 모든 부문에서 남한이 북한에 비해서 절대적 우위를 보인다.

하지만 클라인의 모델은 남북한 간 경제규모에서 큰 차이가 나고, 경제구조가 매우 상이하기에 남북한 경제력을 직접 비교하는 것은 한계를 가진다고 할 수 있다. 또한 식량, 에너지, 전략적 광물자원 부문에서 북한이 남한보다 마이너스(-) 우위를 나타내고 있기 때문에 이 부문이 반드시 북한이 비교 우위를 나타내고 있는가에 대한 비판이 제기될 수 있다. 그럼에도 불구하고 비교가능한 부문인 국민총생산, 공업생산력, 무역량 등에 있어 그 격차는 계속 확대되고 있는 것을 볼 때 남북한 경제력비교의 의미를 찾을 수 있겠다.

즉 북한의 경제력은 2000년대에 들어서서 외형적으로 어느 정도 확장되었다고 할지라도 경제구조의 질적인 측면에서 경제개발에 필요한 재원의 부족과 해외자본 유치의 어려움 등 불균형이 심화되어 남한과의 격차가 벌어지게 되었다고 평가할 수 있다. 또한 북한이 남한보다 식량 자급도, 에너지 자급도, 전략적 광물자원 자급도 부문에서 마이너스 우위를 보이고 있다 할지라도 세계경제의 주요국으로 자리 매김하고 있는 남한이 국제 교역을 통해 충분히 상쇄될 수 있는 부문이라 할 수 있다. 오히려 폐쇄적인 경제구조를 가지고 있어 개혁·개방을 하지 못하는 북한이 남한에 비해 마이너스 우위를 보이고 있지만, 마이너스를 상쇄할 만한 국제적 구매력이 부족하여 원조를 받고 있는 실정이다.

한편 향후 전망과 관련하여 볼 때, GDP성장률(경제성장률) 추세는 경제성장 잠재력을 평가하는 데 매우 중요한 요소로서 1990년대 중반 이후의 남북한 GNP 실질성장률 추이는 남북한의 경제력 격차가 크게 벌어지고 있는 현실을 잘 보여주고 있다. 1994년부터 1998년까지의 북한의 연평균 성장률은 경제난에 따른 마이너스 성장을 보였으며, 남한은 1998년 국제외환위기로 인한 마이너스 성장률을 제외하고 매년 플러스 경제성장률을 보이고 있다. 1994년부터 2008년까지 연평균 GDP성장률(경제성장률)을 보면

〈표 7-25〉 남북한 GDP성장률(경제성장률) 추이

(단위: %)

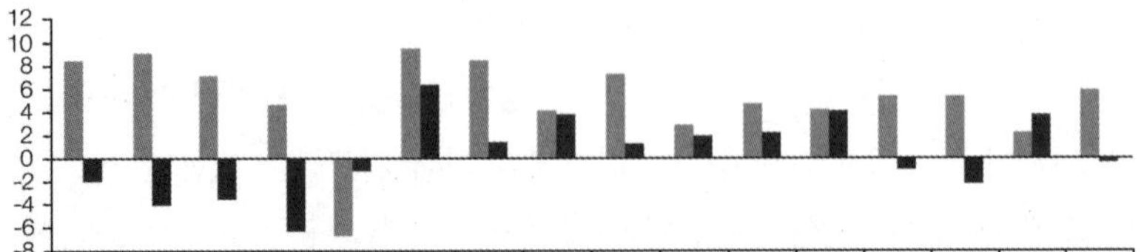

	1994	1995	1996	1997	1998	1999	2000	2001	2002	2003	2004	2005	2006	2007	2008	연평균
남한	8.5	9.2	7	4.7	-6.9	9.5	8.5	4	7.2	2.8	4.6	4	5.2	5.1	2.2	5.74
북한	-2.1	-4.1	-3.6	-6.3	-1.1	6.2	1.3	3.7	1.2	1.8	2.2	3.8	-1.1	-2.3	3.7	-0.53

출처: 통계청, 『북한의 주요 경제지표』(2009), p.46을 참조하여 재구성

남한은 5.74%의 성장률을 보인 반면, 북한은 -0.53%의 성장률을 나타내고 있다. 이러한 추세로 나간다면 남북한 간 경제력 격차는 더욱 현저하게 커질 것으로 예상할 수 있다.

▌참고문헌

경제기획원. 1977. 『주요 경제지표』. 서울: 경제기획원.

국토통일원. 1972. 『남북한 부문별 경제력비교 및 장기예측』. 서울: 국토통일원.

권석택 의원(자유선진당). 2007.10.22. "2007년 대한광업진흥공사 국정감사 보도자료."

김영윤. 2005. 『북한 광물자원 개발을 위한 남북 협력방안 연구』. 서울: 통일연구원.

농림수산부. 1993. 『농림수산 주요통계』. 과천: 농림수산부.

농림수산식품부. 2009. 『농림수산식품 주요통계』. 과천: 농림수산식품부.

_____. 2009a. 『양곡수급실적 및 계획』. 과천: 농림수산식품부.

_____. 2009b. 『2008년 농림수산식품 수출입동향 및 통계』. 과천: 농림수산식품부.

농촌진흥청 보도자료. 2008. "2008년도 북한 곡물생산량 추정 발표." 12월 19일.

대한광업진흥공사. 2008. 『북한 광물자원 개발현황』. 서울: 대한광업진흥공사.

대한무역진흥공사(KOTRA). 1992. 『91년도 북한의 대외무역동향』. 서울: 대한무역진흥공사.

_____. 1993. 『92년도 북한의 대외무역동향』. 서울: 대한무역진흥공사.

『동아일보』, 1985.12.28.

산업자원부·한국지질자원연구원. 2004. 『2004년도 광물 수급현황』. 서울: 웅진문화사.

에너지경제연구원. 1991. 『에너지 통계연보』. 의왕: 에너지경제연구원.

전국경제인연합회. 1991. 『한국경제연감』. 서울: 전국경제인연합회.

지식경제부·한국지질자원연구원. 2009. 『2008년도 광산물 수급현황』. 5월.

통계청. 각년도판. 1991. 『통계로 본 세계와 한국』. 서울: 통계청.

_____. 1993. 『주요 경제지표』. 서울: 통계청.

_____. 2009a. 『북한의 주요 통계지표』. 대전: 통계청.

_____. 2009b. 『양곡소비량조사』. 대전: 통계청.

_____. 2009c. 『작물통계』. 대전: 통계청.

_____. 각년도판. 『남북한 경제사회상 비교』. 대전: 통계청.

통일부. 2010. 『북한이해 2009』. 서울: 통일부.
통일연구원·대한광업진흥공사. 2005. 북한경제전문가 100인 포럼 공동주최 학술회의. 『북한 광물자원 개발전망과 정책방안』.
통일원. 1982. 『남북한 총력추세비교』. 서울: 통일원.
_____. 1990. 『분단 45년 남북한 경제의 종합적 비교연구』. 서울: 통일원.
_____. 1991a. 『남북한 경제현황비교』. 서울: 통일원.
_____. 1991b. 『북한개요』. 서울: 통일원.
_____. 1992a. 『남북한 경제지표』. 서울: 통일원.
_____. 1992b. 『북한경제동향 종합평가』. 서울: 통일원.
_____. 각년도판. 『북한경제 종합평가』. 서울: 통일원.
한국농촌경제연구원. 2009. "2009년 북한의 식량수급 전망과 남북한 협력과제." 『KREI 북한농업동향』 제10권 제4호.
한국산업은행. 1992. 『산업기술동향: 남북한의 산업기술현황과 협력방향』. 서울: 한국산업은행.
한국수출입은행. 1991. 『북한의 무역 및 외국인투자제도』. 서울: 한국수출입은행.
한국원자력연구소. 1993. 『북한의 원자력개발 현황』. 대전: 한국원자력연구소.
한국은행. 1992. 『1991년 북한 GNP 추정결과』. 서울: 한국은행.
_____. 1993a. 『1992년 북한 GNP 추정결과』. 서울: 한국은행.
_____. 1993b. 『주요상품별 수입유발효과』. 서울: 한국은행.
한국지질자원연구원. 2008. 『2007년 광산물 수급현황』. 과천: 지식경제부.

日本貿易振興會. 1991. 『北朝鮮の経済と貿易の展望』. 東京: 日本貿易振興會.

CEMBUREAU, *World Statistical Review.*
Cline, Ray S. 1980. *World Power Trends and U.S. Foreign Policy for the 1980s.* Boulder: Westview Press.
International Energy Agency (IEA). 1993. *Energy Statistics and Balance of Non-OECD Countries.* Paris: IEA.
International Institute of Strategic Studies (IISS). 1971~1993. *The Military Balance.* 각 해당 년도판.
Rourke, John T. 1986. *International Politics on the World Stage.* Monterey: Cole Publishing Co.
The EIU. 1984. *Quarterly Economics Review of China, North Korea.* Annnual Supplement.
The Stockholm International Peace Research Institute (SIPRI). 1987. *1987 SIPRI Yearbook.*

U.S. Arms Control and Disarmament Agency (ACDA). 1973. *World Military Expenditures and Arms Transfers.*
_____. 1984. *World Military Expenditures and Arms Transfers.*
_____. 1989. *World Military Expenditures and Arms Transfers.*
U.S. CIA. 1984. *Handbook of Economic Statistics.*
_____. 1985. *Handbook of Economic Statistics.*

국가에너지통계종합시스템(http://www.kesis.net/flex/new_main.jsp).
유엔(UN) 홈페이지(http://unstats.un.org).
한국철강협회(http://kosa.or.kr) 통계 자료.
International Energy Agency (IEA) 홈페이지(http://www.iea.org).

부 록

통계로 본 국제사회

- 인구(Population) 2014
- 영토(Surface Area) 2014
- Gross Domestic Product(GDP) 2014
- Gross Domestic Product(GDP) 2014, PPP
- Gross National Income(GNI) 2014, Atlas Method
- 1인당 GNI 2014
- 1인당 GNI 2014, PPP
- 세계 국방비(Military Expenditure) 현황 2014
- 국가별 핵무기 보유량(1945~2014)
- 기타 핵보유국 현황

▌일러두기

'고소득 국가(high-income economies)' , '중간소득 국가(middle-income economies),' '저소득 국가(lower-income economies)' 의 기준은 World Bank의 분류기준을 사용하였다. 2014년 1인당 GNI(Atlas method)를 기준:

- 고소득 국가 : 12,736달러 이상
- 중간소득 국가: 1,045달러~12,736달러
- 저소득 국가 : 1,045달러 이하

인구(Population) 2014

순위	국가명	인구(천 명)
1	중국	1,364,270
2	인도	1,267,402
3	미국	318,857
4	인도네시아	252,812
5	브라질	202,034
6	파키스탄	185,133
7	나이지리아	178,517
8	방글라데시	158,513
9	러시아	143,820
10	일본	127,132
11	멕시코	123,799
12	필리핀	100,096
13	에티오피아	96,506
14	베트남	90,730
15	이집트	83,387
16	독일	80,890
17	이란	78,470
18	터키	75,837
19	콩고민주공화국	69,360
20	태국	67,223
21	프랑스	66,201
22	영국	64,510
23	이탈리아	61,336
24	남아프리카공화국	54,002
25	미얀마	53,719
26	탄자니아	50,757
27	**한국**	50,424
28	콜롬비아	48,930
29	스페인	46,405
30	케냐	45,546
31	우크라이나	45,363
32	아르헨티나	41,803
33	알제리	39,929
34	우간다	38,845
35	수단	38,764
36	폴란드	37,996
37	캐나다	35,540
38	이라크	34,278
39	모로코	33,493
40	아프가니스탄	31,281
41	베네수엘라	30,851
42	페루	30,769
43	우즈베키스탄	30,743
44	말레이시아	30,188
45	사우디아라비아	29,369
46	네팔	28,121
47	모잠비크	26,473
48	가나	26,442
49	북한	25,027
50	예멘	24,969
51	마다가스카르	23,572
52	호주	23,491
53	시리아	23,301
54	카메룬	22,819
55	앙골라	22,137
56	코트디부아르	20,805
57	스리랑카	20,639
58	루마니아	19,911
59	니제르	18,535
60	칠레	17,773
61	부르키나파소	17,420
62	카자흐스탄	17,289
63	네덜란드	16,854
64	말라위	16,829
65	에콰도르	15,983
66	과테말라	15,860
67	말리	15,768

68	캄보디아	15,408
69	잠비아	15,021
70	짐바브웨	14,599
71	세네갈	14,548
72	차드	13,211
73	르완다	12,100
74	기니	12,044
75	남수단	11,739
76	쿠바	11,259
77	벨기에	11,225
78	튀니지	10,997
79	그리스	10,958
80	볼리비아	10,848
81	소말리아	10,806
82	베냉	10,600
83	도미니카공화국	10,529
84	체코	10,511
85	부룬디	10,483
86	아이티	10,461
87	포르투갈	10,397
88	헝가리	9,862
89	스웨덴	9,690
90	아제르바이잔	9,538
91	벨라루스	9,470
92	아랍에미리트	9,446
93	오스트리아	8,534
94	타지키스탄	8,409
95	온두라스	8,261
96	이스라엘	8,215
97	스위스	8,190
98	파푸아뉴기니	7,476
99	홍콩	7,242
100	불가리아	7,226
101	세르비아	7,129
102	토고	6,993
103	파라과이	6,918
104	라오스	6,894
105	요르단	6,607
106	에리트레아	6,536
107	엘살바도르	6,384
108	리비아	6,253
109	시에라리온	6,205
110	니카라과	6,169
111	키르기스스탄	5,834
112	덴마크	5,640
113	싱가포르	5,470
114	핀란드	5,464
115	슬로바키아	5,419
116	투르크메니스탄	5,307
117	노르웨이	5,136
118	코스타리카	4,938
119	중앙아프리카공화국	4,709
120	아일랜드	4,613
121	콩고공화국	4,559
122	레바논	4,510
123	뉴질랜드	4,510
124	조지아	4,504
125	라이베리아	4,397
126	웨스트뱅크와 가지지구	4,295
127	크로아티아	4,236
128	모리타니	3,984
129	오만	3,926
130	파나마	3,926
131	보스니아 헤르체고비나	3,825
132	몰도바	3,556
133	푸에르토리코	3,548
134	쿠웨이트	3,479
135	우루과이	3,419

136	아르메니아	2,984
137	리투아니아	2,929
138	알바니아	2,894
139	몽골	2,881
140	자메이카	2,721
141	나미비아	2,348
142	카타르	2,268
143	마케도니아공화국	2,108
144	레소토	2,098
145	슬로베니아	2,062
146	보츠와나	2,039
147	라트비아	1,990
148	감비아	1,909
149	코소보	1,823
150	기니비사우	1,746
151	가봉	1,711
152	트리니다드 토바고	1,344
153	바레인	1,344
154	에스토니아	1,314
155	스와질란드	1,268
156	모리셔스	1,261
157	동티모르	1,212
158	키프로스	1,153
159	피지	887
160	지부티	886
161	가이아나	804
162	적도기니	778
163	부탄	766
164	코모로	752
165	몬테네그로	622
166	마카오	575
167	솔로몬제도	573
168	룩셈부르크	556
169	수리남	544

170	카보베르데	504
171	몰타	427
172	브루나이	423
173	바하마	383
174	몰디브	352
175	벨리즈	340
176	아이슬란드	328
177	바베이도스	286
178	프랑스령 폴리네시아	280
179	누벨칼레도니	266
180	바누아투	258
181	상투메프린시페	198
182	사모아	192
183	세인트루시아	184
184	괌	168
185	채널제도	163
186	퀴라소	156
187	세인트빈센트 그레나딘	109
188	그레나다	106
189	통가	106
190	버진제도	104
191	키리바시	104
192	미크로네시아 연방	104
193	아루바	103
194	세이셸	92
195	앤티가 바부다	91
196	맨 섬	86
197	안도라	80
198	도미니카 연방	72
199	버뮤다	65
200	케이맨제도	59
201	그린란드	56
202	아메리칸 사모아	55
203	세인트키츠 네비스	55

204	북마리아나제도	55
205	마셜제도	53
206	페로제도	49
207	모나코	38
208	신트마르턴	38
209	리히텐슈타인	37
210	터크스케이커스제도	34
211	산마리노	32
212	생마르탱	32
213	팔라우	21
214	투발루	10
고소득 국가 인구 총합		1,396,073
중소득 국가 인구 총합		5,198,471
저소득 국가 인구 총합		613,192
전 세계 인구 총합		6,775,236

출처: Worldbank, http://data.worldbank.org/indicator/SP.POP.TOTL(검색일: 2015.7.9)를 바탕으로 재구성

2100년 인구 3850만… 작아지는 한국

〈유엔 세계인구 전망 보고서〉
저출산 지속땐 2030년이후 감소
현재 73억 세계인구 2100년 112억
인도, 2022년 中추월 세계 1위

현재 5029만 명인 한국 인구는 2030년 5252만 명으로 증가하지만, 2050년 5059만 명으로 감소하고 2100년엔 4000만 명에도 못 미치는 3850만 명이 될 것으로 전망됐다.

또 출산율은 크게 낮아지고 기대수명은 계속 늘면서 한국의 중위연령(총인구를 연령 순서로 나열할 때 중앙에 있게 되는 사람의 나이)이 세계에서 가장 높아질 것으로 예측됐다. 중위연령은 인구 고령화의 핵심 지표 중 하나다.

유엔은 30일 이런 내용의 '세계 인구 전망-2015 보고서'를 공개했다. 현재 2516만 명인 북한 인구는 2030년(2670만 명), 2050년(2691만 명)까지는 증가세를 보이지만 2100년엔 2484만 명으로 감소한다. 유엔 소식통은 "만약 올해 남북통일이 된다면 한반도 인구는 7545만 명으로 8000만 명에 육박하지만, 2100년 하나가 되면 이보다 무려 1211만 명 줄어든 6334만 명밖에 안 된다는 얘기"라고 설명했다.

한국의 인구 감소는 세계 최저 수준의 합계출산율 때문이다. 합계출산율은 여성 1명이 가임 기간(15~49세)에 낳을 것으로 예상되는 평균 출생아 수를 말한다. 이 보고서는 2010~2015년 합계출산율 하위 4대 국가로 마카오(1.19명), 홍콩(1.20명), 싱가포르(1.23명), 한국(1.27명)을 적시했다. 하위 1~3위는 인구가 수십만 명에서 수백만 명에 불과한 도시국가인 만큼 인구 1000만 이상의 규모 있는 국가 중에선 한국의 출산율이 가장 낮다는 결론이다.

보고서는 "(대표적 고령화 국가인) 일본의 중위연령이 2015년 46.5세, 2030년 51.5세로 세계 1위지만 2050년엔 한국이 53.9세로 일본(53.3세)을 제칠 것"이라고 전망했다. 한국의 중위연령은 1980년엔 22.2세에 불과했으나 2015년 40.6세로 높아지고 2030년 47.5세로 처음 '톱10(10위)'에 진입한 뒤 그로부터 20년 만에 '반갑지 않은 세계 1위'가 된다는 설명이다. 한국의 60세 이상 인구는 2015년 전체의 18.5%지만, 2050년엔 41.5%로 23%포인트나 늘어난다고 보고서는 덧붙였다. 한국인의 기대수명은 2015년 81.4세에서, 2100년 93.6세까지 꾸준히 늘어날 것으로 전망된다.

한편 현재 약 73억 명인 세계 인구는 2030년 85억, 2050년 97억, 2100년 112억 명으로 늘어날 것으로 보고서는 전망했다. 이 증가세는 출산율이 높은 아프리카의 가난한 나라들이 이끌 것으로 보인다. 현재 인구 2위인 인도(13억1105만 명)는 2022년에 1위인 중국(13억7605만 명)을 추월하고, 7위인 나이지리아(1억8220만 명)는 2050년경 3위인 미국(3억2177만 명)을 제치고 '톱3'에 들 것으로 예상됐다. 2050년에 인구 3억 명이 넘는 6대 국가는 인도(17억533만 명) 중국(13억4806만 명) 나이지리아(3억9851만 명) 미국(3억8887만 명) 인도네시아(3억2234만 명) 파키스탄(3억964만 명)이라고 보고서는 내다봤다.

뉴욕=부형권 특파원 bookum90@donga.com

*『동아일보』 2015년 7월 31일 자 기사

영토(Surface Area) 2014

	국가명	영토(Km²)
1	러시아	17,098,240
2	캐나다	9,984,670
3	미국	9,831,510
4	중국	9,562,911
5	브라질	8,515,770
6	호주	7,741,220
7	인도	3,287,260
8	아르헨티나	2,780,400
9	카자흐스탄	2,724,900
10	알제리	2,381,740
11	콩고민주공화국	2,344,860
12	사우디아라비아	2,149,690
13	멕시코	1,964,380
14	인도네시아	1,910,930
15	수단	1,879,358
16	리비아	1,759,540
17	이란	1,745,150
18	몽골	1,564,120
19	페루	1,285,220
20	차드	1,284,000
21	니제르	1,267,000
22	앙골라	1,246,700
23	말리	1,240,190
24	남아프리카공화국	1,219,090
25	콜롬비아	1,141,748
26	에티오피아	1,104,300
27	볼리비아	1,098,580
28	모리타니	1,030,700
29	이집트	1,001,450
30	탄자니아	947,300
31	나이지리아	923,770
32	베네수엘라	912,050
33	나미비아	824,290
34	모잠비크	799,380
35	파키스탄	796,100
36	터키	783,560
37	칠레	756,096
38	잠비아	752,610
39	미얀마	676,590
40	아프가니스탄	652,860
41	남수단	644,330
42	소말리아	637,660
43	중앙아프리카공화국	622,980
44	우크라이나	603,550
45	마다가스카르	587,295
46	보츠와나	581,730
47	케냐	580,370
48	프랑스	549,091
49	예멘	527,970
50	태국	513,120
51	스페인	505,600
52	투르크메니스탄	488,100
53	카메룬	475,440
54	파푸아뉴기니	462,840
55	스웨덴	447,420
56	우즈베키스탄	447,400
57	모로코	446,550
58	이라크	435,240
59	Caribbean small states	434,990
60	그린란드	410,450
61	파라과이	406,752
62	짐바브웨	390,760
63	노르웨이	385,178
64	일본	377,960
65	독일	357,170
66	콩고공화국	342,000
67	핀란드	338,420

68	베트남	330,951
69	말레이시아	330,800
70	코트디부아르	322,460
71	폴란드	312,680
72	오만	309,500
73	이탈리아	301,340
74	필리핀	300,000
75	부르키나파소	274,220
76	뉴질랜드	267,710
77	가봉	267,670
78	에콰도르	256,370
79	기니	245,860
80	영국	243,610
81	우간다	241,550
82	가나	238,540
83	루마니아	238,390
84	라오스	236,800
85	가이아나	214,970
86	벨라루스	207,600
87	키르기스스탄	199,949
88	세네갈	196,710
89	시리아	185,180
90	캄보디아	181,040
91	우루과이	176,220
92	수리남	163,820
93	튀니지	163,610
94	방글라데시	148,460
95	네팔	147,180
96	타지키스탄	142,550
97	그리스	131,960
98	니카라과	130,370
99	북한	120,540
100	말라위	118,480
101	에리트레아	117,600

102	베냉	114,760
103	온두라스	112,490
104	라이베리아	111,370
105	불가리아	111,000
106	쿠바	109,880
107	과테말라	108,890
108	아이슬란드	103,000
109	**한국**	100,150
110	헝가리	93,030
111	포르투갈	92,210
112	요르단	89,320
113	세르비아	88,360
114	아제르바이잔	86,600
115	오스트리아	83,879
116	아랍에미리트	83,600
117	체코	78,870
118	파나마	75,420
119	시에라리온	72,300
120	아일랜드	70,280
121	조지아	69,700
122	스리랑카	65,610
123	리투아니아	65,300
124	Pacific island small states	65,130
125	라트비아	64,480
126	토고	56,790
127	크로아티아	56,590
128	보스니아 헤르체고비나	51,210
129	코스타리카	51,100
130	슬로바키아	49,036
131	도미니카공화국	48,670
132	에스토니아	45,230
133	덴마크	43,090
134	네덜란드	41,500
135	스위스	41,285

136	부탄	38,394
137	기니비사우	36,130
138	몰도바	33,850
139	벨기에	30,530
140	레소토	30,360
141	아르메니아	29,740
142	솔로몬제도	28,900
143	알바니아	28,750
144	적도기니	28,050
145	부룬디	27,830
146	아이티	27,750
147	르완다	26,340
148	마케도니아	25,710
149	지부티	23,200
150	벨리즈	22,970
151	이스라엘	22,070
152	엘살바도르	21,040
153	슬로베니아	20,270
154	누벨칼레도니	18,580
155	피지	18,270
156	쿠웨이트	17,820
157	스와질란드	17,360
158	동티모르	14,870
159	바하마	13,880
160	몬테네그로	13,810
161	바누아투	12,190
162	카타르	11,610
163	감비아	11,300
164	자메이카	10,990
165	코소보	10,887
166	레바논	10,450
167	키프로스	9,250
168	푸에르토리코	8,870
169	브루나이	5,770
170	트리니다드 토바고	5,130
171	카보베르데	4,030
172	프랑스령 폴리네시아	4,000
173	사모아	2,840
174	룩셈부르크	2,590
175	모리셔스	2,040
176	코모로	1,861
177	페로제도	1,396
178	홍콩	1,100
179	상투메프린시페	960
180	터크스케이커스제도	950
181	키리바시	810
182	바레인	760
183	도미니카 연방	750
184	통고	750
185	싱가포르	716
186	미크로네시아 연방	700
187	세인트루시아	620
188	맨 섬	570
189	괌	540
190	안도라	470
191	북마리아나제도	460
192	팔라우	460
193	세이셸	460
194	퀴라소	444
195	앤티가 바부다	440
196	바베이도스	430
197	세인트빈센트 그레나딘	390
198	버진제도	350
199	그레나다	340
200	몰타	320
201	몰디브	300
202	케이맨제도	264
203	세인트키츠 네비스	260

204	아메리칸 사모아	200
205	채널제도	190
206	아루바	180
207	마셜제도	180
208	리히텐슈타인	160
209	산마리노	60
210	생마르탱	54
211	버뮤다	50
212	신트마르턴	34
213	투발루	30
214	마카오	30
215	모나코	2
전 세계 총합		134,324,741

출처: WorldBank, http://data.worldbank.org/indicator/AG.SRF.TOTL.K2(검색일: 2015.7.9)

Gross Domestic Product(GDP) 2014

순위	국가	GDP(백만 달러)
1	미국	17,419,000
2	중국	10,360,105
3	일본	4,601,461
4	독일	3,852,556
5	영국	2,941,886
6	프랑스	2,829,192
7	브라질	2,346,118
8	이탈리아	2,144,338
9	인도	2,066,902
10	러시아	1,860,598
11	캐나다	1,786,655
12	호주	1,453,770
13	**한국**	1,410,383
14	스페인	1,404,307
15	멕시코	1,282,720
16	인도네시아	888,538
17	네덜란드	869,508
18	터키	799,535
19	사우디아라비아	746,249
20	스위스	685,434
21	스웨덴	570,591
22	나이지리아	568,508
23	폴란드	548,003
24	아르헨티나	540,197
25	벨기에	533,383
26	베네주엘라	509,964
27	노르웨이	500,103
28	오스트리아	436,344
29	이란	415,339
30	아랍에미리트	401,647
31	콜롬비아	377,740
32	태국	373,804
33	남아프리카공화국	349,817
34	덴마크	341,952
35	말레이시아	326,933
36	싱가포르	307,872
37	이스라엘	304,226
38	홍콩	290,896
39	이집트	286,538
40	필리핀	284,582
41	핀란드	270,674
42	칠레	258,062
43	파키스탄	246,876
44	아일랜드	245,921
45	그리스	237,592
46	포르투갈	229,584
47	이라크	220,506
48	알제리	214,063
49	카자흐스탄	212,248
50	카타르	211,817
51	체코	205,523
52	페루	202,903
53	루마니아	199,044
54	뉴질랜드	188,385
55	베트남	186,205
56	쿠웨이트	175,827
57	방글라데시	173,819
58	헝가리	137,104
59	우크라이나	131,805
60	앙골라	131,401
61	모로코	107,005
62	푸에르토리코	103,135
63	에콰도르	100,543
64	슬로바키아	99,790
65	오만	81,797
66	쿠바	77,150
67	벨라루스	76,139

68	아제르바이잔	75,198
69	스리랑카	74,941
70	수단	73,815
71	미얀마	64,330
72	도미니카공화국	63,969
73	우즈베키스탄	62,644
74	케냐	60,937
75	룩셈부르크	60,131
76	과테말라	58,728
77	우루과이	57,471
78	크로아티아	57,223
79	불가리아	55,735
80	마카오	55,502
81	에티오피아	54,798
82	코스타리카	49,553
83	슬로베니아	49,416
84	탄자니아	49,184
85	리투아니아	48,172
86	투르크메니스탄	47,932
87	튀니지	46,995
88	파나마	46,213
89	레바논	45,731
90	세르비아	43,866
91	리비아	41,119
92	가나	38,648
93	예멘	35,955
94	요르단	35,827
95	코트디부아르	34,254
96	볼리비아	34,176
97	바레인	33,869
98	콩고민주공화국	32,962
99	카메룬	32,549
100	라트비아	31,921
101	파라과이	30,985

102	잠비아	27,066
103	우간다	26,312
104	에스토니아	25,905
105	엘살바도르	25,220
106	트리니다드 토바고	24,434
107	키프로스	23,226
108	아프가니스탄	20,842
109	네팔	19,636
110	온두라스	19,385
111	보스니아 헤르체고비나	18,344
112	브루나이	17,257
113	가봉	17,228
114	아이슬란드	17,071
115	캄보디아	16,709
116	조지아	16,530
117	모잠비크	16,386
118	보츠와나	15,813
119	세네갈	15,579
120	파푸아뉴기니	15,413
121	자메이카	14,362
122	적도기니	14,308
123	콩고공화국	14,135
124	차드	13,922
125	짐바브웨	13,663
126	나미비아	13,430
127	알바니아	13,370
128	남수단	13,070
129	웨스트뱅크와 가자지구	12,738
130	모리셔스	12,616
131	부르키나파소	12,543
132	말리	12,074
133	몽골	12,016
134	니카라과	11,806
135	라오스	11,772

136	마케도니아공화국	11,324
137	아르메니아	10,882
138	마다가스카르	10,593
139	몰타	9,643
140	타지키스탄	9,242
141	베냉	8,747
142	아이티	8,713
143	바하마	8,511
144	니제르	8,169
145	몰도바	7,944
146	르완다	7,890
147	키르기스스탄	7,404
148	코소보	7,274
149	기니	6,624
150	버뮤다	5,574
151	리히텐슈타인	5,488
152	수리남	5,299
153	모리타니	5,061
154	시에라리온	4,892
155	몬테네그로	4,583
156	토고	4,518
157	바베이도스	4,348
158	말라위	4,258
159	피지	4,030
160	에리트레아	3,858
161	스와질란드	3,400
162	안도라	3,249
163	가이아나	3,228
164	부룬디	3,094
165	몰디브	3,032
166	페로제도	2,613
167	레소토	2,088
168	라이베리아	2,027
169	카보베르데	1,871

170	부탄	1,821
171	중앙아프리카공화국	1,783
172	벨리즈	1,624
173	지부티	1,582
174	동티모르	1,552
175	세이셸	1,406
176	세인트루시아	1,365
177	앤티가 바부다	1,269
178	솔로몬제도	1,158
179	기니비사우	1,022
180	그레나다	882
181	세인트키츠 네비스	833
182	감비아	807
183	바누아투	802
184	사모아	801
185	세인트빈센트 그레나딘	729
186	코모로	648
187	도미니카 연방	538
188	통가	434
189	상투메프린시페	335
190	미크로네시아 연방	316
191	팔라우	251
192	마셜제도	191
193	키리바시	167
194	투발루	38
고소득 국가 총액		52,906,699
중소득 국가 총액		24,597,320
저소득 국가 총액		397,409
전 세계 총액		77,868,768

출처: Worldbank, http://data.worldbank.org/indicator/NY.GDP.MKTP.CD(검색일: 2015.7.9)

Gross Domestic Product(GDP) 2014, PPP

순위	국가	GDP(백만 달러)
1	중국	18,030,932
2	미국	17,419,000
3	인도	7,393,076
4	일본	4,630,941
5	러시아	3,745,157
6	독일	3,689,840
7	브라질	3,263,866
8	인도네시아	2,676,109
9	프랑스	2,571,970
10	영국	2,524,728
11	이탈리아	2,131,920
12	멕시코	2,125,257
13	**한국**	1,732,352
14	사우디아라비아	1,603,764
15	캐나다	1,566,925
16	스페인	1,566,777
17	터키	1,459,882
18	이란	1,280,896
19	나이지리라	1,049,102
20	호주	1,031,280
21	태국	985,526
22	폴란드	945,418
23	이집트	943,267
24	파키스탄	896,396
25	네덜란드	794,350
26	말레이시아	746,089
27	남아프리카공화국	704,521
28	필리핀	692,230
29	콜롬비아	638,357
30	아랍에미리트	599,769
31	알제리	551,596
32	베네수엘라	538,932
33	베트남	510,715
34	이라크	503,687
35	방글라데시	497,017
36	벨기에	479,600
37	스위스	460,605
38	싱가포르	452,691
39	스웨덴	437,421
40	카자흐스탄	418,477
41	홍콩	398,904
42	칠레	396,923
43	오스트리아	393,994
44	루마니아	386,300
45	페루	371,347
46	우크라이나	370,533
47	노르웨이	333,322
48	체코	319,994
49	카타르	317,507
50	포르투갈	294,525
51	그리스	285,984
52	쿠웨이트	276,305
53	이스라엘	271,700
54	덴마크	253,005
55	모로코	251,468
56	헝가리	241,596
57	쿠바	234,193
58	아일랜드	220,506
59	스리랑카	217,278
60	핀란드	217,202
61	에콰도르	180,493
62	앙골라	175,103
63	벨라루스	172,211
64	우즈베키스탄	171,416
65	아제르바이잔	167,061
66	수단	160,111
67	오만	156,752

68	뉴질랜드	156,438
69	슬로바키아	149,468
70	에티오피아	144,842
71	도미니카공화국	138,007
72	케냐	132,530
73	탄자니아	127,691
74	푸에르토리코	125,630
75	튀니지	121,104
76	과테말라	119,375
77	불가리아	117,961
78	가나	109,553
79	리비아	97,582
80	예멘	96,634
81	세르비아	90,256
82	크로아티아	90,033
83	투르크메니스탄	82,121
84	파나마	80,811
85	마카오	80,773
86	요르단	79,616
87	레바논	79,397
88	리투아니아	78,045
89	코트디부아르	72,492
90	우루과이	71,414
91	코스타리카	70,974
92	볼리비아	69,963
93	카메룬	67,660
94	네팔	66,776
95	우간다	66,713
96	바레인	61,939
97	슬로베니아	61,695
98	아프가니스탄	61,531
99	잠비아	61,377
100	파라과이	58,280
101	콩고민주공화국	55,844
102	엘살바도르	50,944
103	캄보디아	49,958
104	룩셈부르크	49,472
105	라트비아	46,450
106	트리니다드 토바고	40,832
107	보스니아 헤르체고비나	37,881
108	온두라스	36,487
109	보츠와나	35,739
110	라오스	35,589
111	몽골	34,760
112	에스토니아	34,622
113	조지아	34,150
114	마다가스카르	33,866
115	세네갈	33,634
116	가봉	32,130
117	브루나이	32,036
118	남수단	31,675
119	모잠비크	30,948
120	알바니아	30,185
121	차드	29,648
122	니카라과	29,578
123	부르키나파소	29,332
124	콩고공화국	28,215
125	말리	27,326
126	마케도니아공화국	27,279
127	짐바브웨	27,134
128	키프로스	26,368
129	적도기니	25,105
130	아르메니아	24,282
131	자메이카	24,141
132	모리셔스	23,435
133	나미비라	23,395
134	타지키스탄	22,322
135	베냉	19,763

136	키르기스스탄	19,382
137	웨스트뱅크와 가자지구	19,365
138	파푸아뉴기니	19,349
139	르완다	18,833
140	아이티	18,309
141	니제르	17,924
142	몰도바	17,720
143	코소보	16,825
144	모리타니	15,528
145	기니	14,887
146	아이슬란드	14,215
147	말라위	13,717
148	시에라리온	12,742
149	몰타	12,332
150	토고	10,166
151	바하마	8,998
152	몬테네그로	8,906
153	수리남	8,667
154	부룬디	8,328
155	스와질란드	8,050
156	에리트레아	7,814
157	피지	7,191
158	부탄	6,018
159	가이아나	5,514
160	레소토	5,483
161	몰디브	5,194
162	라이베리아	4,306
163	바베이도스	3,847
164	버뮤다	3,403
165	카보베르데	3,348
166	감비아	3,111
167	중앙아프리카공화국	2,855
168	벨리즈	2,817
169	지부티	2,802
170	동티모르	2,761
171	기니비사우	2,495
172	세이셸	2,402
173	앤티가 바부다	1,982
174	세인트루시아	1,909
175	그레나다	1,270
176	세인트키츠 네비스	1,246
177	솔로몬제도	1,219
178	세인트 빈센트 그레나딘	1,161
179	코모로	1,150
180	사모아	1,111
181	도미니카 연방	774
182	바누아투	774
183	상투메프린시페	606
184	통가	550
185	미크로네시아 연방	352
186	팔라우	311
187	키리바시	199
188	투발루	36
고소득 국가 총액		56,624,924
중소득 국가 총액		51,016,978
저소득 국가 총액		996,112
전 세계 총액		108,464,005

출처: Worldbank, http://data.worldbank.org/indicator/NY.GDP.MKTP.PP.CD(검색일: 2015.7.9)

Gross National Income(GNI) 2014, Atlas Method

순위	국가명	GNI(백만 달러)
1	미국	17,601,119
2	중국	10,069,180
3	일본	5,339,076
4	독일	3,853,487
5	프랑스	2,851,748
6	영국	2,754,110
7	브라질	2,375,298
8	이탈리아	2,102,846
9	인도	2,035,887
10	러시아	1,930,436
11	캐나다	1,836,937
12	호주	1,519,375
13	스페인	1,395,889
14	**한국**	1,365,796
15	멕시코	1,235,721
16	인도네시아	923,738
17	네덜란드	863,031
18	터키	823,117
19	사우디아라비아	759,271
20	스위스	733,448
21	아르헨티나	608,558
22	스웨덴	596,878
23	노르웨이	529,301
24	벨기에	527,971
25	이란	527,970
26	나이지리아	526,467
27	폴란드	521,847
28	오스트리아	427,313
29	아랍에미리트	410,724
30	베네수엘라	395,597
31	콜롬비아	380,813
32	남아프리카공화국	367,019
33	태국	363,356
34	덴마크	345,772
35	필리핀	344,006
36	말레이시아	321,700
37	싱가포르	301,639
38	홍콩	291,997
39	이스라엘	287,462
40	이집트	273,120
41	핀란드	266,027
42	칠레	264,761
43	파키스탄	260,332
44	그리스	242,002
45	포르투갈	221,692
46	이라크	219,883
47	알제리	213,374
48	아일랜드	205,984
49	카타르	205,063
50	카자흐스탄	201,806
51	체코	199,408
52	페루	197,216
53	쿠웨이트	186,870
54	루마니아	186,639
55	뉴질랜드	174,578
56	베트남	171,905
57	방글라데시	171,595
58	우크라이나	152,065
59	헝가리	132,882
60	앙골라	117,412
61	모로코	102,804
62	에콰도르	96,607
63	슬로바키아	96,420
64	아제르바이잔	72,425
65	스리랑카	70,166
66	벨라루스	69,525
67	푸에르토리코	69,432

68	미얀마	68,129
69	수단	67,278
70	오만	65,921
71	우즈베키스탄	64,266
72	도미니카공화국	62,696
73	케냐	58,086
74	우루과이	55,914
75	크로아티아	55,161
76	과테말라	54,565
77	불가리아	53,616
78	에티오피아	53,189
79	리비아	49,509
80	코스타리카	48,140
81	슬로베니아	47,826
82	탄자니아	45,938
83	튀니지	45,778
84	리투아니아	45,042
85	레바논	44,547
86	파나마	43,064
87	가나	42,928
88	투르크메니스탄	42,544
89	세르비아	41,505
90	마카오	40,365
91	룩셈부르크	37,972
92	요르단	34,070
93	예멘	33,319
94	코트디부아르	32,286
95	라트비아	31,160
96	카메룬	30,911
97	볼리비아	30,691
98	파라과이	28,715
99	콩고민주공화국	28,684
100	바레인	28,411
101	잠비아	26,396

102	우간다	25,570
103	에스토니아	24,338
104	엘살바도르	24,129
105	키프로스	22,519
106	아프가니스탄	21,131
107	트리니다드 토바고	20,970
108	네팔	20,635
109	보스니아 헤르체고비나	18,239
110	온두라스	18,121
111	모잠비크	16,749
112	조지아	16,742
113	보츠와나	16,067
114	가봉	15,951
115	캄보디아	15,614
116	아이슬란드	15,607
117	세네갈	15,273
118	브루나이	15,133
119	파푸아뉴기니	14,806
120	자메이카	14,163
121	나미비아	13,654
122	차드	13,292
123	알바니아	12,920
124	웨스트뱅크와 가자지구	12,749
125	짐바브웨	12,590
126	몽골	12,458
127	부르키나파소	12,408
128	모리셔스	12,239
129	콩고공화국	12,218
130	아르메니아	11,355
131	말리	11,315
132	니카라과	11,264
133	남수단	11,239
134	라오스	11,007
135	마케도니아공화국	10,686

136	마다가스카르	10,408
137	적도기니	10,379
138	몰도바	9,052
139	타지키스탄	8,948
140	몰타	8,889
141	아이티	8,651
142	베냉	8,591
143	바하마	8,037
144	니제르	7,938
145	르완다	7,885
146	키르기스스탄	7,318
147	코소보	7,293
148	버뮤다	6,899
149	기니	5,745
150	수리남	5,054
151	모리타니	5,033
152	몬테네그로	4,504
153	시에라리온	4,478
154	바베이도스	4,213
155	말라위	4,180
156	토고	4,047
157	피지	4,024
158	동티모르	3,783
159	에리트레아	3,473
160	스와질란드	3,421
161	안도라	3,284
162	가이아나	3,187
163	부룬디	2,880
164	레소토	2,823
165	몰디브	2,563
166	부탄	1,827
167	카보베르데	1,771
168	라이베리아	1,765
169	중앙아프리카공화국	1,577
170	벨리즈	1,496
171	세인트루시아	1,301
172	세이셸	1,280
173	앤티가 바부다	1,215
174	솔로몬제도	1,048
175	기니비사우	995
176	감비아	855
177	그레나다	835
178	세인트키츠 네비스	796
179	바누아투	782
180	사모아	777
181	세인트빈센트 그레나딘	717
182	코모로	631
183	도미니카 연방	511
184	통가	453
185	미크로네시아 연방	339
186	상투메프린시페	311
187	키리바시	237
188	팔라우	234
189	마셜제도	227
190	투발루	58
고소득 국가 총액		53,597,338
중소득 국가 총액		24,381,972
저소득 국가 총액		389,265
전 세계 총액		78,259,778

출처: Worldbank, http://data.worldbank.org/indicator/NY.GNP.ATLS.CD(검색일: 2015.7.9)

1인당 GNI 2014

순위	국가명	1인당 GNI(달러)
1	버뮤다	106,140
2	노르웨이	103,050
3	스위스	90,670
4	카타르	90,420
5	마카오	71,270
6	룩셈부르크	69,880
7	호주	64,680
8	스웨덴	61,600
9	덴마크	61,310
10	쿠웨이트	55,470
11	미국	55,220
12	싱가포르	55,150
13	캐나다	51,690
14	네덜란드	51,210
15	오스트리아	50,390
16	핀란드	48,910
17	독일	47,640
18	아이슬란드	47,640
19	벨기에	47,030
20	아일랜드	44,660
21	아랍에미리트	43,480
22	프랑스	43,080
23	영국	42,690
24	일본	42,000
25	안도라	41,460
26	홍콩	40,320
27	뉴질랜드	39,300
28	브루나이	36,710
29	이스라엘	34,990
30	이탈리아	34,280
31	스페인	29,940
32	**한국**	27,090
33	키프로스	26,370
34	사우디아라비아	26,340
35	슬로베니아	23,220
36	그리스	22,090
37	바레인	21,330
38	포르투갈	21,320
39	바하마	21,010
40	몰타	21,000
41	푸에르토리코	19,310
42	체코	18,970
43	에스토니아	18,530
44	오만	18,150
45	슬로바키아	17,810
46	우루과이	16,360
47	라트비아	15,660
48	트리니다드 토바고	15,640
49	리투아니아	15,380
50	칠레	14,900
51	바베이도스	14,880
52	아르헨티나	14,560
53	세인트키츠 네비스	14,540
54	세이셸	13,990
55	폴란드	13,730
56	헝가리	13,470
57	앤티가 바부다	13,360
58	적도 기니	13,340
59	러시아	13,210
60	크로아티아	13,020
61	베네수엘라	12,820
62	브라질	11,760
63	카자흐스탄	11,670
64	팔라우	11,110
65	파나마	10,970
66	터키	10,850
67	말레이시아	10,660

68	멕시코	9,980
69	레바논	9,880
70	코스타리카	9,750
71	모리셔스	9,710
72	루마니아	9,370
73	수리남	9,370
74	가봉	9,320
75	투르크메니스탄	8,020
76	리비아	7,920
77	보츠와나	7,880
78	그레나다	7,850
79	콜롬비아	7,780
80	아제르바이잔	7,590
81	불가리아	7,420
82	중국	7,380
83	벨라루스	7,340
84	몰디브	7,290
85	몬테네그로	7,240
86	세인트루시아	7,090
87	도미니카 연방	7,070
88	이란	6,820
89	남아프리카공화국	6,800
90	세인트빈센트 그레나딘	6,560
91	이라크	6,410
92	페루	6,410
93	에콰도르	6,040
94	도미니카공화국	5,950
95	투발루	5,840
96	나미비아	5,820
97	세르비아	5,820
98	태국	5,410
99	알제리	5,340
100	앙골라	5,300
101	자메이카	5,220

102	요르단	5,160
103	마케도니아공화국	5,070
104	보스니아 헤르체고비나	4,770
105	피지	4,540
106	벨리즈	4,510
107	알바니아	4,460
108	몽골	4,320
109	마셜제도	4,310
110	통가	4,280
111	튀니지	4,210
112	파라과이	4,150
113	사모아	4,050
114	코소보	4,000
115	가이아나	3,970
116	아르메니아	3,810
117	엘살바도르	3,780
118	조지아	3,720
119	인도네시아	3,650
120	우크라이나	3,560
121	카보베르데	3,520
122	과테말라	3,440
123	필리핀	3,440
124	스리랑카	3,400
125	이집트	3,280
126	미크로네시아 연방	3,280
127	동티모르	3,120
128	바누아투	3,090
129	웨스트뱅크와 가자지구	3,060
130	모로코	3,020
131	나이지리아	2,950
132	볼리비아	2,830
133	스와질란드	2,700
134	콩고공화국	2,680
135	몰도바	2,550

136	부탄	2,390
137	키리바시	2,280
138	온두라스	2,190
139	우즈베키스탄	2,090
140	파푸아뉴기니	2,020
141	베트남	1,890
142	니카라과	1,830
143	솔로몬제도	1,830
144	잠비아	1,760
145	수단	1,740
146	가나	1,620
147	인도	1,610
148	라오스	1,600
149	상투메프린시페	1,570
150	코트디부아르	1,550
151	파키스탄	1,410
152	예멘	1,370
153	카메룬	1,350
154	레소토	1,350
155	케냐	1,280
156	미얀마	1,270
157	모리타니	1,260
158	키르기스스탄	1,250
159	방글라데시	1,080
160	타지키스탄	1,060
161	세네갈	1,050
162	캄보디아	1,010
163	차드	1,010
164	남수단	960
165	탄자니아	930
166	짐바브웨	860
167	코모로	840
168	아이티	830
169	베냉	810

170	네팔	730
171	말리	720
172	시에라리온	720
173	부르키나파소	710
174	아프가니스탄	680
175	우간다	660
176	르완다	650
177	모잠비크	630
178	토고	580
179	기니비사우	570
180	에티오피아	550
181	에리트레아	530
182	기니	480
183	감비아	450
184	마다가스카르	440
185	니제르	430
186	콩고민주공화국	410
187	라이베리아	400
188	중앙아프리카공화국	330
189	부룬디	270
190	말라위	250
고소득 국가 평균		38,392
중소득 국가 평균		4,690
저소득 국가 평균		635
전 세계 평균		10,858

출처: World Bank, *World Development Indicators database*, 2015

1인당 GNI 2014, PPP

순위	국가명	1인당 GNI(달러)
1	카타르	133,850
2	마카오	118,460
3	쿠웨이트	87,700
4	싱가포르	80,720
5	브루나이	71,020
6	버뮤다	66,560
7	노르웨이	65,970
8	아랍에미리트	63,750
9	스위스	59,600
10	룩셈부르크	57,830
11	홍콩	56,570
12	미국	55,860
13	사우디아라비아	53,760
14	네덜란드	47,660
15	독일	46,840
16	스웨덴	46,710
17	덴마크	46,160
18	오스트리아	45,040
19	캐나다	43,400
20	벨기에	43,030
21	호주	42,880
22	아이슬란드	42,530
23	아일랜드	40,820
24	핀란드	40,000
25	프랑스	39,720
26	영국	38,370
27	바레인	38,140
28	일본	37,920
29	오만	36,240
30	이탈리아	34,710
31	**한국**	34,620
32	뉴질랜드	33,760
33	스페인	32,860
34	이스라엘	32,550
35	키프로스	29,800
36	슬로베니아	28,650
37	포르투갈	28,010
38	몰타	27,020
39	체코	26,970
40	트리니다드 토바고	26,220
41	그리스	26,130
42	슬로바키아	25,970
43	에스토니아	25,690
44	리투아니아	25,390
45	러시아	24,710
46	세이셸	24,630
47	폴란드	24,090
48	푸에르토리코	23,960
49	말레이시아	23,850
50	헝가리	23,830
51	라트비아	23,150
52	적도기니	22,480
53	바하마	22,310
54	세인트키츠 네비스	21,990
55	카자흐스탄	21,580
56	칠레	21,570
57	앤티가 바부다	21,120
58	크로아티아	20,560
59	우루과이	20,220
60	파나마	19,630
61	터키	19,040
62	루마니아	19,030
63	모리셔스	18,290
64	벨라루스	17,610
65	보츠와나	17,460
66	레바논	17,330
67	베네수엘라	17,140

68	아제르바이잔	16,910
69	멕시코	16,710
70	가봉	16,500
71	리비아	16,190
72	이란	16,080
73	수리남	15,960
74	브라질	15,900
75	불가리아	15,850
76	바베이도스	14,750
77	이라크	14,670
78	투르크메니스탄	14,520
79	몬테네그로	14,510
80	팔라우	14,280
81	태국	13,950
82	코스타리카	13,900
83	알제리	13,540
84	중국	13,130
85	몰디브	12,770
86	남아프리카공화국	12,700
87	콜롬비아	12,600
88	마케도니아공화국	12,600
89	도미니카공화국	12,450
90	세르비아	12,150
91	요르단	11,910
92	그레나다	11,650
93	페루	11,510
94	몽골	11,230
95	에콰도르	11,120
96	이집트	11,020
97	세인트빈센트 그레나딘	10,610
98	튀니지	10,600
99	도미니카 연방	10,300
100	스리랑카	10,270
101	알바니아	10,260

102	인도네시아	10,250
103	세인트루시아	10,230
104	보스니아 헤르체고비나	10,020
105	나미비아	9,880
106	코소보	9,410
107	우크라이나	8,560
108	아르메니아	8,550
109	자메이카	8,490
110	필리핀	8,300
111	피지	8,030
112	파라과이	8,010
113	벨리즈	7,870
114	엘살바도르	7,720
115	부탄	7,560
116	조지아	7,510
117	과테말라	7,260
118	모로코	7,180
119	앙골라	7,150
120	가이아나	6,930
121	카보베르데	6,320
122	볼리비아	6,130
123	스와질란드	5,940
124	우즈베키스탄	5,840
125	인도	5,760
126	나이지리아	5,680
127	동티모르	5,680
128	사모아	5,600
129	몰도바	5,480
130	베트남	5,350
131	통가	5,300
132	투발루	5,260
133	콩고공화국	5,120
134	파키스탄	5,100
135	웨스트뱅크와 가자지구	5,080

136	라오스	4,910
137	니카라과	4,670
138	마셜제도	4,630
139	온두라스	4,120
140	수단	3,980
141	가나	3,960
142	잠비아	3,860
143	예멘	3,820
144	모리타니	3,700
145	미크로네시아 연방	3,680
146	코트디부아르	3,350
147	방글라데시	3,340
148	레소토	3,260
149	키르기스스탄	3,220
150	캄보디아	3,080
151	상투메 프린시페	3,030
152	카메룬	2,940
153	케냐	2,890
154	바누아투	2,870
155	타지키스탄	2,630
156	키리바시	2,580
157	탄자니아	2,530
158	파푸아뉴기니	2,510
159	네팔	2,420
160	세네갈	2,290
161	차드	2,130
162	남수단	2,030
163	솔로몬제도	2,020
164	아프가니스탄	1,980
165	베냉	1,850
166	시에라리온	1,830
167	아이티	1,750
168	짐바브웨	1,710
169	우간다	1,690
170	부르키나파소	1,660
171	말리	1,660
172	감비아	1,580
173	코모로	1,530
174	르완다	1,530
175	에티오피아	1,500
176	기니비사우	1,430
177	마다가스카르	1,400
178	토고	1,310
179	에리트레아	1,180
180	모잠비크	1,170
181	기니	1,140
182	니제르	950
183	라이베리아	820
184	부룬디	790
185	말라위	780
186	콩고민주공화국	700
187	중앙아프리카공화국	610
고소득 국가 평균		40,842
중소득 국가 평균		9,729
저소득 국가 평균		1,593
전 세계 평균		15,032

출처: World Bank, *World Development Indicators database*, 2015

세계 국방비(Military Expenditure) 현황 2014

순위	국가명	국방비 (백만 달러)	세계비중 (%)	2014 GDP 대비 (%)
1	미국	609,914	34.5	3.5
2	중국	216,371	12.2	2.1
3	러시아	84,462	4.8	4.5
4	사우디아라비아	80,762	4.6	10.4
5	프랑스	62,289	3.5	2.2
소계			59.6	
6	영국	60,482	3.4	2.2
7	인도	49,968	2.8	2.4
8	독일	46,455	2.6	1.2
9	일본	45,776	2.6	1.0
10	**한국**	36,677	2.1	2.6
소계			73.2	
11	브라질	31,744	1.8	1.4
12	이탈리아	30,909	1.7	1.5
13	호주	25,411	1.4	1.8
14	아랍에미리트	22,755	1.3	5.1
15	터키	22,618	1.3	2.2
소계			80.7	
16	캐나다	17,452	1.0	1.0
17	이스라엘	15,908	0.9	5.2
18	콜롬비아	13,054	0.7	3.4
19	스페인	12,732	0.7	0.9
20	알제리	11,862	0.7	5.4
소계			84.8	
21	폴란드	10,499	0.6	1.9
22	대만	10,244	0.6	2.0
23	네덜란드	10,086	0.6	1.2
24	싱가포르	9,841	0.6	3.3
25	오만	9,623	0.5	11.6
소계			87.6	

순위	국가명	국방비 (백만 달러)	2014 GDP 대비 (%)
26	이라크	9,516	4.2
27	멕시코	8,660	0.7
28	파키스탄	8,537	3.1
29	인도네시아	7,020	0.8
30	앙골라	6,842	5.2
31	노르웨이	6,773	1.4
32	스웨덴	6,573	1.2
33	태국	5,730	1.5
34	베네수엘라	5,576	1.1
35	그리스	5,318	2.2
36	스위스	5,229	0.8
37	벨기에	5,190	1.0
38	칠레	5,149	2.0
39	이집트	4,961	1.6
40	말레이시아	4,919	1.5
41	덴마크	4,457	1.3
42	아르헨티나	4,347	1.0
43	베트남	4,251	2.2
44	포르투갈	4,201	1.9
45	모로코	4,050	3.7
46	우크라이나	4,024	3.1
47	남아프리카공화국	3,895	1.2
48	핀란드	3,649	1.4
49	아제르바이잔	3,583	4.6
50	리비아	3,302	6.2
51	필리핀	3,292	1.1
52	오스트리아	3,257	0.8
53	페루	2,797	1.4
54	에콰도르	2,750	2.7
55	루마니아	2,543	1.3
56	뉴질랜드	2,409	1.2
57	미얀마	2,373	4.3

58	카자흐스탄	2,319	1.1
59	나이지리아	2,265	0.4
60	레바논	2,121	4.5
61	체코	2,023	1.0
62	방글라데시	2,010	1.2
63	스리랑카	1,843	2.5
64	예멘	1,715	4.1
65	바레인	1,433	4.2
66	요르단	1,268	3.5
67	아일랜드	1,191	0.5
68	헝가리	1,164	0.9
69	남수단	1,083	9.3
70	슬로바키아	988	1.0
71	벨라루스	979	1.2
72	세르비아	950	2.3
73	우루과이	915	1.7
74	튀니지	906	1.8
75	크로아티아	875	1.5
76	불가리아	837	1.6
77	북한	825	추정불가
78	케냐	819	1.7
79	콩고	705	5.6
80	나미비아	548	4.6
81	브루나이	528	3.1
82	에스토니아	509	2.0
83	슬로베니아	490	1.0
84	볼리비아	487	1.4
85	아르메니아	471	4.2
86	탄자니아	460	1.3
87	콩고민주공화국	456	2.0
88	파라과이	452	1.5
89	잠비아	443	1.8
90	키프로스	423	2.0
91	카메룬	401	1.3

92	도미니카공화국	399	0.6
93	에티오피아	394	0.7
94	조지아	388	2.3
95	리투아니아	377	0.8
96	짐바브웨	368	2.7
97	우간다	322	1.3
98	네팔	305	1.4
99	보츠와나	304	2.0
100	라트비아	299	1.3
전 세계 국방비 총액		1,767(십억 달러)	

출처: SIPRI, http://www.sipri.org/research/armaments/milex/milex_database(검색일: 2015.7.9)

국가별 핵무기 보유량(1945~2014)

연도	미국	소련 / 러시아	영국	프랑스	중국	합계
1945	6	-	-	-	-	6
1946	11	-	-	-	-	11
1947	32	-	-	-	-	32
1948	110	-	-	-	-	110
1949	235	1	-	-	-	236
1950	369	5	-	-	-	374
1951	640	25	-	-	-	665
1952	1,005	50	-	-	-	1,055
1953	1,436	120	1	-	-	1,557
1954	2,063	150	5	-	-	2,218
1955	3,057	200	10	-	-	3,267
1956	4,618	426	15	-	-	5,059
1957	6,444	660	20	-	-	7,124
1958	9,822	869	22	-	-	10,713
1959	15,468	1,060	25	-	-	16,553
1960	20,434	1,605	30	-	-	22,069
1961	24,111	2,471	50	-	-	26,632
1962	27,297	3,322	205	-	-	30,823
1963	29,249	4,238	280	-	-	33,767
1964	30,751	5,221	310	4	1	36,287
1965	31,642	6,129	310	32	5	38,118
1966	31,700	7,089	270	36	20	39,105
1967	30,893	8,339	270	36	25	39,563
1968	28,884	9,399	280	36	35	38,633
1969	26,910	10,538	308	36	50	37,841
1970	26,119	11,643	280	36	75	38,153
1971	26,365	13,092	220	45	100	39,822
1972	27,296	14,478	220	70	130	42,193
1973	28,335	15,915	275	116	150	44,791
1974	28,170	17,385	325	145	170	46,195
1975	27,052	19,055	350	188	185	46,830
1976	25,956	21,205	350	212	190	47,913

1977	25,099	23,044	350	228	200	48,920
1978	24,243	25,393	350	235	220	50,441
1979	24,107	27,935	350	235	235	52,862
1980	23,764	30,062	350	250	280	54,706
1981	23,031	32,049	350	275	330	56,035
1982	22,937	33,952	335	275	360	57,859
1983	23,154	35,804	320	280	380	59,938
1984	23,228	37,431	270	280	415	61,623
1985	23,135	39,197	300	360	425	63,416
1986	23,254	40,723	300	355	425	65,056
1987	23,490	38,859	300	420	415	63,484
1988	23,077	37,333	300	410	430	61,549
1989	22,174	35,805	300	410	435	59,124
1990	21,211	33,417	300	505	430	55,863
1991	18,306	28,595	300	540	435	48,176
1992	13,731	25,155	300	540	435	40,161
1993	11,536	21,101	300	525	435	33,897
1994	11,012	18,399	250	510	450	30,621
1995	10,953	14,978	300	500	400	27,131
1996	10,886	12,085	300	450	400	24,121
1997	10,829	11,264	260	450	400	23,203
1998	10,763	10,764	260	450	400	22,637
1999	10,698	10,451	185	450	400	22,184
2000	10,615	10,201	185	450	400	21,851
2001	10,491	9,126	200	350	400	20,567
2002	10,640	8,600	200	350	400	20,190
2003	(7,068)	(8,232)	(185)	(348)	(402)	(16,235)
2004	(7,006)	(7,802)	(185)	(348)	(402)	(15,743)
2005	(4,896)	(7,360)	(185)	(348)	(400)	(13,189)
2006	(5,521)	(5,682)	(185)	(348)	(130)	(11,866)
2007	(5,045)	(5,614)	(160)	(348)	(145)	(11,312)
2008	(4,075)	(5,189)	(185)	(348)	(176)	(9,973)
2009	(2,702)	(4,834)	(160)	(300)	(186)	(8,182)
2010	9,600(2,468)	12,000(4,630)	225(160)	300(300)	240(0)	22,365(7,758)

2011	8,500(2,150)	11,000(2,427)	225(160)	300(290)	240(0)	20,265(5,027)
2012	8,000(2,150)	10,000(1,800)	225(160)	300(290)	240(0)	18,765(4,400)
2013	7,700(2,150)	8,500(1,800)	225(160)	300(290)	250(0)	16,975(4,400)
2014	7,300(2,100)	8,000(1,600)	225(160)	300(290)	250(0)	16,075(4,150)

주: 괄호 밖은 총 보유량(Total inventory)이며, 괄호 안은 실전배치된 핵탄두(Deployed Warheads) 수치임

기타 핵보유국 현황

	인도	파키스탄	이스라엘	북한	합계
~2002	30~35	24~28	100~200	추정 불가	154~263
2008	50	40~70	100~200	5~12	195~332
2009	50	60	80	10 미만	200
2010	60~80	70~90	80	10 미만	220~260
2011	80~100	90~110	80	추정 불가	250~290
2012	80~100	90~110	~80	추정 불가	250~290
2013	90~110	100~120	~80	6~8	276~318
2014	90~110	100~120	~80	6~8	276~318

출처: 1945년부터 2002년까지는 National Resources Defense Council, http://www.nrdc.org/nuclear/nudb/datab19.asp(검색일: 2015.7.9); 2003년 이후는 Stockholm International Peace Research Institute (SIPRI), http://www.sipri.org/yearbook(검색일: 2015.7.9)

색 인

/ㄱ/

/ㄴ/

/ㄷ/

/ ㄹ /

/ ㅁ /

/ ㅂ /

/ ㅅ /

/ㅇ/

/ㅈ/

/ ㅊ /

/ ㅋ /

/ ㅌ /

/ ㅍ /

/ ㅎ /

지은이 소개

남궁 영

한국외국어대학교 정치행정언론대학원 원장
한국외국어대학교 정치외교학과 교수
글로벌정치연구소 소장
한국외국어대학교 정치외교학과 졸업
미국 University of Missouri, Columbia 정치학 박사

캐나다 University of British Columbia, Visiting Scholar
동아일보 객원논설위원
한국국제정치학회 회장
한국세계지역학회 회장
비교민주주의학회 회장
전국 대학통일문제연구소협의회 공동의장
외교부 정책자문위원
국방부 정책자문위원
통일부 정책자문위원
남북관계발전위원회 민간위원
국가인권위원회 북한인권포럼 위원
국무총리실 납북피해자보상 및 지원심의위원회
  납북피해산정분과위원장
국무총리실 정부업무 특정평가단 평가위원
민주평화통일자문회의 상임위원

저서 | 『동아시아 지역질서와 국제관계』(2002, 공저)
『동북아와 한반도』(2004, 공저)
『현대북한경제론』(2005, 공저)
『신자유주의 세계화와 민주주의』(2009, 공저)
『분단 한반도의 정치경제: 남한·북한·미국의 삼각퍼즐』(2010)
『국제정치경제 패러다임과 동아시아 지역질서』(2011)

[개정판]

국제정치경제 패러다임과
동아시아 지역질서

초판 1쇄 발행: 2011년 2월 27일
개 정 판 발행: 2015년 8월 27일

지은이: 남궁 영
발행인: 부성옥
발행처: 도서출판 오름
등록번호: 제2-1548호 (1993. 5. 11)

주 소: 서울시 중구 퇴계로 180-8 서일빌딩 4층
전 화: (02) 585-9122, 9123 / 팩 스: (02) 584-7952
E-mail: oruem9123@naver.com
URL: http://www.oruem.co.kr

ISBN 978-89-7778-349-2 93340

* 잘못된 책은 교환해 드립니다.
* 값은 뒤표지에 있습니다.